Roggenkamp

**Web 2.0 Plattformen
im kommunalen E-Government**

Recht und neue Medien
Herausgegeben vom Bayreuther Arbeitskreis für
Informationstechnologie – Neue Medien – Recht e.V. (@kit)
für diesen von

Prof. Dr. Stefan Leible und Prof. Dr. Olaf Sosnitza

Web 2.0 Plattformen im kommunalen E-Government

Telos, Beschaffung, Modellierung, Betrieb und Wettbewerb

von
Dr. Jan Dirk Roggenkamp

RICHARD BOORBERG VERLAG
STUTTGART · MÜNCHEN
HANNOVER · BERLIN · WEIMAR · DRESDEN

Bibliografische Information Der Deutschen Bibliothek

Die Deutsche Bibliothek verzeichnet diese Publikation in der Deutschen Nationalbibliografie; detaillierte bibliografische Daten sind im Internet über **http://dnb.ddb.de** abrufbar.

ISBN 978-3-415-04406-7

© Richard Boorberg Verlag GmbH & Co KG, 2010
Scharrstraße 2
70563 Stuttgart
www.boorberg.de

Satz: Thomas Schäfer, www.schaefer-buchsatz.de
Druck und Verarbeitung: Laupp & Göbel GmbH, Talstr. 14, 72147 Nehren

Inhaltsverzeichnis

Einleitung und Gang der Arbeit

Ende 2007 veröffentlichte die bekannte amerikanische IT-Consulting Agency Gartner Inc. einen Report zu aktuellen Entwicklungen des E-Governments mit dem Titel *„The E-Government Hype Cycle Meets Web 2.0"*[1]. In diesem wird behauptet, dass die Zeit der statischen E-Government-Portale abgelaufen sei und nunmehr auch im Bereich des E-Government auf Web 2.0 Technologien gesetzt werden solle und müsse. Beiden Begriffen, sowohl „Web 2.0" als auch „E-Government", wohnt eine gewisse Konturlosigkeit inne, die zu einem Großteil daraus resultiert, dass in ihnen eine gewisse Verheißung des Modernen, des Neuen schwingt. Verstärkt wird inzwischen auch in Deutschland die Frage diskutiert, ob Web 2.0 ein attraktives „Geschäftsmodell für die Öffentliche Hand"[2] und insbesondere im Bereich des kommunalen E-Government für das allfällige informationstechnische Reengineering nutzbar gemacht werden könnte. Diese Entwicklung wird durch das Strategieprogramm des Bundes vom September 2006 für die „nächste Generation" des E-Government flankiert, welches nicht ohne Hintergedanken „E-Government 2.0" genannt wurde.

Nach Auffassung der Analysten von Gartner Inc. können Bemühungen zur Nutzung von Web 2.0 Technologien im Bereich des E-Government nur dann werthaltig sein, *„if they are very well-focused and conducted"*. Das betrifft zum einen die rein technisch-planerische Seite, zum anderen aber auch zu einem Gutteil die Frage der rechtskonformen Modellierung einer kommunalen Web 2.0 E-Government Plattform in einem weit verstandenen Sinne. Für die erfolgreiche Umsetzung eines Web 2.0 E-Government Konzeptes in die Praxis bedarf es sowohl einer Bewusstseinsschaffung, welchen Sinn und Zweck ein Plattformprojekt haben, aber auch wie dieses rechtskonform beschafft, ausgestaltet und betrieben werden kann.

An diesen Punkten, die bislang noch weitestgehend ungeklärt sind, setzt die vorliegende Arbeit an. Mit ihr werden zweierlei Ziele verfolgt: zum einen sollen die im Zusammenhang mit der Umsetzung einer Web 2.0 E-Government Plattform auftretenden Rechtsfragen auf wissenschaftlicher Ebene geklärt werden. Des Weiteren aber sollen die gefundenen Ergebnisse, soll die hier erfolgte Darstellung aber auch in der Praxis dienlich sein.

Der Anspruch einer praktisch nutzbaren Dissertation bedingt denn auch Aufbau und Gang der Arbeit. Die insgesamt fünf Kapitel beleuchten die

---

1 Abrufbar unter: http://www.gartner.com/DisplayDocument?ref=g_search&id=527920.

2 So das Thema des 3. ReH..Mo-Symposiums der Forschungsstelle für Rechtsfragen der Hochschul- und Verwaltungsmodernisierung in Passau am 8. und 9. 11. 2007, vgl. http://www.reh mo.uni-passau.de/symposium/.

fünf Planungs-, Aufbau- und Betriebsphasen, die aus der Sicht einer Kommune, welche sich entschlossen hat eine Web 2.0 Plattform für E-Governmentzwecke zu „launchen" (also in Betrieb zu nehmen) spezifischen Klärungsbedarf wecken.

Das erste Kapitel **„Begriff und Telos"** befasst sich mit der Phase der Grundkonzeption. In diesem Kontext ist zunächst der Begriff „Web 2.0" zu definieren. Hierzu werden sowohl vorhandene Deutungsansätze kritisch betrachtet und unter Bezugnahme auf vorhandene Technologien und Phänomene eine eigene Definition entwickelt. Ähnlich ist im Hinblick auf Begriff und Ziele des „E-Government" zu verfahren. Hierauf basierend wird geklärt was Sinn und Zweck einer Kombination von Web 2.0 und E-Government in Gestalt einer Plattform im kommunalen Kontext sein kann bevor eine Musterkonfiguration skizziert wird. In einem Exkurs ist sodann der Rechtscharakter einer kommunalen Web 2.0 E-Government Plattform zu klären.

Kapitel zwei beleuchtet sodann die **„Rechtskonforme Beschaffung"** der kommunalen Plattform. Auch hier bedingt der Praxisbezug den Gang der Darstellung. Im Rahmen des Beschaffungsprozesses stellen sich eine ganze Reihe juristischer Probleme die in der Reihenfolge ihres Auftretens geklärt werden sollen. So stellt sich beispielsweise bereits im Rahmen des so genannten Vergabevorverfahrens die praktisch relevante Frage, ob eine Integration (vermeintlich) kostenfrei nutzbarer externer Web 2.0 Angebote (wie z. B. des Kartendienstes GoogleMaps) eine vergaberechtsrelevante Beschaffung darstellt. Im Kontext der Modalitäten der Beschaffung einer innovativen Web 2.0 Plattformen ist beispielsweise bislang ungeklärt, ob das noch relativ neue Vergabeverfahren des wettbewerblichen Dialogs gewählt werden darf. Da eine Beschaffung nicht nur von, sondern auch in Kooperation mit Dritten denkbar ist, wird darüber hinaus darauf eingegangen, ob und inwieweit Kommunen mit privaten oder öffentlich-rechlichen Partnern sinnvoll und rechtskonform im Hinblick auf die Errichtung einer Web 2.0 E-Government Plattform zusammenarbeiten können.

Das dritte Kapitel befasst sich sodann mit der **„Rechtskonformen Modellierung"**. Hierbei sind insbesondere die gesetzlichen Anforderungen an die Barrierefreiheit von überragender Relevanz. Einzugehen ist zunächst auf Konzept und Begriff der Barrierefreiheit im rechtlichen Sinne, bevor die technischen Anforderungen dargestellt und spezifische Problematiken in Bezug auf „Web 2.0 Technologien" erörtert werden. Dem praktischen Anspruch der Arbeit entsprechend ist in Exkursen auch Wirtschaftlichkeitsbedenken zu begegnen und Möglichkeiten der Durchsetzung eines etwaigen (Teilhabe-)Anspruchs auf eine barrierefreie Web 2.0 E-Government Plattform darzustellen.

Neben der rechtskonformen Beschaffung bildet das vierte Kapitel **„Rechtskonformer Betrieb"** einen weiteren Schwerpunkt der Arbeit. Aus-

gehend von zwei Beispielen wird das praktisch hoch relevante Spannungsfeld der Plattfombetreiberverantwortlichkeit unter Berücksichtigung der
sich aus der besonderen Stellung der öffentlichen Hand ergebenden Problematiken untersucht. Nach einer Darstellung der Grundlagen der allgemeinen Betreiberverantwortlichkeit wird sowohl auf die Eigen- als auch auf
die Fremdverantwortlichkeit für Informationen eingegangen. In diesem
Zusammenhang wird neben den normativen Grundlagen die dieses Spannungsfeld prägende dissonante Rechtsprechung erörtert und kontextsensi-
tiv bewertet. Im praktischen Teil des Kapitels werden sodann Haftungsver-
meidungsstrategien auf ihre (juristische) Sinnhaftigkeit für die Öffentliche
Hand untersucht. Geklärt wird unter anderem die Fragen, ob der öffentlichen Hand im Rahmen einer reaktiven Nutzerselektion ein öffentlich-
rechtliches virtuelles Hausrecht zusteht, ob eine präventive Inhaltsselektion durch eine proaktive Überwachung rechtlich geboten ist und welche
besonderen Anforderungen bei einem Plattformbetrieb durch die öffentliche Hand im Hinblick auf die reaktiven Handlungsverpflichtungen nach
dem Telemediengesetz bestehen.

Das Abschlusskapitel „**Rechtskonformer Wettbewerb**" schließlich widmet sich dem Verhältnis der Öffentlichen Hand als Betreiberin einer Web
2.0 Plattform zu privaten Plattformanbietern und dem Marktumfeld Web
2.0. Definiert werden zunächst die grundsätzlichen Grenzen eines Markt-
eintritts der öffentlichen Hand und Rechtsschutzmöglichkeiten der privaten „Konkurrenten" im Falle einer Grenzüberschreitung. Sodann werden
die marktinternen Grenzen im Rahmen des wirtschaftlichen Betriebs einer
Plattform durch eine Kommune aufgezeigt, bevor eine kurze **Ausleitung** die
Arbeit abschließt.

Kapitel 1:
Begriff und Telos

A. Allgemeines

Eine juristische Auseinandersetzung mit dem Untersuchungsgegenstand „Web 2.0 Plattformen im kommunalen E-Government" beinhaltet schon in ihrer Themensetzung zwei Begrifflichkeiten, denen es an Schärfe mangelt.

„I think Web 2.0 is of course a piece of jargon, nobody even knows what it means"

lautet die so polemische wie inhaltlich zutreffende Einschätzung von *Sir Tim Berners-Lee*[3]. Der Begriff „Web 2.0" ist in den Jahren 2005 bis 2007 zwar zu einem der schillerndsten Marketinglabels in der IT-Welt avanciert, eine einheitliche Definition ist jedoch bislang nicht ersichtlich. Ähnliches gilt für das Schlagwort E-Government, welches ebenfalls – wie *Kathmann*[4] zutreffend festhält – obwohl schon seit Mitte der neunziger Jahre in Gebrauch, noch immer zur Gruppe der Buzzwords zählt, also einem *„dieser magischen Wörter bei dem es klingelt und alle nur nicken können"*. Es bedarf also zunächst einer Darstellung dieser beiden Begriffe (und ihrer Spielarten) unter besonderer Berücksichtigung ihrer Bedeutung für die weitere Arbeit. Zu ihrem Verständnis ist es zwingend, konstituierende und flankierende Begrifflichkeiten und Prinzipien wie z. B. das der kollektiven Intelligenz oder des User-Generated-Content, aber auch z. B. der E-Partizipation näher zu beleuchten. Im Kontext dieser Begrifflichkeiten werden spezifische Web 2.0 Applikationen wie z. B. das Wikisystem oder das Blog erklärt.

B. Web 2.0

I. Deutungsansatz nach O'Reilly

Lässt man den Begriff „Web 2.0" in der Google Trends[5] Webapplikation durchlaufen[6], ist der erste Ausschlag in der Mitte des Jahres 2004 erkennbar. Ungefähr zu dieser Zeit wurde der Begriff „Web 2.0" im Rahmen einer Brainstorming Session zu einer vom O'Reilly Verlag und der MediaLive

---

3 *Sir Timothy Berners-Lee* ist ein britischer Informatiker, der die Seitenbeschreibungssprache HTML entwickelt hat und als Begründer des World Wide Web gilt.

4 *Kathmann*, Die Potenziale von E-Government für die öffentliche Verwaltung im ländlichen Raum, S. 22, zit. nach *Beck*, Verwaltungsmodernisierung zwischen Technik und Recht, S. 11.

5 Google Trends zeigt grafisch an, wie häufig ein bestimmtes Suchwort in einem bestimmten Zeitraum abgefragt wurde.

6 http://www.google.com/trends?q=web+2.0.

International später auch unter diesem Schlagwort abgehaltenen Konferenz zur Zukunft des World Wide Web nach dem so genannten Dot-Com-Crash[7] erdacht.[8] Wesentlicher Ausgangspunkt für die Annäherung an den Begriff ist daher der grundlegende Artikel „What is Web 2.0? – Design Patterns and Business Models for the Next Generation of Software" von *Tim O'Reilly*, der als Erfinder des Begriffes gilt.

Der dort als „Konzept" bezeichnete Begriff ist zunächst auf eine Abgrenzung zum „alten" Web – dem Web 1.0 – angelegt. Die enthaltene „2.0" wird dabei der Nomenklatur für Weiterentwicklungen eines Produkts in der Softwarebranche entlehnt. Üblicherweise wird die erste marktreife Fassung einer Software mit der Versionsnummer 1.0 bezeichnet. Kleinere Verbesserungen führen zu einer Erhöhung der Versionsnummer im Bereich hinter dem Punkt, wobei die jeweilige Erhöhung den Umfang der Verbesserungen verdeutlichen soll. So würde eine minimale Verbesserung der Version 1.0 beispielsweise zur Version 1.01 führen, während eine umfangreiche Verbesserung z. B. eine Versionierung 1.4 zur Folge haben könnte. Ist das ganze Softwarepaket grundlegend überarbeitet worden, ist ein Versionssprung die übliche Folge (z. B. von Version 1.4 auf Version 2.0).[9]

Einen solchen Sprung hatte nach den Vorstellungen von *O'Reilly*[10] auch das World Wide Web als Teil des Internets[11] gemacht. Zeichnete sich das

---

7 „Dot-Com-Crash" ist ein durch die Medien geprägter Kunstbegriff für das Platzen einer Spekulationsblase im März 2000, die insbesondere die so genannten Dot-Com-Unternehmen (vornehmlich auf dem so genannten Neuen Markt) betraf und vor allem in Industrieländern zu Vermögensverlusten bei einer Vielzahl von Kleinanlegern führte.

8 *O'Reilly*, „What is Web 2.0? – Design Patterns and Business Models for the Next Generation of Software" v. 30. 09. 2005, abrufbar unter http://www.oreilly.de/artikel/web20.html. Ähnliche Konferenzen – inzwischen „Web 2.0-Expo" oder „Web 2.0 Summit" genannt – finden inzwischen regelmäßig weltweit statt, vgl. http://www.web2expo.com oder http://www.web2con.com/.

9 Hierbei handelt es sich freilich nicht um ein Dogma. So hat das Unternehmen Microsoft sein bekanntes Betriebssystem Windows zwar zunächst mit Versionsnummern versehen, ist aber ab der eigentlichen Version 4.0 zunächst dazu übergegangen als Versionsbezeichnung die Jahreszahl der Markteinführung zu verwenden (Windows 95, 98, 2000). Heute verwendet das Unternehmen Typbezeichnungen wie Windows „NT", „XP" oder Windows Vista.

10 *O'Reilly*, „What is Web 2.0?".

11 Das Internet wird zwar häufig mit dem World Wide Web gleichgesetzt, es handelt sich jedoch bei letzterem im Gegensatz zu ersterem nicht um einen Rechnerverbund, sondern vielmehr um eine Art Software, die von seinem Erfinder *Tim Berners-Lee* Ende 1990 erstmals erfolgreich zur Kommunikation verwandt wurde. Beim WWW handelt es sich nach *Berners-Lee* nicht um ein „Ding", das an einem „Ort" besteht, sondern vielmehr um einen „information space" „riding on top of the Internet" (*Berners-Lee*, Weaving the Web, S. 18). Dem WWW ist es zu verdanken, dass das, was gemeinhin verkürzt unter Internet verstanden wird, für die breite Masse der Anwender „accessible", also zugänglich ist. Es ist die Grundlage für alle relevanten Anwendungen sowohl im E-Commerce als auch im E-Government. Vgl. hierzu auch *Géczy-Sparwasser*, Die Gesetzgebungsgeschichte des Internet, S. 66 ff.

alte Web 1.0 beispielsweise durch ins Netz gestellte Online-Versionen von bereits in Buchform existierenden Lexika (z. B. Britànnica Online) aus, so ist die Mitmach-Enzyklopädie Wikipedia ein typisches Beispiel für ein Web 2.0 Angebot. Die selbsterstellte Homepage sei eine Web 1.0 Applikation, während ein Weblog, beziehungsweise das Bloggen an sich, dem Web 2.0 Konzept zuzuordnen sei.

Die reine Gegenüberstellung von Applikationen sei aber für sich nicht geeignet, eine allgemeingültige Aussage dahingehend zu treffen, was denn unter Web 2.0 zu verstehen ist. Es handele sich bei dem Begriff vielmehr um ein „Gravitationszentrum". Dieses wiederum ließe sich am ehesten als eine Ansammlung von Prinzipien und Praktiken visualisieren, „die ein regelrechtes Sonnensystem von Seiten zusammenhalten, die einige oder alle dieser Prinzipien in unterschiedlicher Entfernung vom Zentrum demonstrieren." Wesentlich sei nicht die Frage nach technischen Neuerungen, sondern vielmehr nach den dahinter liegenden Ideen. Web 2.0 sei also zunächst eine Grundhaltung und keine technologische Frage.[12]

O'Reilly fasst zur näheren Umschreibung dieser Grundhaltung sieben wesentliche Kernkompetenzen zusammen, die ein Unternehmen im Web 2.0 ausmachen sollen.

1. Web als Plattform

Eine wesentliche Kernkompetenz ist die Nutzung des World Wide Web als Plattform für Dienstleistungen. Hierunter ist eine Abkehr von dem traditionellen Ansatz des Angebots und Vertriebs von Software zu verstehen, welche meist in einem Paket gekauft und auf dem Nutzerrechner installiert werden muss, bevor sie verwendet werden kann.[13] Als Musterbeispiel und Erfolgsmodell für ein Web 2.0 Unternehmen beziehungsweise eine „ursprüngliche" Web 2.0 Anwendung wird die vollständig webbasiert nutzbare Suchmaschine des Unternehmens Google Inc.[14] genannt. Diese wird dem „Web 1.0 Unternehmen" Netscape respektive der „Web 1.0 Anwendung" Netscape Navigator, einer Webbrowsersoftware[15], gegenübergestellt.[16]

---

12 *O'Reilly*, „What is Web 2.0".

13 *Alby*, Web 2.0, S. 125.

14 http://www.google.de.

15 Der Netscape Navigator ist ein Webbrowser, der von der Firma Netscape Communications Corporation entwickelt wurde. Heutiger Inhaber der Marke „Netscape" ist AOL. Bis ca. 1996 galt der Netscape Navigator als führender Webbrowser für die 16-Bit-Betriebssysteme von Microsoft (bis Windows 3.1). Im so genannten „Browserkrieg" verlor Netscape zunehmend Marktanteile an den Microsoft Internet Explorer. Zwar wird der Netscape Navigator immer noch (kostenlos) vertrieben. Sein Marktanteil im Browsermarkt tendiert jedoch gegen Null. – Siehe bzgl. des Browsers: http://browser.netscape.com/. Zur Geschichte von Netscape: heise Online v. 04. 10. 2005 – „Lebenszeichen von Netscape" – http://www.heise.de/newsticker/meldung/64559.

16 *O'Reilly*, „What is Web 2.0".

Während Netscape danach gestrebt habe, über ein rechnerbasiertes Software-Produkt, also eine Software, die erst auf dem jeweiligen Nutzer-rechner installiert und ausgeführt werden muss, die Dominanz im Browser-markt zu erzielen, um in Folge dessen entsprechend kompatible Server-produkte anbieten zu können, habe Google seine Suchmaschine von vornherein als webbasierten Service[17] angeboten, dessen Nutzer direkt oder indirekt für die Inanspruchnahme bezahlten.

Das wesentliche Element des Suchmaschinenangebots sei hierbei nicht die Software, sondern die Datenbank, auf welche diese zugreift. In deren Management liege die Hauptkompetenz des Unternehmens. Der Wert des Angebots verhalte sich proportional zum Umfang und zur Dynamik der ver-walteten Daten. Diese aber muss Google nicht selbst bereitstellen. Sie müs-sen nur gefunden, verwaltet und nutzergerecht aufbereitet werden.[18]

2. Zugang und Nutzung von Daten

Zweite Kernkompetenz eines Unternehmens im Web 2.0 ist die Kontrolle über einzigartige, schwer nachzubildende Datenquellen, deren Wert pro-portional zur Nutzungshäufigkeit steigt. Daten haben im Web 2.0 einen herausragenden Stellenwert.[19] Über welche Daten ein Unternehmen verfügt und wie es diese verarbeitet und auswertet, ist mitunter entscheidend für den Erfolg eines Unternehmens. Musterbeispiele für Unternehmen, die über spezialisierte Datenbanken verfügen, sind Google, Yahoo, Amazon,

---

17 *Alby* merkt zu Recht an, dass diese Aussage nur teilweise stimmt. Inzwischen bietet auch Google eine ganze Reihe von desktopbasierten Anwendungen wie z. B. die Google Toolbar, die Google Desktopsuche, Google Earth oder das Google-Pack an, *Alby*, Web 2.0, S. 128. Nichts desto trotz liegt eine der unbestrittenen Stärken des Google Unternehmens in der Bereitstel-lung webbasierter Anwendungen wie der Suchmaschine, GoogleVideo, Googlemail und neue-ren Entwicklungen wie z. B. einer webbasierten Officelösung. Eine Auflistung des Produkt-portfolios findet sich unter http://www.google.de/intl/de/options/.

18 Die Suchmaschine Google machte und macht nichts anderes als konstant das Web nach Inhal-ten zu durchpflügen und in einer Datenbank zu speichern, welche wiederum von Nutzern durchsucht werden kann. Dieser Content stammt von dritten Anbietern. Sowohl professio-nelle Angebote als auch private Homepages können per Stichwortsuche gefunden werden. Nach dem PageRanking-System werden die Suchergebnisse nach ihrer Relevanz aufgelistet. Der so genannte PageRank-Algorithmus ist ein Verfahren, eine große Anzahl untereinander durch Links verknüpfter Dokumente, wie beispielsweise das World Wide Web, anhand ihrer Struktur zu bewerten, beziehungsweise zu gewichten. Jedem Element wird hierbei ein Gewicht, der PageRank, aufgrund seiner Verlinkungsstruktur zugeordnet. Der Algorithmus wurde von den Gründern der Google Inc. – *Larry Page* (daher der Name PageRank) und *Sergey Brin* an der Stanford University entwickelt. – Hierzu *Vise/Malseed*, „The Google Story".

19 Sie sind nach Auffassung von *O'Reilly* „das nächste ‚Intel Inside'". Mit diesem Vergleich spielt er auf „Intel Inside", eine seit 1992 laufende Werbekampagne des Chip-Herstellers Intel an. Suggeriert wird, dass ein PC nur dann schnell, verlässlich und zu allen Anwendungspro-grammen kompatibel sei, wenn die CPU von Intel hergestellt wurde. Vgl. zur Kampagne http://www.intel.com/pressroom/intel_inside.htm.

eBay und MapQuest. Allein die Verfügungsmöglichkeit über die Datenbestände ist indes nicht ausreichend. Kernkompetenz dieser Web 2.0-Unternehmen ist das Management dieser Datenbanken.

3. Einbeziehung der kollektiven Intelligenz der Nutzer

Nach dem O'Reillischen Ansatz ist eine weitere Eigenschaft, die ein erfolgreiches Web 2.0 Unternehmen ausmacht, die Nutzung der so genannten „kollektiven Intelligenz" der Nutzer des jeweiligen Angebots.[20]

a) Kollektive Intelligenz

Der Begriff der kollektiven Intelligenz (seltener auch „Schwarmintelligenz" oder „CI") bezeichnet intelligente Verhaltensweisen, die aus der Kommunikation mehrerer Individuen entstehen.[21] Durch den geistigen Austausch von Einzelnen entstehen im kommunikativen Diskurs im Idealfall durchdachtere, von mehreren Seiten durchleuchtete und problemorientierte Entscheidungen und Beiträge.

Kollektive Intelligenz ist per se kein internetspezifisches Phänomen, sondern durchzieht gewissermaßen als soziologische „Querschnittsmaterie" viele Bereiche der Naturwissenschaften. Verhaltensbiologische Grundlagen findet sie etwa in der Fauna, beispielsweise in der Betrachtung von Bienenschwärmen oder Ameisenhaufen.[22] Generell ist Schwarmintelligenz aber an jeglichem Massenverhalten zu beobachten.

Speziell im Internet[23] zeigt sich kollektive Intelligenz durch arbeitsteilige Aufgabenbewältigung (Kollaboration) und der sich (im Idealfall) selbst regulierenden Erschaffung eines „großen Ganzen".

b) Beispiele

Bekanntestes Beispiel für kollektive Intelligenz ist die Wissensplattform Wikipedia[24], die zugleich Paradigma für ein erfolgreiches Web 2.0 Konzept ist. Im Rahmen dieser kollaborativ erstellten Internetenzyklopädie kann jeder Nutzer eigene Beiträge zu Themen verfassen, in denen er über (vermeintlich) fundierte Kenntnisse verfügt. Andere Nutzer können an diesen „Artikeln" Änderungen und Verbesserungen vornehmen.[25] Diese können auch zwischen den einzelnen Bearbeitern auf einer speziellen Seite öffent-

---

20 *O'Reilly*, „What is Web 2.0".
21 Zum Begriff vgl. *Alby*, Web 2.0, S. 211.
22 Vgl *Miller*, „Weisheit der Winzlinge", http://www.spiegel.de/wissenschaft/natur/0,1518, 497478,00.html; *Dupuy-Maury*, „Ameisen ins Netz!", http://www.morgenwelt.de/wissen schaft/001019-ameisen.htm.
23 Speziell im Zusammenhang mit dem Internet wird die kollektive Intelligenz etwa von James *Surowieki* in „The Wisdom of Crowds" oder Pierre *Lévy's* „L'intelligence collective. Pour une anthropologie du cyberspace" beschrieben.
24 http://en.wikipedia.org/wiki/Main_Page.
25 Vgl. *von Lucke*, in: Hass/Walsh/Kilian (Hrsg.), Web 2.0, S. 138 (138 f.).

lich diskutiert werden, so dass bestmögliche Ergebnisse durch kollektives Wirken erzielt werden können.[26]

Hierdurch bildet sich ein sich selbstregulierender Mikrokosmos – die so genannte „Community" (d. h. die jeweilige Plattformgemeinschaft) – deren Wissens-„Input" aus den Erfahrungen und Kenntnissen der unterschiedlichsten Mitautoren aus allen denkbaren Gesellschaftsgruppen resultiert. Damit bietet die Wikipedia einen weit überdurchschnittlichen[27] Kompetenzfundus, der sich in einem ständig aktualisierten und qualitativ insgesamt hochwertigen[28] Online-Lexikon niederschlägt.

Kollektive Intelligenz wirkt aber auch in den mittlerweile omnipräsenten Bewertungssystemen im Internet. So können beispielsweise Kunden von Online-Shops wie Amazon.com nach dem Erwerb eines Produkts mit Hilfe von Sternchenskalen, Schulnoten oder durch Hinzufügung eines Freitextkommentars bewerten. Ungeachtet etwaiger Missbrauchsmöglichkeiten[29] können sich potentielle Käufer hier durch mehrere unterschiedlich geäußerte Ansichten einen umfassenderen Eindruck von dem Produkt ihrer Wahl machen, als es ihnen anderweitig etwa durch Werbespots oder Produktbeschreibungen auf der Verpackung möglich wäre. Ähnliche Bewertungsportale existieren mittlerweile auch für Restaurants, Hotels und Reiseveranstalter, aber auch die Leistungen von Einzelpersonen wie z. B. Hochschulprofessoren[30] oder Lehrern[31, 32].

Auch die Auktionsplattform eBay ermöglicht es den Nutzern, ihre Handelspartner und deren Geschäftsgebaren zu bewerten und dadurch potenziellen zukünftigen Handelspartnern des Bewerteten Anhaltspunkte hinsichtlich dessen Seriosität zu geben.[33]

---

26 Anreiz für ernsthafte und hochwertige Beiträge sind im Rahmen der Wikipedia z. B. spezielle Exzellenz-Wahlen, in denen außerordentlich gute Artikel ausgezeichnet werden, vgl. http://de.wikipedia.org/wiki/WP:EA. Einzelne Artikel werden von ehrenamtlichen Redakteuren betreut, die nach Richtlinien vorgehen, welche sich die „Wikipedianer" selbst gegeben haben. Diese Redakteure redigieren Artikel, prüfen, ob Zitierrichtlinien und urheberrechtliche Bestimmungen eingehalten wurden, kategorisieren einzelne Artikel und fügen Schlagworte (so genannte Tags) zur besseren Navigation in dem System hinzu.

27 Obgleich hohe Qualitätskontrollen bei Wikipedia Gang und Gäbe sind, finden sich dennoch häufig Fehlinformationen auf den Seiten. Eine Garantie für Aktualität und Ausgewogenheit besteht ebenfalls nicht.

28 Eine Untersuchung des Wissenschaftlichen Informationsdienstes Köln hat ergeben, dass die deutschsprachige Wikipedia im Vergleich zum Brockhaus Online in der Regel die richtigeren und aktuelleren Informationen bietet, vgl. Spiegel Online v. 5. 12. 2007 – http://www.spiegel.de/netzwelt/web/0,1518,521457,00.html.

29 Z. B. durch absichtliches „Hochbewerten" durch den Hersteller des bewerteten Artikels.

30 http://www.ratemyprofessor.com.

31 http://www.spickmich.de.

32 Hierzu ausführlich *Ballhausen/Roggenkamp*, K&R 2008, 403–410.

33 Probleme bestehen in allen Sparten hinsichtlich der Objektivität der einzelnen Beiträge, der Gewichtung von Informationen, der Richtigkeit sowie der Relevanz. Anders als etwa bei Wiki-

c) Folksonomy

Die oben genannten Beispiele verdeutlichen die Bedeutung der kollektiven Intelligenz der Masse der Internetnutzer. In besonderem Maße haben die Web 2.0-Unternehmen del.icio.us und Flickr in diesem Zusammenhang ein Konzept vorangetrieben, das im Allgemeinen als „Folksonomy" bezeichnet wird. Hierbei handelt es sich um eine Form des so genannten „Tagging"[34], die auch als Collaborative beziehungsweise Social Tagging bezeichnet wird. Der Begriff geht zurück auf *Thomas Vander Wal*[35], der den Neologismus aus den Bestandteilen folks (engl. für Leute, Menschen) und taxonomy (engl. für Kennzeichnung, Taxonomie) kreierte.

Im Rahmen des „normalen" Taggings innerhalb einer regulären Taxonomie mit feststehenden und vorgegebenen Begriffen markiert ein – meist fest umrissener – Nutzerkreis Inhalte mit einem oder mehreren Schlagworten[36] unter Zuhilfenahme von social software.[37] Dies dient grundsätzlich dem schnellen Auffinden von relevanten Inhalten.

Folksonomy hingegen zeichnet sich dadurch aus, dass der einzelne User nicht an einen numerus clausus von möglichen Tags gebunden ist, sondern Inhalte völlig frei und nach eigenem Ermessen mit kennzeichnenden Begriffen versehen kann.[38] Es gibt insbesondere keine abschließende Vorgabe möglicher Tags. Im Rahmen einer Folksonomy werden die Tags zudem nicht in Form einer klaren Hierarchie in einer Baumstruktur oder in Form von Kategorien und Unterkategorien dargestellt[39]. Vielmehr sind alle Tags

---

pedia werden Beiträge hier nicht überarbeitet, so dass am Ende des dynamischen Prozesses eine einheitliche Fassung, welche die Beiträge aller Individuen bündelt, entsteht, sondern es stehen viele oft schlichtweg unrichtige Beiträge ohne Wertung nebeneinander. Der Regulierungszweck ist mithin bei solchen Angeboten fraglich. Zwar können der Autor sowie der Plattformbetreiber grundsätzlich auf die Entfernung ehrenrühriger, volksverhetzender und anderweitig straf- oder zivilrechtlich relevanter Inhalte in Anspruch genommen werden. Jedoch sind die meisten Plattformen aufgrund ihrer Größe einer effektiven Kontrolle entzogen, so dass diese bedenklichen Beiträge zumindest für einen bestimmten Zeitraum im Netz verbleiben und damit Unrichtiges an den Nutzer vermitteln.

34 Das englische Wort Tag (Etikett, Anhänger, Aufkleber, Marke, Auszeichner) steht im EDV-Bereich für die Auszeichnung eines Datenbestandes mit zusätzlichen Informationen.

35 http://www.vanderwal.net/folksonomy.html.

36 Ein Beispiel dafür ist etwa die Kategorisierung von Waren im Rahmen einer eBay-Auktion.

37 *Alby*, Web 2.0, S. 117.

38 Taggen erlaubt im Idealfall eine vielseitige, sich meist überlappende Assoziierung, die der Arbeitsweise des Gehirns viel näher kommt als herkömmliche Kategorisierungen. So kann ein Foto einer Puppe auf der Fotoplattform Flickr sowohl mit „Puppe" als auch mit „hübsch" oder „bunt" getagged sein und erlaubt somit das Wiederauffinden entlang assoziativer Wege.

39 *Möller*, Medienrevolution – Wie Weblogs, Wikis und freie Software die Welt verändern, 2. Aufl. 2006, S. 155; *Alby*, Web 2.0, S. 117; Mit Hilfe der „Tags" entfällt die räumliche Einordnung von Informationen und damit jegliche Hierarchie zugunsten einer ausschließlich inhaltlichen Strukturierung. Dank solcher „flachen" Hierarchien wird es beispielsweise obsolet zu wissen, in welchem Ordner eine Information abgelegt wurde. Durch die Verknüpfung

gleichwertig und bilden eine Tag Cloud[40], wobei die relevanten, häufig nachgefragten oder häufig verwendeten Tags visuell größer dargestellt werden.[41] Damit entsteht ein gewisses Ranking innerhalb der Tags, welches mit dem Google-Page-Rank vergleichbar ist[42].

Eine Folge davon ist, dass innerhalb der Folksonomy die einzelnen Inhalte nicht ausgewogen nebeneinander stehen, sondern ein Schwerpunkt auf den Interessen und Bedürfnissen der einzelnen Tagger liegt[43]. Häufig bilden aus diesem Grunde technikorientierte Gebiete den klaren Schwerpunkt innerhalb des Tag-Systems[44].[45]

4. Softwareentwicklung unter Einbeziehung der Nutzer

Wenn Software webbasiert als Service und nicht mehr als Produktpaket angeboten wird, führt dies dazu, dass sich die Kernkompetenzen beziehungsweise -aufgaben innerhalb eines Softwareunternehmens verlagern. So muss beispielsweise eine webbasierte Software wie die Google-Suchmaschine täglich gepflegt werden[46], soll sie nicht an Funktionalität und damit an Attraktivität für die Nutzer verlieren, wohingegen eine Desktopsoftware wie zum Beispiel die Textverarbeitungssoftware Microsoft Word zunächst intern verbessert, sodann im kleinen und später in einem größeren Kreis getestet wird (so genannter Beta-Test), bevor eine neue Version auf dem Endnutzermarkt erscheint.

In einem Web 2.0 Unternehmen wird der Nutzer als Mitentwickler einer Applikation angesehen, die sich als „Perpetual Beta", also als ewige Beta-Version des jeweiligen Services, darstellt. *O'Reilly* weiß beispielhaft aus Interna der Fotoplattform Flickr zu berichten, dass hier Modifikationen

---

der Tags untereinander ergibt sich eine vernetzte Struktur, die das Wiederauffinden von „getaggten" Informationen erheblich erleichtert, vgl. *Rüddigkeit*, Web 2.0, S. 9.

40 Tags können auch alphabetisch aufgelistet und zur Kennzeichnung ihrer Relevanz mit der Anzahl der Links versehen werden, auf die sie hinweisen. Verbreiteter und „intuitiver" ist die visuelle Darstellung als „Tag-Cloud", einer „Wort-Wolke", in der die Relevanz eines Tags durch seine Schriftgröße ausgedrückt wird.

41 *Möller,* Die heimliche Medienrevolution – Wie Weblogs, Wikis und freie Software die Welt verändern, 2. Aufl. 2006, S. 155; *Alby,* Web 2.0, S. 117; http://del.icio.us/help/tags.

42 *Alby,* Web 2.0, S. 119.

43 Dazu *Mathes,* „Folksonomies – Cooperative Classification and Communication through shared metadata", http://www.adammathes.com/academic/computer-mediated-communication/folksonomies.html.

44 *Alby,* Web 2.0, S. 120.

45 Verwendung findet Folksonomy etwa im Rahmen der Angebote www.bibsonomy.org, www.flickr.com oder www.last.fm. Erstmals fand dieser Taggingmodus Verwendung im Rahmen von del.icio.us im Jahre 2004 (zu del.icio.us vgl. *Alby,* Web 2.0, X.) und ist v.a. seit der Verbreitung der Fotoplattformen eines der zentralen Phänomene des Web 2.0.

46 Hierzu gehören im Rahmen des Betriebs einer webbasierten Suchmaschine beispielsweise die (automatisierte) Aktualisierung von Links, die Beseitigung von Link-Spam und die Ausfilterung von Beeinflussungsversuchen.

der Software teilweise im Halbstundentakt veröffentlicht werden. Gang und Gäbe sei dann die Echtzeit-Beobachtung des Nutzerverhaltens – insbesondere nach Implementierung neuer Funktionalitäten – um die Annahme und den Umgang der Nutzer mit den Angeboten zu analysieren und diese entsprechend anzupassen.

5. Lightweight Programming

Im Hinblick auf die programmiertechnische Gestaltung und Entwicklung ist die Mentalität von Unternehmen im Web 2.0 ebenfalls grundverschieden zur Denkweise der traditionellen IT-Wirtschaft. Web 2.0 Unternehmen verfolgen drei wesentliche Grundprinzipien: Zunächst sollen verschiedene Anwendungen nur lose beziehungsweise bruchstückhaft gekoppelt werden, was mit Hilfe von so genannten Lightweigth Programming Models erreicht wird.

Des Weiteren ist die Kooperation insbesondere im Hinblick auf Datenverteilung und den Datenaustausch, ohne notwendigerweise kontrollieren zu müssen oder zu können, was Dritte mit diesen Daten „am anderen Ende der Leitung" machen, einer der Grundsätze der Web 2.0-Programmierung.

Schließlich ist ein dritter, wichtiger Aspekt in der Web 2.0-Programmierung die Gestaltung mit Blick auf die „Hackability" und „Remixability" der jeweiligen Angebote. Hierunter wird die von vornherein beabsichtigte Wieder- und Weiterverwendung von Informationen und ganzen Programmteilen durch Dritte im Rahmen externer Angebote verstanden.

Diese Grundprinzipien sind nach Auffassung von *O'Reilly* wiederum Basis eines leichtgewichtigen Geschäftsmodells, das seine Innovationskraft gerade durch den Zusammenbau verschiedener Anwendungen erzielt. Als Beispiel wird der Anbieter housingmaps.com angeführt. Housingmaps vermischt die Wohnungsangebotsdaten aus der in den USA sehr beliebten Craigslist[47] mit Googles GoogleMaps Angebot.[48] Der Nutzer kann angeben, in welcher Stadt er eine Wohnung sucht und erhält die Daten aus der Craigslist-Datenbank auf einem Stadtplan, der von GoogleMaps generiert wird.[49]

6. Geräteübergreifende Software und Rich User Experience

Auf Grund der Anbindung von immer mehr und immer unterschiedlicheren Endgeräten[50] an das Internet ist schließlich die Geräteunabhängigkeit

---

47 http://www.craigslist.org/.

48 Es handelt sich hierbei um ein so genanntes Mash-Up (engl. für vermanschen).

49 Hierzu *Niewerth*, in: Meckel/Stanoevska-Slabeva (Hrsg.), Web 2.0, S. 59 (68).

50 Längst ist ein Abruf nicht mehr nur über Desktop oder Laptop-Rechner möglich. Insbesondere nach der Einführung des iPhone durch die amerikanische Firma Apple Inc. im Jahr 2007 wird erwartet, dass die mobile Nutzung des World Wide Web über das Mobilfunknetz exponentiell zunehmen wird. Vgl. z. B. *Sixt*, „Prognose: Mobile Internet-Nutzung nimmt deutlich zu", ZDNet v. 19. 03. 2008 – http://www.zdnet.de/news/tkomm/0,39023151,39188610,00.htm.

einer Web 2.0 Anwendung Voraussetzung für eine langfristige Web 2.0 Strategie. Schlüsselkomponente von vollständig webbasierter Anwendungssoftware ist die Verwendung der „Technologie" AJAX[51]. Eine Vorreiterrolle bei deren Einsatz nimmt wiederum die Firma Google Inc. ein, die mit den vollständig webbasierten und universell abrufbaren Applikationen GMail und GoogleMaps Anwendungen geschaffen hat, die sowohl im Hinblick auf die Benutzeroberfläche als auch durch die Interaktionsmöglichkeiten kaum von herkömmlichen Desktop-Programmen zu unterscheiden sind. Diese Art der Benutzeroberflächen wird auch als „Rich User Interfaces" bezeichnet[52], die dem Nutzer im Gegensatz zum Web 1.0 mit seinen statischen Webseiten ein „Rich User Experience" bieten.

7. Long-Tail

Schließlich ist Kennzeichen vieler Web 2.0 Geschäftsmodelle die Ausrichtung auf den so genannten „Long Tail". Der Begriff des „Long Tail" geht auf einen Artikel von Chris Anderson im Magazin „Wired"[53] zurück und steht für die Strategie von E-Commerce-Unternehmen wie z. B. Amazon.com, Nischenmärkte zu bedienen. Die im Vergleich zu stationären Kaufhäusern oder Einzelhändlern niedrigen Fixkosten für die Lagerung ermöglichen es, aus dem Verkauf von Artikeln, die nur von wenigen nachgefragt werden, in der Summe erhebliche Einkünfte zu erzielen.[54] Die verhältnismäßig große Gruppe von Konsumenten, die diese – im stationären Handel meist nicht oder nur schwer zu bekommenden – Artikel erwerben, werden, abgeleitet aus der grafischen Auswertung der Verkaufsstatistik, der „Long Tail" genannt.

Das „Long Tail"-Phänomen wirkt sich dahingehend aus, dass (Web-)Unternehmen nicht mehr nur auf die „Verkaufsschlager" allein fokussiert zu sein brauchen. Sie können – ohne nennenswerten Mehraufwand – alles anbieten.[55]

---

51 AJAX ist die Abkürzung für Asynchronous JavaScript and XML. Es handelt sich bei AJAX nicht um eine Programmiersprache wie z. B. C++, sondern vielmehr um eine Verbindung mehrerer Technologien. Eine Ajax-Anwendung basiert auf HTML oder XHTML, Document Object Model (DOM), JavaScript, XML und XSLT sowie XMLHttpRequest. Näher hierzu *Alby*, Web 2.0, S. 135 ff.

52 *Alby*, Web 2.0, S. 136.

53 *Anderson*, „The Long Tail" in: Wired, Ausgabe 12. 10. 2004, online abrufbar unter: http:// www.wired.com/wired/archive/12.10/tail.html.

54 Nach einer Verkaufsanalyse von *Eric Brynjolfsson* (MIT) erzielt der Online-Buchhändler Amazon.com bis zu 40 Prozent der Umsätze über Bücher, die in der Regel nicht in einem klassischen Buchgeschäft zu finden sind, *Brynjolfsson*, „From Niches to Riches: The Anatomy of the Long Tail" in: Sloan Management Review, Summer 2006, Vol. 47, No. 4, S. 67–71.

55 Dies gilt insbesondere für digitale Artikel wie sie z. B. in Form von Filmen und Musikdateien bei Onlinehändlern wie Apple iTunes oder Musicload vertrieben werden.

Hieraus wird die allgemeine These abgeleitet, dass

„Given a large enough availability of choice and a large population of customers, and negligible stocking and distribution costs, the selection and buying pattern of the population results in a power law distribution curve, or Pareto distribution, instead of the expected normal distribution curve. This suggests that a market with a high freedom of choice will create a certain degree of inequality by favoring the upper 20 % of the items ("hits" or "head") against the other 80 % ("non-hits" or "long tail")."[56]

8. Kritik

O'Reilly beschreibt in seiner Erläuterung des Web 2.0 „Konzepts" im Wesentlichen die Kernkompetenzen eines Web 2.0 *Unternehmens*. Die Ausgangsfrage seines Artikels „What is Web 2.0?" vermag er indessen nicht abschließend zu klären. Alle genannten Prinzipien, Grundhaltungen und Kernkompetenzen beschreiben weniger das Web 2.0 als vielmehr mit dem Web 2.0 zusammenhängende Phänomene. Eine Definition ist indes auch nicht intendiert. *O'Reilly* selbst schreibt im Corporate Blog des O'Reilly-Verlags[57], dass er nicht denkt, dass es sinnvoll sei, für den Begriff Web 2.0 überhaupt eine solche zu finden, *„because I tend to think about the gravitational core that holds a solar system of ideas and experiences together, rather than some kind of box to contain them."*[58]

Diese Ausführungen nimmt *Angermeier* sichtlich zum Anlass für seine „Web 2.0 Mindmap"[59], um in Form einer „Tag-Cloud" ausdifferenzierter und konkreter als O'Reilly zu verdeutlichen, welche Prinzipien, aber auch welche konkreten Applikationen (z. B. Wikis) und Produkte (z. B. Google-Maps) für das Web 2.0 prägend sind.

---

56 http://en.wikipedia.org/wiki/The_Long_Tail.
57 http://radar.oreilly.com.
58 *O'Reilly*, „What is Web 2.0", Blogbeitrag v. 30. 09. 2005 – http://radar.oreilly.com/archives/2005/09/what_is_web_20.html.
59 http://kosmar.de/archives/2005/1 ./11/the-huge-cloud-lens-bubble-map-web20/.

Web 2.0 Tag Cloud von M. Angermeier

Auch diese Begriffswolke ist zur näheren Definition des Begriffes Web 2.0 nur bedingt geeignet, weil sie abstrakte Effekte und beschreibende Adjektive mit konkreten Anwendungsbeispielen vermischt.

II. Eigener Deutungsansatz

Aus der Angermeierschen Mindmap wird – insbesondere im Bereich der „Participation" – deutlich, wie stark das Web 2.0 auf den Nutzern basiert und von ihnen abhängig ist. *O'Reilly* bemerkt in seinem Artikel „What is Web 2.0", dass im Web 2.0 eine „Architektur der Partizipation" vorherrsche, in der der angebotene Dienst selbst als intelligenter Vermittler auftritt, der die Enden eines Netzwerks verbinde, die Ressourcen der Nutzer bündele und ihnen wieder zur Verfügung stelle. Dieses Bild wird im Kontext der Beschreibung des P2P-Dienstleisters BitTorrent gezeichnet, kann jedoch für eine nähere Umschreibung des Web 2.0 Begriffs nutzbar gemacht werden. Sie zeigt auf, dass das Web 2.0, wie auch *Koch*[60] richtig festhält, sowohl die Kategorie Technik (Architektur) als auch die Kategorie Mensch (Partizipation) umfasst. Während dieser jedoch beides gleichwertig nebeneinander stellt, ist es nach hier vertretener Auffassung der Mensch in Gestalt des Nutzers, der das Web 2.0 als solches ausmacht und prägt. Zur

---

60 *Koch*, Meine Antwort auf „Was ist Web 2.0" v. 14. 02. 2007 – http://thorsten-koch.net/?p=9.

Konkretisierung des Begriffs stellt der Nutzer – im Gegensatz zur im stetigen Wandel begriffenen Technik – und insbesondere sein konkretes Verhalten die einzige Konstante dar. Es ist der Nutzer, der den Erfolg der Web 2.0
Unternehmen bedingt – was auch der O'Reillische Deutungsansatz mittelbar berücksichtigt, indem er beispielsweise die Einbeziehung der kollektiven Intelligenz der Nutzer als wichtige Kernkompetenz eines Web 2.0
Unternehmens würdigt[61] oder auf die Relevanz des „Long Tail" hinweist.

1. „Mitmach"-Web

Treffender und diese Wichtigkeit des Nutzers besser betonend ist die syno-
nyme Bezeichnung des Web 2.0 als das „Mitmach-Web"[62]. War der Nutzer
im Web 1.0 noch im Wesentlichen passiver Konsument, steht er nunmehr
idealiter als freiwilliger Produzent an der Spitze der Angebotserstellung. Er
wird zum „Produser"[63]. Das dieser „Architektur des Mitwirkens und der
Teilhabe" zu Grunde liegende Fundament ist indes nicht erst in den Jahren
nach dem Platzen der so genannten Dot-Com-Blase entstanden. Bereits seit
Beginn der kommerziellen Nutzung des Internets existieren kreative und
partizipative Elemente, die das Bild des World Wide Web prägen. Aus diesem Grunde wird der Begriff Web 2.0 bisweilen auch als Marketing-Gag
abgelehnt. So vertritt *Weinberger* die Auffassung, dass schon der Begriff
Web 2.0 auf einem grundlegenden Missverständnis über die Geschichte
des Internets beruhe, weil propagiert würde, dass die Nutzer erst jetzt zum
ersten Mal an der Entwicklung des Webs teilnehmen könnten. Zu Recht
weist er darauf hin, dass diese Behauptung die Entwicklung des Internets
seit Mitte der neunziger Jahre ignoriere und es genau dieses Element des
Mitmachens gewesen sei, das das Internet von Anfang an „spannend" gemacht habe.[64]

Übersehen wird von *Weinberger* jedoch, dass es nicht allein die theoretischen Möglichkeiten sind, die das Web 2.0 ausmachen, sondern vielmehr
auch deren tatsächliche Nutzung durch eine große Anzahl von Menschen.
Schon allein auf Grund hoher Kosten und niedriger Zugangsgeschwindig-
keiten war das „Mitmachen" nur wenigen Nutzern möglich[65].

---

61 In seinem Blog schreibt *O'Reilly* denn auch, „*If I had to pick out one of the principles that I
highlight as the most significant addition to my thinking on the subject, it would be this: Web
2.0 is about systems that harness collective intelligence.*", Blogbeitrag v. 30. 09. 2005 –
http://radar.oreilly.com/archives/2005/09/what_is_web_20.html.

62 So z. B. *Berger*, „Mitmach-Web als Millionärsgarantie" in Financial Times Deutschland
v. 25. 10. 2007 – http://www.ftd.de/technik/medien_internet/:Mitmach%20Web%20Million
%E4rsgarantie/270327.html.

63 Wortneuschöpfung aus den Begriffen „Producing" und „User", vgl. auch *Bruns*, „Anyone Can
Edit: Understanding the Produser", abrufbar unter http://snurb.info/index.php?q=node/286.

64 D. *Weinberger*, Interview in Handelsblatt v. 09. 05. 2006.

65 Vgl. zur Problematik dieses sog. „Digital Divide" z. B. *Holznagel/Verhulst/Grünwald/Hahne*,
K&R 2000, 425.

Versteht man dieses partizipative Element nicht nur im Sinne eines Meinungs-, sondern im Sinne eines allgemeinen Informationsaustauschs, insbesondere auch in Form des Austauschs von Bildern oder Videos, besteht für die breite Masse der Nutzer erst seit wenigen Jahren, gefördert durch die Verbreitung von preisgünstigen Digitalkameras und DSL-Zugängen, die Möglichkeit, die notwendigen Inhalte zu generieren und ohne nennenswerte Kosten zu verbreiten.[66] Dementsprechend zeichnet sich die – wenn man so möchte – „Ära" des Web 1.0 dadurch aus, dass der ganz überwiegende Teil der Internetnutzer (schon mangels Alternativen) lediglich die angebotenen Inhalte konsumierte und die Teilnahme, das „Mitmachen" und Mitgestalten des Webs, nur einigen wenigen Nutzern vorbehalten war.[67]

2. Tom-Sawyer-Prinzip

Dem aktiven Nutzer gegenüber stehen die Plattformbetreiber, deren Grundhaltung im Web 2.0 parabelhaft mit einer Geschichte aus Mark Twains Buch „Tom Sawyer" verglichen werden kann. In dieser wird der Hauptprotagonist von seiner Tante Polly ausgerechnet an einem Samstag angewiesen, einen Zaun zu streichen. Hierzu hat Tom Sawyer keine Lust und Muße. Er gelingt ihm aber, den anderen Kindern im Dorf das Gefühl zu geben, es gäbe nichts Schöneres auf der Welt, als an einem herrlichen Samstag genau diesen Gartenzaun zu streichen. Es handele sich gewissermaßen um die aufregendste Sache der Welt. Tom Sawyer schafft es sogar, dass die anderen Kinder ihm als Gegenleistung für die Möglichkeit, eine Latte des Zaunes anzustreichen, Kleinigkeiten überlassen. Sie geben ihm etwas dafür, dass sie seine Arbeit erledigen.[68] *„Does a boy get a chance to whitewash a fence every day?"*, fragt Tom Sawyer sein erstes „Opfer". Dieser Satz könnte sinngemäß über allen Web 2.0 Plattformen stehen. Wann bietet sich schon einmal die Gelegenheit, an einer Enzyklopädie mitzuarbeiten, selbst gedrehte Videos oder die eigenen Fotokünste einer breiten Öffentlichkeit vorzuführen? *„Broadcast yourself!"* lautet die Aufforderung von Youtube, *„Lade dein Fun Video gratis hoch und teile es mit Freunden!"* ködert Clipfish, eines der zahlreichen deutschen Pendants, seine Nutzer. Die Plattform-

---

66 *Berge/Buesching* in: Hass (Hrsg.), „Web 2.0 – neue Perspektiven für Marketing und Medien", S. 23 (24).

67 Im Jahr 2006 verfügten bereits insgesamt 67 % der deutschen Haushalte über einen Internetzugang. In etwa die Hälfte (34 %) nutzte einen Breitbandanschluss. Die tatsächliche Nutzung des Internets erreichte einen Verbreitungsgrad von 69 % der Bevölkerung. Vgl. näher *Albrecht/Kohlrausch/Kubicek/Lippa/Märker/Trénel/Vorwerk/Westholm/Wiedwald*, Studie E-Partizipation, S. 31 m. w. N. Angesichts des fortgesetzten Preis- und Kostenverfalls auf dem Gebiet der Breitbandanschlüsse (insb. DSL und ADSL) ist von einer weiteren Erhöhung dieser Zahlen auszugehen.

68 Vgl. *Mark Twain*, The Adventures of Tom Sawyer, 1884 – 2. Kapitel; Text online abrufbar unter: http://www.gutenberg.org/files/74/74-h/p1.htm#c2.

betreiber bieten gewissermaßen den anzustreichenden Zaun und verdienen ihr Geld im Wesentlichen über (kontextsensitive) Werbeeinblendungen in und um den Nutzer-generierten Inhalt.

3. User Generated Content in Social Web Strukturen

a) User Generated Content

Die Basis einer Web 2.0 Applikation stellen somit die von den Nutzern erstellten Inhalte, so genannter User Generated Content[69], in einem weit verstandenen Sinne dar. Der Plattformbetreiber selbst stellt regelmäßig für diese Inhalte nur das technische Gerüst beziehungsweise den technischen Rahmen – also den sawyerschen Zaun – bereit und erlaubt den Nutzern ihre Inhalte oder Informationen auf seinem Serverplatz zu speichern. Während die Suchmaschinen sich darauf beschränken, diesen nutzergenerierten Content zu finden und anderen Nutzern einen leichten Zugang hierzu zu schaffen, sind die Hauptakteure, beziehungsweise die Hauptapplikationen im Web 2.0, diese User Generated Content Plattformen.

b) Inkurs: User Generated Content Plattformen

Als User Generated Content Plattformen[70] im weitesten Sinne gelten Internetforen, Auktionsplattformen, Video- und Fotoplattformen, Social Networking Communities sowie Recommendation- und Bewertungsplattformen. Vom hier weit verstandenen User Generated Content Begriff sind nicht nur verhältnismäßig aufwendige Inhalte wie Videos oder „Auktionsangebote" auf einer Online-Handelsplattform erfasst. Ebenfalls zum User Generated Content zählen auch einfache Inhalte wie einzelne Textbeiträge (z. B. Kommentare unter einem Blogbeitrag) oder die Bewertung eines Artikels durch Vergabe von Sternchen per Mausklick. Die wesentlichen Plattformtypen sollen an dieser Stelle skizziert werden.

aa. Internetforum

Verbunden mit den verschiedenen Varianten der Kommunikation im Internet ist die Vorstellung der Räumlichkeit.[71] Einen derart abgeschlossenen Kommunikationsraum stellen Internetforen dar. Ein Internetforum ist vergleichbar mit einem virtuellen Marktplatz zum Austausch von Meinungen, Gedanken und Erfahrungen. Die dort asynchron geführten Diskussionen sind indes nicht flüchtig, sondern werden gespeichert und sind in der Regel für jedermann einsehbar. Üblicherweise ist ein Internetforum themenbezogen. Es existiert kaum ein Lebens- oder Interessenbereich, zu wel-

---

69 User Generated Content steht auch antonym für den so genannten klassischen „Provider Generated Content" – also die Inhalte, die von dem jeweiligen Webangebotsbetreiber selbst angeboten werden.

70 Einen stets aktualisierten Überblick bietet: http://www.web2null.de/.

71 Prägende Begriffe sind etwa der „Cyberspace", Chatroom, Datenautobahn, Plattform, etc. Vgl. *Kunz*, Rechtsfragen des Ausschlusses aus Internetforen, 2005, S. 24.

chem sich im Internet keine Austauschplattform findet. Die Foren selbst sind meist wiederum thematisch in Unterthemen unterteilt.

Ein Forum ist ein Bereich eines Kommunikationssystems, das dem öffentlichen Nachrichten- und Meinungsaustausch zu bestimmten Themen dient.[72] Umfasst sind alle Kommunikationsmöglichkeiten, in denen Personen oder Gruppen sich und ihre Handlungen über Formen der Interaktion sichtbar machen können. Dies erfolgt hauptsächlich durch Eingabe von Textnachrichten, aber auch durch Hinterlegen von Profilen, Bildern, Video- und Audiodateien.[73] Die Akteure lassen sich grob in den Forenbetreiber und die Nutzer einteilen. Bisweilen existiert ein so genannter Moderator, welcher einzelne oder mehrere Themendiskussionen betreut. Die Nutzer können Diskussionsbeiträge (so genannte „Postings") erstellen, die dann im Rahmen eines Themenfadens (so genannter „Thread") beantwortet werden. Eine Besonderheit der Teilnahme an einem Internetforum besteht darin, dass die Verbreitung der eingestellten Beiträge, im Unterschied etwa zur Übernahme von Leserbriefen in ein Printmedium, nicht Folge einer ausdrücklichen kognitiven Freigabe durch den Betreiber ist. Die Veröffentlichung erfolgt vielmehr allein auf Grund eines Eingabeaktes durch den jeweiligen Nutzer ohne vorherige konkrete Kenntnis des Forenbetreibers.[74]

Der Umfang der Foren im weitesten Sinne reicht von Gästebüchern privater Homepages mit einigen wenigen, bis hin zu thematisch geordneten und moderierten Großforen mit Hunderten von Threads und mehreren Tausend Postings täglich.[75]

Dem Forenbetreiber (und ggf. auch den Moderatoren) ist es möglich, einzelne Postings oder ganze Threads zu löschen oder zu editieren. Häufig – aber nicht immer – können auch die Nutzer ihre eigenen Beiträge redigieren oder löschen.

Bei den meisten Foren ist das Schreiben eines Beitrages erst nach vorheriger Registrierung möglich. Hierbei gibt der Nutzer zumindest eine Kontaktemailadresse an und wählt ein Nutzerpseudonym (so genannter „Nickname" oder auch „Nick"). Nur selten werden in der Praxis weitere Identifikationsangaben verlangt oder gar verifiziert. Dementsprechend hoch ist das Niveau der Anonymität der einzelnen Nutzer.

---

72 *Martens/Schwartz-Gondek,* in: Bräutigam/Leupold, Online-Handel, 2003, C, S. 1075.

73 *Kunz,* Rechtsfragen des Ausschlusses aus Internetforen, 2005, S. 25.

74 Vgl. die Erläuterung des OLG Hamburg, Urt. v. 22. 08. 2006 – 7 U 50/06 – JurPC Web-Dok. 98/2006.

75 *Roggenkamp,* jurisPR-ITR 7/2006 Anm. 5.

bb. Internetauktionsplattform

Auch bei den so genannten Internetauktionsplattformen[76] sind ähnlich den Internetforen virtuelle Marktplatzelemente vorhanden. Wie im realen Raum ist Daseinszweck des virtuellen Marktplatzes Auktionsplattform[77] primär der Austausch von Waren. Im Gegensatz zu klassischen Online-Shops, die im realen Raum eher mit einem Warenhaus verglichen werden können, tritt hier nicht der Plattformbetreiber als Anbieter von Waren auf, sondern die Plattformnutzer.[78]

cc. Video-/Fotoplattformen

Der Marktplatzgedanke ist auch bei Video- und Fotoplattformen prägendes Element. Hier geht es jedoch nicht primär um den Austausch von Waren oder Meinungen, sondern um digitalisierte Bilder und Fotografien. Die bekannteste Fotoplattform ist die seit dem Jahr 2002 existierende Site FlickR.com, welche mit sieben Millionen Benutzern und 500 Millionen Fotos auch zu den größten ihrer Art zählt. In Deutschland sehr bekannt und verbreitet ist weiter die fotocommunity[79], die eine halbe Million „Mitglieder" und 8 Millionen Fotos zählt. Weiterhin bedeutend sind Photobucket[80], ImageShack[81] und Zooomr[82]. Bekanntester Vertreter der Videoplattformen ist die amerikanische Website YouTube. Diese Plattform hatte 2006 einen Marktanteil von ca. 40 %[83] und ist mit etwa 65.000 neu hochgeladenen und 100 Millionen angesehen Videos am Tag Marktführer im Bereich

---

76 Hierzu *Huppertz*, MMR 2000, 65 (66); umfassend *Heckmann* in: jurisPK-Internetrecht, Kap. 4.3.

77 Die bekannteste und zugleich größte Online-Auktionsplattform ist eBay – http://www.ebay.de.

78 Der Großteil der Auktionsplattformen basiert auf folgendem Modell: Der Anbieter, gleich ob Verbraucher i. S. d. § 13 BGB oder Unternehmer i. S. d. § 14 BGB, hat die Möglichkeit, Waren jeglicher Art zu einem Mindestpreis (so genannter „Startpreis" oder „Mindestgebot") seiner Wahl anzubieten und seine Angebote nach seinem Belieben mit Beschreibungen und Bildern zu versehen. Mit dem Einstellen des Artikels auf der Plattform gibt der Anbieter ein verbindliches Angebot zum Abschluss eines Vertrags über diesen Artikel ab. Dabei bestimmt der Anbieter einen Startpreis und eine Frist (Angebotsdauer), innerhalb derer das Angebot per „Gebot" angenommen werden kann. Der Bieter nimmt das Angebot durch Abgabe eines Gebots über eine „Bieten"-Funktion an. Das Gebot erlischt, wenn ein anderer Bieter während der Angebotsdauer ein höheres Gebot abgibt. Bei Ablauf der Auktion oder bei vorzeitiger Beendigung des Angebots durch den Anbieter kommt zwischen Anbieter und Höchstbietendem ein Vertrag über den Erwerb des Artikels zustande, vgl. § 10 eBay-AGB bzw. BGH, Urt. v. 03. 11. 2004 – VIII ZR 375/03 – NJW 2005, 53.

79 http://www.fotocommunity.de.

80 http://www.photobucket.com.

81 http://www.imageshack.us.

82 http://www.beta.zooomr.com.

83 Vgl. Spiegel Online v. 02. 07. 2006 – http://www.spiegel.de/netzwelt/web/0,1518,424498,00.html.

der Videoplattformen.[84] Inzwischen hat sich aber auch auf dem deutschen Markt ein breites Angebot an entsprechenden Pendants etabliert, so zum Beispiel Clipfish[85], MyVideo[86], SevenLoad[87], Dailymotion[88] oder Revver[89].

Allen Spielarten von Foto- und Videoplattformen ist gemein, dass dem Nutzer (meist nach einer Registrierung) die Möglichkeit gegeben wird, Bilder oder Videos in einem gewissen Umfang und vorgegebenen Dateiformat auf ihm von dem Plattformbetreiber zur Verfügung gestellten Speicherplatz hochzuladen und Dritten öffentlich zugänglich zu machen.[90] Die hochgeladenen Dateien kann der Nutzer nunmehr sortieren, mit Beschreibungen versehen und für unterschiedlich große Öffentlichkeitskreise zugänglich machen. Die Nutzer können diese Inhalte mit Kommentaren versehen und taggen.

dd. Social Networking Plattformen

Der so genannte „Community"-Gedanke, welcher gemeinsames Merkmal aller Web 2.0 Dienste ist[91], ist besonders im Rahmen der Social-Networking-Plattformen präsent[92]. Im Vordergrund dieser Plattformen steht neben der Selbstdarstellung der eigenen Person die Vernetzung mit Personen, die sich durch zumindest einen gemeinsamen Nenner verbunden sehen. Dem Nutzer wird im Rahmen der Social Networking Plattformen zunächst die Möglichkeit gegeben, ein eigenes „Profil" zu erstellen. In dieses kann er relevante Daten über sich und seine Interessen einpflegen.[93] Die „soziale Komponente" der Social Networking Plattformen besteht darin, dass der Benutzer angibt mit welchen anderen Benutzern er „vernetzt", also bekannt oder befreundet ist. Dies erfolgt entweder durch die Angabe von Kontakten oder indirekt durch Angabe geeigneter Metainformation (z. B. Lieblings-

---

84 Vgl. Spiegel Online v. 17. 07. 2006 – http://www.spiegel.de/netzwelt/web/0,1518,427093,00.html.

85 http://www.clipfish.de.

86 http://www.myvideo.de.

87 http://www.sevenload.de.

88 http://www.dailymotion.com.

89 http://www.revver.com.

90 Der Hochladevorgang (so genannter Upload) erfolgt je nach Portal entweder durch ein hierfür eingerichtetes integriertes Modul auf der Plattform selbst, durch spezielle, teils kostenpflichtige Softwaretools, durch E-Mail oder direkt per MMS vom Mobiltelefon.

91 *Kilian/Hass/Walsh* in: Hass (Hrsg.), „Web 2.0 – neue Perspektiven für Marketing und Medien", S. 3 (12).

92 Die aus diesem Grunde auch Social Community Websites genannt werden, vgl. *Bauer*, MMR 2008, 435 (435).

93 Auf den so generierten Daten basiert dann auch das Geschäftsmodell des Großteils der Social Networking Plattformen, eröffnen sie doch den Betreibern die Möglichkeit, Werbung konkret auf die Präferenzen der Nutzer zuzuschneiden, vgl. *Bauer*, MMR 2008, 435 (435) mit ausführlicher Erörterung der sich in diesem Zusammenhang stellenden datenschutzrechtlichen Problemstellungen.

sportverein). Der Nutzer selbst muss nur seine eigenen Daten aktuell halten, die Daten der vernetzten Kontakte werden von diesen selbst aktualisiert.

Zumeist verfügen Social Networking Plattformen über weitere Funktionalitäten wie integrierte Meinungs- und Informationsaustauschplattformen oder Messagingsysteme, die ähnlich funktionieren wie die bekannten E-Mailsysteme, mit dem Unterschied, dass die Nachrichten nicht über das Internet von einem Mailserver zum anderen, sondern nur plattformintern „verschickt" werden. Bekannte deutschsprachige Social Networking Plattformen sind z. B. Xing.com oder StudiVZ.net[94]. Beide haben jeweils rund 1,5 Millionen Mitglieder[95]. Mit über 100 Millionen „Profilen"[96] ist die Plattform myspace.com eine der weltweit erfolgreichsten Plattformen auf dem Gebiet der Online-Plattformen. Die Plattform facebook.com[97] verzeichnete demgegenüber im November 2007 55 Millionen Nutzer[98] und stellt das Vorbild der deutschen StudiVZ Plattform dar, richtet sich aber nicht nur an Studierende.

ee.   Recommendation- und Bewertungsplattformen

Bei Recommendation- oder Bewertungsplattformen handelt es sich im Ergebnis um eine Spielart der Internetmeinungsforen. Dem Nutzer wird auf diesen Plattformen die Möglichkeit der gewissermaßen formalisierten Meinungskundgabe gegeben. Die Variationen reichen hier von der – regelmäßig subjektiv geprägten – Bewertung von Büchern, Filmen und Unterhaltungselektronik (z. B. auf amazon.de, dooyoo.de, ciao.de) über Urlaubsziele (z. B. holidaycheck.de) und Restaurants (z. B. qype.de) bis hin zur Bewertung von konkreten Personen im Kontext ihrer Leistungen[99] (z.B. mein prof.de; aerzte-bewerten.de). Der Nutzer kann sich zumeist anonym registrieren und – je nach Gusto und konkreter Ausgestaltung der Plattform – Schulnoten, Sterne oder ähnliches vergeben und meist einen eigenen Kommentar hierzu verfassen.

---

94 Die Plattform StudiVZ wurde Ende 2006 von der Verlagsgruppe Georg von Holtzbrinck nach Angaben des FOCUS für 85 Millionen Euro gekauft, vgl. *Seitz/Sievers*, 85 Millionen Euro für Kontaktbörse, Focus Online v. 03. 01. 2007 – online abrufbar unter: http://www.focus.de/ finanzen/news/medien_nid_41976.html.

95 Vgl. *Krüger*, Fallstricke im Web 2.0, Beitrag auf ZDF.de vom 09. 04. 2007 http://www.heu te.de/ZDFheute/inhalt/25/0,3672,5252025,00.html.

96 Vgl. http://www.heise.de/newsticker/meldung/87407.

97 Facebook ist in den USA die Bezeichnung für ein Buch mit Portraitfotos der Universitäts- oder Schulmitarbeiter, die zu Beginn eines Semesters respektive Schuljahres verteilt werden. Sie sollen insbesondere Neulingen die Orientierung auf dem Campus erleichtern.

98 Eine stets aktualisierte Statistik findet sich unter http://www.facebook.com/press/info. php?statistics.

99 Hierzu *Heckmann*, jurisPR-ITR 11/2007 Anm. 5 sowie *Ballhausen/Roggenkamp*, K&R 2008, 403 (403 ff.).

ff.   Wiki-Systeme

Ebenfalls prägend für das Web 2.0 und in seiner Ausprägung in der Wikipedia auch Paradigma für die Theorie der Kollektiven Intelligenz[100] im Internet sind Wiki-Systeme. Hierbei handelt es sich im Ergebnis um eine Ansammlung von Webseiten, die von den Benutzern nicht nur gelesen, sondern auch in Echtzeit online geändert werden können. Zielsetzung eines Wiki-Systems ist die Ermöglichung der kollaborativen respektive gemeinschaftlichen Erstellung von Texten, die zumeist, ähnlich einem Lexikon, unter bestimmten Stichwörtern abgelegt werden können.

gg.   Blogs

Auch die zahlreichen im Internet abrufbaren Weblogs oder auch Blogs[101] spielen eine prominente Rolle im Web 2.0. Hierbei handelt es sich grundsätzlich um eine regelmäßig aktualisierte Webseite mit chronologisch sortierten Textbeiträgen des Bloggers. Der Begriff Blog selbst ist eine Abkürzung des ebenfalls gebräuchlichen Begriffes Weblog. Dieser wurde bereits Ende der Neunziger Jahre von *Jorn Barger* geprägt. *Barger* umschrieb hiermit den Vorgang des „logging the web", bei welchem der Blogger in seinem Weblog auf neu entdeckte Webseiten hinwies.[102] Mit dem Aufkommen leicht nutzbarer Blogsoftware[103] und vorgefertigten webbasierten Blogapplikationen[104] hat die Anzahl von derartigen webbasierten Journalen und Tagebüchern exponentiell zugenommen. Es gibt inzwischen über 70 Millionen Blogs weltweit.[105] Täglich kommen ca. 120.000 neue Blogs hinzu. Insgesamt werden weltweit täglich ca. 1,4 Millionen Beiträge verfasst.[106]

Bei einem Großteil der Blogs handelt es sich um eine Art virtuelles Tagebuch, in welchem der Blogger Alltagserlebnisse und -erfahrungen schildert. Neben diesen Webtagebüchern hat sich eine Reihe von Blog-Unterarten entwickelt[107]. Wesentliches Element eines Blogs ist der Inhalt der Blogbeiträge,

---

100 Hierzu bereits oben S. 5.

101 Auch Weblogs werden hier dem User Generated Content zugerechnet, weil die weit überwiegende Zahl der Blogs durch Nutzer selbst und nur ein verschwindend geringer Anteil durch „klassische" Content-Lieferanten wie z. B. Tageszeitungen betrieben wird.

102 Siehe *Barger*, Weblog resources FAQ, http://www.robotwisdom.com/weblogs/.

103 Bekannteste Blog-Software ist das Open Source Produkt „Wordpress", siehe http://word press.com/.

104 Beliebt ist hier das Angebot von Blogger.com, welches zwischenzeitlich von der Google Inc. aufgekauft wurde.

105 Kritisch zu dieser Zahl bereits http://www.intern.de/news/4839.html. Tatsächlich handelt es sich bei vielen Blogs um brachliegende Versuchsobjekte mit nur wenigen Einträgen, die von ihren Erstellern nicht mehr oder nur äußerst selten aktualisiert werden.

106 *Sifry*, The State of the Live Web, April 2007 – http://www.sifry.com/alerts/archives/000493.html.

107 So berichten beispielsweise Anwälte aus ihrer Praxis und bloggen neben Erfahrungen bei Gericht auch Urteile und ihre Rechtsansichten hierzu in so genannten Blawgs (Law-Blogs). Entwickler von Unternehmen aus der IT-Branche informieren über Probleme und Erkennt-

der meist von journalistischen Laien verfasst wird. Auf der zweiten Stufe ist jedoch die Möglichkeit der Partizipation der Leser ein weiteres Web 2.0-spezifisches Element, welches einen Blog auszeichnet. Wichtigste Möglichkeit der Partizipation ist die Kommentarfunktion in einem Blog. Bisweilen wird die Kommentarfunktion als zwingend für die Klassifizierung als Blog angesehen.[108] Im Anschluss an einen Artikel können die Leser hier den Beitrag kommentieren. Sämtliche Kommentare werden in der Regel chronologisch unter dem Artikel selbst für alle Leser sichtbar vorgehalten. Nicht selten entsteht eine themenbezogene Diskussion ähnlich der innerhalb eines Meinungsforums zu einem bestimmten Thema.

hh. Podcasts, V-Casts

Gewissermaßen das akustische Äquivalent der Blogs sind die so genannten Podcasts[109]. Bei dem Begriff handelt es sich um ein Kofferwort, welches die Wörter iPod[110] und Broadcasting referenziert. Beim Podcasting, welches ursprünglich unter dem Begriff Audioblogging bekannt wurde, produziert der Nutzer eine Art Radiosendung, welche über entsprechende Verteilplattformen im World Wide Web[111] von Dritten abgerufen („abonniert") werden kann. Inhaltlich existiert eine den Blogs vergleichbare Bandbreite an Angeboten.[112] Die so genannten V-Casts oder auch Videopodcasts sind Podcasts in Form von Videoclips, welche sich dank der immer weiter verbreitenden Fähigkeit mobiler Endgeräte Videos wiedergeben zu können zunehmender Beliebtheit erfreuen.

4. Eigene Definition

Wie kann nun diese Vielzahl von unterschiedlichen Ideen, Konzepten und „Grundhaltungen", die um den Begriff „Web 2.0" kreisen und ihn zugleich ausmachen, zusammenfassend und griffig definiert werden?

O'Reilly selbst schreibt, einige Tage nach Veröffentlichung seines Artikels „What is Web 2.0", dass er nun doch eine kompakte zusammenfassende Beschreibung des Begriffes Web 2.0 gefunden habe:

„Web 2.0 is the network as platform, spanning all connected devices; Web 2.0 applications are those that make the most of the intrinsic advantages of that platform: delivering software as a continually-updated service that gets

---

nisse bei der Programmierung und Entwicklung neuer Anwendungen (Developer-Blogs). Zu diesen und weiteren Unterarten der Blogs *Alby*, Web 2.0.

108 Vgl. *Alby*, Web 2.0, S. 22.

109 Hierzu ganz ausführlich, *Rubens*, Podcasting, Köln 2006.

110 Der iPod ist ein tragbares Abspielgerät für digitale Ton- und Videodateien der Firma Apple Inc. Vgl. z. B. http://www.apple.com/de/ipodclassic/.

111 Aber auch über rechnerbasierte Anwendungen wie z. B. die Software iTunes.

112 So wendet sich beispielsweise seit Mitte 2006 die Bundeskanzlerin in einem wöchentlich erscheinenden Video-Podcast (so genannter VCast) an die Öffentlichkeit, um über ihre Tätigkeit und die Tätigkeit der Bundesregierung zu berichten.

better the more people use it, consuming and remixing data from multiple sources, including individual users, while providing their own data and services in a form that allows remixing by others, creating network effects through an "architecture of participation", and going beyond the page metaphor of Web 1.0 to deliver rich user experiences."[113]

Diese Annäherung an eine Definition verliert sich, ähnlich dem Artikel „What is Web 2.0", in Details und ist durch die Verwendung ebenfalls noch nicht geklärter oder zu stark interpretationsoffener Begriffe wie „Web 1.0" oder „rich user experience" im Ergebnis nur eingeschränkt brauchbar.

Unter Web 2.0 kann zusammenfassend der **Prozess der aktiven Integration des Nutzers in das World Wide Web** verstanden werden. Wie, wann, durch wen und durch welche Techniken dieser Prozess durchgeführt wird, bleibt im Rahmen dieser Definition bewusst außen vor. Umfasst ist sowohl die Integration des Nutzers durch Bereitstellung einer Kommentarfunktion in einem Blog oder unter einem Zeitungsartikel, als auch die Möglichkeit, über eine API Inhalte Dritter im Rahmen des eigenen Angebots zu „vermanschen" (Mash-Up). Demzufolge sind alle Webanwendungen dann als Web 2.0 Anwendungen einzuordnen, wenn sie geeignet und bestimmt sind, diesen Prozess zu unterstützen. Nicht erfasst sind Anwendungen und Angebote, die es dem Nutzer lediglich erlauben, Informationen zu konsumieren, nicht aber aktiv zum Angebot beizutragen.

III.   Exkurs: Impulsfaktoren

Die aktive Integration der Nutzer durch Verschaffung der Möglichkeit des freiwilligen Mitgestaltens der verschiedensten Angebote und die damit einhergehende Bereicherung des weltweit abrufbaren Informations- und Datenschatzes ist also konstitutives Element von Web 2.0 Angeboten. Wieso aber sind scheinbar so viele Menschen daran interessiert, beispielsweise ihr vermeintliches Sonder- oder Expertenwissen in einer Online-Enzyklopädie wie der Wikipedia mit anderen zu teilen? Wieso funktioniert der Erfahrungsaustausch über Probleme aller Art in Internetforenangeboten? Aus welchem Grund bloggen Menschen unterschiedlichster Bildung und aus den unterschiedlichsten Berufs- und Gesellschaftsgruppen ihre Erfahrungen, Erlebnisse und Meinungen? Wieso teilen Sie ihre mehr oder minder sorgsam kategorisierten Bilder, Bookmarks oder Videos mit anderen? Ja, wieso stellen sie – den Bemühungen der Datenschutzbewegung scheinbar zum Trotz – komplette Personenprofile samt Angaben von politischen und sexuellen Präferenzen in soziale Netzwerke wie Facebook.com oder StudiVZ.net ein?

---

113 O'Reilly, „Web 2.0: Compact Definition", Blogbeitrag v. 01. 10. 2005 – http://radar.oreilly.com/archives/2005/10/web_20_compact_definition.html.

Eine definitive Antwort hierauf gibt es nicht. Überzeugend sind jedoch Erklärungsversuche, die das Web 2.0 auch deshalb als Social Web bezeichnen, weil es das Versprechen die sozialen Bedürfnisse der Nutzer zu befriedigen, einzulösen scheint.[114] Diese sind so vielgestaltig wie das Angebot im Web 2.0 selbst, lassen sich aber auf einzelne Impulsfaktoren[115] herunter brechen:

a) Impulsfaktor Anerkenntnis und Status

Seit jeher ist der Wunsch nach sozialer Anerkennung in einem mehr oder weniger definierten Umfeld Antrieb für viele Menschen, scheinbar selbstlos Werke[116] im weitesten Sinne für andere zu produzieren. Dies wird von vielen Plattformen dadurch „unterstützt", dass von Plattformbetreibern Ranglisten oder Punktesysteme geführt werden, die die Intensität der Teilnahme widerspiegeln. So finden sich beispielsweise in Internetforen Rangabstufungen je nach Anzahl der geposteten Beiträge[117] von „Rookie" bis „Expert". Auf anderen Plattformen werden unterschiedlich hohe Statuspunkte für jede Aktivität vergeben (z. B. fünf Statuspunkte für das Einstellen eines Profilbilds, zwei Statuspunkte für ein Posting, ein Statuspunkt für das Hinzufügen eines Tags usw.). Auf den meisten User-generated-Content Plattformen können die Beiträge der Nutzer von anderen, meist nach einem Sternchensystem, bewertet werden. Gerade auf E-Commerce-orientierten Plattformen wie eBay sind diese Status- beziehungsweise Reputationssysteme von bisweilen existentieller Wichtigkeit für den kommerziellen Erfolg des Nutzers. Aber auch auf anderen Plattformen ist die Aussicht auf einen höheren „Rang" in der Nutzergemeinschaft vielfach Antrieb für die aktive Teilnahme.

b) Impulsfaktor Reziprozität

Weiterhin wird vermutet, dass ein gewisser „Do ut Des"-Effekt im sozialen Mitmachweb eintritt. Wer die Beiträge anderer Teilnehmer nutzt, z. B. Bewertungen von Restaurants, Veranstaltungshinweise, Bookmarks usw., fühle sich irgendwann verpflichtet, selbst einen Beitrag zu dieser Sammlung zu leisten und so der „Gemeinschaft" etwas „zurückzugeben". Die

---

114 Vgl. hierzu *Schmidt*, in: Zerfaß/Welker/Schmidt (Hrsg.), Kommunikation, Partizipation und Wirkungen im Social Web, S. 18.

115 Vgl. auch die Darstellung der verschiedenen Nutzertypen bei *Gerhards/Klingler/Trump*, in: Zerfaß/Welker/Schmidt (Hrsg.), Kommunikation, Partizipation und Wirkungen im Social Web, S. 129.

116 Hierzu zählen alle aktiven Beiträge von reinen Textpostings über Bewertungen bis hin zu selbst geschnittenen Videos.

117 Trotz dieser Rangsysteme besteht für alle Nutzer die gleiche Möglichkeit weltweit „zu Wort zu kommen", was über die traditionellen Medien für die meisten Nutzer nicht oder nur mit besonders großem Aufwand möglich ist.

erwartete oder geleistete Reziprozität könne also Antriebsfeder für eine aktive Teilnahme sein.

c)   Impulsfaktor Gemeinschaft und Zugehörigkeit durch Vernetzung

Durch die weltweite Ausrichtung vieler Plattformen lassen sich durch den einzelnen Nutzer mit vergleichsweise geringem Aufwand relativ schnell Personen und Personengruppen identifizieren, die ähnliche Interessen, Hobbys, Probleme oder andere Gemeinsamkeiten teilen. In der Regel besteht die Möglichkeit, sich zu „vernetzen". Es entstehen reale Beziehungen im virtuellen Raum und damit ein Gemeinschafts- und Zugehörigkeitsgefühl, welches mitunter die Motivation für die Teilnahme an Web 2.0 Anwendungen darstellt. Vielfach werden auf Social Networking Plattformen auch Vernetzungen beruflicher Art in Form von neuen geschäftlichen Kontakten gesucht.[118] Die Hoffnung auf wirtschaftliche Vorteile kann also ebenfalls Antrieb für die aktive Teilnahme auf Plattformen sein.

Soziale Netzwerke im Internet sind häufig auch ein Abbild von Bekannt- und Freundschaften der realen Welt. Insbesondere bei Jugendlichen ist die Vernetzung über entsprechende Plattformen[119] inzwischen Grundvoraussetzung für den Austausch zwischen Freunden und Bekannten.[120]

d)   Impulsfaktor Hemmschwellensenkung

Durch die Möglichkeit im Netz unter einem Pseudonym oder gar anonym aufzutreten, wird die Hemmschwelle zur wirklich freien Persönlichkeitsentfaltung gesenkt. Auch wenn dies freilich bisweilen zu Entgleisungen einzelner führt[121] und unter Umständen auch bewusst zu rechtswidrigen Zwecken ausgenutzt wird, so ist doch die Möglichkeit, sich ohne Angst vor sozialen Repressionen innerhalb der realen örtlichen oder beruflichen Gemeinschaft beispielsweise über Krankheiten, politische Ansichten, persönliche Probleme etc. austauschen zu können, eine weitere wichtige Motivation für die aktive Beteiligung im „sozialen" Web 2.0.

e)   Impulsfaktor Selbstdarstellung

Aber auch die Darstellung der eigenen Person im Netz kann wesentliche Motivation insbesondere für die Preisgabe einer Vielzahl persönlicher Daten sein.[122] So ist es beispielsweise nicht unüblich, dass über Weblogs sehr private Mitteilungen über die eigene Person in die so genannte „Blogo-

---

118 *Gerhards/Klingler/Trump,* in: Zerfaß/Welker/Schmidt (Hrsg.), Kommunikation, Partizipation und Wirkungen im Social Web, S. 129 (142 f.).

119 Z. B. über die Plattformen SchülerVZ oder Spickmich.de.

120 Vgl. *Bager,* „Dabei sein ist alles", c't 5/2008, S. 92.

121 Kritisch hierzu *Lotter,* „Das Internet ist ein Tummelplatz für Heckenschützen", WeltOnline Debatte v. 04. 05. 2007 – abrufbar unter: http://debatte.welt.de/kommentare/20694/.

122 *Gerhards/Klingler/Trump,* in: Zerfaß/Welker/Schmidt (Hrsg.), Kommunikation, Partizipation und Wirkungen im Social Web, S. 129 (141).

sphäre"[123] entlassen werden. Derartig exhibitionistische Angebote finden teilweise sehr großen Widerhall bei Nutzern. So wurden etwa einzelne Episoden des Videoblogs[124] einer vermeintlich 16jährigen Nutzerin, die unter dem Namen „lonelygirl15" auf der Plattform youtube.com auftrat[125], zwischenzeitlich von mehreren Millionen Nutzern angesehen. Diese Popularität, die auch von den „traditionellen" Medien interessiert verfolgt wurde, brachte wiederum viele Nutzer dazu, es dem Lonelygirl nachzutun und ebenfalls persönliches und persönlichstes in einem Videoblog preiszugeben.[126]

C. E-Government

Knapp zehn Jahre vor dem Aufkommen des Begriffs Web 2.0 formulierte die Clinton/Gore-Regierung die dem heutigen „E-Government" zu Grunde liegende „Vision".[127] Erste praktische Verwendung fand der Begriff selbst im Rahmen der Gründung eines „Institute for E-Government" durch das Unternehmen IBM.[128]

I. Begriff

E-Government beziehungsweise eGovernment ist die Kurzform für Electronic Government und bedeutet übersetzt soviel wie elektronische Verwaltung, aber auch elektronische Regierung. Eine einheitliche Definition des E-Government hat sich bislang nicht durchgesetzt. Der durchaus schillernde „modernitätsumwehte und von den Wogen des Zeitgeistes getragene"[129] Anglizismus wird in der Praxis mehr oder weniger willkürlich im Kontext der Nutzung von Informations- und Kommunikationstechnik (IuK) innerhalb der öffentlichen Verwaltung („G2G": government to government)

---

123 Die Gesamtheit aller Weblogs.

124 Weiterhin abrufbar unter http://www.youtube.com/profile_videos?user=lonelygirl15&p=v.

125 Nach einem mehr als viermonatigen „Hype" um die unbekannte Schülerin stellte sich heraus, dass es sich bei dem Lonelygirl15 um eine 20jährige Schauspielabsolventin handelte und alle Episoden im Rahmen eines schauspielerischen Experimentes gespielt waren. Zu den Hintergründen *Heffernan/Zeller*, „The Lonelygirl that really wasn't", in New York Times v. 13. 09. 2006.

126 Vgl. zu Erklärungsversuchen derartiger Identitätsexperimente am Beispiel des Podcast: *Mocigemba* in: Zerfaß/Welker/Schmidt (Hrsg.), Kommunikation, S. 149 ff.

127 *Boehme-Neßler*, NVwZ 2001, 374 (375) unter Verweis auf *Gore*, Reengineering through Information Technology, 1993 abrufbar unter: http://govinfo.library.unt.edu/npr/library/reports/it03.html. Hierzu sogleich.

128 Dieses errichtete 1995 ein „Institute for Electronic Government" – vgl. *Skrobotz*, Das elektronische Verwaltungsverfahren, S. 20 – Fn. 6.

129 *Nolte*, DÖV 2007, 941 (941).

als auch deren Gebrauch im Verhältnis zu Wirtschaft („G2B": government to business) und Bürgern („G2C": government to citizens) verwendet.[130]

An Definitionsversuchen des Begriffs herrscht kein Mangel. Nach der bekannten *Speyerer Definition*[131] ist unter Electronic Government die Abwicklung geschäftlicher Prozesse im Zusammenhang mit Regieren und Verwalten (Government) mit Hilfe von Informations- und Kommunikationstechniken über elektronische Medien zu verstehen. Aufgrund der technischen Entwicklung wird angenommen, dass diese Prozesse in naher Zukunft vollständig elektronisch durchgeführt werden könnten. Umfasst sei sowohl die lokale oder kommunale Ebene, die regionale oder Landesebene, die nationale oder Bundesebene sowie die supranationale und globale Ebene. Eingeschlossen sei somit der gesamte öffentliche Sektor, bestehend aus Legislative, Exekutive und Jurisdiktion sowie öffentlichen Unternehmen. Die *Gesellschaft für Informatik e. V.*[132] versteht unter E-Government hingegen die Durchführung von Prozessen der öffentlichen Willensbildung, der Entscheidung sowie der Leistungserstellung in Politik, Staat und Verwaltung unter „sehr intensiver" Nutzung der Informationstechnik. Im E-Government-Handbuch des *Bundesamtes für Sicherheit in der Informationstechnik (BSI)* steht Electronic Government schließlich als Bezeichnung für die Nutzung des Internets und anderer elektronischer Medien zur Einbindung der Bürger und Unternehmen in das Verwaltungshandeln sowie zur verwaltungsinternen Zusammenarbeit.[133]

Allen drei Definitionsversuchen ist gemeinsam, dass sie einen starken Fokus auf den technischen Aspekt des Begriffes E-Government (das „E") legen. Das aber greift zu kurz, indiziert es doch, dass die althergebrachten Verwaltungsstrukturen lediglich elektronisch abgebildet werden sollen, also nur eine Verlagerung von Tätigkeiten, die bisher durch Verwaltungsbeamte oder -angestellte durchgeführt wurden, stattfindet. Auch wenn gerade im kommunalen Bereich mit der Einführung von E-Government die Hoffnung einer nachhaltigen Rationalisierung und Entlastung der Haushaltskassen verbunden ist, ist die Grundidee des E-Government eine andere.

---

130 Siehe z. B. *Hattenberger*, DuD 2001, 539 (539 ff.), nach dem E-Government in Abgrenzung zum E-Commerce die Verwendung elektronischer Medien im Verhältnis Staat-Bürger, aber auch staatsintern ist.

131 *von Lucke/Reinermann*, Speyerer Definition von Electronic Government, S. 2.

132 Memorandum des Fachausschusses Verwaltungsinformatik der Gesellschaft für Informatik e. V. und des Fachbereichs 1 der Informationstechnischen Gesellschaft im VDE, „Electronic Government als Schlüssel zur Modernisierung von Staat und Verwaltung", September 2000, S. 3 – online abrufbar unter: http://www.gi-ev.de/fileadmin/redaktion/Download/presse_me morandum.pdf.

133 Bundesamt für Sicherheit in der Informationstechnik (Hrsg.), Chefsache E-Government, Leitfaden für Behördenleiter, 2002, S. 3 – online abrufbar unter: http://www.bsi.bund.de/facht hem/egcv/download/1_Chef.pdf.

In der Ur-Vision des E-Government, der *Gore'schen* Vision des „Reengineering Through Technology"[134], wurde als Eingangsszenario zur Umschreibung und Verdeutlichung des Idealziels des E-Government das Bild eines frisch gebackenen Rentners gezeichnet, der sich zu einem elektronischen „Government Services Kiosk"[135] im örtlichen Postamt begibt, um sich über seine Altersversorgungsleistungen zu informieren. Nach Eingabe seiner Social Security-Nummer und weiterer Identifikation druckt ihm der Kioskautomat nicht nur die gewünschten Informationen aus, sondern informiert ihn auch über alle damit zusammenhängenden rechtlichen Pflichten und Möglichkeiten[136]. Darüber hinaus bietet der Kiosk dem Nachfrager Informationen über das Rentnerdasein an sich, Seniorengruppen in der Umgebung und Broschüren über Briefmarkensammeln. Geboten wird also nicht nur eine elektronisierte Anlaufstelle für Verwaltungsangelegenheiten, sondern ein umfassendes und zentrales One-Stop-Verwaltungsserviceangebot. Von den oben genannten deutschen Definitionsversuchen unterscheiden sich denn auch internationale Ansätze signifikant. „*eGovernment is more about government than about ‚e'*" formuliert die eGovernment Working Group der OECD treffend und definiert den Begriff von seiner intendierten Wirkung her, die mit der *Gore'schen* Vision weitgehend übereinstimmt. E-Government ist demnach vor allem „Better Government" im Sinne besserer Politikergebnisse, einer höheren Qualität öffentlicher Dienstleistungen und verbesserter Zusammenarbeit mit Bürgern. All dies unter Zuhilfenahme der sich dank neuartiger Informations- und Kommunikationstechnologien bietenden Möglichkeiten.[137]

E-Government in einem weit verstandenen Sinne ist somit die Verbesserung der Arbeit des Staates auf allen Ebenen unter Zuhilfenahme von Informations- und Kommunikationstechnologien jeglicher Art.

In diesem Sinne versteht *Asghari* unter dem Begriff die Gestaltung staatlicher Verwaltungsprozesse entlang der gesamten Wertschöpfungskette mit Hilfe elektronischer Medien, wobei er betont, dass hiermit nicht etwa (nur)

---

134 http://govinfo.library.unt.edu/npr/library/reports/it03.html.

135 An dem „Kiosk"-Gedanken wird deutlich, dass die „Vision" im Jahr 1993 verfasst wurde, also noch bevor die Kommerzialisierung des Internet begann, vgl. hierzu *Géczy-Sparwasser*, Gesetzgebungsgeschichte des Internet, S. 62 ff.

136 Z. B. Unter welchen Voraussetzungen er Einkommen erzielen darf, obwohl er Rente bezieht.

137 OECD, Policy Brief, März 2003, S. 1 – abrufbar unter: http://www.oecd.org/dataoecd/60/60/2502539.pdf. Auch *Heckmann* versteht den Begriff des E-Governments weiter. E-Government umfasse alle Aspekte des Regierens und Verwaltens (z. B. öffentliche Willensbildung, Entscheidungsfindung, Leistungserstellung und -erbringung, Partizipation usw.), solange und soweit sie durch IuK-Technologien (sinnvoll) unterstützt werden können. E-Government muss überdies als Bestandteil einer umfassenden Verwaltungsmodernisierung gesehen werden, deren Ziel die Bewältigung sowohl von technischen als auch von Effizienz-, Akzeptanz und Kapazitätsprobleme ist. Insofern ist E-Government gewissermaßen ein Motor der Verwaltungsmodernisierung, vgl. *Heckmann*, K&R 2003, 97 (97 ff.).

eine lineare Abbildung von Verwaltungsprozessen auf Internetbasis gemeint sei, sondern eine ganzheitliche Betrachtung des Staatswesens unter Ausschöpfung elektronischer Möglichkeiten und Optionen.[138]

II. Ziele

Die mit diesem Prozess des E-Government einhergehende „Informatisierung" der Verwaltung ist kein Selbstzweck. Bereits von Anfang an ist die Zielsetzung des E-Government mit der Modernisierung der Verwaltung mit Hilfe von Informations- und Kommunikationstechnologien überschrieben gewesen.[139] Es soll, und dies klingt auch in den von der intendierten Wirkung ausgehenden Definitionen des Begriffs an, nicht lediglich die Schreibmaschine durch den PC ersetzt oder die Akte statt auf Papier auf einem Datenträger verfügbar gemacht werden. Mit E-Government werden im Kern vier darüber hinaus gehende Ziele verfolgt: Erhöhung der Bürgerfreundlichkeit der Verwaltung, Steigerung der Verwaltungseffizienz und Kostenersparnis, Wirtschaftsförderung und Standortsicherung und schließlich die Demokratisierung der Verwaltung.[140]

1. Bürger- oder Kundenfreundlichkeit

Im Rahmen der Neudefinition der Rolle und der Funktionen des Staates im Zuge einer Wiederbelebung[141] des so genannten „New Public Management"[142]-Konzepts und der damit einhergehenden Entwicklung des so genannten „Neuen Steuerungsmodells" wurde die Idee entwickelt, insbesondere die Kommunalverwaltung weniger als eine Behörde, sondern vielmehr als Dienstleistungsunternehmen für den Bürger als Kunden[143] zu

---

138 *Asghari* in: Asghari, E-Government in der Praxis, S. 17 (19).

139 Vgl. z. B. *Schließky*, NVwZ 2003, 1322 (1322); *Hill*, BayVBl. 2003, 737 (743) sowie die überspitzte Zusammenfassung von *Nolte*, DÖV 2007, 941 (942 f.).

140 *Boehme-Neßler*, NVwZ 2001, 374 (375); ähnlich *Kubicek/Hagen*, Internet und Multimedia in der öffentlichen Verwaltung, 1999, S. 8 sowie 15 f.; *Büllesbach*, DVBl. 2005, 605 (606 f.).

141 So *Wimmer/Traunmüller*, One-Stop-Government Portale – abrufbar unter http://193. 174.47.149/opus/volltexte/2004/231/.

142 Unter New Public Management wird allgemein ein Verwaltungsreform- und Staatsmodernisierungsmodell bezeichnet, welches versucht, privatwirtschaftliche Managementtechniken und -strategien auf Staats- und Verwaltungsebene umzusetzen, vgl. näher *Benz*, Der moderne Staat: Grundlagen der politologischen Analyse, S. 273 f. m. w. N.

143 *Grüning*, Grundlagen des New Public Management, S. 18; *Kubicek/Hagen* bemerken treffend, dass es sich bei der in diesem Kontext geforderten „Kundenfreundlichkeit" im Kern um dasselbe handelt, was früher mit „Bürgernähe" beschrieben wurde. Die Wünsche und Bedürfnisse der Bürger sollen der Maßstab sein, an dem sich die öffentliche Verwaltung und ihre Mitarbeiter messen wollen. *Kubicek/Hagen*, Internet und Multimedia in der öffentlichen Verwaltung, 1999, S. 17.

betrachten.[144] In diesem Zusammenhang ist eines der Ziele des E-Government die Verbesserung der Servicequalität für den Bürger, indem diesem der Umgang mit der Verwaltung möglichst leicht, einfach und schnell ermöglicht wird.[145] Der Servicegedanke, der sich bereits im *Gore'schen* One-Stop-Kioskmodell[146] findet, umfasst eine universelle und zeitungebundene Erreichbarkeit und Zuständigkeit der Verwaltung via elektronischer Kommunikationsmittel wie beispielsweise E-Mail oder Chats, im Gegensatz zum weiterhin vorherrschenden System der Spezialzuständigkeiten und reduzierten Öffnungszeiten.

2. Effizienzsteigerung und Kostenersparnis

Mit der Einführung von E-Government wird weiter die Hoffung verbunden, dass sowohl eine Steigerung der Effizienz der Verwaltung als auch, damit einhergehend, deutliche Verwaltungskostenersparnisse erzielt werden könnten.[147] Konkret wird erwartet, dass entweder ein identischer Bestand von Aufgaben zu geringeren Kosten wahrgenommen werden kann oder bei gleichen Kosten qualitativ verbesserte Leistungen, respektive Mehrleistungen erbracht werden können.[148] Erreicht werden soll dies insbesondere durch die Neu- und Reorganisation und Optimierung der Arbeitsprozesse in der Verwaltung (so genanntes „administration reengineering"). Dies stellt ebenfalls eine Weiterentwicklung des New Public Management Konzepts dar, welches durch Übertragung unterschiedlicher Marktmechanismen auf die öffentliche Verwaltung deren Leistung und Wirkungen optimieren will.[149]

Als Musterbeispiel für eine derartige Optimierung eines Arbeitsprozesses wird insbesondere die elektronische Speicherung von Daten genannt, die eine Mehrfacherfassung und Mehrfachaktualisierung obsolet werden lässt. Informationen könnten so mit wenig Änderungsaufwand auf einem aktuellen Stand und ohne Zeitverlust an mehreren Arbeitsplätzen verfügbar gehalten werden.[150] Kostenersparnisse werden insbesondere vom Wegfall der Kosten, die durch Papierdaten, so genannte Medienbrüche, Raumbedarf für Akten und Registraturen sowie durch Boten- und andere Hilfsdienste

---

144 Zum Verhältnis von E-Government zur allgemeinen Verwaltungsmodernisierung siehe *Britz*, in: Hoffmann-Riem/Schmidt-Aßmann/Voßkuhle (Hrsg.), Grundlagen des Verwaltungsrechts, Band II, § 26 Rn. 5–7.

145 *Boehme-Neßler*, NVwZ 2001, 374 (375).

146 Zum Gesamtkonzept des interaktiven, service- und bürgerorientierten Dienstleistungsstaates, in dem der Bürger als Kunde der Verwaltung optimal bedient wird, siehe *Heckmann*, K&R 2003, 425 (425 ff.).

147 *Träger*, E-Government, S. 26.

148 *Müller* in: Bär/Hohl/Möstl/Müller, „Rechtskonformes eGovernment", S. 9 (28).

149 *Boehme-Neßler*, NVwZ 2001, 374 (375).

150 Vgl. *Yildirim*, E-Government, S. 21.

entstehen, erwartet.[151] Konkrete Einsparkosten wurden mit 1,90 Euro pro Schriftstück[152] respektive 7,33 Euro pro Geschäftsvorgang, der statt in Papierform in elektronischer Form abgewickelt wird[153], projektiert.

3. Wirtschaftsförderung und Standortsicherung

Auch beim Stadt- beziehungsweise Standortmarketing spielt E-Government eine wichtige Rolle. Bei stetig steigendem ökonomischen Druck müssen insbesondere Kommunen sich aktiv um Einnahmen bemühen und geraten dabei zunehmend untereinander in Wettbewerb.[154] Zur systematischen und gezielten Nutzung von Marktchancen sowohl auf kommunaler als auch auf nationaler Ebene ist das Internet und ein entsprechender Internetauftritt zunächst zur (werbenden) Präsentation nach außen hin unerlässlich. Dies betrifft nicht nur den Tourismusbereich, sondern insbesondere auch den Faktor Wirtschaft im Standortwettbewerb. Die Kommune wird hierbei wie ein Produkt behandelt und dementsprechend werblich angepriesen. Die Möglichkeit über das Internet zu kommunizieren, ist inzwischen conditio sine qua non für die Standortsicherung.[155]

4. Demokratisierung der Verwaltung

Schließlich ist die Hoffnung auf eine Verstärkung des Demokratiegedankens ein wesentlicher Bestandteil der Ziele des E-Government.[156] Nach der Vorstellung von *Boehme-Neßler* soll Electronic Government zu einem „Demokratie-Tool" entwickelt werden, welches die Verbindungen zwischen Bürgern und Verwaltung demokratisiert. Über das Medium Internet soll es, so die Idealvorstellung, gelingen, den einzelnen Bürger verstärkt in das politische, soziale und verwaltungstechnische Geschehen mit einzubeziehen.[157] E-Government wird dementsprechend als Mittel gegen Staats-, Demokratie- und Politikverdrossenheit unter den Bürgern gesehen.[158]

---

151 *Yildirim*, E-Government, S. 22; *Kilian/Wind*, VerwArch 1997, 499 (499 ff.).

152 Bundesministerium des Inneren (Hrsg.), „Moderner Staat – Moderne Verwaltung – Bilanz 2002", S. 48.

153 Deutsche Bank (Hrsg.), „E-Government – Grosses Potenzial nicht ausreichend genutzt" in Deutsche Bank Research, E-conomics Nr. 31, 10. 10. 2002, S. 6.

154 *Kubicek/Hagen*, Internet und Multimedia in der öffentlichen Verwaltung, 1999, S. 17.

155 *Boehme-Neßler*, NVwZ 2001, 374 (375) meint, dass eine Verwaltung, die über das Internet kommuniziert, ein „moderneres, besseres Image" habe. Inzwischen wird die Möglichkeit mit der Verwaltung elektronisch zu kommunizieren als Selbstverständlichkeit, eine Verwaltung, die dies noch nicht ermöglicht, als rückständig angesehen.

156 Auch diese Zielsetzung wird häufig und durch die Gleichsetzung mit „Kundenorientierung" in einen Kontext mit den Zielen des New Public Management gesetzt. Kritisch *Grüning*, „Grundlagen des New Public Management", S. 22.

157 *Boehme-Neßler*, NVwZ 2001, 374 (375).

158 Vgl. *Asghari*, in: Asghari (Hrsg.), E-Government in der Praxis, S. 17 (21).

III. Kommunales E-Government

Electronic Government findet in der Praxis vor allem in den Kommunen statt.[159] Für den Bürger ist die kommunale Politik und Verwaltung im Gegensatz zur Bundes- oder Landesebene in den meisten Fällen der erste und unmittelbarste Kontakt zum „Staat". Insbesondere kommunale Einrichtungen wie z. B. Schulen, Volkshochschule, Theater, Kfz-Zulassungsstellen, Meldeämter oder Gewerbegebiete haben für den Alltag der Bürger eine wichtige Bedeutung.[160] Dies und auch der omnipräsente Bedarf an Einsparungen im Bereich der Kommunalverwaltung hat dazu geführt, dass besonders auf dieser Ebene zahlreiche und unterschiedlichste E-Government-Angebote entstanden sind[161], die insbesondere die ersten der drei o. g. Ziele des E-Government verfolgen.

Ein E-Government Angebot auf kommunaler Ebene basiert im Wesentlichen auf den bereitgehaltenen Anwendungen. Sie bilden das „Herzstück" des kommunalen E-Government. Diese Anwendungen, über welche der Bürger mit der Verwaltung interagiert, werden in die Kategorien Information, Kommunikation und Transaktion eingeteilt.[162]

1. Informationsanwendungen

Die Information ist die niedrigste Interaktionsstufe. Umfasst sind alle Arten von Informationsdiensten. Dazu zählen Bürgerinformationssysteme[163] für die Bevölkerung, Touristinformationssysteme zur Förderung des Fremdenverkehrs, Wirtschaftsinformationssysteme im Rahmen der Wirtschaftsförderung etc.[164] Inhaltlich umfassen die bereitgehaltenen Informationen das gesamte Spektrum des kommunalen und oft auch regionalen Lebens, wobei als konstitutive Bestandteile z. B. Informationen über lokal aktuelle Ereignisse, Übersichten über Verwaltungsdienstleistungen samt Öffnungszeiten und Adressen angesehen werden, während z. B. Linklisten, Fahrplanaus-

---

159 *Boehme-Neßler*, NVwZ 2001, 374 (378).

160 *Kubicek/Hagen*, Internet und Multimedia in der öffentlichen Verwaltung, 1999, S. 7.

161 Der Einsatz von Informations- und Kommunikationstechnologien, die Nutzung von Multimedia und Internet in den Kommunen, war und ist dementsprechend durch ein eher ungeplantes und häufig unsystematisches Vorgehen gekennzeichnet. Viele Angebote sind aus Einzelinitiativen entstanden und spiegeln das Vermögen oder Interesse bestimmter Ämter oder Akteure wider, vgl. http://mediakomm.difu.de/erfolgsmodell/index.php?m=1.

162 So z. B. bei der Analyse der Internetangebote Brandenburger Kommunen durch *Schuppan/ Scheske*, LKV 2003, 169 (169 ff.).

163 Bei den Bürgerinformationen über Internetseiten handelt es sich um eine der wenigen bislang fast flächendeckend genutzten E-Government-Anwendungen, vgl. *Heckmann*, jurisPK-Internetrecht, Kap. 5, Rn. 5.

164 von *Lucke/Reinermann*, E-Government, 2002, S. 3.

künfte oder ein virtueller Stadtrundgang als lediglich fakultativ eingestuft werden.[165]

2. Kommunikationsanwendungen

Zweite Säule eines E-Governmentangebots sind Kommunikationsanwendungen[166], welche einerseits die verwaltungsinterne, insbesondere aber die Kommunikation zwischen Verwaltung und Bürgern auf elektronischem Wege ermöglichen sollen. Unter Kommunikationsanwendungen ist hierbei nicht nur das Bereithalten einer E-Mailkontaktmöglichkeit zu verstehen, sondern jegliche Form der Kommunikation mit Hilfe von Informations- und Kommunikationstechnologien wie z. B. dialoggesteuerte Kommunikation, Chaträume, Instant Messaging, etc.[167]

3. Transaktionsanwendungen

Transaktionsanwendungen[168] schließlich dienen der Abwicklung von Verwaltungsdienstleistungen über das Internet. Hierzu zählen beispielsweise Antragstellung (über Online-Formulare) und Bezahlfunktionen über das Internet (z. B. bei gebührenpflichtigen Verwaltungsakten).[169] Modernere E-Government-Anwendungen[170] orientieren sich hierbei an so genannten Lebenslagen.[171]

---

165 Vgl. die Übersicht von *Siegfried*, „Worüber sollte der Online-Auftritt der Stadt informieren", http://mediakomm.difu.de/erfolgsmodell/index.php?m=„1,277 mit Verweis auf *Bütow/Floeting*, Elektronische Stadt- und Wirtschaftsinformationssysteme in den deutschen Städten (1999).

166 Hierzu näher *Heckmann*, jurisPK-Internetrecht, Kap. 5, Rn. 7 ff.

167 Zu den Kommunikationsanwendungen zählen insbesondere auch so genannte „Voice-Government-Systeme". Hierbei handelt es sich um sprachgesteuerte Zugänge zu Informationen und Verwaltungsdiensten. Verwendet werden Sprachcomputer, die in der Lage sind, das Anliegen des Anrufers zu erkennen und diesen entsprechend der Zuständigkeiten weiterzuleiten oder (einfachere) Informationen automatisch zu übermitteln. Vgl. näher http://mediakomm.difu.de/erfolgsmodell/index.php?m=„1,295.

168 In der Theorie besteht seit der Reform des elektronischen Verwaltungsverfahrens insbesondere auf dieser Ebene viel Potential. In der Praxis erfolgt die Abwicklung rechtlich bindender Vorgänge über das Internet bisher nur in geringem Umfang. Vgl. hierzu näher *Heckmann*, jurisPK-Internetrecht, Kap. 5, Rn. 12 ff.

169 *Schuppan/Scheske*, LKV 2003, 168 (169).

170 Vgl. hierzu die umfassenden Produktportfolios sowohl der öffentlich-rechtlichen als auch privaten IT-Dienstleister, deren Internetpräsenzen unter www.vitako.de respektive www.databund.de verlinkt sind.

171 Das so genannte Lebenslagen-Konzept fasst die Leistungen der öffentlichen Verwaltung nach den verschiedenen Lebenssituationen der Kunden (z. B. Umzug, Hochzeit, Autokauf) zusammen. Ziel dieses Modells ist es, einen bestimmten Bedarf des Bürgers in der jeweiligen Lebenslage idealerweise mit nur einem einzigen „Stop" über das Internet zu befriedigen. Die Bereitstellung dieser gebündelten Leistungen erfolgt über ein E-Government-Internetportal. Der Kunde erhält alle benötigten öffentlichen Leistungen „aus einer Hand" – nach dem Prinzip „one face to the costumer". Hierfür dienen die Lebenslagen i. d. R. als ein Bündel von

D. Web 2.0 und E-Government

I. Ausgangsüberlegungen

Wie das World Wide Web befindet sich das E-Government in einem stetigen Veränderungs- und Verbesserungsprozess. Ob München, Passau oder Vilshofen an der Donau – fast alle deutschen Städte und Gemeinden präsentieren sich inzwischen im Rahmen der Informatisierung der Verwaltung[172] mit einem eigenen Auftritt im Internet. So verschieden wie die Auffassungen dessen, was der soeben kurz umrissene Begriff „E-Government" bedeutet, so unterschiedlich ist indes das Erscheinungsbild im Netz. Teilweise handelt es sich um kaum mehr als eine einfache Webseite, auf welcher Informationen zu Adresse und Öffnungszeiten der einzelnen Behörden zum Abruf bereitgehalten werden. Gerade bei größeren Städten finden sich jedoch auch Angebote[173], die bereits dem Idealbild des interaktiv nutzbaren, virtuellen Rathauses im Sinne eines entzeitlichten und entörtlichten One-Stop-Shop E-Government Angebotes sehr nahe kommen.[174] Der Schwerpunkt der Virtualisierungsbestrebungen[175] liegt auf kommunaler Ebene derzeit auf der Realisierung virtueller Rathäuser.[176]

Navigationshilfen, um die online Leistungen der öffentlichen Verwaltung schneller zu finden. – *Güngöz*, „Die neue E-Government Generation", http://www.bpm-agu.com/publicati ons/Die_neue_Generation_des_E-Governments.pdf. Ziel des Lebenslagenkonzeptes ist nicht die Vereinfachung der verwaltungsinternen Prozesse, sondern die Steigerung der Dienstleistungsqualität, indem die „Integration verschiedener Verwaltungsleistungen unabhängig von der Zugehörigkeit der einzelnen Dienststellen zu den unterschiedlichen Gebietskörperschaften bei gleichzeitiger Orientierung an den Problem- und den Lebensphasen" erfolgt, *von Lucke*, 2000, S. 15.

172 Hierzu aus historischer Perspektive *Wind*, in: Wind/Kröger, IT in der Verwaltung, S. 3 ff.

173 Beispielhaft sei hier das Angebot der Stadt Köln erwähnt, welches gewissermaßen zweigeteilt ist. Unter der Domain www.koeln.de findet sich eine allgemeine Plattform, die nach Angaben auf der Webseite selbst von einem Access-Provider „im Auftrag der Stadt" betrieben wird. Alle „amtlichen Informationen", also der eigentliche Webauftritt der Stadtverwaltung, finden sich indes unter der Domain www.stadt-koeln.de, welches unter dem Menüpunkt „Rathaus" auf koeln.de verlinkt ist.

174 Vgl. z. B. das Projekt „Würzbürg Integriert!", welches die integrierte Abwicklung aller Verwaltungsleistungen in einer Stadt zum Ziel hat. Bislang isolierte Verfahren sollen an eine zentrale E-Government Plattform gekoppelt werden, was sich wiederum auf das Bürgerbüro auswirkt. Es wird ein Wandel von einer funktions- hin zu einer fallorientierten Vorgangsbearbeitung vollzogen, was zur Folge hat, dass sich die Bürger beispielsweise im Falle eines Wohnungswechsels nicht mehr an mehrere Verwaltungsstellen wenden müssen. Sie haben stattdessen einen direkten „allzuständigen" Ansprechpartner. Vgl. http://idw-online.de/pa ges/de/news207929.

175 Und damit einhergehend auch der E-Government-Forschung, vgl. *Kuhn*, Elektronische Partizipation, S. 31.

176 Derartige Angebote bestehen mittlerweile flächendeckend bei nahezu allen Verwaltungseinheiten auf Bundes-, Landes- und Kommunalebene. Insoweit ist die Transparenz der Verwaltung nach Auffassung von Heckmann (in: *Heckmann*, jurisPK-Internetrecht, Kap. 5, Rn. 5)

Hierdurch wird jedoch nur ein Teilbereich dessen abgedeckt, was E-Government leisten soll und leisten kann, nämlich die Erhöhung der „Kundenfreundlichkeit" der Verwaltung und damit einhergehend Kostenersparnisse und Attraktivitätssteigerung des jeweiligen Wirtschaftsstandorts. Ein weiteres wesentliches Ziel des E-Government ist aber auch die Erhöhung des allgemeinen Demokratieniveaus durch Partizipation.[177] Bereits 2005 hat *Asghari*[178], ausgehend von der Anwendungstrias[179] im kommunalen E-Government, die Entwicklungsphasen des E-Government identifiziert. In der ersten Phase, die er als „Steinzeit des Internetzeitalters" bezeichnet, beschränkt sich E-Government auf das Zur-Verfügung-Stellen von Informationen. In der Kommunikationsphase entwickeln sich durch die Möglichkeit der einfachen Kommunikation via E-Mail bereits einfache Interaktionsbeziehungen zwischen Bürger und Verwaltung. Es folgt die Transaktionsphase, in welcher begonnen wird, Verwaltungsprozesse umfassend digital abzubilden. In dieser Phase setzt die *Partizipationsphase* als höchste Stufe des E-Government ein. Kennzeichnend für diese Phase sind neue Gestaltungsmöglichkeiten der Bürger, welche die Demokratie wesentlich vertiefen und bereichern. Dies ist – in der Theorie – insbesondere für Kommunen relevant, die als lokale *Selbst*verwaltung auch den inhärenten Anspruch haben, die Bürger in das politische und soziale Geschehen aktiv einzubeziehen.[180]

Eine aktive Beteiligung der Bürger an kommunalrelevanten Thematiken mit Hilfe von Informations- und Kommunikationstechnologien ist erst mit Aufkommen preiswerter technischer Zugangs- und leistungsfähiger Gestaltungsmöglichkeiten praktisch möglich und faktisch sinnvoll. Das Internet, beziehungsweise das World Wide Web in Gestalt des Web 2.0, ermöglichen es erstmals auf technisch komfortable und allgemein zugängliche Art und Weise, Informationen in einem nicht hierarchischen System zu senden und zu empfangen. Das „Mitmach-Web" basiert zu einem Großteil auf einer neuen Generation von Internetnutzern, die bereit sind, sich konstruktiv und vielfach aus fast altruistisch anmutenden Motiven[181] heraus an Plattformen wie der Wikipedia zu beteiligen, als kritische Konsumenten Bewertungsplattformen aller Art zu nutzen und ihre Probleme, wie auch Problemlösungen, anderen Nutzern über Blogs oder Foren zur Verfügung stellen.

---

wesentlich verbessert worden. Zu Recht stellt er jedoch auch fest, dass in der Benutzerfreundlichkeit und den sinnvollen Ausgestaltungen der unterschiedlichen Portale erhebliche Qualitätsunterschiede bestehen.

177 Siehe bereits oben S. 20.

178 Asghari, E-Government, S. 20.

179 Bestehend aus Informations-, Kommunikations- und Transaktionsanwendungen, siehe oben S. 20.

180 *Kubicek/Hagen*, Internet und Multimedia in der öffentlichen Verwaltung, 1999, S. 17.

181 Zu den Impulsfaktoren bereits oben S. 15 ff.

Diese proaktive Einstellung ist idealer Nährboden für den Eintritt in die Partizipationsphase des E-Government. Diese Erkenntnis spiegelt sich auch in der aktuellen politischen Entwicklung wider. Nachdem von September 2000 bis Dezember 2005 ca. einhundert Bundesbehörden unter der Federführung des Bundesministeriums des Innern im Rahmen der Initiative BundOnline 2005 insgesamt 508 Dienstleistungen für Bürgerinnen und Bürger, Wirtschaft und Verwaltung ins Internet gestellt hatten[182], hat der Bund im September 2006 seine Strategie für die „nächste Generation" des E-Government vorgelegt. Wohl nicht ohne Hintergedanken wurde das Strategieprogramm E-Government 2.0 genannt. Während es das primäre Ziel der Initiative BundOnline 2005 war, die Verfahren der Bundesverwaltung online zu stellen und nach Möglichkeit hierdurch Kosten einzusparen, richtet sich das Augenmerk von E-Government 2.0 auf die Prozess- und Serviceorientierung und damit ganz explizit auf die geänderten Bedürfnisse der Nutzer, wobei als Vorbild typische Web 2.0 Plattformen genannt werden:

„Die Bedürfnisse der Nutzerinnen und Nutzer sind stärker in den Fokus gerückt. Hiermit wird auch die Entwicklung des Internets von einer reinen Webseitensammlung zum vernetzten Kommunikationsraum aufgegriffen. YouTube, OpenBC, Qype, Wikipedia und Blogs demonstrieren, wie neue Kommunikationszusammenhänge unter direkter Einbeziehung der Nutzerinnen und Nutzer im Internet entstehen und sich durch deren individuelle Bedürfnisse und Beiträge weiter entwickeln."[183]

Das E-Government 2.0 Strategiepapier hat unter anderem den qualitativen Ausbau des bestehenden E-Government Portfolios zum Ziel.[184] Zur Steigerung der Nutzung des Internets im Sinne der „europäischen Ziele" zur Einbindung und Teilhabe aller sollen „bedarfsgerecht elektronische Beteiligungsformen, wie zum Beispiel Foren", ausgebaut werden.[185] Konkretere Aussagen enthält das Programmpapier nicht.[186]

---

182 Vgl. *Nolte*, DÖV 2007, 941 (943).

183 Schallbruch, in: Zechner (Hrsg.), Handbuch E-Government – Strategien, Lösungen und Wirtschaftlichkeit, S. 23, (23).

184 Das Programm „E-Government 2.0" des Bundes verfolgt vier strategische Ziele: 1. Den bedarfsorientierten qualitativen und quantitativen Ausbau des E-Government-Angebots des Bundes; 2. Die Ermöglichung der elektronischen Zusammenarbeit zwischen Wirtschaft und Verwaltung durch gemeinsame Prozessketten; 3. Die Einführung eines elektronischen Personalausweises und Erarbeitung von E-Identity-Konzepten und 4. Die Schaffung sicherer Kommunikationsinfrastrukturen für Bürgerinnen und Bürger, Unternehmen und Verwaltungen.

185 E-Government 2.0 Programm, S. 18. – abrufbar über http://www.kbst.bund.de/Content/Egov/Initiativen/EGov2/EGov2.html.

186 So scheint denn auch die Möglichkeit der Anwendung von Web 2.0 Technologien auf Bundesebene noch eine große Unbekannte darzustellen. Auf dem 3. ReH..Mo-Symposium zum

Von Bedeutung ist in diesem Zusammenhang der am 25. April 2006 von der Europäischen Kommission vorgestellte Aktionsplan für elektronische Behördendienste[187], der Bestandteil der i2010-Initiative für Wachstum und Beschäftigung in der Informationsgesellschaft ist.[188]

Einer der zentralen Punkte des Aktionsplans ist die „Stärkung der Bürgerbeteiligung und der demokratischen Entscheidungsprozesse in Europa"[189]. Nach Auffassung der Kommission seien die EU-Bürger immer besser informiert und verlangten nach stärkerer Mitbestimmung. Aus diesem Grunde seien bessere Entscheidungsprozesse und eine größere Bürgerbeteiligung in allen Phasen der demokratischen Entscheidungsfindung für den Zusammenhalt der europäischen Gesellschaft unverzichtbar. Flankiert wird diese Entwicklung nach Auffassung der Kommission durch die Möglichkeiten für die Beteiligung einer großen Anzahl von Bürgern an der öffentlichen politischen Diskussion und Entscheidungsfindung mit Hilfe von neuen Informations- und Kommunikationstechnologien. Beispielhaft wird in dem Papier eine typische Web 2.0 Anwendung, das Blog, als eine der „neuen Formen der politischen Meinungsäußerung und der öffentlichen Diskussion" im Internet genannt.[190]

Aber nicht nur die politische Diskussion kann mit Hilfe der Einbindung von Web 2.0 Anwendungen in ein kommunales E-Government Angebot gefördert werden. Es wird vermutet, dass für die öffentliche Verwaltung vor allem auf kommunaler Ebene ein überaus großes Potenzial besteht, die Bürger über moderne Informations- und Kommunikationstechnik wieder

---

Thema „Web 2.0-Geschäftsmodell für die Öffentliche Hand" erklärte Andreas *Polster* (Referent im IT-Stab des BMI), dass es diesbezüglich bislang nur „marginale Anfänge" gebe, die darüber hinaus überwiegend PR-orientierten Charakter hätten. – Vortragsfolien abrufbar unter http://www.rehmo.uni-passau.de/fileadmin/rehmo/Vortraege/Rehmo2007/Polster. pdf.

187 Mitteilung der Kommission an den Rat, das Europäische Parlament, den Europäischen Wirtschafts- und Sozialausschuss und den Ausschuss der Regionen – E-Government-Aktionsplan im Rahmen der i2010-Initiative – Beschleunigte Einführung elektronischer Behördendienste in Europa zum Nutzen aller, KOM (2006) 173. Abrufbar unter http://ec.euro pa.eu/information_society/activities/egovernment_research/doc/highlights/comm_pdf_com _2006_0173_f_de_acte.pdf.

188 Die Kommission beabsichtigt im Rahmen der Initiative „i2010 – Eine europäische Informationsgesellschaft für Wachstum und Beschäftigung" die Maßnahmen der Mitgliedstaaten zu koordinieren, um die digitale Konvergenz zu fördern und die „mit der Informationsgesellschaft verbundenen Herausforderungen" anzunehmen. Der Aufbau dieses strategischen Rahmens beruht auf einer umfassenden Konsultation der Akteure zu früheren Initiativen und Werkzeugen, z. B. eEurope, und auf der Mitteilung über die Zukunft der europäischen Regulierungspolitik im audiovisuellen Bereich; http://europa.eu/scadplus/leg/de/cha/ c11328.htm.

189 KOM(2006) 173, Punkt 6.

190 KOM(2006) 173, S. 12 der deutschen Fassung.

an die Gemeinde zu binden.[191] So soll dem Umstand, dass viele Bürger ihre Stadt oder Gemeinde oft nur noch als Wohnort und nicht mehr als Zentrum ihrer kulturellen Identität begreifen, durch den Einsatz von Social Software und ortsbezogenen Communities entgegengewirkt werden können.[192] *Hauk* vertritt hierbei die Auffassung, dass insbesondere die Einbindung von aktuellen Web 2.0-Technologien und Community-Plattformen auf kommunalen Websites neue Möglichkeiten der Bürgerbeteiligung in der virtuellen Gemeindewelt eröffnen könne. Er nennt hierfür beispielhaft „Stadtwikis", „Bürgerblogs" oder Foto- und Filmforen.[193] Hieraus wird deutlich, dass nicht nur die Beteiligung der Bürger bei mehr oder weniger konkreten Entscheidungen Zielsetzung des Angebots von Web 2.0 Applikationen insbesondere im kommunalen E-Government ist. Vielmehr soll das – gegebenenfalls bislang ungenutzte Wissen[194] – genutzt und der allgemeine Austausch von (lokal kolorierten) Informationen gefördert werden.

II.   Begriffe, Ziele und Status Quo

Begreift man also die Nutzbarmachung von Web 2.0 Techniken im kommunalen E-Government vor allem als Möglichkeit, in die Partizipationsphase des E-Governments einzusteigen, sind zunächst Begriff, Konzept und Ziele von „Partizipation" im Kontext mit Informations- und Kommunikationstechnologien zu klären. Es ist zwischen der politischen Partizipation einerseits und gesellschaftlicher Partizipation andererseits zu unterscheiden. Teilweise existieren in beiden Feldern bereits praktische Ansätze, die im Kontext der Ziel und Begriffserläuterung als Status Quo vorgestellt werden.

1.   Politische Partizipation
a)   E-Partizipation
Die Hoffnung, dass die demokratische Kultur durch die Nutzung von Informationstechnologie bereichert werden könnte, ist bereits seit geraumer Zeit Gegenstand des allgemeinen öffentlichen Interesses. Während des US-amerikanischen Wahlkampfs in den Jahren 1991–92 hat der spätere Vizepräsident Al Gore als einer der ersten prominenteren Politiker das Ideal des

---

191 Vgl. *Koch*, Bürgercommunities, S. 36.

192 *Armbruster/Fröschle*, „Ortsbezogene und mobile Communities" in: Hildebrand/Hofmann (Hrsg.), Social Software, Praxis der Wirtschaftsinformatik, Heft 252, Dezember 2006, S. 70.

193 Peter *Hauk*, MdL BW und Minister für Ernährung und ländlichen Raum, anlässlich der Preisverleihung InternetDorf/2007.

194 Auch in Form von Fotografien, Insiderwissen über die Stadtgeschichte, selbstgedrehten Filmen.

elektronischen Rathauses proklamiert.[195] Im Jahr 1994 verkündete er[196], dass ein neues „athenisches Zeitalter" bevorstehe. Auf nationaler Ebene fokussierte sich die Debatte um die Erhöhung des „Demokratieniveaus" mit Hilfe von Informations- und Kommunikationstechnologien sehr stark auf das E-Government im Sinn von (mehr oder weniger) elektronisch unterstützten Verwaltungsverfahren. Virtuelle Rathäuser, Online-Behördengänge und staatliche Dienstleistungen als Einsatzmöglichkeiten neuer Medien waren und sind bevorzugtes Forschungs- und Diskussionsgebiet.[197] Weitaus weniger wurde das Augenmerk auf die elektronische Demokratie (die so genannte E-Democracy) gelegt. Lediglich der im Vergleich relativ kleine und unbedeutende[198] Bestandteil des E-Voting wurde sowohl in der Politik- als auch der Rechtswissenschaft[199] praktisch und theoretisch zufriedenstellend ausgelotet.[200]

Als E-Partizipation[201] beziehungsweise als E-Beteiligung[202] werden die über das Internet stattfindenden, mithin elektronisch unterstützten partizipativen Kommunikationsprozesse zwischen politisch-administrativen Systemen auf der einen und Bürgern sowie Nichtregierungsorganisationen (NGOs) auf der anderen Seite bezeichnet. E-Partizipation wird als Unterfall der E-Democracy[203] verstanden und ist als solches Teil des so genannten

---

195 *Hands*, E-deliberation and local governance: The role of computer mediated communication in local democratic participation in the United Kingdom, in: First Monday, Vol. 10, No 7, 04. 07. 2005, http://www.firstmonday.org/issues/issue10_7/hands/index.html.

196 *Gore*, „Rede vor der World Telecommunication Development Conference in Buenos Aires", 21. 03. 1994.

197 Vgl. *Siedschlag/Rogg/Welzel*, Digitale Demokratie – Willensbildung und Partizipation per Internet, S. 11.

198 Wahlen sind nur ein kleiner Teil dessen, was aktive Beteiligung an politischen Prozessen ausmacht, vgl. *Friedrichs/Hart/Schmidt*, „Balanced E-Government: Visionen und Prozesse zwischen Bürgernähe und Verwaltungsmodernisierung", in: Aus Politik und Zeitgeschichte, B 39–40/2002, S. 20.

199 *Rüß*, MMR 2000, 73 (73 ff.); *Bonitz*, Jur-PC 2001, Web-Dok. 245/2001; *Helbach/Krimmer/Meletiadou/Meißner/Volkamer*, DuD 2007, 434; *Bremke*, LKV 2004, 102; *Glücks/Bremke*, ZfPR 2004, 48.

200 Z. B. in *Buchstein/Neymanns* (Hrsg.), Online-Wahlen; *Khorrami*, Bundestagswahlen per Internet, 2006.

201 *Märkler/Trénel/Poppenborg*, „Ungenutztes Wissen" in: Kommune21, 9/2003, S. 18 ff., abrufbar unter: http://www.kommune21-online.de/web/de/_files/mod_heftarchiv/kommune21_2003-09_s18.pdf.

202 Nach der Definition der Europäischen Kommission soll die E-Beteiligung die Förderung der Entwicklung und Nutzung von Informations- und Kommunikationstechnologien in den Rechtssetzungs- und Entscheidungsprozessen der Parlamente und Regierungen umfassen.

203 Der Begriff fasst nach Darstellung des BMI alle Maßnahmen zusammen, bei denen Internet-Technologien eingesetzt werden, um Bürgerinnen und Bürgern zusätzliche demokratische Mitbestimmungs- und Gestaltungsmöglichkeiten einzuräumen. Beispiele für E-Democracy sind Online-Wahlen und politische Diskussionsforen im Netz. Unter diesem Stichwort werden aber auch ganz allgemein die demokratischen Potenziale des Internet diskutiert. Bun-

Balanced E-Governments[204]. E-Partizipation selbst ist nicht als direktdemokratisches Element, als Mitbestimmungsangebot[205], sondern „lediglich" als Mitwirkungsangebot zu sehen.[206] Der Begriff steht für jegliche Verfahren[207], mit denen Entscheidungsträger unter Zuhilfenahme des Internets Bürger an einem Kommunikationsprozess zur Vorbereitung einer Entscheidung beteiligen können[208]. Er steht zugleich für alle Aktivitäten, bei denen Bürger die Informations- und Kommunikationstechnologie mit dem Ziel nutzen, an der Entscheidung politischer Personal- und Sachfragen auf verschiedenen Ebenen des politischen Systems mitzuwirken oder diese zumindest zu beeinflussen.[209] Der Begriff der E-Partizipation selbst lässt sich wiederum in vier Unterbereiche[210] aufspalten.

---

desministerium des Inneren: Lexikon. Begriff: e-Democracy. Online abrufbar unter: http:// www.bmi.bund.de/frame/sonstige/Lexikon/ix3732_17904.htm?lexmode=on.

204 Balanced E-Government ist die Summe aus E-Administration und E-Democracy. Ziel des Balanced E-Governments ist es, einen Ausgleich zwischen der Steigerung von Verwaltungseffizienz einerseits und der Stärkung der bürgerschaftlichen Partizipation andererseits herzustellen. Es wird von der These ausgegangen, dass die Bürger von ihrer Regierung respektive von der Verwaltung mehr verlangen „als bunte Webseiten und Online-Formulare für die Steuererklärung". Gefordert würde Transparenz der öffentlichen Hand und eine Beteiligung an Entscheidungen, vgl. Bertelsmann Stiftung (2001): Balanced E-Government. Elektronisches Regieren zwischen administrativer Effizienz und bürgernaher Demokratie. Eine Studie der Bertelsmann Stiftung. Online im Internet. abrufbar unter http://www.begix.de/, S. 4. Einen dem „Balanced E-Government" ähnlichen Ansatz verfolgt *Heckmann* mit der Theorie vom Blended E-Government. Dieses zeichnet sich dadurch aus, dass nicht einfach eine simple Verknüpfung von realen Verwaltungsvorgängen mit technischen Dienstleistungen vorgenommen wird, sondern vielmehr ein Gesamtkonzept eines interaktiven, service- und bürgerorientierten Dienstleistungsstaates, in dem der Bürger als Kunde der Verwaltung optimal bedient wird, entwickelt wird, vgl. *Heckmann*, Standards für Arbeitsprozesse und Leistungsbewertung im Öffentlichen Dienst, Vortrag am 25.04.2006, S. 9f. – online unter http://www.daten.effizienterstaat.eu/2006/heckmann2006.pdf.

205 Welches unter Umständen sogar Strukturen der repräsentativen Demokratie unterläuft.

206 Partizipation im Allgemeinen bedeutet Teilhabe der Bürger an politischen Entscheidungen. Sie umfasst all jene Tätigkeiten, die ein Bürger freiwillig unternimmt, um politische Entscheidungen zu beeinflussen. Die letztendliche Verantwortung für die Entscheidung verbleibt aber in der Verantwortung der demokratisch legitimierten Entscheidungsträger, vgl. *Coleman/Gøtze*, „Bowling Together: Online Public Engagement in Policy Deliberation", S. 13 – http://www.bowlingtogether.net.

207 Ausführlich zur elektronisch unterstützten Bürgerbeteiligung *Westholm,* in: Wind/Kröger (Hrsg.), IT in der Verwaltung, S. 707–731.

208 Vgl. auch die Definition von E-Bürgerbeteiligung in der von der „Initiative eParticipation" herausgegebenen Studie „Elektronische Bürgerbeteiligung in deutschen Großstädten 2004", S. 8. – abrufbar unter http://www.initiative-eparticipation.de.

209 Vgl. *Kuhn*, Elektronische Partizipation, S. 30.

210 Nach *Jaitner*, „Mehr Demokratie wagen – auch im Internet", in: eGovernment Computing, Ausgabe 12/2007–1/2008, S. 3.

aa. E-Deliberation

Deliberation[211] im Allgemeinen ist ein zentraler Begriff partizipatorischer Demokratietheorien, der auf *Habermas* zurückgeht.[212] Zielsetzung des bezweckten gesellschaftlichen Diskurses ist die Wahrnehmung und der wechselseitige Ausbau von Fähigkeiten und Kompetenzen der beteiligten Akteure als politisch aktive Bürger. Idealtypischerweise ergibt sich durch deren Beteiligung und Engagement sowie durch das vermeintlich große Gewicht von Argumenten eine größere Legitimität im demokratischen System.[213] Unter dem Begriff E-Deliberation wird der Einsatz von Informations- und Kommunikationstechnologien zur Förderung und Erleichterung des demokratischen Entscheidungsprozesses, beispielsweise mit Hilfe von elektronischen Diskussionsforen, verstanden. Hierbei können eingereichte Inhalte automatisch beurteilt und von Einzelpersonen abgegebene Meinungen zwecks Analyse ihrer Entscheidungen und Präferenzen zusammengefasst werden. Ziel ist die Schaffung einer Atmosphäre, die den Bürger zur zwangsfreien Beteiligung am öffentlichen Diskurs anhält.[214] Ein praktisches Einsatzfeld der E-Deliberation ist die Erörterung unspezifischer Themen wie z. B. die Möglichkeiten der Nutzung eines städtischen Grundstückes.[215] Es handelt sich hierbei also eher um ein Mittel der informellen Bürgerbeteiligung.

bb. E-Consultation

Das Gegenstück zur E-Deliberation ist in gewisser Hinsicht die E-Consultation, die von der OECD als „Wechselbeziehung zwischen Entscheidungsträgern und Bürgern" definiert wird, „die in der Regel von den Entscheidungsträgern und Behörden ausgeht." Im Rahmen der E-Consultation befragen Behörden in einem vorgegebenen Zeitraum über das Internet Bürger und

---

211 Von lat. deliberare = erörtern. Unter Deliberation wird die öffentliche argumentationsbasierte Kommunikation über politische Fragen verstanden.

212 *Welz*, Politische Öffentlichkeit und Kommunikation im Internet, APuZ B 39–40/2002; *Habermas*, Strukturwandel der Öffentlichkeit, 1990.

213 Dem liegt der Gedanke zu Grunde, dass der Bürger zum Staat eine doppelte Beziehung unterhält: Er ist einerseits Kunde in einem Dienstleistungsverhältnis und steht überdies in einer politischen Beziehung. Die Modernisierung des Verwaltungsapparates bietet im Zuge der Umstrukturierung im Rahmen eines „guten E-Governments" auch die einmalige Möglichkeit, den Einfluss und die Mitarbeit der Bürger neu festzuschreiben. Der Staat ist am Ende dieses Prozesses nicht mehr der abgekoppelte Versorger, sondern wird zum Dialogpartner des Bürgers, vgl. *Friedrichs/Hart/Welzel*, „10-Punkte-Plan für gutes E-Government", abrufbar unter www.begix.de; ferner *Westholm*, in: Wind/Kröger (Hrsg.), IT in der Verwaltung, S. 707 m. w. N.

214 Nach *Hands* gilt der Grundsatz: „One of the most important procedural requirements for deliberative democracy is open discussion without coercion amongst the citizenry in some form of the public arena." http://www.firstmonday.org/issues/issue10_7/hands/index.html.

215 Vgl. z. B. „Domplatz: Diskussionsforum im Internet" in Hamburger Abendblatt v. 18. 04. 2007 beziehungsweise das Angebot http://www.hamburg-domplatz.de/.

Sachverständige. E-Consultation bezieht sich stets auf spezifische Fragen zu denen bereits eine Grundsatzentscheidung getroffen wurde.

cc. E-Legislation

Als E-Legislation[216] wird die Nutzung von Informationstechnologie während eines Rechtssetzungsprozesses verstanden. E-Legislation bezeichnet dabei die Anwendungsfelder und nicht die Objekte.[217] Hierbei kann der gesamte Prozess im Internet begleitet werden. Bereits die Gesetzesentwürfe und entsprechenden Stellungnahmen können im Internet veröffentlicht werden und so für „ubiquitäre Transparenz"[218] sorgen.

dd. E-Petition

Vierter Unterpunkt der E-Partizipation ist die E-Petition. Hierunter versteht man die elektronisch unterstützte Einreichung, Beurteilung, Veröffentlichung und Bearbeitung von Petitionen. Diese können, wenn Sie veröffentlich worden sind, diskutiert und durch elektronische Unterzeichnung unterstützt werden.[219]

b) Ziele

Die Umsetzung des traditionellen E-Governments im Sinne einer Verlagerung der Verwaltungs„dienstleistungen" vom Rathaus auf die virtuelle Ebene verspricht zum Einen Effizienzsteigerung und zum Anderen Kostensenkung.[220] Die vermehrte Bürgerbeteiligung bedeutet indes sowohl für den Bürger als auch für die Verwaltung zunächst einen nicht unerheblichen Zeit- und Kostenaufwand.[221] Gerade in Bezug auf kommunale Belange können Bürgerbeteiligungsverfahren jedoch generell helfen, Planungsfehler und damit verbundene (unter Umständen langwierige und kostenintensive) Rechtsstreitigkeiten zu vermeiden. Darüber hinaus besteht die nicht minder relevante Möglichkeit der Konsenserzeugung und Akzeptanzsicherung von

---

216 Synonym wird in der Literatur der Begriff E-Rulemaking verwandt.

217 *Müller*, eGovernment – Begriffe, Stand, Perspektiven, S. 9, abrufbar unter: http://www.fort muehler.de/admac/mueller-akit04-web.pdf.

218 *Konzendorf*, eLegislation: Bessere Rechtssetzung durch neue Informationstechnologien?, S. 7, abrufbar unter: http://www.egovernment-academy.de/www_egovernment-academy_ de/content/e3/e271/e1050/datei1052/E-Legislation.pdf.

219 Der Deutsche Bundestag ermöglicht sowohl die elektronische Einreichung als auch die elektronische Unterzeichnung von Petitionen. Dies wird teilweise als nicht mit Art. 17 GG vereinbar angesehen. *Kellner*, NJ 2007, 56 (59) steht insbesondere der Frage kritisch gegenüber, ob mit einer einfachen E-Mail dem Schriftformerfordernis des Art. 17 GG Genüge getan wird.

220 *Hart/Stüdemann*, in Hart/Pflüger (Hrsg.), Neue Medien und Bürgerorientierung, S. 11. Zu den Zielsetzungen allgemein *Skrobotz*, Das elektronische Verwaltungsverfahren, S. 81 ff.

221 *Skrobotz*, Das elektronische Verwaltungsverfahren, S. 127 merkt an, dass die vermehrte Bürgerbeteiligung in einem Widerspruch zu Tendenzen, durch Vereinfachung und Umgestaltung der Verwaltungsverfahren die Beteiligungsrechte Dritter systematisch einzuschränken (hierzu *Schmitz*, NVwZ 2000, 1239), stehe.

Entscheidungen. Etwa bestehende gesellschaftliche Bedürfnisse und Präferenzen können ausgelotet werden, um geplante Maßnahmen zielgruppenorientiert und problemadäquat zu optimieren. Insbesondere unter qualitativen, nachhaltigkeits- und akzeptanzorientierten Aspekten im Hinblick auf die Implementation von Entscheidungen, sind Verbesserungen zu erwarten.[222] So die Herstellung eines echten Diskurses gelingt, ist nach *Daele/ Neidhard*[223] in der Regel mit folgenden zusätzlichen Erträgen zu rechnen:

- Allseitiger Informationsgewinn aller am Verfahren Beteiligter unter Niveauhebung der Argumentationen.
- Verbleibender Dissens kann elaborierter und vernünftiger sein als die Ausgangspositionen.
- Festigung des sozialen Friedens in der Gemeinschaft durch Anerkennung unterschiedlicher Perspektiven.
- Ursachen möglicher Konflikte werden – auch für die Politik und die Verwaltung – deutlich.

c)   Praxis

Sowohl auf Bundesebene[224] als auch in der kommunalen Praxis wird die Zielsetzung der Erhöhung des Demokratieniveaus und der Bürgerbeteiligung noch weitgehend unterschätzt oder ignoriert.[225] Vereinzelt existieren einige „Leuchtturmprojekte"[226], insbesondere im Bereich der E-Deliberation. Eine gewisse Vorreiterrolle nimmt hierbei die Stadt Esslingen ein. Diese war im Jahr 2001 auf der Suche nach neuen Impulsen für die Realisierung von Bürgerbeteiligung im Rahmen der Bauleitplanung.[227] Das Esslinger Pilotprojekt, welches nach Auswahl der 90.000 Einwohnerstadt im Rahmen des media@komm-Wettbewerbs[228] realisiert wurde, gehört zu den ersten

---

222 *Trénel/Märker/Hagedorn*, Bürgerbeteiligung im Internet, S. 3 f. – abrufbar unter http://skyl la.wz-berlin.de/pdf/2001/ii01–308.pdf.

223 *Daele/Neidhardt* (1996). Kommunikation und Entscheidung. Politische Funktionen öffentlicher Meinungsbildung und diskursiver Verfahren. WZBJahrbuch 1996. Berlin: edition sigma.

224 Von den insgesamt 508 im Rahmen der Initiative BundOnline 2005 realisierten Angeboten dienen lediglich sechs der gezielten Kommunikation zur Vorbereitung politischer Entscheidungen, vgl. Bundesministerium des Inneren, BundOnline 2005, S. 8.

225 Die Gründe hierfür sieht *Grabow*, Das virtuelle Rathaus: Was wollen die Bürgerinnen und Bürger – was können Politik und Verwaltung, Thesenpapier 2004, (http://www.difu.de/pro jektforen/iuk/dokumente/Thesen_Vortrag.pdf) primär in der Dominanz des ökonomischen Paradigmas auch im virtuellen Rathaus sowie im fehlenden Willen von Politik und Verwaltung.

226 Erste Experimente zur Bürgerbeteiligung gab es in Form der „Teledemokratie" bereits in den Siebziger Jahren, vgl. *Albrecht/Kohlrausch/Kubicek/Lippa/Märker/Trénel/Vorwerk/Westholm/Wiedwald*, Studie E-Partizipation, S. 6.

227 Vgl. Hans *Hagedorn* im Gespräch mit Annette *Rosendahl* in Stiftung Mitarbeit, E-Partizipation – Beiteiligungsprojekte im Internet, S. 17.

228 Vgl. hierzu http://mediakomm.difu.de/.

Versuchen weltweit, das Internet für die Durchführung eines Bürgerbeteiligungsverfahrens zu nutzen. Über einen Zeitraum von vier Wochen konnten Bürger auf einer Internetplattform Informationen zu einem umstrittenen Bauvorhaben abrufen und Anregungen und Kritik am Bebauungsplan diskutieren.[229] Technisch wurde eines der Grundmodelle der Web 2.0 Plattformen ausgewählt, das Online-Forum[230].

Ähnliche Plattformmodelle werden insbesondere im Kontext so genannter Bürgerhaushalte[231] genutzt.[232] So wurde vor dem Hintergrund der angespannten Finanzlage der Stadt Hamburg im Zeitraum April/Mai 2006 eine Onlinediskussion zur Thematik „Was wollen wir uns leisten?"[233] initiiert, mittels welcher die Bürger konkrete Einsparvorschläge einreichen und diskutieren konnten. In diesem Kontext stellten sich auch Abgeordnete zur Livediskussion. Die Ergebnisse der zeitlich begrenzten Diskussion wurden an den Haushaltsausschuss der Stadt weitergeleitet und flossen in die Entscheidungsfindung ein.[234] Weitere Beispiele für über das Internet unterstützte Bürgerbeteiligungen finden sich im Kontext konkreter Vorhaben,

---

229 In mehreren Randlagen der Stadt Esslingen sollten neue Wohngebiete mit Einfamilienhäusern geschaffen werden. Gegen dieses Vorhaben wandte sich u. a. eine Gruppe unmittelbar betroffener Anwohner. Diese organisierten sich in Form einer lokal viel beachteten Bürgerinitiative und richteten u. a. eine Homepage ein. Gegenstand der Kritik war vor allem der Verlust von Natur und Naherholungsflächen sowie die erwartete Zunahme der Verkehrsbelastung. Es wurde aber auch der Bedarf dieser zusätzlichen Flächen für die Zielgruppe „junge Familien" in Zweifel gestellt. Unter anderem wegen „der zunehmenden Frontenbildung" zwischen der Stadt und den Bürgern regte das Stadtplanungsamt an, noch vor der Eröffnung der Bauleitplanung durch die Aufstellung des Bebauungsplanes nach § 2 BauGB eine „frühzeitige" Bürgerbeteiligung durchzuführen. Vgl. ausführlich die Darstellung der Ausgangslage bei *Trenel/Märker/Hagedorn*, Bürgerbeteiligung im Internet – Das Esslinger Fallbeispiel, S. 13.

230 Hierzu oben S. 11.

231 Für einen Bürgerhaushalt sind nach *Herzberg/Röcke/Sintomer* in: Kleger/Franzke (Hrsg.), Kommunaler Bürgerhaushalt, S. 188 (192 f.), folgende fünf Bedingungen zu erfüllen: 1. Im Zentrum des Bürgerhaushalts stehen finanzielle Angelegenheiten, es geht um begrenzte Ressourcen. 2. Die Beteiligung findet auf der Ebene der Gesamtstadt oder auf der eines Bezirks mit eigenen politischen und administrativen Kompetenzen statt. Ein Stadtteilfonds allein, ohne Partizipation auf der gesamtstädtischen beziehungsweise bezirklichen Ebene, ist kein Bürgerhaushalt. 3. Es handelt sich um ein auf Dauer angelegtes und wiederholtes Verfahren. Ein einmaliges Referendum zu haushaltspolitischen Fragen ist kein Bürgerhaushalt. 4. Der Prozess beruht auf einem eigenständigen Diskussionsprozess (eine Deliberation im Sinne von Habermas, 1992). Die Miteinbeziehung von Bürgern in bestehende Verwaltungsgremien oder Institutionen der repräsentativen Demokratie stellt keinen Bürgerhaushalt dar. 5. Die Organisatoren müssen Rechenschaft in Bezug darauf ablegen, inwieweit die im Verfahren geäußerten Vorschläge aufgegriffen und umgesetzt werden.

232 Einen Überblick über Bürgerhaushaltsprojekte gibt http://www.buergerhaushalt.org/karte/.

233 Die Diskussionsplattform ist weiterhin abrufbar unter http://www.hamburg-haushalt.de/.

234 Vgl. ausführlich zum Projekt *Lührs/Hohberg* in: Stiftung Mitarbeit (Hrsg.), „E-Partizipation", S. 54 ff.

sei es, dass wie in Bremen über die Zukunft des Stadionbades[235] oder in Berlin über die zukünftige Nutzung des Flughafens Berlin-Tempelhof diskutiert[236] und den Bürgern die Möglichkeit, eigene Konzepte einzureichen, gegeben wird. Auf einer informelleren Ebene bietet der Regierende Bürgermeister von Berlin respektive die Senatskanzlei des Landes Berlin neben allgemeinen Informationen ein Internetforum[237], in welchem aktuelle stadtpolitische Themen diskutiert werden können.[238]

Schließlich hat sich das Internet heute als ergänzender Kanal der Bürgerinformation und -beteiligung in der raumbezogenen Regional- und Kommunalplanung etabliert.[239] Im Jahr 2004[240] erfolgte eine gesetzliche Verankerung der E-Partizipation im Baurecht.[241] So heißt es in § 4a Abs. 4 S. 1 BauGB: „Bei der Öffentlichkeits- und Behördenbeteiligung können ergänzend elektronische Informationstechnologien genutzt werden."[242] Diese können zwar weder die förmliche Öffentlichkeitsbeteiligung ersetzen, noch diese vereinfachen oder etwaige dabei unterlaufene Fehler heilen.[243] Sie sind indes geeignet, die faktischen Mängel konventioneller Partizipationsverfahren zumindest abzumildern. Nach *Heckmann* ist die unterbleibende Partizipation eines Großteiles der betroffenen Bevölkerung auf die unzureichende Kenntnisnahme der Planauslegung im Rahmen der „ortsüblichen Bekanntmachung" per Aushang im Rathaus oder im Amtsblatt

---

235 http://www.stadionbad.bremen.de/.

236 http://www.berlin.de/flughafen-tempelhof/.

237 http://www.berlin.de/forum/.

238 Der E-Partizipationscharakter des Angebotes erschöpft sich allerdings darin, dass die Mitarbeiter der Forenredaktion die politisch Verantwortlichen über *„konstruktive Eintragungen im Forum regelmäßig in Kenntnis setzen und über den Gang der Diskussion auf dem Laufenden halten"*.

239 *Albrecht*/et.al. „E-Partizipation", S. 36.

240 Eingefügt durch das Gesetz zur Anpassung des Baugesetzbuchs an EU-Richtlinien (Europarechtsanpassungsgesetz Bau – EAG Bau) v. 24. 06. 2004 – BGBl. 2004, Teil I Nr. 31, S. 1359.

241 Zum so genannten Web based planning bereits *Heckmann*, in: Ziekow (Hrsg.), Bewertung von Fluglärm – Regionalplanung – Planfeststellungsverfahren (2003), 287 (298 ff.), der darauf hinweist, dass der flankierende Einsatz einer Internetplattform mit adressatenbezogener Informationsaufbereitung es ermögliche, dass sich der Bürger über den genauen Verfahrensablauf, die Gesetzeslage sowie über die technischen Rahmenbedingungen, dargestellt in Laiensprache, informiert. Die mediendidaktische Aufbereitung der Informationen ist Voraussetzung für qualifizierte Beiträge.

242 Mit dieser Regelung wird die so genannte Aarhus-Konvention (Artikel 5 Abs. 3) und die entsprechende Bestimmung der auf EU-Ebene erlassenen Richtlinie 2003/35/EG des Europäischen Parlaments und des Rates vom 26. 05. 2003 über die Beteiligung der Öffentlichkeit bei der Ausarbeitung bestimmter umweltbezogener Pläne und Programme und zur Änderung der Richtlinien 85/337/EWG und 96/61/EG des Rates in Bezug auf die Öffentlichkeitsbeteiligung und den Zugang zu Gerichten (ABl. EG Nr. L 156 S. 17; so genannte Öffentlichkeitsbeteiligungsrichtlinie) umgesetzt.

243 *Decker/Konrad*, Bayerisches Baurecht, 2. Aufl., S. 159.

zurückzuführen.[244] Aber auch wenn diese Kenntnis gegeben ist, schrecken den Bürger dennoch Örtlichkeit der Auslegung und die Behördenöffnungszeiten ab. Durch die Möglichkeit der webbasierten Beteiligung ist es dem Bürger möglich, den ausgelegten Plan über seinen heimischen PC zur Kenntnis zu nehmen, zu studieren und zu kommentieren. Tendenziell werden mehr Bürger erreicht und informiert.[245]

2. Gesellschaftliche Partizipation

Unter gesellschaftlicher Partizipation wird die Beteiligung von Personen an Informations-, Diskurs- und Meinungsbildungsprozessen und damit zusammenhängende Aktivitäten in der Gesellschaft verstanden.[246] Diese Form der Partizipation ist gerade auf kommunaler Ebene, z. B. in Form von Vereinsmitgliedschaft, bürgerschaftlichem Engagement, ehrenamtlicher Tätigkeit, sozialer Mitarbeit etc., sehr weit verbreitet.

a) Ziele

Während sich politische Partizipation im oben dargestellten Sinne stets an konkreten aktuellen politischen Fragestellungen ausrichtet und auf eine konkrete Entscheidungsfindung zielt, dient die gesellschaftliche Partizipation diesen Zielen eher mittelbar. Unmittelbar trägt sie zunächst zur Stärkung und Festigung der kommunalen Gemeinschaft bei, indem sie zu Gunsten dieser identifikationsstiftende Wirkung hat. Insbesondere in Zeiten der (auch durch das Internet geförderten) zunehmenden Entörtlichung nimmt diese Identifikation mit dem jeweiligen Lebensmittelpunkt immer mehr ab. Durch die Ermöglichung der gesellschaftlichen Partizipation im virtuellen Raum, z. B. durch Mitgestaltung eines Stadtwiki oder einer kommunalen Fotoplattform, werden die traditionellen Formen der Bürgerbeteiligung ergänzt und bestärkt.

b) Praxis

In der Praxis[247] finden sich bislang nur wenige kommunale Internetauftritte, welche die Möglichkeiten des Web 2.0 mit der Zielsetzung der Festigung

---

244 *Heckmann*, in: Ziekow (Hrsg.), Bewertung von Fluglärm – Regionalplanung – Planfeststellungsverfahren (2003), 287 (298).

245 *Heckmann*, in: Ziekow (Hrsg.), Bewertung von Fluglärm – Regionalplanung – Planfeststellungsverfahren (2003), 287 (298 f.).

246 *Koch*, Bürgercommunities, S. 7.

247 Erste Ansätze von auf IuK-Technologien basierenden Bürgercommunities stammen aus dem amerikanischen Raum. Bereits 1989 hatte die Stadt Santa Monica ihren Bürgern ein Öffentliches elektronisches Netzwerk (Public Electronic Network – PEN) in Gestalt eines Groupwaresystems angeboten, in welchem Informationen über die Stadt und Entscheidungen der einzelnen Gremien zum Abruf bereitgehalten wurden. Insbesondere aber bestanden umfassende Kommunikations- und Transaktionsmöglichkeiten mit allen Akteuren (also Politiker, Verwaltung und Bürger) auf kommunaler Ebene. Vgl. *McKeown*, „Social Norms and Implications of Santa Monica's PEN (Public Electronic Network)", 1991 – abrufbar unter

der Bürgergemeinschaft durch kollaborative Plattformen und soziale Netzwerke nutzen. Als Musterbeispiel für die Realisierung eines kommunalen E-Government-Angebots, welches sich insbesondere der Stärkung der örtlichen Gemeinschaft widmet, gilt der Webauftritt der Gemeinde Schiltach in Baden-Württemberg[248]. Diese bietet ihren Bürgern neben reinen Informations- und Transaktionsangeboten die Möglichkeit, eigene Fotos mit Bezug zur Gemeinde in einer Fotocommunity zu hinterlegen oder im Rahmen eines Wikisystems kollaborativ ein Stadtwikisystem in Anlehnung an die Wikipedia mitzugestalten. Ebenfalls in Baden-Württemberg gelegen, bietet die Gemeinde Sternenfels den Nutzern ihres Webauftritts an, die bestehenden Artikel zu kommentieren oder auch zu ergänzen. Die Webseite selbst ist mit der Fotocommunity „Flickr" verlinkt. Artikel können getaggt werden, was sich unmittelbar in einer Tag-Cloud zur Navigation niederschlägt.

III.   Musterkonfiguration

1.   Defizitidentifikation

Die Grundproblematik aller bereits bestehenden E-Government Angebote, die mit Hilfe von Web 2.0 Anwendungen versuchen, den Bürger über das Internet aktiv mit einzubeziehen, liegt in der verhältnismäßig geringen Nutzung. So verzeichnete zwar das medial viel beachtete E-Partizipationsangebot zum Bürgerhaushalt der Stadt Köln Zugriffe von ca. 100.000 verschiedenen Rechnern (so genannte „unique visitors").[249] Dies belegt jedoch in einer Stadt mit knapp einer Millionen Einwohner noch keine „Massentauglichkeit"[250]. Ein Webangebot kann als erfolgreich bezeichnet werden, wenn es „unique visitors" im Millionenbereich hat.[251] So haben sich denn für die Diskussion um den Bürgerhaushalt auch nur 7.500 Teilnehmer registriert, von denen wiederum nur 5.000 eigene Vorschläge eingereicht haben. Selbst wenn man annimmt, dass sich nur Bürger der Stadt Köln selbst angemeldet haben, liegt die aktive Beteiligung im Promillebereich. Ähnlich gering ist häufig die Nutzung der Angebote zur gesellschaftlichen Partizipation. So finden sich auf den Flickr-Seiten der Gemeinde Sternenfels insgesamt nur

---

http://www.prometheusonline.de/heureka/politik/vortraege/mckeown/index.htm. 1993 folgte in „America's Most Wired Town" Blacksburg (Virginia) die von der Universität Virginia Tech bis heute angebotene „Blacksburg Electronic Village Community", vgl. http://www.bev.net/.

248 Dessen Internetauftritt unter www.schiltach.de erhielt den Preis „Bestes InternetDorf/2007".

249 *Albrecht/et.al*, Studie E-Partizipation, S. 137.

250 So aber *Albrecht/et.al*, Studie E-Partizipation, S. 137.

251 Vgl. auch die Statistiken unter http://www.comscore.com/press/release.asp?press=2160. So hat beispielsweise das regional ausgerichtete Portal BerlinOnline.de 2,2 Mio. Unique User, vgl.http://www.berlinonline.de/imperia/md/content/berlinonline/mediadaten/mediadaten_berlinonline.pdf.

11 Fotos[252], im Forum des Regierenden Bürgermeisters von Berlin wurden im Zeitraum April 2007 bis April 2008 nicht einmal 300 Beiträge gepostet.[253] Im Hinblick auf die Nutzung und den Einsatz von Web 2.0 Technologien läuft die öffentliche Hand Gefahr, wenig attraktive Insellösungen zu wählen und so die sich bietenden Potentiale nur unzulänglich zu nutzen. So kann die punktuelle und zeitlich begrenzte Beteiligung der Bürger zu einer bestimmten Entscheidung zwar aufschlussreich sein. Übersehen wird jedoch zumeist, dass sich schon ob der kurzen Zeiträume dieser „Befragungen" nur die Gruppe der besonders technik- beziehungsweise internetaffinen Bürger beteiligen wird. Der Rest, so er denn überhaupt zeitnah von der Veranstaltung erfährt, scheut häufig bereits den notwendigen Aufwand der Registrierung auf der Seite. Auch die Ermöglichung gesellschaftlichen Engagements durch Mitgestaltung eines Stadtwiki oder eines städtischen Fotoforums stellt zwar einen Fortschritt im Vergleich zur Masse der unidirektional ausgerichteten E-Government-Plattformen dar, wird aber ebenfalls per se nur einen verhältnismäßig kleinen Teil der Bevölkerung ansprechen und zu einer Partizipation bei der Inhalteerstellung bewegen.

2. Notwendigkeiten

Damit eine kommunale E-Government-Plattform „funktioniert", bedarf es einer Beteiligung einer größeren Nutzerzahl. Web 2.0 Plattformen wie z. B. StudiVZ oder XING haben immer dann Erfolg, wenn der so genannte „Netzwerkeffekt" eintritt. Bei den genannten Plattformen können die Beteiligten rund um sie interessierende Themenfelder und Lebenslagen Verbindungen aufbauen, Kontakte knüpfen und Informationen austauschen. Je vielfältiger das Angebot ist, desto mehr Personen sind gewillt, dem Netwerk beizutreten und eigene Inhalte beizusteuern.[254] Dies wiederum bewegt andere Nutzer dazu, sich ebenfalls bei dem jeweiligen Angebot anzumelden und zu beteiligen, was erneut den „Nutzen" des Netzwerks erhöht. Sobald eine „kritische Masse" von Nutzern erreicht wird, steigt das Nutzerwachstum exponentiell.[255] Lediglich singuläre Anwendungen wie eine einzelne E-Partizipationsinitiative sind nicht geeignet, den Bürger dazu zu bewegen, eine E-Government-Plattform als dauerhaftes, sich selbst einbringendes[256] und

---

252 Vgl. http://www.flickr.com/photos/sternenfels (Stand: April 2008).

253 Nach Angaben des Betreibers des so genannten Heise-Forums im Verfahren vor dem LG Hamburg wurde die Unzumutbarkeit von Überwachungsmaßnahmen bezüglich des Forums (Hierzu siehe unten S. 218 unter anderem damit begründet, dass hier täglich „mehrere tausend" Einträge eingehen würden).

254 Vgl. die Darstellung der Gründe für die Verwendung von Web 2.0-Angeboten bei *Sassenberg*, in: Hass/Walsh/Kilian (Hrsg.), Web 2.0, S. 57 (58 ff.).

255 *Von Deel*, eGovernment Computing, Heft 4/2008, S. 18.

256 Je mehr die Nutzer eigene Inhalte auf der Plattform einstellen, desto größer ist die Hürde sich noch bei anderen Plattformen zu beteiligen oder gar zu wechseln (Lock-In-Effekt), vgl. *Stanoevska-Slabeva*, in: Meckel/Stanoevska-Slabeva (Hrsg.), Web 2.0, S. 13 (23).

partizipierendes Plattform-„Mitglied" zu nutzen. Wie bereits oben dargestellt[257], ist ein wesentlicher Impulsfaktor für die Beteiligung an einer Plattform generell die (erfüllte) Hoffnung auf Teilhabe an einer Gemeinschaft, die Zugehörigkeit zu einer Community.

3. Bürgercommunity

Ziel der Nutzung von Web 2.0 Technologien im kommunalen E-Government muss es daher sein, eine so genannte Bürgercommunity, also eine ortsbezogene Online Community für eine Gemeinschaft von Bürgern zur politischen oder gesellschaftlichen Partizipation an regionalen Informations-, Diskurs- oder Entscheidungsprozessen[258], zu etablieren. Im weitesten Sinne dem Grundgedanken des New Public Management entsprechend, sind hier erfolgreiche Konzepte von bestehenden Social Networking Plattformen wie z. B. StudiVZ oder XING zu übernehmen und diese in Form einer ganzheitlichen, integrierten E-Government-Plattform mit anderen bewährten Web 2.0 Anwendungen wie Wikis und Blogs zu verbinden.[259]

a) Funktionalitäten

Konstitutiv für ein erfolgreiches E-Government Web 2.0 Angebot sind zunächst die bereitgehaltenen Funktionalitäten. Hierbei kommt der Möglichkeit der Personalisierung der Plattform eine überproportional große Bedeutung zu. Dem Bürger als Nutzer muss die Möglichkeit gewährt werden, sich ein Nutzerprofil mit einem Nutzernamen zu erstellen, damit er im Laufe der Zeit eine so genannte Nutzeridentität entwickeln kann. Hierzu besteht die Notwendigkeit, so genannte Nutzeraccounts einzurichten, unter welchen alle relevanten Daten (Name, E-Mailadresse, weitere Identifikationsmerkmale) und Einstellungen (z. B. zum Datenschutz oder Individualisierungen der Plattform) abrufbar sind. Üblicherweise wird es dem Nutzer ermöglicht, sein Profil durch Bilder oder Videos auszuschmücken. Zur Kontaktaufnahme mit anderen Nutzern ist eine plattforminterne Funktion vorzusehen, über welche der Nutzer mit anderen Teilnehmern ohne die Notwendigkeit eines E-Mailadressenaustauschs kommunizieren kann. Ebenfalls der Community-Förderung dienlich ist das Bereithalten einer Vernetzungsfunktion. Hier kann der Nutzer seine Kontakte pflegen und über eine integrierte „Friend-Of-A-Friend"-Funktion sein Kontaktnetzwerk erweitern. Schließlich sollte der (halb-)öffentliche gesellschaftliche Aus-

---

257 Siehe S. 41.

258 *Koch*, Bürgercommunities, S. 37.

259 Es handelt sich bei dieser Vermischung verschiedener Plattformmodelle um ein im Bereich kommerzieller Web 2.0 Angebote im Vordringen begriffenes Geschäftsmodell, durch welches die Plattformbetreiber versuchen, die Nutzer möglichst nur an ein einziges Portal zu binden. So verfügt beispielsweise die Bewertungsplattform „spickmich.de" neben der Hauptfunktionalität, der Möglichkeit Schüler und Lehrer zu bewerten, über Social Networking Funktionen, aber auch über die Möglichkeit, sich über Meinungsforen auszutauschen.

tausch durch die Möglichkeit der Identifikation mit Interessengruppen
(z. B. bestimmte Vereine, Musikvorlieben, Politik), die in diesem Zusammenhang einen Teilbereich der Plattform zum Austausch nutzen können, gefördert werden.

Die Besonderheit und der Unterschied einer kommunalen Web 2.0 Plattform zu Plattformen wie StudiVZ oder XING besteht neben der bewusst regionalen Ausrichtung darin, dass sich die Möglichkeiten der Nutzung nicht in diesen Social-Networking-Funktionen erschöpfen.

Vielmehr kann darüber hinaus, den Nutzern die Möglichkeit eingeräumt werden, sich über ihr Profil auch mit der Verwaltung in Kontakt zu setzen[260], unter ihrem Nutzerprofil und unabhängig von der Zugehörigkeit zu Interessengruppen an E-Partizipationsangeboten (Diskussionsforen, Abstimmungen, etc.) auf politischer Ebene teilzunehmen.[261]

b) Modulare Erweiterung

Auf diesem Grundmodell der E-Government-Plattform aufbauend, kann sodann eine modulare Erweiterung des Plattformangebotes durch einzelne Web 2.0 Anwendungen erfolgen. Angedacht werden könnte beispielsweise die Ermöglichung der kollaborativen Gestaltung eines Bürger- beziehungsweise Stadtblogs[262], in welchem Bürger über aktuelle Geschehnisse innerhalb der Stadt berichten und andere Bürger diese Einträge kommentieren können. Dies kann durch die Einrichtung eines Bürgerpodcasts oder sogar -vcasts ergänzt werden. Einem ähnlich kollaborativen Ansatz folgend, bietet sich die Einrichtung eines Stadtwikisystems[263] an, in welchem Daten und Fakten über die jeweilige Stadt oder Gemeinde gesammelt werden. Dieses wiederum sollte mit einer regionsbezogenen Fotocommunity verknüpft werden.

Herzstück eines kommunalen E-Government-Partizipationsangebots ist jedoch die Möglichkeit, auf einem „virtuellen Marktplatz"[264] Meinungen und Erfahrungen auszutauschen. Zur Realisierung dieser Möglichkeit ist die Einrichtung eines allgemein zugänglichen[265] Meinungsforums die derzeit gängigste technische Methode. Im Kontext dieses virtuellen Markts der

---

260 Hierzu bedarf es freilich einer für andere Nutzer nicht erkennbaren Identifikation gegenüber der Verwaltung beziehungsweise der Stadt als Betreiberin der Plattform.

261 Vgl. auch *Von Deel*, eGovernment Computing, Heft 4/2008, S. 18.

262 Diese Form des „Peer-to-Peer"(engl. für „von gleich zu gleich")-Journalismus findet sich z. B. in einem (privat betriebenen) Angebot aus Karlsruhe, vgl. http://ka.stadtblog.de/.

263 Das größte Stadtwiki der Welt ist das vom Bildungsverein Region Karlsruhe e. V. betriebene Stadtwiki-Karlsruhe, welches über 14.000 Einträge aufweist (Stand: April 2008). http://ka.stadtwiki.net/Hauptseite. Zu Wikis in der Verwaltung allgemein, *von Lucke*, in: Hass/Walsh/Kilian (Hrsg.), Web 2.0, S. 138.

264 Zur Tendenz im WWW Parallelen zu räumlichen Gebilden zu ziehen bereits oben S. 11.

265 Zu unterscheiden ist das Meinungsforum von der Möglichkeit, in abgeschlossenen „Gruppen" auf der Plattform zu kommunizieren.

Meinungen können sodann auch themengebundene E-Partizipations-threads eröffnet werden, in denen ein Diskurs über kommunalpolitische Themen stattfindet. Die Möglichkeiten zur E-Partizipation müssen sich indes nicht auf den Austausch über eine Thematik beschränken. Dem Muster der Bewertungsplattformen folgend, können beispielsweise verschiedene Lösungsansätze für ein politisches Problem über die Plattform präsentiert und zur Bewertung z. B. durch Vergabe einfacher Schulnoten versehen werden.

Sinnvoll ist in diesem Kontext auch eine Verbindung mit bereits bestehenden oder zukünftigen Möglichkeiten, über das jeweilige Nutzeraccount[266] auf (ggf. personalisierte) Transaktionsanwendungen zuzugreifen oder rechtserheblich[267] mit der Verwaltung zu kommunizieren.

IV. Fazit

Eine integrierte E-Government-Plattform in diesem Sinne bietet dem Bürger als Nutzer also unter einem einzigen Nutzerkonto sämtliche Möglichkeiten des „herkömmlichen" E-Government, kombiniert mit den Möglichkeiten des Web 2.0 auf kommunaler Ebene. Sie gibt der Kommune die Möglichkeit, den Bürger sowohl auf politischer als auch auf gesellschaftlicher Ebene einzubinden, indem ihm ermöglicht wird, sich nach seiner Façon (Blog, Wiki, Diskussionsforum, Bewertung etc.) einzubringen. Insbesondere wenn die integrierten „klassischen" kommunalen E-Government Anwendungen mediendidaktisch und barrierefrei[268] aufbereitet sind, kann eine auf dem Prinzip des Web 2.0 aufbauende E-Governmentplattform in zweierlei Hinsicht erfolgreich sein:

Hat sich die E-Government-Plattform zu einer täglich genutzten Einrichtung[269] entwickelt, steigt die Wahrscheinlichkeit, dass der Nutzer die durchschnittlich 1,5 jährlichen Verwaltungskontakte ebenfalls über diese Plattform abwickelt. Einerseits kennt der Bürger im Bedarfsfall bereits die Möglichkeiten der integrierten E-Government-Applikationen. Er muss

---

266 Hier ist es imperativ, ein so genanntes Single-Sign-On (engl. für Einmalanmeldung) einzuführen. Der Benutzer muss sich nur einmal einloggen, um alle Funktionalitäten der Plattform zu nutzen. Hierzu näher, *Kagermann*, „Authentifizierung und Single Sign-On in Unternehmensportalen" – abrufbar unter http://www.heinz-kagermann.de/documents/diplom.pdf.

267 Vgl. zu den Voraussetzungen insbesondere im Hinblick auf die Notwendigkeit von qualifizierten elektronischen Signaturen nach dem SigG *Heckmann*, jurisPK-Internetrecht, Kap. 5, Rn. 204 ff.

268 Zu den entsprechenden juristischen Modellierungsvorgaben siehe noch ausführlich das Kapitel 3.

269 Hierbei handelt es sich um eine, wenn auch optimistische, aber dennoch realistische Einschätzung. Die Plattform StudiVZ wird nach Angaben der Betreiber von mehr als fünfzig Prozent ihrer Nutzer täglich mindestens einmal aufgerufen. Vgl. die Mediadaten (Stand: März 2008) von StudiVZ, abrufbar unter http://www.studivz.net/l/about_us/1/.

nicht erst „auf gut Glück" die kommunale Homepage ansteuern und sich die für ihn möglicherweise einschlägige Anwendung heraussuchen. Darüber hinaus sinken durch die regelmäßige Nutzung der Plattform „Berührungsängste" mit der E-Government-Anwendung, wenn diese im Look-and-Feel der Restplattform gehalten ist. Hiermit einher geht die, mit allen E-Government-Angeboten anvisierte, Steigerung von Effizienz und Bürgerfreundlichkeit.[270] Insbesondere aber kann mit Hilfe einer integrierten E-Government-Plattform die Transformation des Bürgers vom lästigen Bittsteller zum mitproduzierenden und die kommunale Gemeinschaft sowohl politisch als auch gesellschaftlich mitgestaltenden Bürger[271] vollzogen werden, indem diesem die verschiedenen Instrumente zur allfälligen Beteiligung in Form einer leicht zugänglichen und nutzbaren Plattform zur Verfügung gestellt werden.

Durch die Kombination der Möglichkeiten von modernen Web 2.0 Anwendungen und „herkömmlichen" E-Government-Lösungen können – auf einer Plattform – sowohl Informations-, Kommunikations-, Transaktions- als auch Partizipationsanwendungen gebündelt und mit einheitlichem „look-and-feel" angeboten werden. Derartige Plattformen haben, wenn sie auch vom Design und von der Usability dem „Standard" erfolgreicher Web 2.0 Angebote entsprechen, erstmals die Chance, eine veritable Alternative zum Behördengang zu sein und gleichzeitig den Bürger entsprechend den europäischen und nationalen Zielvorgaben in die Entscheidungsfindung einzubinden.

V. Exkurs: Rechtscharakter der kommunalen Web 2.0-Plattform

1. Allgemeines

Stellt eine Kommune ihren Bürgern eine Web 2.0 Plattform zur Verfügung, muss vor der weiteren juristischen Untersuchung sinnvollerweise eine Einordnung der Plattformeinrichtung in das Gefüge des öffentlichen Rechts erfolgen.[272] Hierbei ist es hilfreich, durch Rückgriff auf nicht-internetspezifische Regelungen eine Parallele zum realen Raum zu ziehen. Während im Zivilrecht die Eigentumsordnung des BGB eine Leitfeuerfunktion einzunehmen vermag, ist im öffentlichen Recht auf Grund der ungleich größeren normativen Vielfalt eine Einordnung diffiziler. Auf kommunaler Ebene

---

270 Zu den Zielen des kommunalen E-Governments siehe oben S. 45.

271 Dies vorhersehend bereits *Heckmann*, in: Ziekow (Hrsg.), Bewertung von Fluglärm – Regionalplanung – Planfeststellungsverfahren (2003), 287 (298 ff).

272 Die Beantwortung der Frage, ob einer derartigen Einrichtung das Attribut „öffentlich" zuzuweisen ist, prägt ganz entscheidend den Charakter einer kommunalen Einrichtung. Die Öffentlichkeit bestimmt das rechtliche Regime, dem sie unterliegt und präjudiziert rechtliche Detailergebnisse, weshalb diese Frage auch an die Spitze der Untersuchung zu stellen ist, *Ossenbühl*, DVBl. 1973, 289 (289) mit Verweis auf ein entsprechendes Vorgehen der Rechtsprechung.

ist indes der Begriff der „kommunalen öffentlichen Einrichtung" nahe liegender Ausgangspunkt der Überlegungen zur Einordnung.

2. Funktioneller Begriff der öffentlichen Einrichtung

Die Kommunalgesetze selbst definieren den Begriff der „öffentlichen Einrichtung" nicht, sondern setzen ihn voraus.[273] Er ist nicht typfixiert, sondern funktional zu verstehen. Nach *Ossenbühl*[274] sind „Betriebe, Unternehmen, Anstalten und sonstige Leistungsapparaturen höchst unterschiedlicher Struktur und Zweckbestimmung" erfasst.[275] Einziges gemeinsames und damit prägendes Element einer öffentlichen Einrichtung ist es, die Voraussetzungen für die Daseinsvorsorge der Bevölkerung zu schaffen und zu gewährleisten.[276] Ein sächlicher Bestand ist nicht erforderlich.[277] Ebenso unerheblich für die Frage, ob eine kommunale Einrichtung eine öffentliche Einrichtung ist, ist deren Rechtsform und Trägerschaft. Der Betrieb einer Plattform im Rahmen einer Öffentlich-Privaten-Partnerschaft[278] schließt also eine Einordnung als öffentliche Einrichtung nicht aus.[279]

Unter einer öffentlichen Einrichtung ist jede Zusammenfassung personeller Kräfte und sächlicher Mittel zu verstehen, die von der Kommune zu Zwecken der Daseinsvorsorge unterhalten und durch Widmung der bestimmungsgemäßen Nutzung durch die Einwohner zugänglich gemacht werden.[280] Bei der Frage nach der Sachqualität[281] der Web 2.0 Plattform ist hierbei nicht auf das Softwareprogramm abzustellen, sondern auf den Server, auf welchem dieses gespeichert ist und über Verbindungen zum Internet abgerufen werden kann.[282]

---

273 *Dietlein*, Jura 2002, 445 (446).

274 *Ossenbühl*, DVBl. 1973, 289.

275 Zu anderen Definitionsversuchen siehe R. *Scholz*, Das Wesen und die Entwicklung der gemeindlichen öffentlichen Einrichtung, Berlin 1967, S. 244; E. *Schmidt-Jortzig*, Kommunalrecht, 2. Aufl., Stuttgart 1982, Rn. 650.

276 *Badura*, JuS 1966, 17 (18); *Ossenbühl*, DVBl. 1973, 289 (289).

277 Vgl. OVG Münster, Urt. v. 16. 09. 1975 – III A 1279/75 – NJW 1976, 820 (821); *Dietlein*, Jura 2002, 445, (446).

278 Hierzu unten S. 70 ff.

279 *Ossenbühl*, DVBl. 1973, 289 (289).

280 OVG Münster, Urt. v. 16. 09.1975 – III A 1279/75 – NJW 1976, 820 (821).

281 So man denn diese überhaupt in diesem Kontext als relevant einstufen möchte. Die Sächlichkeit in Form einer „gegenständlichen" Verselbständigung ist nicht ausschlaggebend für die Einordnung als öffentliche Einrichtung. So können auch Festspiele, gemeindliche Chöre oder Wiesen ohne jegliche weitere Bebauung kommunale öffentliche Einrichtungen im Sinne der Kommunalgesetze sein, vgl. OVG Münster, Urt. v. 16. 09. 1975 – III A 1279/75- NJW 1976, 820 – Rheinwiesen; VGH München, Urt. v. 22. 02. 1990 – 4 B 883280 – NJW 1991, 1498 – Oberammergauer Passionsspiele.

282 *Boehme-Neßler*, NVwZ 2001, 374 (379); *Schmehl/Richter*, JuS 2005, 817 (820); *Holznagel/Temme*, in: Hoeren/Sieber, Hdb. Multimedia-Recht, Kap. 26 Rn. 67.

a) Öffentliche Zwecksetzung

Voraussetzung für die Qualifizierung einer Web 2.0 Plattform als kommunale öffentliche Einrichtung ist also zunächst die öffentliche Zwecksetzung, der Dienst für die kommunale Daseinsvorsorge. Unter den Begriff der kommunalen Daseinsvorsorge[283] werden alle Angelegenheiten der örtlichen Gemeinschaft gefasst. Das sind diejenigen Bedürfnisse und Interessen, die in der örtlichen Gemeinschaft wurzeln oder auf sie einen spezifischen Bezug haben, die also den Gemeindeeinwohnern gerade als solchen gemeinsam sind, indem sie das Zusammenleben und -wohnen der Menschen in der Gemeinde betreffen.[284] Konkretisierend finden sich in den Gemeindeordnungen vielfach nähere Beschreibungen der Zwecksetzung öffentlicher Einrichtungen. So sollen die Gemeinden ausweislich Art. 57 Abs. 1 BayGO in den Grenzen ihrer Leistungsfähigkeit die öffentlichen Einrichtungen schaffen und erhalten, die nach den örtlichen Verhältnissen für das wirtschaftliche, soziale und kulturelle Wohl und die Förderung des Gemeinschaftslebens ihrer Einwohner erforderlich sind.

Der Betrieb kommunaler Web 2.0 Plattformen fällt – je nach Ausgestaltung des konkreten Angebotes mehr oder weniger zwanglos – unter diese Zweckauflistung. Sie sollen in aller Regel das kommunale Miteinander, die Kommunikation sowie die Partizipation der Bürger in kommunalen Angelegenheiten fördern und stärken. Es handelt sich hierbei um Angelegenheiten der örtlichen Gemeinschaft im eigenen Wirkungskreis[285]. Der Betrieb einer Web 2.0 Plattform kann als Aufgabe aufgefasst werden, die in der örtlichen Gemeinschaft wurzelt, zu ihr einen spezifischen Bezug hat und von ihr eigenverantwortlich und selbständig bewältigt werden kann.[286]

b) Widmung

Im Unterschied zur rein internen Einrichtung (hierunter fiele beispielsweise ein verwaltungsinternes Wiki-System) bedarf die öffentliche Einrichtung allerdings noch eines wirksamen Widmungsaktes.[287] Nur durch die Widmung erlangt die kommunale Einrichtung ihren „öffentlichen" Charakter[288],

---

283 Der für sich genommen schillernd und auf Grund europarechticher Einflüsse im Umbruch
    begriffen ist, vgl. *Wolff/Bachof/Stober*, Verwaltungsrecht Bd. 3, § 95, Rn. 179 mit Verweis auf
    Pielow, Grundstrukturen öffentlicher Versorgung, 2001 und *Cox* (Hrsg.), Daseinsvorsorge
    und öffentliche Dienstleistungen in der Europäischen Union, 2000.

284 BVerfG, Beschl. v. 23. 11. 1988 – 2 BvR 1619/83, 2 BvR 1628/83 – NVwZ 1989, 347 – Leit-
    satz 4.

285 Vgl. z. B. Art. 83 Abs. 1 BV, Art. 7 Abs. 1 BayGO.

286 Vgl. für eine kommunale Linkliste *Ott/Ramming*, BayVBl. 454 (459).

287 *Wolff/Bachof/Stober*, Verwaltungsrecht Bd. 3, § 95, Rn. 186; *Detterbeck*, Allg. VerwR, 3. Aufl.
    2005, Rn. 69.

288 *Seewald* in: Steiner, Bes. VerwR, 7. Aufl. (2003), Rn. 142; *Dietlein*, Jura 2002, 445 (448); BGH,
    Beschl. v. 24. 05. 2000 – III ZR 252/99 – NVwZ-RR 2000, 703 (704).

ohne sie liegt nur eine Privateinrichtung vor.[289] Der Widmungsakt kann in unterschiedlichen Rechtsformen und insbesondere auch konkludent erfolgen.[290] Die Widmung selbst ist an keine bestimmte Form gebunden ist.[291] Sie kann ausdücklich erklärt werden, z. B. durch eine entsprechende Vorschrift in einer kommunalen Satzung oder Benutzungsordnung. Darüber hinaus kann sie durch einen Beschluss eines dafür zuständigen Kollegialorgans erklärt werden.[292] Möglich ist aber auch eine Widmung durch konkludentes Handeln, solange der Wille der Gemeinde erkennbar ist, dass die Einrichtung der Allgemeinheit zur Benutzung zur Verfügung gestellt und im öffentlichen Interesse unterhalten werden soll.[293] Im Falle der Einrichtung einer Web 2.0 Plattform ist schon die Öffnung durch die jeweilige Kommune für die Nutzer selbst als Widmungsakt anzusehen. Es bedarf keiner weiteren Erläuterung beispielsweise in Form eines ausdrücklichen Hinweises, dass die Plattform nunmehr durch die Bürger genutzt werden dürfe. Dies ergibt sich in der Regel bereits aus der Gesamtbetrachtung der Plattform selber.

c)   Teilwidmung des Internetauftrittes

Ein kommunaler Internetauftritt erschöpft sich in der Regel nicht in der Bereitstellung einer Web 2.0-Plattform. Diese ist vielmehr eine – idealerweise integrierte[294] – Ergänzung eines aus unterschiedlichen Bereichen bestehenden Gesamtauftrittes. Bei der Frage, ob ein Internetauftritt einer Gemeinde eine öffentliche Einrichtung darstellt, ist daher zwischen den einzelnen Bereichen des Angebotes zu differenzieren. Hält die Kommune auf ihrem Internetauftritt in einem Angebotsteil ein virtuelles Amtsblatt, allgemeine Informationen zu Öffnungszeiten und Kontaktmöglichkeiten oder Formulare bereit, während in einem anderen Teil des Angebotes ein Bürgerforum eingerichtet ist, so ist zur Beurteilung nicht auf eine etwaig vorherrschende Funktion des Auftrittes abzustellen. Eine derartige Gesamtbetrachtung der Webseite ist angesichts der unterschiedlichen Funktionen nicht sachgerecht. Vielmehr ist es der Gemeinde möglich, nur einen Teil des Internetauftrittes durch Widmung der Allgemeinheit zur Benutzung zur Verfügung zu stellen, während der andere Teil weiterhin als reine Verwaltungseinrichtung zu qualifizieren ist.[295]

---

289 *Ossenbühl*, DVBl. 1973, 289 (289); *Erichsen*, Jura 1986, 148 (149 f.); *Axer*, NVwZ 1996, 114 (116).

290 *Axer*, NVwZ 1996, 114 (116); detailliert hierzu *Ossenbühl*, DVBl. 1973, 289 (290).

291 *Dietlein*, Jura 2002, 445 (448).

292 Vgl. *Duckstein/Gramlich*, SächsVBl. 2004, 121 (128).

293 *Ott/Ramming*, BayVBl. 2003, 454 (459).

294 Hierzu oben S. 63 f.

295 Vgl. *Ott/Ramming*, BayVBl. 2003, 454 (459); ähnlich *Duckstein/Gramlich*, SächsVBl. 2004, 121 (124) sowie 128.

d)   Widmungsumfang und Form

Die Gemeinde ist grundsätzlich frei, darüber zu entscheiden, welche Einrichtungen sie schaffen, wie sie sie widmen und wie sie die Benutzung ausgestalten will.[296] Dieser gemeindliche Wille wird im Rahmen des Widmungsaktes schon aus Klarstellungsgründen und zur Vermeidung von Streitigkeiten idealerweise ausdrücklich erklärt. Im Rahmen eines nur konkludenten Widmungsaktes muss er aus den Gesamtumständen gefolgert werden. Die Widmung enthält mehr als nur die pauschale Feststellung, dass es sich bei der Plattform um ein Angebot für die Allgemeinheit handelt. Sie beinhaltet darüber hinaus die Festlegung der Benutzungsart, des Benutzungszweckes, des Benutzerkreises sowie sonstige Besonderheiten der Nutzung.

Bereits die Widmung enthält alle Regelungen über Art und Weise der Nutzung und erfasst insbesondere auch die Nutzungsmodalitäten, das „Wie" der Benutzung.[297] Praktisch problematisch sind hier stets die Fälle, in denen der Widmungsakt nur (zulässigerweise) konkludent erfolgt ist und aus den Umständen des Einzelfalles erschlossen werden muss.[298] Hier empfiehlt es sich, trotz fehlenden Formzwanges, die Widmung einer kommunalen Webplattform in eine gemeindliche Satzung oder zumindest einen Gemeinderatsbeschluss einzukleiden[299] und eine aussagekräftige Benutzungsordnung auf der Plattform selbst bereitzuhalten.[300]

E.   Zusammenfassung

Weder der Begriff Web 2.0 noch E-Government stellen leere Buzzwords dar, die lediglich Marketingzwecken dienen, aber keiner näheren Definition zugänglich sind. Hinter beiden Begriffen stehen konkrete Konzepte, Technologien und Phänomene, die allerdings unterschiedlich gewichtet und gewertet werden können.

Der Begriff Web 2.0, der nach Auffassung seines Schöpfers *O'Reilly* eigentlich einer Definition gar nicht zugänglich sein soll, kann zusammenfassend als „Prozess der aktiven Integration des Nutzers in das World Wide Web" umschrieben werden. Wie, wann, durch wen und durch welche Techniken dieser Prozess durchgeführt wird, bleibt im Rahmen dieser Definition

---

296 BVerwG, Urt. v. 18. 07. 1969 – VII C 56.68 – BVerwGE 32, 333 ff. – juris Rn. 37.

297 *Axer*, NVwZ 1996, 114 (116).

298 *Duckstein/Gramlich*, SächsVBl. 2004, 121 (124) wissen zu berichten, dass dies in Bezug auf kommunale Homepages durchweg der Fall ist.

299 Vgl. *Ossenbühl*, DVBl. 1973, 289 (296).

300 Besteht keine ausdrückliche Regelung über die Widmung, so ist für den Umfang und die Grenzen der Einrichtung allein die bisherige Nutzungs- und Überlassungspraxis maßgeblich, vgl. OVG Lüneburg, Beschl. v. 28. 02. 2007 – 10 ME 74/07; Bay. VGH, Urt. v. 31. 03. 2003 – 4 B 00.2823 – BayVBl. 2003, 501; VGH Bad.-Württ., Beschl. v. 11. 05. 1995 – 1 S 1283/95 – NVwZ-RR 1996, 681.

bewusst außen vor. Schon auf Grund der ihr immanenten stetigen Veränderung und Weiterentwicklung ist eine Ausrichtung der Web 2.0 Definition auf (einzelnen) Anwendungen zu Grunde liegende Techniken nicht weiterführend. Der Begriff umfasst sowohl die Integration des Nutzers durch Bereitstellung einer Kommentarfunktion in einem Blog oder unter einem Zeitungsartikel, als auch die Möglichkeit, über eine API Inhalte Dritter im Rahmen des eigenen Angebots zu „vermanschen" (Mash-Up). Demzufolge sind alle Webanwendungen dann als Web 2.0 Anwendungen einzuordnen, wenn sie geeignet und bestimmt sind, diesen Prozess zu unterstützen. Nicht erfasst sind Anwendungen und Angebote, die es dem Nutzer lediglich erlauben, unidirektional Informationen zu konsumieren, nicht aber aktiv zum Angebot beizutragen. Deutlich wird an dieser Sichtweise, dass es der Mensch in Gestalt des Nutzers ist, der das Web 2.0 als solches ausmacht und prägt, was allgemein synonym verwandte Begriffe wie „Mitmach-Web", Social Web oder User Generated Content ebenfalls widerspiegeln.

So wie der Mensch als Nutzer im Mittelpunkt des hier favorisierten Web 2.0 Begriffes steht, ist er als Bürger in den Mittelpunkt des E-Government zu rücken. Die vorherrschenden „deutschen" Definitionen von E-Government fokussieren bislang zu stark die technische Komponente und entfernen sich von der *Gore'schen* Ur-Vision des E-Government, welches ein neues „athenisches Zeitalter" einläuten helfen sollte. E-Government muss hiernach mehr als nur eine elektronisierte Anlaufstelle für Verwaltungsangelegenheiten, sondern ein umfassendes und zentrales One-Stop-Verwaltungsserviceangebot darstellen. Legt man die griffige Formel *„eGovernment is more about government than about ‚e'"* der eGovernment Working Group der OECD zu Grunde, ist E-Government demnach vor allem „Better Government" im Sinne besserer Politikergebnisse, einer höheren Qualität öffentlicher Dienstleistungen und verbesserter Zusammenarbeit mit Bürgern. All dies unter Zuhilfenahme der sich dank neuartiger Informations- und Kommunikationstechnologien bietenden Möglichkeiten.

Gerade im kommunalen E-Government ist es verkürzt, lediglich Informations-, Kommunikations- und Transaktionsangebote im Rahmen inzwischen als „herkömmlich" zu bezeichnender virtueller Rathäuser zu realisieren. Mit Hilfe von Web 2.0 Angeboten kann hier die vierte „Evolutionsstufe" des E-Government, die Partizipationsphase, erreicht werden. Diese zeichnet sich einerseits durch Ermöglichung von E-Partizipation sowie durch informationstechnisch unterstützte gesellschaftliche Partizipation aus. Unzureichend sind hier singuläre „Inselangebote" oder zeitlich begrenzte E-Partizipations-Initiativen.

Sinn und Ziel von Web 2.0 Plattformen im kommunalen E-Government muss die Schaffung einer integrierten E-Government Web 2.0 Plattform in Gestalt einer virtuellen Bürgercommunity, also einer ortsbezogenen Online

Community für eine Gemeinschaft von Bürgern zur politischen oder gesellschaftlichen Partizipation an regionalen Informations-, Diskurs- oder Entscheidungsprozessen, sein. Diese, juristisch als virtuelle öffentliche Einrichtung einzustufende Plattform, muss geeignet sein, eine ausreichende Anzahl von Nutzern dauerhaft zu binden. Hierzu ist es essentiell, dem Nutzer neben dem herkömmlichen E-Government-Transaktionsangebot alle Möglichkeiten der aktiven Beteiligung zu geben, die auch private Plattformen und hier insbesondere Social-Networking-Plattformen bieten. So ist dem Nutzer die Möglichkeit der Schaffung einer Nutzeridentität zu geben. Es ist eine Vernetzungsfunktion zur Kontaktaufnahme und -haltung vorzuhalten. An diese Grundfunktionen können sodann modulare Erweiterungen wie z. B. ein Stadtwiki, eine kommunale Diskussionsplattform mit E-Partizipationsmöglichkeiten oder ein Bürgerblog angeknüpft werden. Im Idealfall entwickelt sich eine entsprechend attraktive Plattform zu einer täglich genutzten Einrichtung vieler Bürger. Dies wirkt sich positiv auf die Akzeptanz und Nutzung der integrierten E-Government-Transaktionsangebote aus. Effekt ist eine Steigerung von Effizienz und Bürgerfreundlichkeit. Insbesondere aber kann mit Hilfe einer integrierten E-Government-Plattform die Transformation des Bürgers vom lästigen Bittsteller zum mitproduzierenden und die kommunale Gemeinschaft sowohl politisch als auch gesellschaftlich mitgestaltenden Bürger vollzogen werden, indem diesem die verschiedenen Instrumente zur politischen und gesellschaftlichen Beteiligung in Form einer leicht zugänglichen und nutzbaren Plattform zur Verfügung gestellt werden. Durch die Kombination der Möglichkeiten von modernen Web 2.0 Anwendungen und „herkömmlichen" E-Government-Lösungen haben Web 2.0 E-Government-Plattformen, wenn sie auch vom Design und von der Usability dem „Standard" erfolgreicher Web 2.0 Angebote entsprechen, erstmals die Chance, eine veritable und weithin akzeptierte Alternative zum Behördengang zu sein und gleichzeitig den Bürger entsprechend den europäischen und nationalen Zielvorgaben in die politische Entscheidungsfindung einzubinden.

Kapitel 2:
Rechtskonforme Beschaffung

A. Spannungsfeld Beschaffung

Ist innerhalb der Kommune die Entscheidung getroffen worden, dass eine Web 2.0 Plattform errichtet oder das gegebenenfalls bereits vorhandene E-Government Angebot erweitert werden sollen, ist zu erörtern, auf welchem Wege dies rechtskonform geschehen kann und muss. Darüber hinaus muss an diesem Punkt eruiert werden, ob die Errichtung und der Betrieb der Plattform ausschließlich in Eigenregie oder in Zusammenarbeit mit einem privaten Partner erfolgen soll(te). Den hiermit zusammenhängenden juristischen Problemfeldern widmet sich das folgende Kapitel.[301]

I. Gedankliche Basis

Wird innerhalb einer Behörde ein Bedarf an Waren oder Dienstleistungen festgestellt, dann gibt es mehrere Möglichkeiten diesen zu decken. Zunächst könnte auf eigene Bestände zurückgegriffen werden, soweit dieser Rückgriff faktisch und rechtlich möglich ist (Waren aus Lagerbeständen, persönliche Dienstleistungen durch eigenes Personal oder gegebenenfalls im Wege der Amtshilfe oder sonstiger Verwaltungskooperation). Besteht diese Möglichkeit nicht, dann muss das Gut beziehungsweise die Leistung in der Regel „am Markt" beschafft[302] werden, d. h. die Verwaltung greift auf Angebote der Privatwirtschaft zurück.

Eine öffentliche Stelle kann (und darf) ihren Bedarf grundsätzlich nicht wie ein privates Unternehmen oder ein Haushalt durch einfaches Zukaufen des Benötigten decken. Das hat mehrere Gründe: zunächst hat die öffentliche Hand, respektive der Staat, in seiner Gesamtheit einen überwältigen-

---

301 Relevant werden im Folgenden insbesondere Fragen des Vergaberechts, welches gemeinhin als eine der kompliziertesten Teilgebiete des deutschen Rechts angesehen wird. Diese Komplexität, insbesondere aber die konkrete Themensetzung dieser Arbeit, bringt es mit sich, dass nicht lehrbuch- oder gar kommentarartig auf alle Feinheiten des „allgemeinen" Vergaberechts eingegangen werden kann. Indes werden dort, wo es für opportun und für das Verständnis unerlässlich erscheint, allgemeine Grundlagen erläutert. Gleiches gilt bezüglich der Darstellung der Möglichkeit der Zusammenarbeit mit Privaten im Rahmen von so genannten Public Private Partnerships. Auch hier soll – neben grundrissgleichen Verständnisausführungen – nur auf die Spezifika der Zusammenarbeit bei Errichtung und Betrieb von Web 2.0 Plattformen im kommunalen E-Government eingegangen werden. In beiden Fällen finden sich indes zur Vertiefung von Detailfragen entsprechende ausgewählte Literaturhinweise.

302 Beschaffung meint den Einkauf für Zwecke des Gemeinwohls und ohne Gewinnerzielungsabsicht, *Hertwig*, Praxis der öffentlichen Auftragsvergabe, S. 19 Rn. 25.

den Bedarf an Sachgütern und Dienstleistungen[303]. Allein im IT-Bereich betragen die Ausgaben der öffentlichen Hand jährlich rund 17 Milliarden Euro.[304] Damit ist die öffentliche Hand der größte Auftraggeber im IT-Bereich.[305] Mit einer derartigen Nachfragemacht[306] geht die Gefahr von Korruption[307] einher, der es vorzubeugen gilt. Darüber hinaus verfügt der Staat nicht über „eigenes Geld". Er verwaltet vielmehr lediglich als Treuhänder finanzielle Mittel, die vom Bürger aufgebracht wurden. Es muss sichergestellt werden, dass dies ordnungsgemäß geschieht. Schließlich ist die öffentliche Hand unmittelbar grundrechtsgebunden und darf nicht willkürlich beispielsweise einzelne Anbieter gegenüber anderen bevorzugen. Aus all diesen Gründen unterliegt die öffentliche Hand, wenn sie mit außenstehenden Unternehmen zur Bedarfsdeckung Verträge schließen möchte, besonderen Regelungen. Diese werden gemeinhin als Vergaberecht[308] bezeichnet.

---

303 Es wird geschätzt, dass in Deutschland ein jährlicher Bedarf in Höhe von 200 Milliarden Euro besteht, vgl. *Rudolf* in: *Byok/Jaeger*, Einf. Rn. 1; EU-weit wird dieser Wert auf circa 1,5 Billionen Euro bzw. 16 % des Bruttosozialprodukts geschätzt, siehe *Frenk*, Hdb. Europarecht, Rn. 1697 m. w. N.

304 Vgl. Pressemitteilung der BITKOM (Bundesverband Informationswirtschaft, Telekommunikation und neue Medien e. V.) v. 27. 04. 2007, online unter http://www.bitkom.de/de/presse/49914_45514.aspx. Allein das Großprojekt „Herkules" hat ein Volumen von etwa 7,3 Milliarden Euro für ein zehnjähriges IT-Outsourcing, vgl. *Goodarzi*, in: Lehmann/Meents (Hrsg.), Informationstechnologierecht, Kap. 24 Rn. 1.

305 *Klinger*, AnwZert 12/2008 Anm. 2.

306 Es wäre verkürzt, die Ziel- und Zwecksetzung des Vergaberechts nur auf reine Wirtschaftlichkeitsgesichtspunkte zu reduzieren. Es besteht der Bedarf, einer als volkswirtschaftlich schädlich und rechtsstaatlich bedenklich eingestuften übermäßigen Nachfragemacht der öffentlichen Hand (beispielsweise durch gemeinsame Ausschreibungen mehrerer Auftraggeber, Nachfragebündelungen oder die koordinierte Abwicklung von Beschaffungsvorgängen) entgegenzuwirken. Aus diesem Grunde findet das Gesetz gegen Wettbewerbsbeschränkungen (GWB) auch auf die öffentliche Hand Anwendung sofern der Staat oder seine Teile zum Zwecke des marktwirtschaftlichen Leistungsaustausches auf dem Markt als Marktteilnehmer agieren. Darüber hinaus gelangt u. U. insbesondere Art. 81 Abs. 3 EGV zur Anwendung. Hierzu näher *Lange*, WuW 2002, 953.

307 Der jährliche volkswirtschaftliche Schaden durch Korruption bei der Auftragsvergabe wird auf etwa 5 Milliarden Euro geschätzt. Nachdem die Einführung eines bundesweiten Korruptionsregisters im Bundesrat scheiterte, wird auf Länderebene die Einführung entsprechender Register diskutiert. Seit dem 1. Juni 2006 führt beispielsweise in Berlin die Senatsverwaltung für Stadtentwicklung ein zentrales Register über korruptionsauffällige Unternehmen. Die gesetzliche Grundlage bildet das „Gesetz über die Einrichtung und Führung eines Registers über korruptionsauffällige Unternehmen in Berlin – Korruptionsregistergesetz" – (KRG) vom 19. 04. 2006 (Gesetz- und Verordnungsblatt für Berlin, Ausgabe Nr. 16/2006, S. 358). Zu Korruption im Vergaberecht umfassend *Ohrtmann*, NZBau 2007, 201–205 und 278–281.

308 Aber auch als öffentliches Auftrags-, Beschaffungs- oder Verdingungsrecht, vgl. *Elbel*, DÖV 1999, 235 (235). Der hier favorisierte Begriff des Vergaberechts umfasst einerseits all die Regelungen, die das eigentliche Verfahren, welches bei der Vergabe anzuwenden ist, betref-

Hauptzweck dieses Vergaberechts ist zunächst die sparsame Verwendung öffentlicher Gelder. Dies wiederum spiegelt der § 97 Abs. 1 GWB[309] wider, in welchem der Grundsatz, die Beschaffung von Aufträgen im Wettbewerb vorzunehmen (Wettbewerbsgrundsatz[310]), als einer der wesentlichen vergaberechtlichen Grundsätze genannt wird. Hierduch wird wesentlich dazu beigetragen, dass die Wahrscheinlichkeit, dass der öffentliche Auftraggeber ein in der „Preis-Leistungs-Relation" günstiges Angebot erhält, maximiert wird.[311]

Um staatlicher Willkür, „Hoflieferantentum" und Vetternwirtschaft vorzubeugen und eine Gleichbehandlung zu sichern, hat der Gesetzgeber zudem in § 97 GWB das so genannte Transparenzgebot (Abs. 1) sowie den Gleichbehandlungsgrundsatz (Abs. 2) niedergelegt. Dem liegt der Gedanke zu Grunde, dass ein echter Wettbewerb im Bereich der öffentlichen Beschaffung respektive des öffentlichen Auftragswesens nur entstehen kann, wenn interessierte Unternehmen ausreichend Kenntnis von den nachgefragten Waren und Dienstleistungen und den Bedingungen zu denen diese vergeben werden haben.[312] Dementsprechend sind auch die Teilnahme- und Publizitätsvorschriften der EU-Richtlinien nicht lediglich als for-

---

fen. Daneben sind aber auch die besonderen Vertragsbedingungen, die der Beschaffung der öffentlichen Hand zu Grunde zu legen sind, Teil des Vergaberechts. Es umfasst mit anderen Worten die Gesamtheit der Regeln und Vorschriften, die ein Träger öffentlicher Verwaltung bei der Beschaffung von sachlichen Mitteln und Leistungen, die er zur Erfüllung von Verwaltungsaufgaben benötigt, zu beachten hat. Siehe *Rudolf* in: Byok/Jaeger, Einf. Rn. 1.

309 Bereits vor der Einführung des 4. Abschnitts des Gesetzes gegen Wettbewerbsbeschränkungen (GWB) war der Wettbewerbsgrundsatz in den verschiedenen Verdingungsordnungen festgelegt, vgl. z. B. § 2 VOB/A.

310 Durch die Einfügung des Wettbewerbsgrundsatzes in das GWB kommt die hohe Bedeutung desselben zum Ausdruck. Mit dieser Stärkung werden indes auch gemeinschaftsrechtliche Vorgaben durch den nationalen Gesetzgeber umgesetzt. Die Zielsetzung, einen echten (europaweiten) Wettbewerb der Anbieter zu schaffen, ist Bestandteil aller vergaberechtlich relevanten EU-Richtlinien (z. B. RL 92/50/EWG – Erwägungsgrund 20, ABlEG 1992, L 209/2; RL 93/36/EWG, Erwägungsgrund 14, ABlEG 1993, L 199/2; RL 93/37/EWG, Erwägungsgrund 10, ABlEG 1993, L 199/54) – zum Wettbewerbsgrundsatz näher *Burgi*, NZBau 2008, 29 (33).

311 Vgl. *Hailbronner*, in: Byok/Jaeger, § 97 GWB, Rn. 181.

312 *Hailbronner*, in: Byok/Jaeger, § 97 GWB Rn. 190. Essentiell für einen unverfälschten Wettbewerb zwischen den Unternehmen ist die Chancengleichheit im Zuschlagswettstreit um öffentliche Aufträge. Hier stellt das Vergaberecht sicher, dass nur das Unternehmen, welches die ausgeschriebene Leistung bei adäquater Ausführung am günstigsten oder wirtschaftlichsten anbietet, den Zuschlag erhält. Entscheidendes Merkmal beziehungsweise Auswahlkriterium ist die wirtschaftliche Leistungsfähigkeit. Wettbewerbsfremde staatliche Begünstigungen bestimmter Wirtschaftsteilnehmer sind somit grundsätzlich ausgeschlossen. Hierdurch wird die Individualität der Unternehmen konserviert und respektiert, auch wenn damit Ungleichheiten verbunden sind. Nur so wird grundsätzliche Chancengerechtigkeit sichergestellt, weil jedes Unternehmen nach seiner Leistungsfähigkeit beurteilt werden muss und zum Zuge kommen kann, vgl. *Frenz*, Hdb. Europarecht, Rn. 1701.

male Ordnungsprinzipien einzustufen, sondern begründen vielmehr subjektive Rechte der Unternehmer.[313]

II. Normative Basis

Die heutige[314] deutsche Vergaberechtsordnung folgt dem so genannten Kaskadenprinzip[315]. Das bedeutet, dass die anwendbaren Vorschriften auf verschiedene europa-, bundes- und landesrechtliche Richtlinien, Gesetze sowie untergesetzliche Regelungen verteilt sind.[316]

Innerhalb des Kaskadenprinzips ist der allgemeine rechtliche Ordnungsrahmen und das Rechtsschutzverfahren für Aufträge oberhalb bestimmter Auftragswerte (der so genannten Schwellenwerte) im EG-induzierten 4. Abschnitt des Gesetzes gegen Wettbewerbsbeschränkungen (GWB) normiert (dem so genannten Kartellvergaberecht). Bei Nichterreichen des entsprechenden Auftragswertes (dem so genannten unterschwelligen Bereich) gilt nationales Vergaberecht, dessen Rechtsquellen das Haushaltsrecht des Bundes (§ 30 HGrG und § 55 BHO) und der Länder (§ 55 LHO sowie Gemeindehaushaltsregeln) sind. Die jeweiligen Auftragswerte sowie weitere Bestimmungen sind in der von der Bundesregierung mit Zustimmung des Bundesrates erlassenen Vergabeverordnung (VgV) enthalten. Daneben dient die Vergabeverordnung nach der gegenwärtigen Gesetzeslage auch als Brücke zu den weiter fortbestehenden Verdingungsordnungen[317] (VOB, VOL, VOF)[318]. Diese bilden auch heute noch das Kernstück des deutschen Vergaberechts.[319] Die vierstufige Normenkaskade des deutschen Vergabe-

---

313 EuGH, Urt. v. 20. 09. 1988 – Rs. 31/87 -„Beentjes" – Slg. 1988, 4652 – Rn. 43 f. Insbesondere ein Unternehmen, welches sich an einem Vergabeverfahren beziehungsweise an einer Ausschreibung beteiligt und nicht den Zuschlag erhalten hat, muss in die Lage versetzt werden, etwaige Verstöße oder Ungleichheiten nachprüfen zu können.

314 Das Vergaberecht ist eine Rechtsmaterie, die sich nicht erst im letzten Jahrhundert oder gar erst in den letzten Jahrzehnten entwickelt hat. Schon im antiken Griechenland und in der römischen Republik wurden spezielle Ausschreibungsverfahren durchgeführt, um insbesondere Bauvorhaben des Staates an private Unternehmer zu vergeben. Bereits zu diesem Zeitpunkt hatte man erkannt, dass auf diesem Wege die Möglichkeit besteht, unter Ausnutzung des Marktmechanismus' Wettbewerb ein besonders günstiges Angebot zu erhalten. Erste Vorläufer eines geregelten Vergabeverfahrens werden in Deutschland am Ende des 17. Jahrhunderts ausgemacht. Näher zur geschichtlichen Entwicklung: *Schubert*, in: FS Korbion, S. 389 ff.

315 *Kau*, EuZW 2005, 492 mit Ausführungen zur verfassungs- und gemeinschaftsrechtlichen Kritik.

316 Siehe die Darstellung bei *Goodarzi*, in: Lehmann/Meents (Hrsg.), Informationstechnologierecht, Kap. 24 Rn. 2.

317 Während die VOL weiterhin als Verdingungsordnung bezeichnet wird, lautet der korrekte Titel der VOB nunmehr „Vergabe- und Vertragsordnungen für Bauleistungen".

318 Im unterschwelligen Bereich werden die Verdingungsordnungen durch die jeweils einschlägigen haushaltsrechtlichen Regelungen für anwendbar erklärt.

319 *Rudolf* in: Byok/Jaeger, Einführung, Rn. 12.

rechts wird schließlich auf der Ebene des Landesrechts durch zahlreiche Landesvergabegesetze sowie weitere vergaberechtlich relevante Regelungen der Länder zur Mittelstands-, Ausbildungs- und Frauenförderung vervollständigt. Auf sowohl vertikal als auch horizontal unterschiedlichen Normebenen mit unterschiedlicher Regelungsdichte wurde mit der Zeit ein Regelungsnetz geflochten, das mitunter Regelungsideen doppelt und dreifach normiert, bei aller Regelungsintensität jedoch erhebliche Lücken lässt und quer durch alle Wirtschaftsbereiche durch terminologische Diversifizierung Verwirrung stiftet. Wie *Neßler*[320] treffend festhält, stellt das derzeit herrschende deutsche Auftragsvergaberecht einen „mehrstufigen Rechtsgrundlagenmix" dar, der zu einem der komplexesten Teilrechtsgebiete des deutschen Rechts zählt.[321]

III. IT-Vergaberecht?

Möchte eine Kommune eine IT-Leistung wie eine Web 2.0 Plattform „beschaffen", steht sie vor der Frage, welches „Vergaberecht" nunmehr einschlägig ist. Hier ist zunächst vorauszuschicken, dass es kein spezielles IT-Vergaberecht im engeren Sinne gibt.[322] Vielmehr gelten auch in diesem Bereich die allgemeinen Vergaberechtsgrundsätze und -normen.[323] Trotzdem ist die „IT-Vergabe" ein besonderer und angesichts der fortschreitenden Verwaltungsinformatisierung stetig an Bedeutung gewinnender Teil des Vergaberechtes. Dies wird einerseits an Veröffentlichungen wie den „Standards und Architekturen für E-Government-Anwendungen" (SAGA) und der „Unterlage für die Ausschreibung und Bewertung von IT-Leistungen" (UfAB), die auch außerhalb der Bundesverwaltung eine wichtige Rolle spielen[324], deutlich. Des Weiteren gibt es auf der Ebene der Vertragsgestaltung spezielle EDV-spezifische (die VOL/B ergänzende) Vertragsbedingungen: die „Besonderen Vertragsbedingungen für die Beschaffung von DV-An-

---

320 *Neßler*, EWS 1999, 89 (89).

321 So *Röhl*, Jus 2002, 1053 (1054). Durch die Übernahme der neuen Vorschriften aus den novellierten Vergaberichtlinien der EU in das deutsche Recht im Jahr 2006 ist – entgegen den Erwartungen und Hoffnungen der Praxis – ein weiteres Stück Komplexität hinzugekommen, welches durch eine differenzierte Rechtsprechung des Europäischen Gerichtshofes in nicht unmittelbar geregelten Fragestellungen wie z. B. der Inhouse-Vergabe (hierzu untern S. 48) weiter differenziert wird.

322 Auch wenn häufig und meist in Abgrenzung zur „Bauvergabe" im Zusammenhang mit der Beschaffung von Informationstechnologieleistungen von der „IT-Vergabe" die Rede ist. Vgl. z. B. *Dreher/Aschoff*, NZBau 2006, 144 – Fn. 1.

323 *Bischof*, Öffentliche Vergabe von IT-Leistungen, S. 8.

324 Diese haben sich gewissermaßen zu einem de-facto Standard auch bei der Beschaffung von IT-Leistungen in Kommunen entwickelt. Hierzu kritisch *Heckmann*, CR 2006, 1 (1 ff.).

lagen und -geräten" (BVB) und „Ergänzenden Vertragsbedingungen für die Beschaffung von IT-Leistungen" (EVB-IT).[325]

B.   Beschaffung von Dritten

I.   Konfliktpotentiale

Unabhängig davon, ob Web 2.0 Anwendungen den bisherigen virtuellen Webauftritt einer Kommune erweitern und ergänzen sollen oder ob bislang noch gar keine Webpräsenz besteht, stets stellen sich ganz konkrete rechtliche Problematiken an bestimmten Punkten des Beschaffungsverfahrens: Wann ist beispielsweise überhaupt ein formalisiertes Vergabeverfahren notwendig? Gerade im Bereich der gängigen Web 2.0 Anwendungen finden sich eine ganze Reihe von „kostenlosen" Lösungen zur Realisierung beispielsweise eines Stadtwiki oder eines Diskussionsforums. Soll ein Stadtblog eingerichtet werden, könnten vermeintlich Kosten gespart werden, indem auf freie Angebote aus dem Netz wie z. B. blogger.com zurückgegriffen wird. Auch eine Einbindung von „freien" Angeboten wie z. B. Google Maps ist vermeintlich kostenneutral. Findet sich keine befriedigende Lösung im frei zugänglichen Web, scheint ein Rückgriff auf bereits vorliegende Softwarelösungen von anderen Gemeinden oder das Angebot öffentlich-rechtlicher IT-Dienstleister möglich. In vielen Fällen sind Kommunen an (kommunalen) Rechenzentren beteiligt oder es besteht bereits eine öffentlich-private Partnerschaft im IT-Bereich. Auch hier stellt sich die Frage, ob ein Vergabeverfahren nicht entbehrlich sein kann und der Auftrag zur Schaffung und gegebenenfalls zum Betrieb einer Web 2.0 Plattform nicht „direkt" erteilt werden kann. Ist die Kommune bereits an diesem Punkt angelangt, sollte sie schon relativ genau wissen, welche IT-Leistungen für die Erfüllung ihrer Bedürfnisse konkret zu beschaffen sind. Häufig ist aber gerade dies nicht der Fall. Gerade im IT-Bereich – und zudem noch im Bereich des Web 2.0 – besteht zumeist nur eine vage Vorstellung von dem, was machbar beziehungsweise technisch möglich ist, um die gewünschte Funktion, die gewünschte Plattform zu realisieren. Hier stellt sich die Frage, auf welchem Wege und in welchem Umfang mit möglichen Bietern im Vorfeld oder gar während eines Vergabeverfahrens zusammengearbeitet werden darf. Schließlich möchten zwar viele Kommunen gerne eine virtu-

---

325 Die öffentliche Hand bedient sich seit über 30 Jahren einheitlicher Muster-Einkaufsbedingungen für den IT-Einkauf. Die BVB und die sie seit dem Jahr 2000 ablösenden EVB-IT, etwa der „EVB-IT Kaufvertrag" für den Kauf von Hardware oder der „EVB-IT Überlassungsvertrag Typ A" für die dauerhafte Überlassung von Standardsoftware, wurden von der öffentlichen Hand unter Federführung der KBSt (Koordinierungs- und Beratungsstelle der Bundesregierung für Informationstechnik in der Bundesverwaltung) im BMI (Bundesministerium des Inneren) und der Wirtschaft bislang einvernehmlich ausgehandelt, vgl. *Klinger*, AnwZert 12/2008, Anm. 2.

elle Community für ihre Bürger, für ihre Stadt anbieten, scheuen jedoch die damit zusammenhängenden rechtlichen, technischen und insbesondere wirtschaftlichen Risiken. Hier stellt sich die Frage, ob und in welcher Form eine Zusammenarbeit mit privaten Unternehmen sinnvoll sein kann.

II. Vergabebedürftigkeit

In der Beschaffungspraxis wird die Notwendigkeit der Durchführung eines Vergabeverfahrens häufig als geld- und zeitraubendes[326] und effektivitäts-verringerndes Übel betrachtet. Dementsprechend „kreativ" wird bisweilen gerade bei IT-Vergaben versucht, die Notwendigkeit der Vergabe aus unter-schiedlichsten Gründen zu verneinen. Übersehen wird hierbei, dass die Folgen einer erfolgreichen Anfechtung des gesamten Vergabevorgangs durch einen potentiell übergangenen Mitbewerber des Auftragnehmer-unternehmens nicht nur zur Aufhebung des Vertragsschlusses führen, son-dern auch dazu, dass im Endeffekt doch ein Vergabeverfahren durchgeführt werden muss und darüber hinaus zusätzliche Gerichtsverfahrenskosten und ggf. Schadensersatz anfallen. Ist eine Web 2.0 Plattform in Folge einer vergaberechtswidrigen „de-facto-Vergabe" bereits installiert worden, kann dies im Extremfall zu der besonders misslichen Situation führen, dass diese nunmehr wieder deaktiviert werden und neu ausgeschrieben werden muss[327]. Der hiermit einhergehende Zeitverlust steht in keinem Verhältnis zu dem Zeitaufwand, der mit der Durchführung eines ordnungsgemäßen Vergabeverfahrens verbunden ist.

1. Vergabevorverfahren

Ein wesentliches Element des Vergabeverfahrens im weiteren Sinne ist die häufig unklare Frage, wann das (gerichtlich überprüfbare) Vergabeverfahren selbst beginnt. Insbesondere in der Praxis scheint die Auffassung vor-

---

326 In der Praxis variiert die Dauer von Vergabeverfahren in Abhängigkeit von verschiedenen Faktoren (z. B. interne Verfahrensvorschriften, wie ggf. Einbindung von Entscheidungsgre-mien oder durch EU-Recht vorgegebene Ausschreibungsfristen bei europaweiten Ausschrei-bungsverfahren). Bei beschränkten und öffentlichen Ausschreibungen erfolgt die Auftrags-vergabe innerhalb der vorgegebenen Bindefrist, bei freihändigen Vergaben innerhalb weniger Tage.

327 Durch eine De-Facto-Vergabe übergangene Unternehmen können ggf. ein Nachprüfungsver-fahren gem. § 107 GWB einleiten. Auch wenn ein förmliches Vergabeverfahren nicht statt-gefunden hat, ist ein Nachprüfungsantrag statthaft. Der Rechtsweg nach § 102 GWB ist bei jeder Beschaffungsmaßnahme eines öffentlichen Auftraggebers im Sinne des § 98 GWB eröffnet, wenn überhaupt ein Verfahren in Frage steht, an dem mindestens ein außen stehen-der Dritter (Unternehmen) beteiligt ist und das eingeleitet ist, um einen entgeltlichen Vertrag im Sinn des § 99 GWB abzuschließen, der den Schwellenwert erreicht. Hierzu näher: OLG Karlsruhe, Beschl. v. 06. 02. 2007 – 17 Verg 7/06 – „Software-Beschaffung II" – NZBau 2007, 395. Zu Beginn und Ende der Nachprüfbarkeit *Stockmann,* in: Immenga/Mestmäcker, Wett-bewerbsrecht: GWB, § 102 Rn. 15.

zuherrschen, dass dies erst bei Vornahme der ersten formell vorgeschriebenen Vergabeverfahrenshandlung der Fall ist. Im Zuge der Errichtung einer Web 2.0 Plattform könnte sich dies dergestalt auswirken, dass zunächst einmal im Internet frei verfügbare Angebote heruntergeladen und installiert und ausprobiert werden und erst dann (ggf. nach der Erkenntnis, dass eine eigenständige Anpassung an die eigenen Bedürfnisse – das Customizing – zu kompliziert erscheint) die Suche nach einem potenten IT-Dienstleister für die Anpassung der Plattform beginnt. Der Begriff des Vergabeverfahrens ist jedoch grundsätzlich materiell zu verstehen. Dass bedeutet, dass bereits zu dem Zeitpunkt, in welchem der öffentliche Auftraggeber zur Deckung eines fälligen Bedarfs entschlossen ist und mit organisatorischen und/oder planenden Maßnahmen zu regeln begonnen hat, auf welche Weise und mit welchen gegenständlichen Leistungsanforderungen das Beschaffungsvorhaben eingeleitet und durchgeführt und wie die Person oder der Personenkreis des oder der Leistenden ermittelt und mit dem Endziel des Abschlusses eines entgeltlichen und verbindlichen Vertrags ausgewählt werden soll, das Vergabeverfahren eröffnet ist.[328] Man kann hier von einem – dem eigentlichen Vergabeverfahren im engeren Sinne vorgeschalteten – Vergabevorverfahren sprechen, in welchem eine Vergabevorentscheidung getroffen wird. Die Schwelle zu diesem ist lediglich in den Fällen nicht überschritten, in denen noch keine konkrete Beschaffungsinitiative auf Seiten des öffentlichen Auftraggebers ergriffen wurde. Wenn also beispielsweise nur eine bloße Markterkundung oder Marktbeobachtung[329] stattfin-

---

328 OLG Düsseldorf, Beschl. v. 10. 04. 2002 – Verg 6/02 – Leitsatz 2; *Weyand*, jurisPK-VergabeR, § 104 GWB Rn. 928; *Kühnen* in: Byok/Jaeger, § 3 VgV, Rn. 1498.

329 Die Beschaffung von Gütern und Leistungen „am Markt" setzt Informationen über eben diesen Markt voraus: Was wird von wem angeboten? Zu welchem Preis? Zu welchen Lieferbeziehungsweise Leistungskonditionen? Diese Marktinformationen müssen nicht vollständig und nicht alle zu Beginn vorliegen. Im Wesentlichen ist es ja das Ziel des Vergabeverfahrens, die Preis- und Leistungsinformationen für den Preis-/Leistungsvergleich im Sinne einer wirtschaftlichen Beschaffung zu ermitteln. Jedoch bedarf es eines ungefähren Marktüberblicks aus zwei Gründen: Zum einen lassen sich manche Beschaffungsvorgänge (gerade bei Routinebeschaffungen) auch marktabhängig durch vereinfachte Verfahren bewerkstelligen (Beispiel: Rahmenverträge); zum anderen kann eine spätere Leistungsbeschreibung als Ausschreibungsgrundlage kaum sinnvoll ohne Marktkenntnisse erstellt werden, will man nicht riskieren, dass die Ausschreibung „am Markt vorbei" zielt (etwa unerfüllbare Leistungsmerkmale enthält oder unangemessene Wertungsmaßstäbe aufstellt). Die deshalb erforderlichen Marktinformationen werden in der zweiten Phase entweder erhoben oder – bei gespeicherten, standardisierten Informationen – aus vorhandenen Datenbanken abgerufen. Will der öffentliche Auftraggeber vom Offenen Verfahren abweichen, so ist er z. B. nach § 4 VOL/A verpflichtet, vor Beginn des Vergabeverfahrens eine Markterkundung durchzuführen beziehungsweise eine Marktübersicht zu erstellen. Bei der Beschaffung einer Web 2.0 Plattform wird die Beschaffungsstelle nunmehr Erkundungen einholen, ob und welche Lösungen es bereits „am Markt" gibt. Hier spielen in der Praxis meist „informelle Quellen" eine große Rolle: Welche Lösungen werden von anderen Stellen eingesetzt, welche Informa-

det, ist dies noch nicht dem vergaberechtlich relevanten Bereich zuzuordnen.[330] So hat denn auch der EuGH bereits die Entscheidung, gerade kein Vergabeverfahren einzuleiten, als die erste vergaberechtlich relevante Handlung angesehen, die der Überprüfung durch Gerichte zugänglich ist.[331]

Zu Recht hält die erste Kammer des EuGH fest, dass die Ansicht, die Entscheidung, es sei kein förmliches Vergabeverfahren einzuleiten, sei nicht justiziabel, zur Folge hätte, dass die Anwendung der einschlägigen Gemeinschaftsvorschriften je nach Belieben des jeweiligen öffentlichen Auftraggebers fakultativ wäre.[332] Das Gegenteil ist der Fall: liegen die normativen Voraussetzungen für die Durchführung eines Vergabeverfahrens vor, ist dessen Durchführung zwingend. Eine Einräumung eines nicht überprüfbaren Beurteilungsspielraumes über das „Ob" eines Vergabeverfahrens könnte zudem zu einem ganz beträchtlichen Verstoß eines öffentlichen Auftraggebers gegen das Gemeinschaftsrecht über das öffentliche Auftragswesen führen. Zudem würde der mit der Richtlinie 89/665/EWG[333] angestrebte wirksame und rasche gerichtliche Rechtsschutz erheblich eingeschränkt. Außerdem würden die mit der Richtlinie 92/50/EWG[334] verfolgten Ziele, nämlich die eines freien Dienstleistungsverkehrs und eines offenen unverfälschten Wettbewerbs in diesem Bereich, in allen Mitgliedstaaten, beeinträchtigt.[335] Zwar sei der Zeitpunkt, von dem an die Möglichkeit einer Nachprüfung besteht, in der Richtlinie 89/665/EWG nicht ausdrücklich festgelegt. Angesichts des mit dieser Richtlinie verfolgten Ziels eines wirksamen und raschen gerichtlichen Rechtsschutzes, insbesondere auch durch vorläufige Maßnahmen, sei jedoch festzustellen, dass Art. 1 Abs. 1 der Richtlinie es den Mitgliedstaaten nicht erlaube, eine solche Möglichkeit davon abhängig zu machen, dass das Vergabeverfahren formal ein bestimmtes Stadium erreicht hat.[336] Auf Grund der Überlegung, dass entsprechend der zweiten Begründungserwägung der Richtlinie die Einhaltung der Gemeinschaftsvorschriften vor allem dann zu gewährleisten

---

tionen sind im Internet verfügbar, was bieten Rechenzentren und private IT-Dienstleister an? Weiter in Betracht kommende Quellen sind Fachzeitschriften, Veröffentlichungen, Messen, Ausstellungen, Anbieterinformationen/-präsentationen, Anfragen bei anderen öffentlichen Auftraggebern, Anfragen bei Fachleuten, Voranfragen bei Firmen etc.

330 *Kühnen*, in: Byok/Jaeger, § 3 VgV, Rn. 1498.

331 EuGH, Urt. v. 11. 01. 2005 – Rs. C-26/03 – „Stadt Halle" – NVwZ 2005, 187 (189).

332 EuGH, Urt. v. 11. 01. 2005 – Rs. C-26/03 – „Stadt Halle" – Rn. 37.

333 Richtlinie 89/665/EWG des Rates vom 21. Dezember 1989 zur Koordinierung der Rechts- und Verwaltungsvorschriften für die Anwendung der Nachprüfungsverfahren im Rahmen der Vergabe öffentlicher Liefer- und Bauaufträge, ABl. L 395 vom 30. 12. 1989, S. 33–35.

334 Richtlinie 92/50/EWG des Rates vom 18. 06. 1992 über die Koordinierung der Verfahren zur Vergabe öffentlicher Dienstleistungsaufträge, ABl. L 209 vom 24. 07. 1992, S. 1–24.

335 EuGH, Urt. v. 11. 01. 2005 – Rs. C-26/03 – „Stadt Halle" – Rn. 37.

336 EuGH, Urt. v. 11. 01. 2005 – Rs. C-26/03 – „Stadt Halle" – Rn. 38.

ist, wenn Verstöße noch beseitigt werden können, sei festzustellen, dass die Willensäußerung des öffentlichen Auftraggebers im Zusammenhang mit einem Auftrag, welcher auf irgendeine Weise den interessierten Personen zur Kenntnis gelangt, nachprüfbar ist, wenn sie über das Stadium der bloßen Markterkundung hinausgegangen ist[337] und Rechtswirkungen entfalten könne.[338]

2. Finanzwirksamkeit

In § 55 der Bundeshaushaltsordnung – BHO (die sich meist wortlautgetreu auch in den entsprechenden Landeshaushaltsordnungen wieder findet) ist der Grundsatz niedergelegt, dass dem Abschluss von Verträgen über Lieferungen und Leistungen eine öffentliche Ausschreibung vorausgehen muss, sofern nicht die Natur des Geschäfts oder besondere Umstände eine Ausnahme rechtfertigen.

In diesem Zusammenhang ist bei IT-Projekten wie der Errichtung einer Web 2.0 basierten E-Government Plattform stets zu fragen, ob die geplante Beschaffung eine finanzwirksame Maßnahme darstellt. Um dies beurteilen zu können, ist eine ganzheitliche Betrachtung der entstehenden Gesamtkosten notwendig.[339] Es wäre verkürzt, beispielsweise einer Beschaffung von „kostenloser" Software den Aspekt der Finanzwirksamkeit bereits deshalb abzusprechen, weil der Download „gratis" ist beziehungsweise keine Lizenzkosten anfallen. Regelmäßig entstehen Folgekosten, beispielsweise für die fachgerechte Installation der Software, die regelmäßig auf einem externen Server läuft, auf welchem zu diesem Zwecke Speicherplatz ange-

---

337 So stelle z. B. die Aufnahme konkreter Vertragsverhandlungen mit einem Interessenten eine solche Willensäußerung dar.

338 EuGH, Urt. v. 11. 01. 2005 – Rs. C-26/03 – „Stadt Halle" – Rn. 39.

339 Nach § 7 Abs. 2 BHO ist vor der Durchführung einer derartigen Maßnahme vorab eine Wirtschaftlichkeitsanalyse durchzuführen. Die Wirtschaftlichkeitsanalyse ist nicht gleichzustellen mit der Ermittlung des wirtschaftlichsten Angebotes, welche gegen Ende des Vergabeverfahrens durchzuführen ist. Es handelt sich hierbei vielmehr um die Führung des verwaltungsinternen Nachweises der Wirtschaftlichkeit der geplanten IT-Maßnahme. Um diese Analyse auf die speziellen Erfordernisse der Informationstechnik anzupassen, hat die Koordinierungs- und Beratungsstelle der Bundesregierung für Informationstechnik in der Bundesverwaltung (KBSt) bereits 1992 eine Handlungsanweisung erarbeitet. Sie trägt den Titel „Empfehlung zur Durchführung von Wirtschaftlichkeitsbetrachtungen beim Einsatz der IT in der Bundesverwaltung (IT-WiBe)". Ihrem Grundkonzept nach wendet sich die seit 2004 in der Version 4.0 vorliegende WiBe-Empfehlung an die IT-Koordinatoren in der Bundesverwaltung. Sie bietet sich aber auch bei IT-Projekten auf Landes- oder kommunaler Ebene an. Zu beachten ist jedoch, dass bei der Durchführung von Wirtschaftlichkeitsbetrachtungen die nach den Erfordernissen des Einzelfalls einfachste und wirtschaftlichste Methode anzuwenden ist. Das bedeutet, dass für eine kleinere IT-Beschaffung eine „WiBe" überdimensioniert ist. Bei großen und komplexen Projekten kann sie indes eine gute Hilfestellung leisten. Die aktuellen WiBe-Empfehlungen können auf der Webseite der KBSt heruntergeladen werden: www.kbst.bund.de.

mietet werden muss. Darüber hinaus ist, wie bereits erwähnt, die „Gratis-plattform" – sei es ein Content-Management-System, ein Wiki oder ein Blog – auf die individuellen Bedürfnisse des Nutzers einzustellen (so genannte Konfiguration) oder gar manuell anzupassen (so genanntes Customizing). Auch die Folgekosten[340] für die Wartung der Software[341] sind mit in die Beurteilung einzubeziehen.

III. Anwendungsbereich

Ein formelles Vergabeverfahren ist trotz alledem nicht von Nöten, wenn sich entweder der sachliche oder der persönliche Anwendungsbereich des Vergaberechts als nicht eröffnet darstellt.

1. Sachlicher Anwendungsbereich

Anknüpfungspunkte für eine Verneinung der Vergabebedürftigkeit bieten sich bei der Beschaffung von Web 2.0 Plattformen durch Kommunen bei der Frage der Eröffnung des sachlichen Anwendungsbereiches des Kartellvergaberechts. Ausweislich des § 97 Abs. 1 GWB beschaffen öffentliche Auftraggeber Leistungen nach Maßgabe der Vorschriften des GWB im Wettbewerb und im Wege transparenter Vergabeverfahren. Sachlich ist das Vergaberecht also nur auf Beschaffungsvorgänge anwendbar, in denen ein „öffentlicher Auftrag" vorliegt. Ein solcher wiederum wird in § 99 Abs. 1 GWB als *entgeltlicher Vertrag* zwischen einem öffentlichen Auftraggeber und einem Unternehmen, welcher Liefer-, Bau- oder Dienstleistungen zum Gegenstand hat, definiert[342].

a) Entgeltlicher Vertrag

Durch die Forderung nach einem Vertrag wird der Anwendungsbereich des Vergaberechts zunächst insoweit begrenzt, als nur solche Aufträge erfasst werden, die auf vertraglicher Grundlage erbracht werden. Ausgeschlossen sind somit Leistungserbringungen auf der Grundlage öffentlich-rechtlicher

---

340 Ganz allgemein ist im Rahmen der Beschaffung von IT die Frage zu stellen, ob das Projekt finanziell durchführbar ist. Gerade bei größeren und komplexeren IT-Projekten (Stichwort: ALG-Software, PKW-Maut, BOS-Digitalfunk) kommt es überproportional häufig zu „Kostenexplosionen" insbesondere auf Grund mangelnder Vorausschau im Hinblick auf mögliche Komplikationen. Im Rahmen der Wirtschaftlichkeitsbetrachtung ist auch festzustellen, ob für die geplante Beschaffung die entsprechenden Haushaltsmittel bereitstehen. Es müssen sodann alle Schritte eingeleitet werden, die zur Sicherung der für das Vorhaben benötigten Haushaltsmittel notwendig sind. Insbesondere ist das Vorhaben mit den jeweiligen Entscheidungsträgern aus dem Haushaltsbereich abzustimmen.

341 Gerade Open Source Software zeichnet sich dadurch aus, dass in relativ kurzen Abständen Programmaktualisierungen (so genannte Updates) verfügbar sind, die z. T. kritische Fehler oder Sicherheitslücken der permanent weiterentwickelten Software beheben.

342 Umfasst sind des weiteren Auslobungsverfahren, die zu Dienstleistungsaufträgen führen sollen.

Verträge.[343] Das Erfordernis der Entgeltlichkeit dieses Vertrages bedeutet, dass nur solche Verträge vom Vergaberecht erfasst werden, nach denen die Erbringung der jeweiligen Bau-, Liefer- oder Dienstleistung zu vergüten ist, der Auftraggeber also ebenfalls verpflichtet wird. Hieran fehlt es, wenn der Vertrag nur einseitig verpflichtend ist, ein Leistungsaustausch also nicht stattfindet. Der Begriff der Entgeltlichkeit ist allerdings nicht auf die Notwendigkeit einer Geldleistung als Gegenleistung für die Auftragsausführung zu reduzieren.[344] Er ist nach vorzugswürdiger Auffassung weit auszulegen[345]. Es bedarf für die Annahme von Entgeltlichkeit i. S. d. § 99 Abs. 1 GWB lediglich[346] der Vereinbarung eines geldwerten Vorteils als Gegenleistung[347, 348]

aa. Problemfeld: OpenSource Software

Gerade die „Beschaffung" von „kostenloser" OpenSource-Software erscheint bei der Realisierung von Web 2.0 orientierten E-Government Anwendungen prima facie als probates Mittel, existiert doch gerade in die-

---

343 *Boesen*, Vergaberecht (2000), § 99 Rn. 23.

344 *Frenz*, Hdb. Europarecht, Rn. 2008.

345 Der EuGH hat in der Rs. Milano e Lodi (EuGH, Urt. v. 12. 07. 2001 – Rs. C-399/98 – „Milano e Lodi", Slg. 2001, I-5409 – Rn. 84) den Verzicht des öffentlichen Auftraggebers auf einen auf Grund eines Gesetzes bestehenden Gebührenanspruch auf Entrichtung eines Erschließungsbeitrags zur Annahme der Entgeltlichkeit genügen lassen. Wenn aber bereits der Verzicht auf einen öffentlich-rechtlichen Gebührenanspruch als entgeltlich angesehen wird, können auch andere lediglich geldwerte Vergütungen, z. B. Tausch u.ä. genügen, um das Entgeltlichkeitserfordernis des europäischen Vergaberechts zu erfüllen, vgl. *Hailbronner* in: Grabitz/Hilf, Das Recht der Europäischen Union, B 5 II 2 a) Rn. 30. Vor dieser Entscheidung war die Weite des Entgeltlichbegriffes umstritten. Die Vertreter des hier präferierten weiten Entgeltbegriffes (z. B. *Boesen*, Vergaberecht, § 99 Rn. 57; *Stickler*, in: Reidt/Stickler/Glahs, VergabeR, § 99 Rn. 5; *Eschenbruch*, in: Niebuhr/Kulartz/Kus/Portz, Vergaberecht, § 99 Rn. 39) verstanden hierunter jeden geldwerten Vorteil, während nach dem „engen Entgeltbegriff" (vertreten z. B. von *Thieme*, in: Lange/Bunte, KartR, § 99 Rn. 5; *Prieß*, Das öffentliche Auftragswesen, S. 53) lediglich Geldzahlungen erfasst sein sollten. Zum Streit ausführlich *Werner/Köster*, NZBau 2003, 420.

346 Nach Auffassung des Bundesgerichtshofes erfordert § 99 GWB insbesondere nicht, in Fällen, in denen beispielsweise die von dem Unternehmen übernommene (Dienst-)Leistung in der weiteren Behandlung eines Gutes von Wert liegt und in denen der öffentliche Auftraggeber – wegen dieser Eigenschaft – eine Bezahlung durch das Unternehmen erreichen kann, Entgeltlichkeit erst dann anzunehmen, wenn feststeht, dass und gegebenenfalls inwieweit bei der Höhe des von dem Unternehmen zu zahlenden Preises die Pflicht zur Erbringung der übernommenen (Dienst-)Leistung preismindernd berücksichtigt worden ist, vgl. BGH, Urt. v. 01. 02. 2005 – X ZB 27/04 – juris Rn. 30.

347 *Zeiss*, in: jurisPK-VergR, § 99 Rn. 38; *Hailbronner*, in: Grabitz/Hilf, Das Recht der Europäischen Union, B 5 II 2 a) Rn. 24.

348 Die Rechtsnatur des Vertrages ist hingegen ohne weitere Bedeutung für die Frage nach der Vergabebedürftigkeit. Es kommt mit anderen Worten nicht darauf an, ob ein privatrechtlicher oder ein öffentlich-rechtlicher Vertrag geschlossen werden soll. Dies ergibt sich aus § 99 Abs. 1 GWB, nach dem maßgeblich auf die Entgeltlichkeit abgestellt werden soll.

sem Bereich eine große Auswahl an scheinbar unmittelbar einsatzfähigen Lösungen. Hier stellt sich die Frage, ob bei der Beschaffung einer Open-Source-Lösung überhaupt die Tatbestandsvoraussetzungen des § 99 GWB – insbesondere die Forderung nach einer Entgeltlichkeit des Vertrages – erfüllt sind.

(1) „Freie" Lizenz

OpenSource-Softwarelösungen liegt regelmäßig eine Lizenz[349] zugrunde, nach der diese beliebig kopiert, verbreitet und genutzt werden kann.[350] Insbesondere sind mit der Beschaffung von OpenSource-Software im Gegensatz zu proprietären Lösungen keine Zahlungsverpflichtungen gegen einen Lizenzgeber verbunden. Wird die Software im Wege des Downloads aus dem Netz bezogen, fallen also bei rein monetärer Betrachtungsweise lediglich Downloadkosten an. Auch wenn die Software bei einem Distributor bezogen wird, verlangt dieser in der Regel nur die eigenen – meist geringen – Kosten ersetzt (Material- und Herstellungskosten für den Datenträger, anteilige Kosten für den Arbeitsaufwand in Bezug auf die Zusammenstellung der Distribution). Der „Bezug" der Softwarelizenz selbst ist kostenfrei.[351]

(2) Notwendigkeit der ganzheitlichen Betrachtung

Dies wiederum scheint es nahe zu legen, dass zunächst die gewünschte Basis-Software selbst ohne weitere vergaberechtliche Relevanz bezogen werden kann und erst die weiteren notwendigen Maßnahmen, wie z. B. die Konfiguration, das Customizing und andere Anpassungsdienstleistungen, ausgeschrieben werden müssten.[352]

Obwohl kein direktes Entgelt für die (Lizenz-)Beschaffung entrichtet werden muss, ist in Fällen, in denen nicht nur eine Bagatellbeschaffung vor-

---

349 Es handelt sich hierbei in den meisten Fällen um die GNU General Public License. Hierzu http://www.gnu.org/copyleft/gpl.html sowie *Funk/Zeifang*, CR 2007, 617 – 624 zur Version 3.0.

350 Eine Software, die als Open Source vertrieben wird, muss im Wesentlichen die Kriterien „freie Weiterverbreitung" (jeder darf die Software nutzen und beliebig weiterverteilen), „Verfügbarkeit des Quellcodes" (im Softwarepaket muss der Quellcode enthalten sein oder zumindest eine Angabe enthalten, wo dieser frei erhältlich ist) sowie „Änderungen am Quellcode" (der Quellcode darf an eigene Bedürfnisse angepasst und in dieser veränderten Form weitergegeben werden) erfüllen, vgl. *Malzahn*, Praxis der Kommunalverwaltung, B 15 Nds, 3.3.

351 Bei Open Source Software ist allein die Erhebung von Lizenzgebühren ausgeschlossen, nicht jedoch der „Verkauf" der Software. Als quasi Synonym für Open Source Software hat sich der Begriff der „freien Software" in der Praxis durchgesetzt, wobei hierbei Wert darauf gelegt wird, dass frei „im Sinne von freier Rede" zu verstehen sei und „nicht im Sinne von Freibier", vgl. *Jaeger/Metzger*, Open Source Software, Rn. 3.

352 In diese Richtung *Demmel/Herten-Koch*, NZBau 204, 187 (188); *Müller/Gerlach*, CR 2005, 87 (89).

liegt[353], richtigerweise jedoch trotz der Lizenzkostenfreiheit der Software eine Ausschreibung vorzunehmen.

Die Einzelbetrachtung der reinen Softwarebeschaffung per Download verbietet sich in diesen Fällen. Vielmehr widerspricht eine solche dem vergaberechtlichen „Grundsatz des wirtschaftlichsten Angebots", der – wie alle Vergabegrundsätze – auch bei dieser noch im Vergabevorverfahren stattfindenden Beschaffungsentscheidung Wirkung entfaltet.[354] Auch beim Einsatz kostenlos verfügbarer Software müssen alle möglichen Folgekosten (insbesondere Kosten für Wartung, Support) und (Haftungs-)Risiken im Rahmen einer Wirtschaftlichkeitsbetrachtung vorab berücksichtigt werden. Nur das Ergebnis dieser Gesamtbetrachtung der Wirtschaftlichkeit kann und darf für die Frage der Entgeltlichkeit entscheidend sein. Durch die „Vorab-Beschaffung" beispielsweise einer OpenSource-Serversoftware oder Betriebssystemsoftware wird faktisch das Vergaberecht umgangen, da in diesen Fällen regelmäßig Folgekosten entstehen, für die der Wettbewerb zu Lasten der Anbieter eigener Lösungen eingeschränkt wird.

Die künstliche Aufspaltung[355] in den Bezug der Software auf der einen Seite und die weitergehenden Wartungs-, Pflege-, Schulungs- und Beratungsleistungen andererseits entspricht nicht dem üblichen Lebenssachverhalt „Softwarebeschaffung" und muss daher konstruiert wirken. Darüber hinaus reflektiert sie nicht die realen Gegebenheiten in der Softwarebranche.

(3) Beispiel: Einführung eines Content-Management-Systems

Dies sei an einem kurzen Beispiel verdeutlicht: Es gibt auf dem Softwaremarkt ein breites Angebot von Content-Management-Systemen, deren Aufgabe es ist, die Gestaltung und Administration eines Webauftrittes zu vereinfachen. Idealerweise können auch Personen, die keine vertieften Kenntnisse in den gängigen Seitenbeschreibungs- beziehungsweise Programmiersprachen wie z. B. HTML, JavaScript oder PHP haben, in vertretbarer Zeit und mit vertretbarem Aufwand Inhalte auf dem Webauftritt bereitstellen. Neben bekannten OpenSource-Lösungen wie z. B. Drupal[356],

---

353 Beispielsweise der Download eines Internetbrowsers auf Open Source-Basis.

354 In diesem Zusammenhang verwundert es denn auch, dass *Demmel/Herten* zwar der Aufspaltung des Lebenssachverhaltes Open Source Softwarebeschaffung/-konfiguration zuneigen, jedoch trotzdem die Auffassung vertreten, dass die Beschaffung der Software auf Grund des Auftragsschwerpunktes im Dienstleistungsbereich (also bei den flankierenden Leistungen wie dem Customizing) nicht als unentgeltlich i. S. d. § 99 Abs. 1 GWB eingestuft werden könne, vgl. *Demmel/Herten*, NZBau 2004, 187 (187).

355 Vgl. auch *Heckmann*, CR 2004, 401 (401 f.).

356 http://drupal.org/.

Typo3[357], Joomla[358], OpenCMS[359] bieten viele (private) IT-Dienstleister selbst erstellte – „proprietäre"[360] – Lösungen an. Lädt nun ein Auftraggeber beispielsweise das Joomla-Content-Management-Paket von einer der bekannten Verteilerwebsites[361] herunter, steht er erst am Beginn eines sehr zeitaufwändigen und komplizierten Prozesses der damit verbundenen Installation. Ist dieser erfolgreich verlaufen, heißt dies noch nicht, dass das Content-Management-System einsatz- respektive betriebsbereit ist. Es bedarf vielmehr zunächst einer Anpassung an die notwendigen und gewünschten Vorgaben der jeweiligen Stelle. Dieser Prozess des Customizing erfordert vertiefte Kenntnisse in den o. g. Seitenbeschreibungs- und Programmiersprachen und kann nur von Experten auf diesem Gebiet bewältigt werden. Ähnlicher Anpassungsbedarf besteht in der Regel auch bei proprietären Lösungen. Auch hier stellt die Bereitstellung der Content-Management-System(CMS)-Basis lediglich einen Rahmen dar, den es von Seiten des Auftragnehmers nach den Vorgaben des Auftraggebers auszufüllen gilt.

In beiden Fällen liegt der Schwerpunkt also eindeutig auf der Anpassungsdienstleistung durch den Auftragnehmer, was sich jeweils in den zu projektierenden Kosten für diese Dienstleistung niederschlagen wird.[362]

Möchte ein Unternehmen seinen Webauftritt mit Hilfe eines CMS realisieren, wird dementsprechend auch nicht primär auf den Hersteller des Systems, sondern vielmehr darauf abgestellt, inwieweit das zu schaffende System den realen Bedürfnissen des Auftraggebers entspricht. Des Weiteren sind die Kompetenzen des Auftragnehmers entscheidend, diese Bedürfnisse befriedigen zu können. Hierfür kann es angemessen und kostengünstiger sein, eine bereits existierende CMS-Lösung „aufzusetzen" und anzupassen, gegebenenfalls ist jedoch auch ein komplett neues System zu programmieren. Der eigenmächtige Download eines bestimmten OpenSource-Software-Systems (oder auch der einfache Einkauf einer proprietären Lösung) verkürzt insofern den natürlichen Problemlösungs- und Entwicklungsprozess des Auftragnehmers. Durch diese Aufspaltung wird im schlimmsten Falle sogar verhindert, dass tatsächlich die wirtschaftlichste

---

357 http://typo3.org/.

358 http://www.joomla.org/.

359 http://www.opencms.org/en/index.html.

360 Bei dem Wort „proprietär" handelt es sich um einen Neologismus, der ausschließlich im IT-Bereich zu finden ist. Es leitet sich vom lat. proprietarius, „der Eigentümer", ab und hat im Wesentlichen zwei Bedeutungen: 1. Proprietäre Software ist solche, bei welcher der oder die Urheber sich (im Gegensatz zu Open Source Software) ihre Rechte weitestgehend vorbehalten. 2. Als proprietär werden auch „hauseigene", nicht dem „Standard" entsprechende, Schnittstellen, Dateiformate, etc. bezeichnet.

361 Z. B. http://joomlacode.org/gf/project/joomla/frs/ oder http://sourceforge.net/.

362 Auch bei der Verwendung eines proprietären Systems fallen die reinen Lizenzkosten i. d. R. verhältnismäßig gering aus.

Entscheidung getroffen werden kann. Durch die notwendigerweise erfolgende Reduzierung der Ausschreibung auf eine „Anpassung" des bereits vorhandenen Content-Management-Systems an die Bedürfnisse des Auftraggebers können Alternativangebote im o. g. Sinne gar nicht abgegeben werden[363].

Die Situation ist schon im Ansatz nicht mit den Auftraggeber-Beistellungen bei der Bauleistungsvergabe vergleichbar. *Müller/Gerlach* meinen, dass es der beschaffenden Stelle im IT-Bereich „selbstverständlich freistehe" für sie kostenlose Ressourcen in ein Softwareprojekt einzubringen. Sie folgern dies aus dem Umstand, dass ein Beschaffer z. B. Baumaterial als Beistellleistung im Rahmen eines Bauprojektes zur Verfügung stellen könne und dessen Wert, auch wenn es für ihn kostenlos ist, zwar auf Grund des rechnerischen Zusammenfassungsgebots des § 3 Abs. 7 VgV bei der Berechnung des Gesamtauftragswerts zu berücksichtigen, vergaberechtlich die Beschaffung der Beistellung aber unabhängig und getrennt vom Gesamtprojekt zu beurteilen und vorzunehmen sei.[364] Der Vergleich mit Auftraggeberbeistellungen ergibt jedoch nicht das von *Müller-Gerlach* suggerierte Ergebnis der Vergaberechtsfreiheit bezüglich der Beschaffung der OpenSource-Software(module). Im Falle der Auftraggeberbeistellungen sind die Baumaterialien, die der Auftraggeber dem Bauunternehmen zur Verfügung stellt, gewissermaßen „sowieso" vorhanden. Das bedeutet, dass der öffentliche Auftraggeber diese bereits vor dem Entschluss der Beschaffung des konkreten Bauprojektes in seinem Eigentum hatte. Dies ist bei OpenSource-Software nicht der Fall. Hier muss erst ein, wenn auch kostenloser, Bezug der Software erfolgen.

(4)   Nachträgliche Anpassung eines bereits bestehenden Systems

Das aus dem oben gesagten resultierende Gebot der Gesamtbetrachtung des Softwarebezuges mit den einhergehenden Anschlussleistungen ist allerdings nicht auf zeitlich nachträgliche Anpassungen eines bereits existierenden Systems[365] anwendbar. Hier ist *Müller/Gerlach*[366] dahingehend zuzustimmen, dass es sich in diesen Fällen evident um jeweils selbständige Beschaffungsvorgänge handelt. Anders muss diese Beurteilung freilich aus-

---

363 Nach Aussage von Jason *Meugniot* (Managing Director der Guidance Solutions, Inc.) verschwenden Unternehmen, die versuchen, ein CMS eigenständig und ohne nennenswerte Erfahrung auszuwählen, nicht nur Zeit, sondern verzögern meist auch den Einsatzzeitpunkt und gefährden unnötig den Gesamterfolg des Projektes. Vgl. das Interview im *Choo*, „What counts in choosing the right CMS" in TechRepublic v. 03. 05. 2002 – abrufbar unter http://articles.techrepublic.com.com/5100–10878_11–1051942.html.

364 *Müller/Gerlach*, CR 2005, 87 (89 f.).

365 Also beispielsweise die Wartung und Pflege eines bereits vorhandenen Systems oder nachträgliche Anpassungen einer Software, z. B. an neue gesetzliche Vorschriften.

366 *Müller/Gerlach*, CR 2005, 87 (88).

fallen, wenn die nachträglichen Arbeiten schon zum Zeitpunkt der ersten Vergabe konkret beabsichtigt waren.[367]

bb. Problemfeld: Integration von kostenfrei nutzbaren Angeboten am Beispiel von Google Maps

Eine gewisse Parallelität zur Verwendung von OpenSource-Software zeigt sich bei der Frage, ob und inwieweit die zunehmend verbreitet verfügbaren „Gratiswebdienste" in ein kommunales E-Government Angebot integriert werden dürfen.

(1) Google Maps

So bietet beispielsweise die Google Inc. mit Google Maps[368] einen kostenlos nutzbaren Dienst an, der es ermöglicht, Straßen, Orte, Hotels und andere Objekte zu suchen, um deren Position dann auf einer Karte oder auf einem Bild von der Erdoberfläche (Satelliten- und Luftbilder) anzuzeigen. Dabei kann der Anwender zwischen einer reinen Kartendarstellung, einem Luftbild und einer Ansicht wählen, die sowohl eine Karte als auch das Luftbild darstellt. Satellitenbilder mittlerer Auflösung sind weltweit vorhanden. Die Funktionalitäten dieses Dienstes können derzeit von jedermann nicht nur unentgeltlich genutzt, sondern auch über eine Programmierschnittstelle (so genannte Application Programming Interface, kurz API) in ein Webangebot eingebunden werden.[369] Die Integration eines derartigen Dienstes (so genanntes Mash-Up) in eine E-Government Plattform entspräche nicht nur dem Web 2.0 Gedanken[370], sondern würde auch die Attraktivität des Angebots erhöhen. So ist es beispielsweise möglich, Standorte öffentlicher Einrichtungen (z. B. Rathaus, Schwimmbad etc.) auf den von Google bereitgehaltenen Karten zu visualisieren und über das integrierte Programm den Bürgern eine individuelle Anfahrtskizze erstellen zu lassen.[371]

(2) Entgeltlichkeit der Nutzungsbefugnis

Eine generelle Vergabefreiheit kann jedoch bei der Integration von Angeboten wie Google Maps nicht grundsätzlich angenommen werden. Durch die Verwendung der Google Maps API[372], also der Integration des Angebotes in den eigenen Webauftritt, schließt der jeweilige Verwender mit dem Unter-

---

367 So auch *Müller/Gerlach*, CR 2005, 87 (88).

368 http://maps.google.de.

369 Nach Nr. 1.1 der Google Maps API Terms of Service darf der Zugriff über die API nur durch solche Webseiten erfolgen, die Verbrauchern unentgeltlich zugänglich sind.

370 Siehe oben S. 7.

371 In der „virtuellen Region Nordwest" wird derzeit die Visualisierung der Bademöglichkeiten im Schwesterprodukt Google Earth erprobt, vgl. http://finanzen.bremen.de/sixcms/media.php/13/GoogleEarth_Herr_Bloemer_Forum_IV.pdf.

372 http://code.google.com/intl/de_de/apis/maps/index.html.

nehmen Google Inc. einen Vertrag[373], durch welchen sowohl die Rechte des Nutzers als auch von Google selbst näher definiert werden. Das bedeutet, dass auch im Sinne von § 99 Abs. 1 GWB ein Vertrag vorliegt. Es stellt sich indes auch hier die Frage, ob dieser zugrunde liegende Vertrag als „entgeltlich" eingestuft werden kann. Wie bereits erwähnt, ist der Begriff der Entgeltlichkeit nicht auf eine Gegenleistung in Geld beschränkt. Jeder geldwerte Vorteil, der im Austauschverhältnis steht, kann eine Entgeltlichkeit im Sinne des § 99 Abs. 1 GWB begründen. Worin aber besteht die Gegenleistung für die Nutzungsbefugnis von Web 2.0 Applikationen wie Google Maps? Zunächst erscheint es wenig wahrscheinlich, dass lediglich altruistische Motive mit der Zurverfügungstellung einer derart mächtigen (und kostenintensiven) Anwendung verfolgt werden. Nach den Nutzungsbedingungen für Google Maps ist die Nutzungsberechtigung für die von Google gelieferten und in das eigene Angebot eingebetteten Inhalte selbst auf die Darstellung der Inhalte „*in the same manner, form, format, and appearance as it is provided by the Service*" beschränkt.[374] Angewandt auf das derzeitige Standardformat der Google Maps Darstellung bedeutet dies, dass notwendigerweise in jeder dargestellten Karte am unteren linken Rand ein Hinweis „*Powered by Google*" samt Darstellung des Firmenlogos zu finden ist. Klickt der Nutzer auf dieses Logo, so wird er von der Anbieterseite auf die Webpräsenz des Google Unternehmens weitergeleitet. In der Praxis bedeutet dies, dass sich das Angebot im Ergebnis als eine Werbung für das Unternehmen Google selbst darstellt. Dieses Unternehmen, welches durch seine Suchmaschine bekannt geworden ist, findet seine wirtschaftliche Grundlage wiederum hauptsächlich im Verkauf und der Schaltung von kontextsensitiver Online-Werbung.[375] Hierfür ist die Generierung von entsprechenden Zugriffszahlen durch „Zielgruppennutzer" unerlässlich.

(3) Einbindung als Verwaltungssponsoring?

Ein derartiger Sachverhalt könnte unter den erst in jüngerer Zeit diskutierten Topos des Verwaltungssponsoring[376] zu subsumieren sein. Unter dem Begriff des Sponsoring allgemein wird üblicherweise die Gewährung von

---

373 Google selbst weist in seinen Google Maps API Terms of Servce darauf hin, dass „By using the Google Maps API (the "Service"), you ("You") accept and agree to be bound by the Google Terms of Service, the Terms of Service for Google Maps as well as these additional terms and conditions (the "Terms of Service"). It is important for You to read each of these three documents, as they form a legal agreement between You and Google regarding your use of the Service."

374 Nr. 1.2 der Google Maps API Terms of Servce.

375 Vgl. *Roggenkamp*, K&R 2006, 405 (406 f.). Die Rechtsprechung bezüglich der GoogleAdsense und GoogleAdwords Werbung sind Legion, vgl. nur die Nachweise bei *Heckmann*, jurisPK-Internetrecht, Kap. 4.2.

376 Hierzu *Schröder*, NJW 2004, 1353; ders., LKV 2007, 207; *Burgi*, NZBau 2004, 594; *Kasper*, DÖV 2005, 11.

Geld oder geldwerten Vorteilen durch Unternehmen zur Förderung von Personen, Gruppen und/oder Organisationen in sportlichen, kulturellen, kirchlichen, wissenschaftlichen oder ähnlich bedeutsamen gesellschafts-politischen Bereichen verstanden, mit der regelmäßig auch eigene unter-nehmensbezogene Ziele der Werbung oder Öffentlichkeitsarbeit verfolgt werden.[377] Auch das Sponsoring der Verwaltung, welches als Spielart des Grundtypus Sozialsponsoring eingestuft wird[378], ist nicht ganz unüblich. Immer häufiger werden insbesondere auf kommunaler Ebene, z. B. im Schulbereich, Veranstaltungen und Infrastrukturen, z. B. IT-Infrastruktu-ren, von privaten Unternehmen finanziert oder zur Verfügung gestellt. Im Gegenzug wird diesen Unternehmen das Recht eingeräumt, sich mit diesen Generositäten werbewirksam zu schmücken. In einigen Bundesländern fin-den sich diesbezüglich bereits klare normative Anweisungen[379]. Auf Bun-desebene findet sich eine „Allgemeine Verwaltungsvorschrift zur För-derung von Tätigkeiten des Bundes durch Leistungen Privater"[380]. Nach deren Nr. 1 Abs. 1 liegt ein Sponsoring vor, wenn ein Privater durch eine Zuwendung von Geld-, Sach- oder Dienstleistungen an eine oder mehrere Dienststellen des Bundes diese mit dem Ziel fördert, dadurch einen werb-lichen oder sonst öffentlichkeitswirksamen Vorteil zu erreichen. Diese Defi-nition lässt sich zwanglos sinngemäß auf kommunale Sachverhalte übertra-gen.

Entscheidet sich die Verwaltung, die Google Maps API zu verwenden, willigt sie in die „Nutzungsbedingungen" des Unternehmens ein, die gelie-ferten Karten und Ansichten inklusive des werblichen beziehungsweise öffentlichkeitswirksamen „Vorteils" der Firmennameneinblendung samt Verlinkung anzuzeigen.

(4)   Erforderlichkeit eines Vergabeverfahrens?

Diese Bewerbung eines Einzelunternehmens – und dies ist letztlich das Ziel des Sponsoring – auf Webpräsenzen, die die Öffentlichkeit vor allem mit der öffentlichen Hand verbindet, im Austausch mit konkreten Dienst-leistungen, wirft neben wettbewerbsrechtlichen[381] auch vergaberechtliche Probleme auf. Auch die Entscheidung für einen bestimmten Sponsor auf Seiten des Staates bedarf (gerichtlich überprüfbarer) nachvollziehbarer Ent-

---

377 *Kasper*, DÖV 2005, 11 (11).

378 *Kasper*, DÖV 2005, 11 (11).

379 Vgl. z. B. Art. 84 BayEUG sowie insb. § 25 Abs. 3 der GSO (Bayern): „Wird durch erhebliche Zuwendungen Dritter die Schule bei der Erfüllung ihrer Aufgaben unterstützt oder die Her-stellung oder Anschaffung für Erziehung und Unterricht förderlicher Gegenstände ermög-licht, so kann auf Antrag des Dritten hierauf in geeigneter Weise hingewiesen werden."

380 Allgemeine Verwaltungsvorschrift des BMI v. 07. 07. 2003 – O 4 – 634 140–1/7, BAnz Nr. 126 v. 11. 7. 2003, S. 14906.

381 Vergleiche zu den wettbewerbsrechtlichen Implikationen einer derartigen Wettbewerbs-handlung Kapitel 5.

scheidungskriterien. So weist denn auch die oben genannte VV ausdrücklich darauf hin, dass die Wettbewerbs- und Chancengleichheit potenzieller Sponsoren gewahrt, eine Entscheidung für einen Sponsor objektiv und neutral getroffen werden und auf sachgerechten und nachvollziehbaren Erwägungen beruhen muss. So gibt es etwa im Bereich der Online-Kartendienste nicht nur Google Maps als Anbieterunternehmen, sondern vielmehr eine Vielzahl von Anbietern mit einem ähnlichen Produktportfolio.[382] Dies ist bei der Sponsorenfindung schon auf Grund der Grundrechtsbindung der öffentlichen Hand zu berücksichtigen. Aus Art. 3 Abs. 1 GG, 12 Abs. 1, 19 Abs. 4 GG folgt, dass ein formalisiertes und justiziables Ausschreibungsverfahren von Nöten ist, welches die in der VV genannten Anforderungen an Unparteilichkeit, Chancengleichheit und Transparenz der Sponsoringentscheidung erfüllt.[383]

Ob die Entscheidung für einen Sponsor stets im Rahmen eines förmlichen Vergabeverfahrens getroffen werden muss, ist allerdings fraglich. Beim herkömmlichen Verwaltungssponsoring wird hierbei zwischen der schlichten Leistung von Geld an den Staat und sonstigen Unterstützungsleistungen unterschieden. Nur bei letzteren handelt es sich nach einer in der Literatur vertretenen Auffassung[384] um einen dem § 99 Abs. 1 GWB unterfallenden tauglichen Gegenstand eines öffentlichen Auftrages, der wiederum Gegenstand des Vergaberechts sein kann. Im Falle der Integration von webbasierten Applikationen wie den Google Maps handelt es sich evident nicht um reine Geld-, sondern vielmehr um spezielle Dienstleistungen, so dass die Anwendbarkeit des Vergaberechts hieran nicht scheitern würde. Problematisch ist vielmehr die Frage, ob der dem Verwaltungssponsoring zu Grunde liegende Vertrag tatsächlich als *entgeltlich* einzuordnen ist. Hierfür bedarf es auch bei Zugrundelegung des weiten Entgeltbegriffes einer weiteren Differenzierung:

Der durch den Sponsor erzielte werbliche beziehungsweise öffentlichkeitswirksame „Vorteil" ist in der Regel nicht unmittelbar messbar. Insbesondere ist unsicher, ob sich tatsächlich ein Vorteil, z. B. in Form neuen Aufträgen[385] und damit in Geld, niederschlägt. *Burgi*[386] ist denn auch der Auffassung, dass selbst wenn sich die erhofften Werbevorteile realisieren, die durch den Sponsor an den Staat erbrachte Leistung hierdurch nur zum Teil abgegolten wäre und im Regelfall vielmehr Schenkungscharakter trage. Man habe es deshalb „allenfalls" mit einer Konstellation der Teilentgelt-

---

382 Aus dem internationalen Bereich seien beispielhaft Mapquest und Microsofts „MSN Karten&Routen" genannt. Bekannte deutsche Anbieter sind stadtplandienst.de sowie die Falk-Gruppe.

383 *Schröder*, LKV 2007, 207 (210).

384 *Burgi*, NZBau 2004, 594 (598); a. A. *Kasper*, DÖV 2005, 11 (14 f.).

385 Im konkreten Fall der Google Maps ggf. auch in Form von erhöhten Zugriffszahlen.

386 *Burgi*, NZBau 2004, 594 (598).

lichkeit zu tun. Zwar sei die Situation des Verwaltungssponsorings grundsätzlich nicht mit der einer (dem Regime des Vergaberechts entzogenen) Dienstleistungs- oder Baukonzession vergleichbar, woraus jedoch noch keine Entgeltlichkeit zu folgern sei. Es bestehe eine Gemeinsamkeit des Verwaltungssponsorings mit diesen beiden Konstellationen insoweit, als dass der Sponsor keine unmittelbar finanzwirksame Gegenleistung vom Staat erhält, sondern auf eigenes Risiko darauf angewiesen ist, seine eigene Leistung wirtschaftlich (also werblich) zu verwerten. Es fehle insbesondere der, für die Anwendbarkeit europäischen Vergaberechts unabdingbare, haushaltswirtschaftliche Bezug, weil der Staat mit der Übertragung der Befugnis zur werblichen Nutzung seines „guten Namens" weder mittel- noch unmittelbar staatliche Mittel übertrage.[387]

Dem kann für die Fälle gefolgt werden, in denen sich die werbliche „Brüstung" mit der Sponsorleistung auf externe Werbequellen bezieht und erschöpft. Zum Beispiel immer dann, wenn sich das die Applikation bereitstellende Unternehmen darauf beschränkt, sich auf Briefköpfen, dem eigenen Internetauftritt oder in der Werbung selbst als *Unterstützer des Webauftrittes der Stadt XY"* o.ä. zu bezeichnen, wie dies im Sportsponsoring gang und gäbe ist. Geht die Werbewirkung jedoch von einem der öffentlichen Hand zuzuordnenden Werbeträger aus, dann muss die Bewertung bezüglich der Übertragung staatlicher Mittel anders ausfallen. Inkludiert ist in diesen Fällen, in denen beispielsweise direkt auf oder im direkten Zusammenhang mit der Webplattform der öffentlichen Hand geworben werden darf, eben diese konkrete Werbeplatzierung als unmittelbar geldwerte Gegenleistung. Der Sachverhalt ist vergleichbar mit der direkten Schaltung von Werbebannern auf der Behördenwebseite[388], für welche üblicherweise ein direktes Entgelt als Gegenleistung verlangt wird.

Hieraus folgt, dass die Gegenleistung der Platzierung von Werbung innerhalb der kommunalen E-Government Web 2.0 Plattform als „entgeltlich" im Sinne des (Kartell-)Vergaberechts einzuordnen ist[389], so dass es für die Notwendigkeit der Durchführung eines europaweiten Vergabeverfahrens nur noch darauf ankommt, ob die die Schwellenwerte nach §§ 100 Abs. 1 GWB, 2 VgV erreicht werden.

---

387 *Burgi*, NZBau 2004, 594 (599).

388 Wobei hier zu berücksichtigen ist, dass der zur Verfügung stehende Werbeplatz regelmäßig begrenzt ist.

389 Zu einem ähnlichen Ergebnis kommen auch *Burgi*, NZBau 2004, 594 (598) – Fn. 37 und *Schröder*, LKV 2007, 207 (210) im Sachverhalt der Beleuchtung des Brandenburger Tores durch die Vattenfall Europe AG, für welche dieser das Recht eingeräumt wurde, sich in unmittelbarer Umgebung des Berliner Denkmals auf Tafeln als „Partner des Brandenburger Tores" zu bezeichnen.

b) Vertrag mit „Unternehmen"

Ein öffentlicher Auftrag im Sinne des § 99 Abs. 1 GWB liegt des Weiteren nur vor, wenn der entgeltliche Vertrag zwischen dem öffentlichen Auftraggeber und einem „Unternehmen" geschlossen wird. Es besteht indes keine vergaberechtliche Pflicht, die benötigten Leistungen „am Markt" zu vergeben. Vergaberecht ist dementsprechend erst anwendbar, wenn die Entscheidung getroffen wird, die Leistungen von einem außen stehenden Dritten erbringen zu lassen.[390] Diese Drittbezogenheit ist nur in den Fällen eindeutig, in denen keine weitere organisatorische Verknüpfung oder ähnliche Beziehungen zwischen Auftragnehmer und Auftraggeber bestehen.

aa. Problemfeld: Inhouse-Geschäfte

Die Privatisierung kommunaler Aufgaben und kommunaler Unternehmen ist in Zeiten knapper Haushaltsmittel, fortschreitender Liberalisierung der Versorgungsmärkte und veränderter politischer Einstellungen zur effektiven und effizienten Wahrnehmung von Verwaltungsaufgaben an der Tagesordnung.[391] In vielen Kommunen geht der Trend dahin, Aufgaben aller Art durch Private oder in Zusammenarbeit mit privaten Partnern zu erfüllen.[392] Allgegenwärtig ist dies im Bereich der liberalisierten Strom- und Gasversorgung, der Wasserversorgung, der Abfallentsorgung oder im chronisch defizitären Bereich des Öffentlichen Personennahverkehrs.[393] Aber auch im IT-Bereich im weiteren Sinne ist die Aufgabenübertragung auf ein zumindest gemischtwirtschaftliches Unternehmen gang und gäbe. Ist dies nicht der Fall, ist ein öffentlicher Auftraggeber häufig (mit anderen Körperschaften) in irgendeiner Form an einem öffentlich-rechtlichen IT-Dienstleister (z. B. einem kommunalen Rechenzentrum) beteiligt, welches unter Umständen auch Dienstleistungen für außerhalb der Gesellschaft stehende Nachfrager erbringt.

Bestehen derartige „Beziehungen" ohnehin, stellt sich regelmäßig die Frage, ob in diesen Fällen die Realisierung der Web 2.0 Plattform nicht an diesen „vergeben" werden kann, ohne dass ein Vergabeverfahren durchzuführen ist. Grundgedanke hinter diesen Erwägungen ist der § 99 Abs. 1 GWB. Nach diesem ist für die Annahme des Vorliegens eines Öffentlichen Auftrags ein Vertrag zwischen einem öffentlichen Auftraggeber und einem Unternehmen erforderlich. Voraussetzung ist also, dass zwei unterschiedliche Rechtssubjekte Vertragspartner sind. Im Umkehrschluss bedeutet dies, dass ein so genanntes echtes Inhouse-Geschäft vom Vergaberecht gewissermaßen freigestellt ist, weil es sich nur noch um einen internen Organisationsakt und nicht mehr um einen Beschaffungsvorgang handelt. Grund für

---

390 OLG Koblenz, Beschl. v. 13. 12. 2001 – 1 Verg 4/01.

391 *Masing*, ZfBR 2002, 450 (450); vgl. auch *Mayen*, DÖV 2001, 110 (110).

392 Zu den sogenannten Public Private Partnerships unten S. 136.

393 *Masing* ZfBR 2002, 450 (450).

die Freistellung vom Vergaberecht ist also, dass derartige Interna den Markt nicht berühren.[394]

(1) echte Inhouse-Geschäfte

So genannte echte Inhouse-Geschäfte[395] sind all die Geschäfte, die von dem öffentlichen Auftraggeber unmittelbar selbst im eigenen Haus, respektive intern, erbracht werden. Dies erfolgt unter Umständen durch eigene Abteilungen, regelmäßig aber auch im Rahmen eines rechtlich nicht selbständigen Regie- oder Eigenbetriebes. Die Gründung solcher Regie- und Eigenbetriebe, z. B. zum Betrieb eines Rechenzentrums für eine größere Behörde, sind vergaberechtlich unbeachtlich. Der öffentliche Auftraggeber ist durch das Vergaberecht nicht in der seinem Gestaltungsermessen unterliegenden Wahl der Organisationsform – Eigenbetrieb, Regiebetrieb, Eigengesellschaft, usw. – derer er sich zur Erfüllung seiner Aufgaben bedienen möchte, beschränkt.[396]

(2) quasi Inhouse-Geschäfte

Eine vergaberechtliche Problematik entsteht jedoch in den Fällen, in denen für die Erfüllung der Aufgabe eine „Organisationseinheit" des Auftraggebers gewählt wird, die (formal) juristisch gesehen eine vom Auftraggeber rechtlich selbstständige Person darstellt, mit diesem aber verbunden ist.[397] Möchte und kann der Auftraggeber die ansonsten auszuschreibende Aufgabe mit eigenen Mitteln erfüllen, so macht es grundsätzlich keinen Unterschied, ob er dies durch einen Eigenbetrieb ohne eigene Rechtspersönlichkeit[398] oder eine rechtlich selbständige Eigengesellschaft[399] tut.[400] Es handelt sich in letzterem Fall um ein so genanntes „Quasi-Inhouse-Geschäft"[401], welches mit dem rein internen, dem Vergaberecht entzogenen Organisationsakt des echten Inhouse-Geschäftes, vergleichbar ist, was rechtstechnisch durch eine teleologische Reduktion sowohl des Auftrags[402] als auch des Unternehmensbegriffes[403] in § 98 GWB erreicht wird. Bei einem Quasi-Inhouse-Geschäft besteht eine funktionelle Identität der Situation, in welcher der öffentliche Auftraggeber einen Vertrag mit dem von

---

394 *Hardraht*, In-house Geschäfte und europäisches Vergaberecht, S. 170.

395 Auch als Inhouse-Vergaben oder In-sich-Geschäfte bezeichnet.

396 *Weyand*, Vergaberecht, § 99 GWB Rn. 603.

397 *Pietzcker*, NVwZ 2007, 1225 (1229) spricht treffend vom „Drama der In-house-Geschäfte".

398 Vgl. z. B. Art. 88 Abs. 1 BayGO.

399 Vgl. z. B. Art. 89. Abs. 1 BayGO.

400 *Masing*, ZfBR, 2002, 450 (450 ff.); OLG Brandenburg, Beschl. v. 19. 12. 2002 – Verg W 9/02; VK Arnsberg, Beschl. v. 05. 08. 2003 – VK 2–13/2003.

401 So die begrifflich exakte Bezeichnung, vgl. *Dreher* in: Immenga/Mestmäcker, GWB, § 99 Rn. 53; GA *Stix-Hackl* Schlussanträge zu EuGH, Urt. v. 23. 09. 2004 – Rs. C-26/03 – „Stadt Halle" – Rn. 49 ff.

402 *Dreher*, NZBau 2001, 360 (362).

403 *Endler*, NZBau 2002, 125 (130).

ihm rechtlich zu unterscheidenden Auftragnehmer schließt, weil dieser letztlich nur ein Tribut an diese Unterscheidbarkeit darstellt, nicht aber an einen echten Drittstatus.[404] Mit anderen Worten: Wird eine Leistung durch eine Eigengesellschaft einer Gemeinde erbracht, handelt es sich grundsätzlich immer noch um eine Form der (vergaberechtsfreien) Selbsterbringung der Leistung und nicht um eine Beschaffung am Markt.[405] Klärung bedarf indes die Frage, unter welchen Umständen ein solches Quasi-Inhouse-Geschäft angenommen werden kann, wann also diese funktionale Identität gerade nicht mehr gegeben ist und eine Marktberührung angenommen werden muss.

(a)   Die Teckal-Rechtsprechung des EuGH

In der Rechtssache „Teckal"[406] hat der Gerichtshof der Europäischen Gemeinschaften die Richtlinie 93/36/EWG[407] für anwendbar gehalten, wenn ein öffentlicher Auftraggeber wie etwa eine Gebietskörperschaft beabsichtigt, mit einer Einrichtung, die sich formal von ihm unterscheidet und die ihm gegenüber eigene Entscheidungsgewalt besitzt, einen schriftlichen entgeltlichen Vertrag über die Lieferung von Waren zu schließen. Allein die Beteiligung der öffentlichen Hand an einer juristischen Person des Privat- oder des öffentlichen Rechtes entzieht also ein mit dieser abgeschlossenes Rechtsgeschäft noch nicht dem Zugriff des Vergaberechts, auch wenn die Beteiligung dazu führt, dass diese juristische Person selbst als öffentlicher Auftraggeber im Sinne des § 98 GWB zu werten ist. Eine allgemeine Ausnahme für Verträge mit Auftragnehmern, die selbst den Pflichten des Vergaberechts unterliegen, ist dem Vergaberecht fremd, weshalb es unerheblich sei, ob die Auftragnehmereinrichtung selbst ein öffentlicher Auftraggeber ist.[408]

Nach Auffassung des EuGH kommt (auch) in diesen Fällen grundsätzlich das europäische Vergaberecht zur Anwendung. Etwas anderes gelte nur, wenn der öffentliche Auftraggeber

1. über die fragliche Person, also den Vertragspartner, eine Kontrolle ausübt wie über ihre eigenen Dienststellen (so genanntes erstes „Teckal-Kriterium"[409]) *und*

---

404 *Hardraht*, In-house Geschäfte und europäisches Vergaberecht, S. 170.

405 Vgl. *Pietzcker*, NVwZ 2007, 1225 (1229).

406 EuGH, Urt. v. 18. 11. 1999 – Rs. C-107/98 – „Teckal" – NZBau 2000, 90 (91).

407 Richtlinie 93/ 36/ EWG des Rates vom 14. 06. 1993 über die Koordinierung der Verfahren zur Vergabe öffentlicher Lieferaufträge, ABl. EG Nr. L 199, S. 1–53. Die Anwendung ist nach wohl herrschender Auffassung nicht auf den Bereich der Vergabe öffentlicher Lieferaufträge beschränkt, sondern kann beispielsweise auch im Bereich der Dienstleistungsaufträge greifen., vgl. BGH, Urt. v. 12. 06. 2001 – X ZB 10/01.

408 EuGH, Urt. v. 18. 11. 1999 – Rs. C-107/98 – „Teckal" – NZBau 2000, 90 (91) – Rn. 42; *Röhl*, JuS 2002 1053 (1054); a. A. *Schubert*, WuW 51 (2001), 254 (255).

409 So die inzwischen gängige Terminologie, vgl. bspw. *Stammkötter*, ZfBR 2007, 245 (245).

2. wenn diese Person zugleich ihre Tätigkeit im Wesentlichen für die Gebietskörperschaft oder die Gebietskörperschaften verrichtet, die ihre Anteile innehaben (so genanntes zweites „Teckal-Kriterium").[410]

Diese Art der „Beauftragung" ist funktional der Aufgabenwahrnehmung durch eine eigene Dienststelle, also dem echten Inhouse-Geschäft, gleichzusetzen und wie dieses als dem Vergaberecht entzogener verwaltungsorganisatorischer Vorgang zu werten.[411]

(b) Rezeption in der nationalen Rechtsprechung

Diese inzwischen ständige Rechtsprechung des EuGH[412] ist von der nationalen Rechtsprechung, insbesondere durch den BGH[413], akzeptiert worden und wird im Ergebnis so behandelt, als handele es sich um zusätzlichen Text der Richtlinie[414]. Dementsprechend kommt es nicht zu einem öffentlichen Auftrag im Sinne des § 99 Abs. 1 GWB, wenn der öffentliche Auftraggeber alleiniger Anteilseigner des Beauftragten ist, er über diesen eine Kontrolle wie über eigene Dienststellen ausübt und der Beauftragte seine Tätigkeit im Wesentlichen für diesen öffentlichen Auftraggeber verrichtet.[415] Denn dann wird – so folgert auch der BGH – der Sache nach kein anderer mit der Erbringung der jeweiligen Leistung beauftragt.

„[E]s kommt vielmehr zu einem sog. „in-house"-Geschäft, bei dem die Dienstleistung von einer Stelle erbracht wird, die der öffentlichen Verwaltung bzw. dem Geschäftsbetrieb des öffentlichen Auftraggebers zuzurechnen ist."[416]

(3) Kontrollkriterium

Beide Teckal-Kriterien lassen Raum für die gegensätzlichsten subjektiven Auslegungen. Nach Auffassung des BGH ist das Tatbestandsmerkmal der „Kontrolle wie über eine eigene Dienststelle" jedenfalls als erfüllt anzusehen, wenn der öffentliche Auftraggeber alle Geschäftsanteile des Auftrag-

---

410 EuGH, Urt. v. 18. 11. 1999 – Rs. C-107/98 – „Teckal" – NZBau 2000, 90 (91) – Rn. 50.

411 Vgl. auch *Burgi*, NZBau 2005, 208 (209).

412 Vgl. EuGH Urt. v. 18. 11. 1999 – Rs. C-107/98 – „Teckal" – Rn. 50; EuGH, Urt. v. 11. 01. 2005 – Rs. C-26/03 – „Stadt Halle" – Slg. 2005, I-1 – Rn. 49; EuGH, Urt. v. 13. 01. 2005 – Rs. C-84/03 -„Kooperationsvereinbarungen Spanien" – Slg. 2005, I-139 -Rn. 38; EuGH, Urt. v. 10. 11. 2005 – Rs. C-29/04 – „Kommission/Österreich" – Slg. 2005, I-9705 – Rn. 34; EuGH, Urt. v. 11. 05. 2006 – Rs. C-340/04 – „Carbotermo" – Rn. 33; EuGH, Urt. v. 19. 04. 2007 – Rs. C-295/05 – „ASEMFO" – Rn. 55.

413 BGH, Beschl. v. 12. 06. 2001 – X ZB 10/01 – BGHZ 148, 55; ihm folgend OLG Düsseldorf, Urt. v. 15. 10. 2003 – Verg 50/03; BayObLG, Urt. v. 29. 08. 2001 – 2Z BR 102/01.

414 So *Röhl*, JuS 2002, 1053 (1058).

415 BGH, Beschl. v. 12. 06. 2001 – X ZB 10/01 – juris Rn. 30.

416 BGH, Beschl. v. 12. 06. 2001 – X ZB 10/01 – juris Rn. 31.

nehmers hält.[417] Eine Kontrolle wie über eine eigene Dienststelle ist auch anzunehmen, wenn die Auswahl der Rechtsform des künftigen Auftragnehmers dem öffentlichen Auftraggeber auf Grund der der Rechtsform eigenen Organisationsstruktur umfassende Einfluss- und Steuerungsmöglichkeiten einräumt, die sicherstellt, dass der potentielle Auftragnehmer keine eigene Entscheidungsgewalt hat.[418]

Problematisch und umstritten ist, ob diese konkretisierenden Merkmale nur kumulativ zur Tatbestandsmäßigkeit führen können oder ob auch das Vorliegen einer entsprechend umfassenden Einfluss- und Steuerungsmöglichkeit genügen kann, jedoch nicht alle Geschäftsanteile vom (konkreten) öffentlichen Auftraggeber gehalten werden.

(a)   Beteiligung Privater

Nach einer in Deutschland lange Zeit vorherrschenden Auffassung wurde das Erfordernis der Kontrolle wie über eine eigene Dienststelle dahingehend verstanden, dass damit nicht eine identische, sondern nur eine *vergleichbare* Kontrolle gemeint sein könne.[419] Argument hierfür war, dass, wenn man eine identische Kontrolle für erforderlich hielte, für eine Ausnahme nahezu kein Anwendungsbereich bliebe. Der Grad der Weisungsgebundenheit integrierter Dienststellen von beherrschten Unternehmen könne nämlich auch bei größter Abhängigkeit des selbstständigen Trägers von der öffentlichen Hand nicht erreicht werden.[420] Es komme demnach auch weniger auf eine „Beherrschung" als vielmehr auf die Möglichkeit einer „umfassenden Einflussnahme" der Gebietskörperschaft auf das Unternehmen an.[421] Sei eine derartige umfassende Einflussnahme auf das Unternehmen durch die öffentliche Hand feststellbar, stelle sich die Auftragsvergabe nur noch als interner Organisationsakt und nicht als nach außen gerichtete Drittbeauftragung dar[422]. Um den Umfang der Einflussnahme zu

---

417 Diese Konstellation der hundertprozentigen kommunalen Eigengesellschaft (ohne atypischen Gesellschaftsvertrag) ist, wie *Orlowski* festhält, der Idealfall einer Eigenvergabe. Bei einer funktional-wirtschaftlichen Betrachtungsweise ergibt sich folgendes Bild: Wenn hundert Prozent Gesellschaftsanteile in der Hand des öffentlichen Auftraggebers liegen, übt dieser über die Auftragnehmer-Gesellschaft eine Kontrolle wie über eine eigene Dienststelle aus. Die Geschäftsführer sind (im Falle der Wahl der Organisationsform GmbH) gem. § 37 I GmbHG an interne Beschränkungen durch Gesellschafterbeschlüsse gebunden, die bindende Weisungen auch für Angelegenheiten der Geschäftsführung enthalten können Die Gesellschafter bestimmen die Maßregeln zur Prüfung und Überwachung der Geschäftsführung (§ 46 Nr. 6 GmbHG) und können nach § 37 GmbHG die Befugnis der Geschäftsführer zur Vertretung der Gesellschaft beschränken, *Orlowski*, NZBau 2007, 80 (80 f.).

418 BGH, Urt. v. 12. 06. 2001 – X ZB 10/01 – juris Rn. 34 f.

419 vgl. *Faber*, DVBl 2000, 248 (253 f.).

420 *Faber*, DVBl 2000, 248 (253).

421 *Dreher*, NZBau 2001, 360 (363); ihm folgend BayObLG, Beschl. v. 22. 1. 2002 – Verg 18/01 – NZBau 2002, 397 (398).

422 *Kleine/Flöther/Bräuer*, NVwZ 2002, 1046 (1053).

bestimmen, wurden gesellschaftsrechtliche Kriterien wie etwa die Beteiligungshöhe und die Regelungen im Gesellschaftsvertrag als tauglich erachtet.[423] Grundsätzlich sei zu Gunsten der gemischt-wirtschaftlichen Gesellschaft gegen die Anwendung des Vergaberechts zu entscheiden, sofern die Höhe der Beteiligung der Kommune die gesellschaftsrechtlichen Einfluss- und Kontrollrechte sichert[424] und zudem gesellschaftsvertragliche Bestimmungen nicht entgegenstehen.

Eine (minderheitliche) Beteiligung eines privaten Unternehmens an dem Auftragnehmerunternehmen schloss somit nach dieser Auffassung die Einstufung als vergaberechtsfreies Inhouse-Geschäft nicht aus.[425]

Dieser Auffassung hat der EuGH in der „Stadt Halle"-Entscheidung eine Absage erteilt. Nach diesem schließt die – auch nur minderheitliche – Beteiligung eines privaten Unternehmens am Kapital einer Gesellschaft, an der auch der betreffende öffentliche Auftraggeber beteiligt ist, es auf jeden Fall aus, dass der öffentliche Auftraggeber über diese Gesellschaft eine ähnliche Kontrolle ausübt wie über seine eigenen Dienststellen. Der EuGH begründet seine Auffassung damit, dass ein gemischtwirtschaftliches Unternehmen nicht mehr lediglich öffentliche, sondern zumindest auch private Interessen verfolge.[426] Außerdem würde die Vergabe eines öffentlichen Auftrags an ein gemischtwirtschaftliches Unternehmen ohne Ausschreibung das Ziel eines freien und unverfälschten Wettbewerbs und den vergaberechtlichen Grundsatz der Gleichbehandlung der Interessenten beeinträchtigen, insbesondere weil ein solches Verfahren einem am Kapital dieses Unternehmens beteiligten privaten Unternehmen einen Vorteil gegenüber seinen Konkurrenten verschaffen würde.[427]

---

423 *Kleine/Flöther/Bräuer*, NVwZ 2002, 1046 (1053), die ausführen, dass eine beherrschende kommunale Einflussnahme insbesondere durch die intensive Ausübung von Kontroll- und Aufsichtsrechten gewährleistet sein könne, selbst wenn der Anteil der kommunalen Beteiligung nur knapp über 50 % liege. Der Kommune könne z. B. qua Gründungsstatut die Bestellung des Geschäftsführers eingeräumt werden. Zudem habe der Geschäftsführer nicht die Eigenverantwortlichkeit des Vorstandes einer Aktiengesellschaft, sondern ihm könnten zu Gunsten des kommunalen Anteilseigners entsprechende Bindungen im Wege des Gesellschaftsvertrages auferlegt werden. Gleichermaßen könnten durch Beschluss der Gesellschafterversammlung dem Geschäftsführer Beschränkungen in der Ausgestaltung der Geschäftsführung diktiert werden.

424 Durchaus im Einklang mit dieser Auffassung hat die Vergabekammer beim Regierungspräsidium Halle unter Verweis auf § 66 Abs. 2 GmbHG und den hieraus folgenden Minderheitenrechten eine Kontrolle wie über eine eigene Dienststelle in einem Fall abgelehnt, in dem ein privater Mitgesellschafter des künftigen Auftragnehmers einen Gesellschaftsanteil von zehn Prozent innehatte, vgl Vergabekammer beim Regierungspräsidium Halle, Beschl. v. 27. 05. 2002 – VK Hal 03/02 – juris Rn. 109; ähnlich auch *Jaeger*, NZBau 2001, 6 (10).

425 Vgl. die Darstellung der früher h. M. bei *Pape/Holz*, NJW 2005, 2264 (2264).

426 EuGH, Urt. v. 11. 1. 2005 – Rs. C-26/03 – „Stadt Halle" – Rn. 50.

427 EuGH, Urt. v. 11. 1. 2005 – Rs. C-26/03 – „Stadt Halle" – Rn. 51; auch EuGH, Urt. v. 10. 11. 2005 – Rs. C-29/04 – „Mödling" – NVwZ 2006,70.

Diese Auffassung ist auf nationaler Ebene nicht nur auf Zustimmung[428] gestoßen. So hält die Bundesregierung diese Einschränkung im Hinblick auf die notwendige weitere Entwicklung von institutionellen öffentlich-privaten Partnerschaften in Deutschland für zu weitgehend. Und in der Tat schuf diese Entscheidung insbesondere auf kommunaler Ebene die Problematik, dass die Praxis der freihändigen Vergabe an teilprivatisierte Betriebe generell ausgeschlossen wurde und zwar selbst dann, wenn der private Partner im Rahmen eines förmlichen Vergabeverfahrens ausgewählt wurde.[429] Nach Auffassung der Bundesregierung sollte „eine gewisse Minderheitsbeteiligung Privater (bis z. B. zwanzig Prozent der Stimmrechte)" für den Abschluss eines vergaberechtsfreien Inhouse-Geschäfts unschädlich sein.[430]

Dem ist jedoch mit *Burgi*[431] entgegenzuhalten, dass in allen Fällen, in denen Private in die Erfüllung von Staatsaufgaben einbezogen werden, ein „Zukauf privater Handlungsrationalität" erfolgt und stets davon ausgegangen werden muss, dass mit der Einbeziehung privater Partner immer auch ein gewisser Grad an eigener Entscheidungsgewalt auf Seiten des potentiellen Auftragnehmers vorhanden ist. Die ausnahmsweise (!) Vergaberechtsfreiheit des quasi Inhouse-Geschäftes beruht gerade auf der funktionalen Vergleichbarkeit mit der „Beauftragung" der eigenen Dienststelle. Hier (und nur hier) wäre es bloße Förmelei, wenn man eine (aus welchen Gründen auch immer) lediglich „ausgelagerte" Dienststelle, die nunmehr eine vom Auftraggeber juristisch verschiedene Person darstellt, anders behandeln wollte als eine tatsächlich interne Stelle. Werden jedoch private Partner zu Teilhabern erhoben, so entfällt die Vergleichbarkeit mit dieser. Es ist in diesen Fällen nicht mehr gerechtfertigt vom insofern eindeutigen Wortlaut des § 99 GWB abzuweichen. Wenn die öffentliche Hand also eine Gesellschaftsgründung mit einem Privaten und dessen Beauftragung koppeln will, so muss sie den Wettbewerb zulassen.[432]

(b)   Beteiligung mehrerer öffentlicher Auftraggeber
Häufig kann und soll eine Auftragserteilung an eine Gesellschaft erfolgen, deren Anteilseigner ausschließlich öffentlich-rechtlich sind. Hier stellt sich insbesondere in Fällen, in denen der öffentliche Auftraggeber lediglich minderheitlich an dem Auftragnehmer beteiligt ist, die Frage, ob dieser Auftrag dem Regime des Vergaberechts unterfällt. Versteht man das Tatbestandsmerkmal der „Kontrolle wie über eine eigene Dienststelle" wörtlich, so müsste dies bejaht werden, da hier das Kontrollkriterium zumin-

---

428 Kritisch z. B. *Krohn*, NZBau 2005, 92 (94 f.).

429 *Krohn*, NZBau 2005, 92 (95).

430 BT-Drs. 16/6112 – Antwort der Bundesregierung auf Kleine Anfrage aus der FDP.

431 *Burgi*, NVwZ 2001, 601 (605).

432 VK Düsseldorf, Beschl. v. 07. 07. 2000 – VK 12/2000 – L – NZBau 2001, 46 (48).

dest auf Seiten des minderheitlich beteiligten Auftraggebers nicht erfüllt sein wird.

Der EuGH hat in der Teckal-Entscheidung unter anderem ausgeführt, dass die fragliche juristische Person „ihre Tätigkeit im Wesentlichen für die Gebietskörperschaft *oder die Gebietskörperschaften* verrichtet, die ihre Anteile inne haben". Daraus folgt, dass das Kriterium der „Kontrolle wie über eine eigene Dienststelle" nicht (allein) an den jeweiligen öffentlichen Auftraggeber anknüpft. Erforderlich ist vielmehr, dass die Entscheidungsgewalt über den Auftragnehmer im Sinne einer gemeinsamen Kontrolle durch alle beteiligten öffentlichen Auftraggeber erfolgt.[433] Die Aufgabenerfüllung bleibt in diesen Fällen also grundsätzlich ein interner Organisationsakt staatlicher Stellen. Für die Frage der Zulässigkeit einer vergaberechtsfreien quasi Inhouse-Vergabe ist mithin die Anzahl der öffentlichen Anteilseigner sowie deren Anteile respektive Anteilshöhe an der Auftragnehmer-Gesellschaft nicht ausschlaggebend, wenn und soweit sie gemeinsam alle Gesellschaftsanteile halten. Dass bedeutet, dass auch einer der Minderheitsgesellschafter der gemeinsamen Gesellschaft[434] grundsätzlich vergaberechtsfrei einen Auftrag erteilen kann.[435]

Eine gewisse Einschränkung bei der Frage der Kontrollmöglichkeit ist jedoch auch bei rein öffentlich-rechtlichen Unternehmen vorzunehmen, wenn diese eine gewisse Marktausrichtung erlangt haben.

Aus der *„Parking Brixen"*-Entscheidung[436] des EuGH kann der Schluss gezogen werden, dass in Fällen, in denen der Auftragnehmer eine „Marktausrichtung" erreicht hat, die eine Kontrolle wie über eine eigene Dienststelle nicht (mehr) erlaubt beziehungsweise „schwierig macht"[437], die Auf-

---

433 Der EuGH hat dazu ausgeführt, dass „der Umstand, dass der öffentliche Auftraggeber allein oder zusammen mit anderen öffentlichen Stellen das gesamte Kapital einer auftragnehmenden Gesellschaft hält, grundsätzlich darauf hindeutet, dass er über diese Gesellschaft eine Kontrolle wie über seine eigenen Dienststellen ausübt", EuGH, Urt. v. 19. 04. 2007 – Rs. C 295/05 – „ASEMFO" – Rn. 57.

434 Der Teckal-Entscheidung lag der Sachverhalt zu Grunde, dass die italienische Gemeinde Viano mit ihren Nachbargemeinden ein Konsortium zur Erbringung von Energie- und Umweltdienstleistungen in eigener Rechtspersönlichkeit gegründet hatte, wobei die Gemeinde Viano selbst nur 0,9 % der Stimmrechte der von ihr beauftragten Gesellschaften besaß. Die übrigen 99,1 % der Stimmrechte verteilten sich auf die anderen Anteilseigner, *Orlowski*, NZBau 2007, 80 (81). Auch in der Rechtssache ASEMFO (EuGH, Urt. v. 19. 04. 2007 – Rs. C 295/05 – „ASEMFO" – EuZW 2007, 416) hat der EuGH in einer Konstellation, in welcher einzelne öffentliche Auftraggeber lediglich 1 % der Anteile innehatten, die Erfordernisse des ersten Teckal-Kriteriums als erfüllt angesehen.

435 Vgl. *Orlowski*, NZBau 2007, 80 (81 f.); *Krajewski/Wethkamp*, DVBl. 2008, 355 (361) weisen zutreffend auf die Sachgerechtigkeit hin. Wäre es erforderlich, dass der konkrete Auftraggeber und Anteilseigner alleine die notwendige Kontrolle innehaben müsse, hätte dies eine Privilegierung größerer Städte und Gemeinden zur Folge.

436 EuGH, Urt. v. 13. 10. 2005 – Rs. C-458/03 – „Parking Brixen" – EuZW 2005, 727.

437 So der EuGH, Urt. v. 13. 10. 2005 – Rs. C-458/03 – „Parking Brixen" – Rn. 67.

tragserteilung an diese Unternehmen dem Vergaberecht unterfällt.[438] Im konkreten Fall hatte das rein öffentlich-rechtliche Unternehmen die Gesellschaftsform der Aktiengesellschaft gewählt, den Gesellschaftszweck signifikant ausgeweitet, die Öffnung der Gesellschaft für Fremdkapital vorgesehen, den geografischen Tätigkeitsbereichs der Gesellschaft erheblich ausgeweitet und dem Verwaltungsrat weit reichende Vollmachten übertragen, die praktisch ohne Kontrolle der Geschäftsführung durch die Gemeinde ausgeübt werden konnten.[439] In der Konsequenz bedeutete dies, dass es „ausgeschlossen" war, dass die Auftraggeberin über die Auftragnehmerin eine Kontrolle wie über ihre eigenen Dienststellen ausübte, so dass die „Vergabe" einer öffentlichen Dienstleistungskonzession durch einen öffentlichen Auftraggeber an eine solche Einrichtung nicht mehr als ein interner Vorgang dieser Stelle angesehen werden konnte, auf den das Vergaberecht unanwendbar wäre.[440]

In der „*Carbotermo*"-Entscheidung[441] ist der EuGH noch einen Schritt weiter gegangen: Selbst in Fällen, in denen eine Kommune 100 % der Anteile an der zu beauftragenden Gesellschaft hält, kann es ihr an der Kontrolle über diese Gesellschaft wie über eine eigene Dienststelle fehlen, wenn der öffentliche Auftraggeber sowohl auf die strategischen Ziele als auch auf die wichtigen Entscheidungen der beauftragten Gesellschaft keinen ausschlaggebenden Einfluss nehmen kann. Dies ist der Fall, wenn die beteiligte Kommune auf ihre gesetzlichen Gesellschafterrechte beschränkt ist, ohne über besondere Stimmrechte oder Kontrollbefugnisse zu verfügen mittels welcher sie die Handlungsfreiheiten der Leitungsorgane der Gesellschaft beschränken kann. Wenn die Kommune ihren Einfluss als Anteilseigner darüber hinaus auch noch über eine Mittlergesellschaft ausübt (z. B. über eine Beteiligungsholding), steht das ebenfalls der erforderlichen Kontrolle entgegen.[442]

(4)   Wesentlichkeitskriterium

Zweite Voraussetzung für ein vergaberechtsfreies Quasi-Inhouse-Geschäft ist es nach der „*Teckal*"-Entscheidung des EuGH, dass der Auftragnehmer seine Tätigkeit im Wesentlichen für die Gebietskörperschaft oder die Gebietskörperschaften verrichtet, die ihre Anteile inne haben. Lange Zeit war umstritten, wie das Kriterium „im Wesentlichen" für den Auftraggeber tätig zu verstehen sei, insbesondere, wann die Schwelle von einer unwe-

---

438 Die Entscheidung des EuGH betraf zwar die Erteilung einer Dienstleistungskonzession. Es ist aber davon auszugehen, dass die Ausführungen zur Inhouse-Problematik auch für die Vergabe von Bau-, Liefer- und Dienstleistungen gelten.

439 Vgl. EuGH, Urt. v. 13. 10. 2005 – Rs. C-458/03 – „Parking Brixen" – Rn. 67.

440 EuGH, Urt. v. 13. 10. 2005 – Rs. C-458/03 – „Parking Brixen" – Rn. 70 f.

441 EuGH, Urt. v. 11. 05. 2006 – Rs. C-340/04 – EuZW 2006, 375, m. Anm. *Steinberg*.

442 Vgl. auch *Jennert*, NZBau 2006, 421 (421 f.).

sentlichen Tätigkeit für Dritte zur wesentlichen Tätigkeit überschritten sein sollte. In der Sache „Carbotermo" hat der EuGH[443] überraschend[444] erstmals näher ausgeführt, wie dieses zweite „Teckal"-Kriterium zu verstehen sei. Bis zu dieser Entscheidung war diesbezüglich die wohl h. A., dass in Anlehnung an beziehungsweise analoger Anwendung von Art. 13 Abs. 1 lit. a der Sektorenrichtlinie[445] 93/98/EWG (beziehungsweise dem entsprechenden § 10 VgV) das Merkmal „im Wesentlichen für den Auftraggeber tätig" bedeute, dass mindestens achtzig Prozent des von dem verbundenen Unternehmen innerhalb der letzten drei Jahre erzielten durchschnittlichen Umsatzes aus der Erbringung von Lieferungen für die mit ihm verbundenen Unternehmen stammen.[446]

Dem ist der EuGH explizit nicht gefolgt.[447] Vielmehr sei eine Tätigkeit für Dritte nur dann unschädlich, wenn sie „rein nebensächlich" erfolge. Bei der Beurteilung, ob dies der Fall ist, sei eine Bewertung des Einzelfalles anhand aller „qualitativen als auch quantitativen Umstände" vorzunehmen.[448] Maßgeblich sei hierbei allerdings der Umsatz zu berücksichtigen.[449] Bei der hiernach gebotenen Einzelfallbetrachtung ist jeweils das Ziel der gemeinschaftsrechtlichen Vorschriften über das öffentliche Auftragswesen zu berücksichtigen. Dieses beschränkt sich nach dem EuGH nicht allein auf die Gewährleistung eines freien Waren- beziehungsweise Dienstleistungsverkehrs, sondern umfasst auch die Öffnung für einen unverfälschten Wettbewerb in allen Mitgliedstaaten. Eine Wettbewerbsverfälschung soll also dadurch vermieden werden, dass z. B. ein kommunales Unternehmen einerseits ausschreibungsfrei Aufträge der eigenen Kommune(n) oder anderen beteiligten öffentlichen Auftraggebern erhält, gleichzeitig aber auch auf dem allgemeinen Markt tätig ist und daher mit anderen (privaten) Unter-

---

443 EuGH, Urt. v. 11. 05. 2006 – Rs. C-340/04 – EuZW 2006, 375, m. Anm. *Steinberg.*

444 Zu einer Konkretisierung bestand im entschiedenen Fall kein Anlass, da bereits das erste Teckal-Kriterium nicht erfüllt war, vgl. *Jennert,* NZBau 2006, 421 (422).

445 Art. 13 SKR ist ein Ausnahmetatbestand für die Vergabe von Aufträgen durch Sektorenauftraggeber an verbundene Unternehmen, *Hardraht,* In-House-Geschäfte und europäisches Vergaberecht, S. 227. Art. 13 Abs. 1 SKR lautet: „Diese Richtlinie gilt nicht für Dienstleistungsaufträge, a) die ein Auftraggeber an ein mit ihm verbundenes Unternehmen vergibt; b) die ein gemeinsames Unternehmen, das mehrere Auftraggeber zur Durchführung von Tätigkeiten im Sinne des Artikel 2 Absatz 2 gebildet haben, an einen dieser Auftraggeber oder an ein Unternehmen vergibt, das mit einem dieser Auftraggeber verbunden ist, sofern mindestens 80 % des von diesem Unternehmen während der letzten drei Jahre im Gemeinschaft erzielten durchschnittlichen Umsatzes im Dienstleistungssektor aus der Erbringung dieser Dienstleistungen für die mit ihm verbundenen Unternehmen stammen."

446 *Jasper/Pooth,* VergabeR 2003, 613 (621); *Endler,* NZBau 2002, 125 (132); *Faber,* DVBl 2001, 248 (255); *Kleine/Flöther/Bräuer,* NVwZ 2002, 1046 (1053); *Marx,* NZBau 2002, 311 (315).

447 EuGH, Urt. v. 11. 05. 2006 – Rs. C-340/04 – „Carbotermo" – Rn. 55.

448 EuGH, Urt. v. 11. 05. 2006 – Rs. C-340/04 – „Carbotermo" – Rn. 64.

449 EuGH, Urt. v. 11. 05. 2006 – Rs. C-340/04 – „Carbotermo" – Rn. 65.

nehmen konkurriert. Im Umkehrschluss besteht eine Wettbewerbsverfäl-schungsgefahr in all den Fällen nicht, in denen das jeweilige Unternehmen (fast) ausschließlich für den oder die öffentlichen Auftraggeber tätig ist, die auch seine Anteile halten.[450]

Auf nationaler Ebene hatte in der Folge beispielsweise das *OLG Celle*[451] einen Fall zu entscheiden, in welchem ein niedersächsischer Landkreis eine GbR, deren Gesellschafter ausschließlich kommunale Gebietskörper-schaften waren, mit der Lieferung und Installation einer Software für Leis-tungen nach dem BSHG (nunmehr SGB XII) und dem AsylbewLeistG beauf-tragt hatte, ohne ein förmliches Vergabeverfahren durchzuführen. Der Gesellschaftszweck der Auftragnehmerin bestand im Betrieb einer kom-munalen Datenverarbeitungsanlage mit einem breit gefächerten IT-Dienst-leistungsangebot. Der Gesellschaftsvertrag sah eine Tätigkeit für „andere Benutzer", die nicht Gesellschafter sind, ausdrücklich vor. In den Jahren 2003 bis 2005 hatte die Gesellschaft etwa 7,5 % ihrer Umsätze mit Benut-zern erzielt, die nicht zum Kreis der Gesellschafter gehörten und erzielte aus diesen Geschäften einen Jahresumsatz von ca. 365.000 Euro. Der Ver-gabesenat des OLG Celle verpflichtete den Landkreis, die benötigte Software auf der Grundlage eines europaweiten Vergabeverfahrens zu beschaffen und erklärte alle mit der GbR etwaig abgeschlossenen Beschaf-fungsverträge für nichtig, da kein vergaberechtsfreies Inhouse-Geschäft vor-gelegen habe.[452] Die GbR sei für Dritte nicht nur „rein nebensächlich" tätig. Aus der Betrachtung des prozentualen Anteils sowie der Höhe der Umsät-ze, die aus Geschäften mit diesen „anderen Benutzern" erzielt werden, ergebe sich vielmehr, dass die GbR in nicht unerheblichem Umfang auf den Markt mit anderen Unternehmen in Wettbewerb tritt. Wäre es ihr erlaubt – so das OLG Celle – ohne Vergabeverfahren Aufträge ihrer öffent-lichen Anteilseigner durchzuführen, wäre der Wettbewerb mit anderen Unternehmen verfälscht. Hierbei komme es nicht darauf an, ob die „ande-ren Benutzer" staatliche Einrichtungen seien. Entscheidend sei vielmehr, dass die Gesellschaft im Hinblick auf diese Kunden in Wettbewerb zu ande-ren (privaten) Software-Unternehmen tritt.

---

450 *Dreher* in: Immenga/Mestmäcker, GWB, § 99 Rn. 67.

451 OLG Celle, Beschl. v. 14. 09. 2006 – 13 Verg 2/06 – NZBau 2007, 126.

452 Hierbei ließ das OLG Celle offen, ob der Antragsgegner zusammen mit den anderen kom-munalen Gesellschaftern über die GbR eine Kontrolle wie über eine eigene Dienststelle aus-übe. Die Annahme eines Inhouse-Geschäftes scheitere jedenfalls daran, dass die GbR ihre Tätigkeit nicht im Wesentlichen für die öffentlichen Auftraggeber verrichtet, in deren allei-nigem Anteilsbesitz sie sich befindet.

Diese Anwendung des zweiten Teckal-Kriteriums überzeugt. Sie stellt sich insbesondere nicht als „willkürliche Grenzziehung" dar.[453] Es handelt sich bei der vom OLG Celle vorgenommenen prozentualen Festlegung auch nicht um eine absolute Grenze. Der Umsatz aus Geschäften mit nicht verbundenen Dritten ist vielmehr lediglich *ein* (wichtiges) quantitatives Kriterium bei der Beurteilung, ob ein öffentlich-rechtliches (IT-)Unternehmen am Markt auftritt und aufgrund dessen Aufträge im Wettbewerb mit privaten (oder anderen öffentlich-rechtlichen) Unternehmen „gewinnen" muss.

Insbesondere unter Berücksichtigung der Tatsache, dass neben den quantitativen Kriterien auch qualitativ eine Marktausrichtung des öffentlich-rechtlichen Dienstleisters unter der Wesentlichkeitsschwelle bleiben muss, sind bei der „Vergabe" von IT-Leistungen an derartige Unternehmen auch entsprechende Intentionen, die sich aus dem Gesellschaftsvertrag selbst ergeben, zu berücksichtigen. Im vom OLG Celle entschiedenen Fall war auch qualitativ eine (nicht mehr nur unwesentliche) Marktausrichtung erkennbar, da ein Tätigwerden am Markt explizit vorgesehen war.

Problematisch kann eine solche Marktöffnungsklausel auch bei Unternehmen werden, die zu hundert Prozent in der Hand eines einzelnen öffentlichen Auftraggebers sind. So hat die Vergabekammer Sachsen[454] in einem Obiter Dictum[455] ausgeführt, dass sichergestellt sein müsse, dass die Eigengesellschaft auch in Zukunft lediglich in einem nur unbedeutenden Umfang am Markt im Wettbewerb zur Privatwirtschaft agiere. Eben diese Voraussetzung wird nur dann als erfüllt angesehen, wenn im Gesellschaftsvertrag eine entsprechende Begrenzung auf rein marginale Tätigkeiten für Dritte vorgesehen wird. Im konkreten Falle war die Eigengesellschaft nach dem Gesellschaftsvertrag befugt, freie Kapazitäten auch gegenüber Dritten zu vermarkten, insbesondere gegenüber anderen kommunalen Gebietskörperschaften. Zudem war sie per Ratsbeschluss ermächtigt worden, z. B. im Rahmen der Verwaltungsneustrukturierung freiwerdende Kapazitäten auf dem Drittmarkt anzubieten. Nach Auffassung von *Düsterdiek* kann dieser „restriktiven Auslegung" des vergabefreien Quasi-Inhouse-Geschäftes aus kommunaler Sicht nicht gefolgt werden.[456] Das ist insofern nur wenig verständlich, als auch diese Entscheidung nachvoll-

---

453 So aber *Düsterdiek*, „OLG Celle zu vergabefreiem Inhouse-Geschäft", online abrufbar unter http://www.dstgb-vis.de/home/rechtsprechung/olg_celle_zu_vergabefreiem_in_house_gesch aeft/index.html.

454 VK Sachsen, Beschl. v. 28. 02. 2007 – 1-SVK/110–06.

455 Der Antrag wurde durch die Vergabekammer Sachsen aus formellen Erwägungen zurückgewiesen.

456 *Düsterdiek*, „OLG Celle und VK Sachsen zu vergabefreiem In-House-Geschäft" – online unterhttp://www.dstgb-vis.de/home/rechtsprechung/olg_celle_und_vk_sachsen_zu_vergabe freiem_in_house_geschaeft/index.html.

ziehbar die vom EuGH angedeuteten qualitativen Indizien für das Überschreiten der Unwesentlichkeitsgrenze im Rahmen des zweiten Teckal-Kriteriums sinnvoll und mit den Intentionen des Vergaberechts vereinbar konkretisiert. Ist ersichtlich, dass ein kommunales Unternehmen am Markt in Konkurrenz mit privaten Unternehmen treten soll, entfällt die Rechtfertigung für die ausnahmsweise Vergaberechtsfreiheit des Quasi-Inhouse-Geschäftes.

Eine nachfolgende Entscheidung des EuGH[457] hat verschiedentlich zu der Auffassung geführt, dass insbesondere die Ansicht des OLG Celle im Hinblick auf die vermeintlich strenge prozentuale Begrenzung der Tätigkeit für Dritte nicht mehr haltbar sei.[458] In der Sache Asemfo/Tragsa hat der EuGH das Wesentlichkeitskriterium als erfüllt angesehen, obwohl eine zehnprozentige Drittbetätigung vorlag. Hieraus zieht ein Teil der Literatur die Schlussfolgerung, dass nunmehr eine verallgemeinerungsfähige Grenze vorhanden sei.[459]

Das ist nicht der Fall. Die Entscheidung des EuGH in Sachen Asemfo/Tragsa stellt sich vielmehr als Einzelfallentscheidung dar, die für das Wesentlichkeitskriterium im Sinne der Teckal-Entscheidung keine verallgemeinerungsfähigen Erkenntnisse liefern kann. Bei dem in der Asemfo/Tragsa-Entscheidung streitgegenständlichen Unternehmen (der Tragsa SA) handelte es sich um ein öffentliches Unternehmen (ohne private Beteiligung), dem per Gesetz eine Rechtsstellung verliehen wurde, die es ihm erlaubte, ohne Bindung an die allgemeinen Regeln über die Auftragsvergabe durch die Verwaltung im Wege der Ausschreibung und ohne dass besondere Umstände der Dringlichkeit oder des öffentlichen Interesses hinzuträten, öffentliche Arbeiten durchzuführen. Der EuGH hatte im Rahmen eines Vorabentscheidungsverfahren über die Frage zu entscheiden, ob eine derartige Rechtsstellung mit den europäischen Vergaberichtlinien vereinbar ist. Dies wurde bejaht. Nach Auffassung des EuGH lag bei einer „Beauftragung" der Tragsa SA kein Vertrag im Sinne der Vergaberichtlinien vor, weil diese

„weder im Hinblick auf die Ausführung eines von den zuständigen Behörden erteilten Auftrags noch im Hinblick auf die für ihre Leistungen geltenden Gebühren über irgendeinen Spielraum verfügt"[460]

Ohne Not und nur hilfsweise hat der EuGH zudem die Voraussetzungen für das Vorliegen eines vergaberechtsfreien Inhouse-Geschäftes geprüft und

---

457 EuGH, Urt. v. 19. 04. 2007 – Rs. C-295/05 – „ASEMFO" – NZBau 2007, 381.

458 Vgl. z. B. den Leitsatz 2 der Redaktion der NZBau zu EuGH, Urt. v. 19. 04. 2007 – C-295/05 – „ASEMFO" – NZBau 2007, 381 (382); *Lotze*, EWiR 2007, 475 (476).

459 Vgl. z. B. *Ruhland*, ThürVBl. 2007, 177 (181); *Lotze*, EWiR 2007, 475 (476).

460 EuGH, Urt. v. 19. 04. 2007 – C-295/05 – „ASEMFO" – NZBau 2007, 381 (385) – Rn. 54.

bejaht.[461] Das Kontrollkriterium (1. Teckal-Kriterium) sah er als erfüllt an, obwohl die Hauptauftraggeber jeweils nur eine Aktie der Tragsa (= 1 % des Kapitals) hielten, was aber unschädlich sei, weil die Tragsa SA im Rahmen ihrer Geschäfte „als Hilfsmittel und technischer Dienst" die Gebühren für ihr Tätigwerden nicht frei festlegen könne und ihre Beziehungen zu den Hauptauftraggebern nicht vertraglicher Natur seien. Pauschal und ohne jegliche Begründung wurde vom EuGH das Wesentlichkeitskriterium ebenfalls als erfüllt angesehen.

Wie *Jennert*[462] richtig festhält, ist das Urteil des EuGH insbesondere aufgrund der Sachverhaltskonstellation als Einzelfallentscheidung einzustufen, die zeigt, dass der EuGH seine In-House-Kriterien keinesfalls starr anwendet, sondern wertend dem jeweiligen Sachverhalt anpasst. Wesentlich war im vorliegenden Falle die Einstufung der Tragsa SA als Instrument und technischer Dienst der Anteilsinhaber ohne jegliche Entscheidungsbefugnis, insbesondere im Hinblick auf ein marktwirtschaftliches Tätigwerden. In der Sache „Correos"[463] hat der EuGH bestätigt, dass die Asemfo/ Tragsa-Entscheidung in ihrem spezifischen Kontext zu sehen sei und hebt hervor, dass die Tragsa SA verpflichtet war, selbst oder über ihre Tochtergesellschaften ausschließlich die Arbeiten durchzuführen, mit denen die Anteilsinhaber sie betrauten. Werden indes Dienste für eine „allgemeine Kundschaft", die aus allen Personen besteht, die die angebotenen Dienste in Anspruch nehmen möchten, angeboten, ist eine Vergleichbarkeit mit der Tragsa SA bereits nicht mehr gegeben.

Auch wenn der EuGH es nicht hinreichend verdeutlicht, so ist er doch auch in der Tragsa-Entscheidung seinen „Carbotermo"-Grundsätzen gefolgt und hat im Rahmen der Frage nach dem Vorliegen des Wesentlichkeitskriteriums sowohl qualitative als auch quantitative Kriterien im Rahmen einer Einzelfallabwägung gewichtet. Die Entscheidung des EuGH ist so zu lesen, dass vorliegend auf Grund der qualitativen Umstände des Einzelfalles Tragsa SA das wesentliche Ziel der gemeinschaftsrechtlichen Vorschriften über das öffentliche Auftragswesen, die Vermeidung von Wettbewerbsverfälschungen, nicht gefährdet war. Die quantitativen Gesichtspunkte, die zehnprozentige Drittbetätigung, konnte dahinter offenbar zurücktreten.

bb. Fazit und Checkliste Inhouse-Geschäft
Zuzustimmen ist zwar der Ansicht, dass der fortwährende Zustand der Rechtsunsicherheit in einer im Wesentlichen durch Rechtsprechung

---

461 Was schon deshalb erstaunt, als insbesondere die – überzeugend begründeten – Schlussanträge des GA Geelhoed diesem Verdikt diametral entgegenstehen.

462 *Jennert*, NZBau 2007, 386 (386).

463 EuGH, Urt. vom 18. 12. 2007 – C-220/06 – "Asociación Profesional de Empresas de Reparto y Manipulado de Correspondencia/Administración General del Estado" – NVwZ 2008, 177 (178).

geprägten Frage durch explizite Regelungen beendet werden sollte.[464] Bereits jetzt bietet eben diese Rechtsprechung jedoch ausreichend Orientierung, die bei der Frage nach der Vergabebedürftigkeit eines vermeintlichen „quasi" Inhouse-Geschäftes beachtet werden muss. Wenn auch nur einer der folgenden Checklistenpunkte negativ beantwortet werden muss, kann ein vergaberechtsfreies Inhouse-Geschäft nicht vorliegen:

1. Ist das Auftragnehmerunternehmen vollständig in öffentlicher Hand?
2. Kann der öffentliche Augftraggeber tatsächlich und umfassend auf das Auftragnehmerunternehmen einwirken?
3. Ist der Tätigkeitsbereich regional und inhaltlich auf die Bedürfnisse des Auftraggebers und der anderen mit dem Auftragnehmerunternehmen verbundenen Körperschaften begrenzt?
4. Ist die Tätigkeit für Nichtteilhaber nur ganz nebensächlich?
5. Ist eine Tätigkeit für Nichtteilhaber auch nicht (z. B. im Gesellschaftsvertrag) vorgesehen?

In der Essenz lassen sich all diese Punkte auf einen einzigen großen Checklistenpunkt zusammenführen, der für die Bewertung jeglicher – auch bislang nicht entschiedener – Konstellationen im Zusammenhang mit der „Inhouse-Vergabe" hinreichend Orientierung geben kann. Stets ist zu fragen, ob der Staat beziehungsweise das Auftragnehmerunternehmen sich bildlich gesprochen aus der direkten und exklusiven Verbundenheit[465] mit der Auftraggeberin gelöst hat und sich – wenn auch nur tendenziell – dem allgemein zugänglichen Markt annähert oder bereits (auch) dort tätig ist. Wenn das öffentliche Unternehmen aus der öffentlichen Sphäre heraus und in den Markt eintritt, dann muss der Wettbewerb vor Verfälschungen durch vergaberechtliche oder gemeindewirtschaftsrechtliche Privilegierungen zu Gunsten der kommunalen Unternehmen, mit denen diesen auf dem Heimatmarkt der Rücken für die überörtliche Expansion gestärkt wird, geschützt werden.[466]

Diese Situation trifft gerade im IT-Bereich zu. Hier halten insbesondere auf Länderebene öffentlich-rechtliche IT-Dienstleister eine teilweise breitgefächerte Produktpalette vor, die nicht nur ihren Anteilseignern „zur Verfügung" gestellt, sondern auch Dritten, insbesondere Kommunen angeboten, wird.[467] Sie stehen damit in direkter Konkurrenz zu einer Vielzahl privater IT-Dienstleister, die ebenfalls Lösungen für die Öffentliche Hand

---

464 *Düsterdiek*, a. a. O.; *Steinberg*, EuZW 2006, 375 (380).

465 *Dreher* spricht hier treffend von Auftraggeberzentrierung als Gegenstück zur Marktausrichtung, vgl. *Dreher* in: Immenga/Mestmäcker, GWB, § 99 Rn. 67.

466 *Jennert*, NZBau 2006, 421 (423).

467 Was auch durch die Loslösung der ehemaligen Rechenzentren von ihren ursprünglichen – und nunmehr obsoleten – „Kernaufgaben", nämlich dem Betrieb eines Zentrums in welchem (gemeinsam genutzte) Großrechner die Datenverarbeitung der Verwaltung übernehmen, zu erklären ist.

anbieten. Für die Beschaffung einer Web 2.0 Plattform bedeutet dies, dass vor einer Beauftragung eines derartigen umfunktionalisierten Rechenzentrums in Gestalt eines „öffentlich-rechtlichen IT-Dienstleisters" stets die obigen Checkpunkte überprüft werden müssen. Liegen die Voraussetzungen eines Quasi-In-House-Geschäftes nicht vor, so muss trotz einer eventuellen gesellschaftsrechtlichen Verbundenheit mit eben diesem Unternehmen ein formell und materiell ordnungsmäßiges Vergabeverfahren durchgeführt werden.

2. Personaler Anwendungsbereich

Normadressaten des Kartellvergaberechts sind ausweislich § 98 GWB alle „öffentlichen Auftraggeber". Hierunter fallen zunächst alle Gebietskörperschaften, deren Sondervermögen und die aus ihnen bestehenden Verbände (§ 98 Nr. 1, 3 GWB). Zudem sind so genannte öffentliche Unternehmen sowie die Verbände als öffentliche Auftraggeber einzustufen.[468] Die Eröffnung des personalen Anwendungsbereiches des Vergaberechts lässt sich im Falle der Beschaffung einer Web 2.0 E-Government Plattform durch eine Kommune unproblematisch bejahen.

IV. Modalitäten

Ergibt sich nach alledem, dass ein Vergabeverfahren durchzuführen ist, werden im Rahmen der Durchführung der formalisierten Beschaffung von Web 2.0 Plattformen für das kommunale E-Government mehrere Punkte ganz besonders virulent. So stellt die Leistungsbeschreibung regelmäßig eine ganz besondere Herausforderung dar. Auch die Wahl der konkreten Vergabeverfahrensart ist nicht unproblematisch.

1. Problemfeld: Diskriminierungsfreie Leistungsbeschreibung

a) Methoden

Herzstück eines jeden IT-Vergabeverfahrens ist die Beschreibung der Leistung, welche der jeweilige öffentliche Auftraggeber beschaffen möchte.[469] Die Anforderungen an die Gestaltung dieser Leistungsgestaltung sind im Bereich der VOL/A in § 8 geregelt. Ihnen wird sowohl für das Vergabeverfahren als auch für die spätere Vertragsdurchführung mit dem erfolgreichen Bieter fundamentale Bedeutung zugesprochen.[470]

---

468 Zu Grunde zu legen ist stets ein funktionaler Auftraggeberbegriff, der von der (meist extensiven) Auslegung durch den EuGH, nach dessen ständiger Rechtsprechung ein öffentlicher Auftraggeber (auch) eine Einrichtung ist, „die zu den besonderen Zweck gegründet wurde, im Allgemeininteresse liegende Aufgaben zu erfüllen, die nicht gewerblicher Art sind, die Rechtspersönlichkeit besitzt und eng mit dem Staat, Gebietskörperschaften oder anderen Einrichtungen des öffentlichen Rechts verbunden ist" – EuGH, Urt. v. 15. 01. 1998 – Rs. C-44/96 – „Mannesmann/Österreichische Staatsdruckerei" – Rn. 20 f.

469 *Godarzi*, in: Lehmann/Meents (Hrsg.), Informationstechnologierecht, Kap. 24 Rn. 77.

470 *Weyand*, Praxiskommentar Vergaberecht, VOL/A § 8, Rn. 5179.

§ 8 Nr. 2 VOL/A sieht vier verschiedene Methoden der Leistungsbeschreibung vor:
- die Leistungsbeschreibung mittels verkehrsüblicher Bezeichnung (§ 8 Nr. 2 Abs. 1 VOL/A)
- die funktionale Leistungsbeschreibung (§ 8 Nr. 2 lit b Hs. 1 VOL/A)
- die konstruktive Leistungsbeschreibung (§ 8 Nr. 2 Abs. 1 lit b Hs. 1 VOL/A) und
- eine Leistungsbeschreibung durch Verbindung der einzelnen Beschreibungsarten (§ 8 Nr. 2 Abs. 1 lit. b Hs.2 VOL/A)

Bei der Wahl der Ausschreibungsform kann der Auftraggeber sich nicht frei entscheiden. Erforderlich ist eine Abwägung unter Berücksichtigung der Umstände des Einzelfalls am Maßstab der Wirtschaftlichkeit.[471]

Die „normale" IT-Beschaffung ist – soweit es sich um die Anschaffung von Hardware oder Standardsoftware handelt – aufgrund der Marktgängigkeit und Standardisierung von Waren grundsätzlich im Wege verkehrsüblicher Bezeichnungen ausschreibungsfähig. Daher soll die Leistungsbeschreibung zusätzlich zur Beschreibung nach den wesentlichen Merkmalen und den konstruktiven Einzelheiten ein Leistungsverzeichnis mit einer detaillierten Auflistung von Teilleistungen enthalten.[472]

Bei der IT-Beschaffung kann die Leistungsbeschreibung gemäß § 8 Nr. 2 Abs. 1 VOL/A funktional, d. h. unter Beachtung des Bestimmtheitserfordernisses durch die Darstellung des Zweckes und des Leistungsziels, der Funktionen und der sonstigen Anforderungen der Leistung[473], insbesondere der Kriterien für die Angebotsbewertung und sonstige Rahmenbedingungen, erfolgen, wenn die Leistung durch verkehrsübliche Bezeichnungen nach Art, Beschaffenheit und Umfang nicht hinreichend beschreibbar ist.

Dies gilt insbesondere, wenn eine konstruktive Beschreibung der Anforderungen aufgrund der i. d. R. vorhandenen spezifischen Besonderheiten der unterschiedlichen Anbieter und ihrer Produkte dazu führen würde, dass der Konkretisierungsgrad der Leistungsbeschreibung so hoch werden würde, dass die Zahl der in Frage kommenden Bieter sich deutlich reduzieren und eine wettbewerbsorientierte Ausschreibung unmöglich machen würde.[474]

Spezifische IT-Leistungen wie die Erstellung einer (ggf. in ein bereits vorhandenes E-Government Angebot zu integrierenden) Web 2.0 Plattform sind aufgrund der Vielzahl von Möglichkeiten an Ausstattung und Verwendungsbedarf und dem Verbot der konkreten Namensbezeichnung normalerweise nicht ohne weiteres in ein bestimmtes Raster einzufügen und lassen

---

471 *Leinemann*, Die Vergabe öffentlicher Aufträge, 3. Auflage, Rn. 441.
472 *Leinemann*, Die Vergabe öffentlicher Aufträge, 3. Auflage, Rn. 707.
473 *Weyand*, Praxiskommentar Vergaberecht, VOL/A § 8, Rn 5252.
474 *Zahrnt*, CR 1993, 587, (588).

sich daher unter Beachtung der Maßgaben des § 8 Nr. 1 VOL/A nur funktional beschreiben. Während anzufertigende Gegenstände wie zum Beispiel Tische oder Stühle nach Farbe, Form und Stoff beschrieben werden können, ist dies bei IT-Leistungen nicht möglich. Die Behörde kann die Anforderungen des § 8 Nr. 1 VOL/A in der Regel nicht erfüllen.[475]

Der Anwendungsbereich der funktionalen Ausschreibung ist eröffnet, wenn entweder mehrere technische Lösungswege für einen Erfolg in Betracht kommen oder technische Lösungen als Einzelpositionen nicht neutral beschreiben werden können, vgl. § 8 Nr. 2 VOL/A. Zur Förderung innovativer Lösungsansätze empfiehlt es sich, dass zusammen mit der eigentlichen Leistung auch der Entwurf für die Leistung dem Wettbewerb unterstellt werden soll, um technisch, wirtschaftlich und gestalterisch beste sowie funktionsgerechte Lösungen zu erzielen.[476] Eine festgelegt Orientierung an „althergebrachten" Bezeichnungsformen birgt die Gefahr in sich, dass auf diesem Gebiet neue Entwicklungen abgeschnitten werden. Auf diese Weise wird zudem erreicht, dass „die Bieter bei der Ermittlung der technisch, wirtschaftlich und gestalterisch besten und funktionsgerechten Lösung mitwirken".[477]

Die Vergabestelle kann die Leistung daher gemäß § 8 Nr. 2 Abs. 1 VOL/A funktional beschreiben, d. h. sie kann durch die Darstellung des Zweckes, der Funktionen und der sonstigen Anforderungen Richtlinien vorgeben. Der Auftraggeber muss dabei im Sinne des Bestimmtheitserfordernisses Kriterien für die Angebotsbewertung, das Leistungsziel, die Rahmenbedingungen, die wesentlichen Einzelheiten der Leistung festlegen.[478]

Dies bedeutet allerdings keine Befreiung von den Bindungen an Transparenzgebot, Gleichbehandlungsgebot und damit an die oben genannten Grundsätze der Bestimmtheit und Vergleichbarkeit der Leistungsbeschreibung.[479]

b)   Bedarfsfestlegung

In der Leistungsbeschreibung wird der zu beschaffende Bedarf durch den Auftraggeber festgelegt. Die Festlegung dieses Bedarfs obliegt hierbei zunächst allein ihm. Er kann selbst entscheiden, welche Produkte oder

---

475 *Kaeding*, Besonderheiten der Vergabe von IT-Leistungen, online: unter http://www.graefe-portal.de/news.html?&tx_ttnews%5Btt_news%5D=173&tx_ttnews%5BbackPid%5D=134&c Hash=1428bc2299.

476 *Leinemann*, Die Vergabe öffentlicher Aufträge, 3.Auflage, Rn. 439.

477 *Weyand*, Vergaberecht, VOL/A § 8, Rn 5244; 1.Vergabekammer des Bundes beim Bundeskartellamt, Beschl. v. 14. 4. 2004 – VK 1 – 35/04.

478 *Weyand*, Vergaberecht, VOL/A § 8, Rn. 5252.

479 OLG Naumburg, Beschl. v. 16. 09. 2002 – 1 Verg 02/02; *Weyand*, Vergaberecht, VOL/A § 8, Rn. 5254.

Dienstleistungen er in welcher Menge benötigt.[480] Schon in Ermangelung entsprechender vergaberechtlicher Vorschriften kann nicht gerichtlich überprüft werden, ob beispielsweise ein Bedarf in sinnvoller Weise definiert wurde oder ob andere als die nachgefragten Varianten vorteilhafter beziehungsweise wirtschaftlicher wären. Grundsätzlich ist der Auftraggeber bei der Formulierung seines Bedarfs also autonom. Nach Auffassung der 1. Vergabekammer des Bundeskartellamtes müsse der öffentliche Auftraggeber als späterer Nutzer der nachgefragten Leistung „schließlich am besten wissen, was er braucht."[481] Dementsprechend ist es beispielsweise auch vergaberechtlich unschädlich, wenn der öffentliche Auftraggeber scheinbar überdimensionierte Anforderungen an die Leistung stellt.[482]

Der Inhalt der Leistungsbeschreibung muss das Leistungsprogramm eindeutig und erschöpfend erläutern. Aufgeklärt werden muss im Falle der Beschaffung einer Web 2.0 Plattform über den Anwendungsbereich und die gewünschten Funktionen; über Spezifikationen hinsichtlich Benutzerkomfort; notwendige Schnittstellen zu bereits bestehenden Applikationen.[483] Durch die möglichst genaue Beschreibung sollen die potentiellen Bieter in die Lage versetzt werden, die Beschreibung in gleichem Sinne zu verstehen (vgl. § 8 Nr. 1 VOL/A), so dass die daraufhin eingereichten Angebote miteinander verglichen werden können. Auch soll den künftigen Auftragnehmern ermöglicht werden, vorab alle Kosten und Fristen korrekt einzuschätzen.[484] Als Maßstab für die Komplexität der Beschreibung kann die Komplexität der nachgefragten Leistung dienen.[485]

c) Zuhilfenahme Dritter

Um diesen Anforderungen gerecht zu werden, ist es für den öffentlichen Auftraggeber essentiell, eine genaue Bedarfsanalyse vorzunehmen. Hierzu bedarf es einer gewissenhaften Erfassung des Ist-Zustandes zum Ausschreibungszeitpunkt als auch einer Analyse der Nutzeranforderungen zur Formulierung des erstrebten Soll-Zustandes. Die Bestandsaufnahme kann hierbei sowohl durch die ausschreibende Stelle vorgenommen werden, vielfach wird sich jedoch eine Durchführung durch externe (private) Sachverständige anbieten. Normative Grundlage für die Einschaltung von Sachverständigen ist § 6 VOL/A. Dieser beschränkt die Möglichkeit der Vergabestelle

---

480 1. Vergabekammer des Bundes beim Bundeskartellamt, Beschluss vom 8. 1. 2004 – VK 1 – 117/03.

481 1. Vergabekammer des Bundes beim Bundeskartellamt, Beschluss vom 8. 1. 2004 – VK 1 – 117/03.

482 BayObLG, Beschl. v. 17. 02. 2005 – Verg 27/04 – NZBau 2005, 595 in einem Fall in der die Antragstellerin behauptete, ein PC mit 120 MHz würde für die Anforderungen der Vergabestelle – welche 2 GHz PCs beschaffen wollte – genügen.

483 VG Niedersachsen (BR Lüneburg) Beschl. v. 12. 04. 2002 – 203 VgK-05/2002.

484 Vgl. auch die UfAB IV, S. 97.

485 Vgl. *Weyand*, Vergaberecht, VOL/A § 8, Rn. 5215.

zur Einschaltung von Sachverständigen[486] zwar auf „rein fachliche Fragen" (§ 6 Nr. 1 VOL/A), was aber keine Beschränkung auf eine nur punktuelle gutachterliche Unterstützung in Einzelfragen zur Folge hat.[487] Insbesondere kleineren öffentlichen Auftraggebern wäre es ansonsten im Ergebnis verwehrt, überhaupt in sachgerechter Weise Vergabeverfahren zu betreiben.[488] Erlaubt ist durchgängig die vorbereitende Steuerung des Vergabeverfahrens durch einen von der Vergabestelle hiermit beauftragten Außenstehenden, solange nur gewährleistet bleibt, dass sich die Vergabestelle nicht ihrer eigenen verantwortlichen Vergabeentscheidung begibt.[489]

Im Falle von Web 2.0 Plattformen bietet sich in diesem Zusammenhang die Inanspruchnahme eines mit der Erstellung derartiger Plattformen vertrauten „Konzepters" beziehungsweise Designers nicht nur an, sondern dürfte in der Regel mangels Fachkenntnissen auf Seiten des öffentlichen Auftraggebers zwingend sein. Nach § 6 VOL/A ist die Hinzuziehung von externem Sacherstand zwar grundsätzlich in das Ermessen des öffentlichen Autraggebers gestellt. Dieses kann sich jedoch auf Null reduzieren, wenn fachliche Vorfragen sinnvoller Weise nur durch einen Sachverständigen geklärt werden können.[490]

d) Nachfrage bestimmter Leistungen

Die Nachfrageautonomie der beschaffenden Stelle ist nicht grenzenlos. Einschränkungen finden sich in der VOL/A insbesondere in § 8 Nr. 3. Nach diesem dürfen an die Beschaffenheit der Leistungen „ungewöhnliche Anforderungen" nur gestellt werden, als dies unbedingt notwendig ist, § 8 Nr. 3 Abs. 1 VOL/A. Bestimmte Erzeugnisse oder Verfahren sowie bestimmte Ursprungsorte und Bezugsquellen dürfen nur dann ausdrücklich vorgeschrieben werden, wenn dies durch die Art der zu vergebenen Leistung gerechtfertigt ist, § 8 Nr. 3 Abs. 3 VOL/A. Die Beschreibung technischer Merkmale darf nicht zur Folge haben, dass bestimmte Unternehmen oder Erzeugnisse bevorzugt oder ausgeschlossen werden, wenn dies nicht durch die zu vergebende Leistung gerechtfertigt ist, § 8 Nr. 3 Abs. 4 VOL/A. Schließlich bestimmt § 8 Nr. 3 Abs. 5 VOL/A, dass Bezeichnungen für bestimmte Erzeugnisse oder Verfahren nur ausnahmsweise und nur mit dem Zusatz „oder gleichwertiger Art" verwendet werden dürfen, wenn eine Beschreibung durch hinreichend genaue, allgemeinverständliche Bezeich-

---

486 Der Begriff des Sachverständigen ist funktional zu verstehen und nicht auf den öffentlich bestellten und vereidigten Sachverständigen beschränkt, *Lensdorf*, CR 2006, 137 (141). Hierzu näher und m. w. N. *Weyand*, Vergaberecht, 2004, § 6 VOL/A Rn. 5051 ff.

487 *Weyand*, Vergaberecht, 2004, § 6 VOL/A Rn. 5054.

488 Vgl. OLG Dresden, Beschl. v. 29. 05. 2001 – WVerg 0003/01 zu § 6 VOF.

489 OLG Dresden, Beschl. v. 29. 05. 2001 – WVerg 0003/01 zu § 6 VOF – Leitsatz 1.

490 Vgl. *Lensdorf*, CR 2006, 137 (141); *Weyand*, Vergaberecht, § 6 VOL/A Rn. 5049; OLG Düsseldorf, Beschl. v. 05. 10. 2000 – Verg 14/00.

nungen nicht möglich[491] ist. In den Regelungen spiegelt sich – trotz aller Freiheit im Rahmen der Bedarfsanalyse – die Pflicht des öffentlichen Auftraggebers zur Neutralität gegenüber dem Beschaffungsmarkt selbst wieder.

e)   Insbesondere „OpenSource" als Kriterium
In diesem Kontext stellt sich die Frage, ob und unter welchen Umständen der Wunsch, eine „quelltextoffene" beziehungsweise eine OpenSource-Lösung zu beschaffen, realisiert werden kann. Ist also eine Beschränkung auf eine OpenSource-Lösung für die Realisierung der gewünschten Web 2.0 E-Government Plattform als besonderes Leistungsmerkmal in der Leistungsbeschreibung zulässig?

aa.   ungewöhnliche Anforderung an die Beschaffenheit der Leistung
Die Anforderung der „Quelltextoffenheit" an eine Web 2.0 Plattform ist zunächst nicht als ungewöhnliche Anforderung an die Beschaffenheit der Leistung zu werten. Unabhängig von der Frage, ob die Quelltextoffenheit eine Beschaffenheit der Leistung im Sinne des § 8 Nr. 3 Abs. 1 VOL/A darstellt, ist sie zumindest nicht ungewöhnlich. Eine solche „ungewöhnliche Anforderung" liegt nur vor, wenn sie sich nicht als „üblich und marktgängig" darstellt.[492] Quelltextoffenheit beziehungsweise eine Web 2.0-Plattformlösung, die unter den gängigen OpenSource-Lizenzen verbreitet wird, ist vielmehr häufig am Markt anzutreffen.[493]

bb.   Diskriminierendes technisches Merkmal
In Betracht kommt indes die Subsumtion der Anforderung OpenSource-Lösung als diskriminierendes technisches Merkmal, also als ein Merkmal, welches die Wirkung hat, bestimmte Unternehmen oder Erzeugnisse zu bevorzugen oder auszuschließen.

Bei der Vorgabe „OpenSource"-Lösung handelt es sich indes nicht um ein „technisches Merkmal" des verwendeten Programms i. S. d. § 8 Nr. 3 Abs. 4 VOL/A. Jede Softwarelösung kann grundsätzlich unabhängig von ihrer technischen Ausgestaltung als OpenSource-Variante angeboten werden.[494] Es handelt sich bei der Frage der Offenlegung des Quellcodes um eine Frage der Vertriebspolitik.[495]

---

491 *Heckmann* weist hier zutreffend darauf hin, dass in diesem Zusammenhang auch Zweckmäßigkeitserwägungen eine Rolle spielen. Soll eine Software ausgeschrieben werden, so schwebt dem öffentlichen Auftraggeber meist ein ganz bestimmtes Produkt vor. Verfehlt und kontraproduktiv wäre es nun, einen Zwang zu einer Abstraktion der Leistungsbeschreibung bis hin zur Unkenntlichkeit vorzunehmen. Insbesondere komplexe Funktionszusammenhänge würden durch ein derartiges Vorgehen „eher vernebelt als verdeutlicht", vgl. *Heckmann* CR 2004, 401 (403).

492 Vgl. *Dzieblo*, in: Daub/Eberstein, Kommentar zur VOL/A, § 8 VOL/A Rn. 57.

493 So zählt beispielsweise die Open-Source-Blog-Plattformsoftware *Wordpress* zu den verbreitetsten Blog-Software-Paketen überhaupt, vgl. http://wordpress.org/about/.

494 *Demmel/Herten-Koch*, NZBau 2004, 187 (188).

495 *Heckmann*, in: Spindler, Rechtsfragen bei Open Source, S. 312, Fn. 92.

cc.   **Erst-Recht-Schluss**

Heckmann indes vertritt die Auffassung, dass auf der Grundlage des § 8 Nr. 3 Abs. 4 VOL/A ein Erst-Recht-Schluss zu ziehen sei. Wenn schon die Beschreibung technischer Merkmale nicht zu einer indirekten Beeinträchtigung des Wettbewerbes führen dürfe, dann erst recht nicht die Frage, wie und unter welchen Lizenzbedingungen ein Produkt vertrieben wird.[496]

Dies kommt nach Auffassung von *Demmel/Herten-Koch*[497] nicht in Betracht. Diese vertreten, dass vertriebsbezogene Merkmale als solche generell eine geringere Wettbewerbsbeschränkung darstellten als produktbezogene Merkmale, da grundsätzlich alle Marktteilnehmer in gleicher Weise betroffen seien. Zudem seien Anpassungen der Vertriebsbedingungen für einen Unternehmer mit geringerem Aufwand verbunden als Veränderungen der Produktmerkmale.

Dem tritt wiederum *Heckmann* entgegen, der der Auffassung[498] ist, dass der § 8 Nr. 3 VOL/A in seiner Gesamtheit im Lichte der vergaberechtlichen Grundsätze wie z. B. dem Diskriminierungsverbot, dem Transparenzprinzip und dem Wirtschaftlichkeitsprinzip interpretiert werden müsse. Ein fairer und diskriminierungsfreier Wettbewerb sei nur möglich, wenn man allen potentiellen Teilnehmern die Chance einräume, das gewünschte Ergebnis mit den jeweils eigenen Mitteln und Wegen zu erzielen. Daher verfange insbesondere auch das Argument nicht, dass niemand daran gehindert sei, seine Softwarelösung als OpenSource-Lösung anzubieten. Dies missachte die unterschiedlichen Vertriebsmodelle der Hersteller proprietärer Software und der OpenSource Distributoren. Erstere würden faktisch vernünftigerweise kein Angebot abgeben. *Heckmann* legt § 8 Nr. 3 Abs. 3 VOLA daher systematisch und teleologisch dahingehend aus, dass „bestimmte Erzeugnisse und Bezugsquellen" so zu verstehen ist, dass hierunter jede Produktspezifikation mit ausschließender Tendenz fällt.[499]

Auch *Müller/Gerlach* räumen ein, dass die Vorgabe einer Offenlegung der Quelltexte faktisch den Ausschluss proprietärer Software bewirke.[500] Sie weisen darauf hin, dass z. B. die Einräumung von Nutzungsrechten, die mit denen der gängigen OpenSource-Lizenzmodelle übereinstimmen, dem Geschäftsmodell der Softwarehersteller diametral entgegenstehen. Darüber hinaus merken sie an, dass die Zulässigkeit der Forderung nach Überlassung des Quellcodes und die damit verbundene Einräumung umfangreicher Vervielfältigungs-, Bearbeitungs- und Verbreitungsrechte nicht nach § 8 Nr. 3 VOL/A, sondern vielmehr nach § 9 Nr. 3 VOL/A zu beurteilen sein könnte, weil es sich um die Vorgabe besonderer Vertragsbedingungen

---

496 *Heckmann,* in: Spindler, Rechtsfragen bei Open Source, S. 312, Fn. 92.

497 *Demmel/Herten-Koch*, NZBau 2004, 187 (188).

498 *Heckmann*, CR 2004, 401 (404 f.).

499 *Heckmann*, CR 2004, 401 (405).

500 *Müller/Gerlach*, CR 2005, 87 (88).

nach § 9 Nr. 3 Abs. 2 S. 2 VOL/A handeln könnte. Eine endgültige Einordnung könne jedoch offen gelassen werden, weil in beiden Fällen die Forderung durch die Besonderheiten der zugrunde liegenden Leistung gerechtfertigt werden müsse.

dd. Stellungnahme

Die Auffassung, dass zwar besondere technische Merkmale nicht ohne weitere Begründung respektive Bedarf verlangt werden können, dies jedoch nicht für die Vertriebspolitik respektive -bedingungen der potentiellen Auftragnehmer gelte, ist abzulehnen. Das gesamte Vergaberecht ist im Lichte der in § 97 GWB niedergelegten Grundsätze auszulegen. Möchte man Quelltextoffenheit mit *Heckmann* und *Demmel/Herten-Koch* als vertriebsbezogenes Merkmal einordnen, stellt die (sachlich unbegründete) Forderung nach OpenSource-Software einen Verstoß gegen das Gleichbehandlungsgebot (§ 97 Abs. 2 GWB, § 2 Nr. 2 VOL) dar. Das Gleichbehandlungsgebot, welches zugleich ein Diskriminierungsverbot impliziert, basiert auf dem verfassungsrechtlich verankerten Gleichheitsgrundsatz und gehört seit jeher zu den elementaren Prinzipien des deutschen Vergaberechts.[501] Neben seinen spezifischen gesetzlichen und verdingungsrechtlichen Positivierungen ist es in allen Phasen des Vergabeverfahrens zu beachten, dient es doch dazu, die Vergabeentscheidung im Interesse eines funktionierenden Wettbewerbs auf willkürfreie sachliche Erwägungen zu stützen.[502] Durch § 8 Nr. 3 VOL/A soll dementsprechend vermieden werden, dass die öffentlichen Auftraggeber durch das Aufstellen nicht sachnotwendiger Kriterien de facto einen oder mehrere Hersteller anderen gegenüber bevorzugen können. Dies kann einerseits durch die in § 8 Nr. 3 VOL/A genannten Vorgehensweisen geschehen, also z. B. durch die Nennung bestimmter Erzeugnisse, bestimmter technischer Merkmale, bestimmter Ursprungsorte etc. Ein faktischer Ausschluss bestimmter Hersteller findet aber auch bei der pauschalen Forderung nach Offenlegung des Quelltextes statt. Aus diesem Grunde ist der von *Heckmann* in Erwägung gezogene Ansatz, den § 8 Nr. 3 Abs. 3 beziehungsweise Abs. 4 VOL zumindest analog in Bezug auf die Forderung nach einer quelltextoffenen Software anzuwenden, folgerichtig.[503] Die Auffassung von *Demmel/Herten-Koch*, es läge keine (planwidrige) Regelungslücke vor[504], ist nicht zutreffend. Ob eine derartige Lücke vorhanden ist, die etwa im Wege der Analogie ausgefüllt werden kann, ist vom Standpunkt des Gesetzes und der ihm zugrunde liegenden Regelungsabsicht zu beurteilen. Das Gesetz muss also, gemessen an seiner eigenen Regelungsabsicht, unvollständig

---

501 Vgl. *Weyand*, Vergaberecht, § 97 GWB, Rn. 152.
502 OLG Saarbrücken, Beschl. v. 29. 05. 2002 – 5 Verg 1/01.
503 *Heckmann*, CR 2004, 401 (405).
504 *Demmel/Herten-Koch*, NZBau 2004, 187 (188).

sein.[505] Dies ist vorliegend der Fall. Vor dem Hintergrund der Ziel- und Zwecksetzung des gesamten Vergaberechts, eine sachlich ungerechtfertigte Bevorzugung einzelner Marktteilnehmer durch den Staat zu vermeiden und damit einen fairen Wettbewerb zu ermöglichen, ist § 8 Nr. 3 VOL/A als lückenhaft zu betrachten, da er nicht den Fall der unsachlichen Bevorzugung spezieller Vertriebs- beziehungsweise Lizenzierungsmodalitäten berücksichtigt. Eine positivistische Betrachtung des § 8 Nr. 3 VOL/A würde zu dem Ergebnis führen, dass die hierdurch hervorgerufene Diskriminierung der Hersteller „proprietärer Software" vom Vergaberecht gebilligt würde. Das hat der Normgeber offensichtlich nicht bedacht, was angesichts der Tatsache, dass die Besonderheiten von OpenSource Software erst seit verhältnismäßig kurzer Zeit und auch nur im Softwarebereich zu den hier dargestellten unbilligen Ergebnissen führen, nachvollziehbar ist. Dementsprechend ist die sachlich ungerechtfertigte Forderung nach „OpenSource Lösung" oder „Quelltextoffenlegung" als Verstoß gegen § 8 Nr. 3 VOL/A analog zu werten.[506]

f) Rechtfertigungsmöglichkeiten bei Web 2.0 Plattformen
Unter Berücksichtigung dieses Ergebnisses ist die Ausschreibung der Erstellung von Web 2.0 Plattformen „mit Hilfe von OpenSource-Software" rechtfertigungsbedürftig, bei Vorliegen einer solchen sachlichen Rechtfertigung jedoch auch möglich. Hierbei dürfen subjektive Erwägungen und Überlegungen der Vergabestelle – insbesondere wenn sie „nur" politischer

---

505 So z. B. BGH, Urt. v. 13. 11. 2001 – X ZR 134/00 – juris Rn. 35 m. w. N.

506 Dieses Ergebnis wird durch den 2006 vollkommen neu gefassten § 8a VOL/A zusätzlich gestützt. Nach § 8a Nr. 5 VOL/A darf in technischen Spezifikationen nicht auf eine bestimmte Produktion oder ein besonderes Verfahren verwiesen werden, wenn dadurch bestimmte Unternehmen oder Produkte begünstigt oder ausgeschlossen werden. Nach Nr. 1 des Anhangs TS zur VOL/A sind „Technische Spezifikationen" sämtliche, insbesondere in den Verdingungsunterlagen enthaltenen, technischen Anforderungen an ein Material, ein Erzeugnis oder eine Lieferung, mit deren Hilfe das Material, das Erzeugnis oder die Lieferung so bezeichnet werden können, dass sie ihren durch den Auftraggeber festgelegten Verwendungszweck erfüllen. Zu diesen technischen Anforderungen gehören Qualitätsstufen, Umweltleistungsstufen, die Konzeption für alle Verwendungsarten („Design for all"), einschließlich des Zugangs für Menschen mit Behinderungen sowie Konformitätsbewertung, Vorgaben für Gebrauchstauglichkeit, Verwendung, Sicherheit und Abmessungen, einschließlich Vorschriften über Verkaufsbezeichnung, Terminologie, Bildzeichen, Prüfungen und Prüfverfahren, Verpackung, Kennzeichnung und Beschriftung sowie Produktionsprozesse und -methoden sowie über Konformitätsbewertungsverfahren. Außerdem gehören dazu auch die Vorschriften für die Planung und Berechnung von Bauwerken; die Bedingungen für die Prüfung, Inspektion und Abnahme von Bauwerken, die Konstruktionsmethoden oder -verfahren und alle anderen technischen Anforderungen, die der Auftraggeber bezüglich fertiger Bauwerke oder der dazu notwendigen Materialien oder Teile durch allgemeine oder spezielle Vorschriften anzugeben in der Lage ist.

Art sind – (so genannte vergabefremde Kriterien[507]) keine Rolle spielen, da Maßstab nur die Eigenart und Beschaffenheit der zu vergebenden Leistungen sein sollen.[508] Keine taugliche Rechtfertigung für die Beschränkung einer Ausschreibung auf OpenSource-Software sind daher Gründe wie z. B. das Bestreben, „die Verbreitung von OpenSource-Software" oder allgemeiner „Die Vielfalt der Softwarelandschaft"[509] zu fördern.[510] Dies ergibt sich bereits aus dem Wortlaut des § 8 Nr. 3 und 4 VOL/A, nach dem eine Rechtfertigung auf Grund der „Art der zu vergebenden Leistung" erforderlich ist. Ob eine sachliche Rechtfertigung vorliegt, ist zunächst in den Beurteilungsspielraum der beschaffenden Stelle gelegt. Die Reichweite der Zulässigkeit hängt jedoch maßgeblich vom Leistungsgegenstand und dem geplanten Verwendungszweck ab.[511] Entscheidend ist, ob aufgrund der vom Auftraggeber geltend gemachten besonderen Umstände des Einzelfalles, ein legitimes Interesse an der Einschränkung anzuerkennen ist.[512]

aa. Höhere Sicherheit
Neben dem Argument der vermeintlichen Kostenersparnisse wird in Bezug auf die Vorzugswürdigkeit häufig das Argument gebracht, dass OpenSource-Software eine höhere Sicherheit biete als proprietäre Software.[513] Dies beruhe auf dem so genannten „100.000 Augen Prinzip". Dadurch, dass OpenSource-Software nicht von einem einzelnen Unternehmen mit vergleichbar wenigen Programmierern erstellt würde, sondern viele Personen der Community permanent den Quellcode auf Schwachstellen untersuchen würden, wird gefolgert, dass eine hohe Agilität bei der Behebung von „Schwachstellen" in der jeweiligen Software bestünde. Hiervon werden sowohl Fehler im Programmablauf selbst umfasst, die zu Ausfällen der Software und zu Datenverlusten führen könnten. Des Weiteren aber auch die Möglichkeit über Lücken oder Fehlprogrammierungen, gezielt in das EDV-System des Betreibers eindringen zu können.

---

507 *Heckmann*, CR 2004, 401 (405).
508 OLG Düsseldorf, Beschl. v. 14. 03. 2001 – Verg 32/00.
509 So z. B. die Zielsetzung der Softwarestrategie des Bundes, vgl. http://www.bmi.bund.de/cln_028/nn_121560/Internet/Content/Themen/Informationsgesellschaft/DatenundFakten/IT-KOORDINIERUNG__Id__92613__de.html.
510 Bei letzterem ist schon fraglich, ob in jedem Fall eine Beschränkung auf Open Source Software geeignet wäre diese Vielfalt zu fördern. Gerade kleine und mittelständische IT-Dienstleister, die proprietäre Softwareprodukte herstellen werden durch eine Beschränkung auf Open Source in Ausschreibungen von diesen ausgeschlossen.
511 *Müller/Gerlach*, CR 2005, 87 (91); *Noch*, in: Müller-Wrede, VOL/A, § 8 Rn. 85.
512 Vgl. OLG Frankfurt, Beschl. v. 28. 10. 2003 – 11 Verg 9/03.
513 Es gibt diesbezüglich eine ganze Reihe von Studien mit unterschiedlichsten Ergebnissen, vgl. http://www.zdnet.de/itmanager/kommentare/0,39023450,39135298–8,00.htm; vorsichtiger auch *Koch*, VW 2006, 73.

Dieses Argument mag in Bezug auf weit verbreitete OpenSource-Lösungen wie z. B. das Linux-Betriebssystem im Gegensatz zum proprietären Pendant von Microsoft zutreffen[514], ist jedoch nicht notwendigerweise pauschalisierbar. Aus dem Obigen ergibt sich bereits, dass eine Ablaufsicherheit im Sinne einer Softwarestabilität nicht per se bei allen OpenSource Lösungen vorhanden ist. Je nach Spezialität der Softwarelösung ist die beteiligte Community unterschiedlich groß. Während bei dem weitverbreiteten Linux-Betriebssystem die Programmiercommunity in der Tat weit über 100.000 Mitglieder umfassen dürfte, ist dies für die jeweilige Problemlösung der Kommune geeignetste Web 2.0 Plattformlösung nicht notwendigerweise der Fall. Treten in diesem Falle Programmfehler auf, muss entweder eine Lösung abgewartet werden oder ein Programmierer mit der Behebung des Fehlers beauftragt werden. Im Gegensatz dazu besteht bei proprietärer Software bereits aus den allgemeinen Sachmängelgewährleistungsrechten des Zivilrechts eine Nachbesserungsverpflichtung des Herstellerunternehmens.

Die Vermutung, dass OpenSource Softwarelösungen beispielsweise gegen „Hackerangriffe" weniger anfällig wären als proprietäre Software beziehungsweise Schwachstellen in diesen jedenfalls schneller geschlossen würden, ist ebenfalls unzutreffend. Insbesondere beliebte und weit verbreitete OpenSource-Lösungen sind beliebte Zielobjekte von Hackern. So wurde beispielsweise bei dem weit verbreiteten OpenSource-CMS Joomla im Dezember 2007 eine Sicherheitslücke bekannt, welche es Dritten erlaubte, sich selbst als „Super Administrator"[515] im CMS anzumelden und verheerenden Schaden anzurichten. Diese Lücke war Mitte Januar 2008 nur teilweise geschlossen worden.[516] An dieser Stelle zeigt auch das „100.000 Augen Prinzip" seine Schattenseiten. Die Möglichkeit, Schwachstellen in der jeweiligen Software zu erkennen, führt nicht immer dazu, dass diese von den Entdeckern auch der Gemeinschaft der Entwickler gemeldet oder behoben werden. Ebenso ist es zumindest denkbar, dass diese ihre Erkenntnisse über Schwachstellen zum Nachteil der jeweiligen Betreiber ausnutzen.[517]

---

514 Vgl. hierzu *Zymaris*, „Linux-Sicherheit im Rampenlicht", ZDNet.de v. 09. 01. 2003 – http://www.zdnet.de/enterprise/os/0,39023492,20000226–1,00.htm.

515 Die Einstufung als „Super Administrator" in einem Softwaresystem bedeutet, dass auf alle, auch für das Funktionieren des Systems existentielle, Funktionen und Inhalte zugegriffen werden kann. Insbesondere gibt es i. d. R. die Möglichkeit, das gesamte System zu deaktivieren und ggf. sogar zu löschen.

516 Http://www.heise-security.co.uk/news/101676.

517 Die Google-Suche nach den Stichworten „Joomla Hack" fördert eine ganze Reihe von Forenbeiträgen betroffener Webpräsenzbetreiber zu Tage, deren Webseite von Dritten „gekapert" wurde.

Die Rechtfertigung des Verlangens nach OpenSource Software mit der einfachen Behauptung, diese sei sicherer als proprietäre Software, ist nach alledem zu pauschal. Hier bietet es sich vielmehr an, bereits in der Ausschreibung selbst auf das erforderliche Sicherheitsniveau hinzuweisen.

bb.   Offenheit des Quelltextes für zukünftige Erweiterungen

Die Offenheit des Quelltextes der jeweils bezogenen Softwarelösung ist insbesondere dann von großem Vorteil, wenn sich die beschaffende Kommune eine Erweiterung vorbehalten möchte und sich noch nicht festlegen möchte, wie und durch wen diese Erweiterung vorgenommen werden soll. Besteht ein derartiger Bedarf an Quelltextoffenheit muss jedoch nicht zwangsläufig eine OpenSource Software ausgeschrieben werden. Gerade kleinere Softwarehersteller werden unter Umständen bereit sein, unter vorher vertraglich festgeschriebenen Bedingungen Einblick in Ihren Quelltext zu gewähren oder diesen sogar dem öffentlichen Auftraggeber zu überlassen. Um den Anforderungen an eine diskriminierungsfreie Leistungbeschreibung zu genügen, muss hier der erforderliche Umfang der Quelltextoffenheit beschrieben werden, um nicht Hersteller proprietärer Software zu diskriminieren.[518]

cc.   Ergebnis

Für den Fall der Vergabe einer Web 2.0 Plattform für das kommunale E-Government sind sachliche Rechtfertigungen für die Beschränkung auf Open-Source Lösungen pauschal nur schwer vorstellbar. Anforderungen an die Sicherheit oder der Bedarf einer Einsichtnahme in den Quelltext der jeweiligen Softwarelösung sind in der Leistungsbeschreibung darzulegen.

2.   Problemfeld: Wahl der Verfahrensart

Von der Wahl der Verfahrensart hängt ab, ob die Ausschreibung erfolgreich verläuft – also der Beschaffungsbedarf befriedigend gedeckt werden kann. Erbringt beispielsweise die Durchführung eines offenen Verfahrens nicht die gewünschten Angebote, bleibt der Bedarf über einen langen Zeitraum ungedeckt. Wird ein unzulässiges Verfahren gewählt, besteht die Gefahr von Nachprüfungsverfahren und hieraus resultierender Verpflichtung seitens der Gerichte nunmehr „ordnungsgemäß" auszuschreiben, was wiederum viel Zeit und Arbeitsaufwand kostet. Bei der Vergabe einer Web 2.0 Plattform stehen – wie für alle IT-Leistungen – grundsätzlich die „klassischen" Vergabeverfahren[519] zur Wahl. Erst seit Ende 2005 gibt es darüber hinaus die Möglichkeit, den „Wettbewerblichen Dialog" als Verfahrensart zu wählen.

---

518 Ähnlich *Heckmann*, CR 2004, 401 (406).

519 Also das offene Verfahren, das nicht-offene Verfahren sowie das Verhandlungsverfahren, hierzu sogleich.

a) Offenes Verfahren

Das offene Verfahren ist das Verfahren, das grundsätzlich bei der Auftragsvergabe durchgeführt werden soll, vgl. §§ 3a Nr. 1 Abs. 1 VOL/A, 101 Abs. 6 S. 1 GWB.[520] Es handelt sich um ein Vergabeverfahren, in dem eine unbeschränkte Anzahl von Unternehmen öffentlich zur Abgabe von Angeboten aufgefordert wird, § 101 Abs. 2 GWB. Wesentliche Charakteristika des offenen Verfahrens sind die unbegrenzte Zahl der möglichen Teilnehmer, die abschließende eindeutige und erschöpfende Leistungsbeschreibung sowie das (Nach-)verhandlungsverbot des § 24 VOL/A.[521] Für die Vergabe von (innovativen) IT-Leistungen – insbesondere wenn die Gründung einer öffentlich-privaten Partnerschaft im Raum steht – ist das Verfahren auf Grund seiner Unflexibilität nur bedingt geeignet. Nur wenn lediglich Standard-Hardware oder Standard Software beschafft werden soll, kann es sich zur Durchführung der Beschaffung anbieten.[522] In allen anderen Fällen wird in aller Regel ein Fall vorliegen, in dem die „Natur des Geschäfts" oder „besondere Umstände" ein Abweichen vom offenen Verfahren rechtfertigen. Derartige Umstände liegen regelmäßig vor, wenn die Voraussetzungen für die Durchführung eines nicht-offenen oder eines Verhandlungsverfahrens gegeben sind.

b) Nicht-offenes Verfahren

Das nicht-offene Verfahren[523] ist ein Verfahren, in dem öffentlich zur Teilnahme aufgefordert wird. Aus dem Bewerberkreis wird eine beschränkte Anzahl von Unternehmen zur Angebotsabgabe aufgefordert, § 101 Abs. 3 GWB. Auch hier besteht ein grundsätzliches Verhandlungsverbot mit den Bietern. Die Durchführung ist nach § 3 Nr. 1 Abs. 4 und Nr. 3 VOL/A i. V. m. § 3a Nr. 1 Abs. 1 VOL/A zulässig, wenn eine der folgenden Voraussetzungen vorliegt:

1. Die Leistung kann nach ihrer Eigenart nur von einem beschränkten Kreis von Unternehmen erbracht werden (insbesondere, wenn für die Leistungserbringung außergewöhnliche Fachkunde oder Leistungsfähigkeit oder Zuverlässigkeit erforderlich ist).
2. Ein offenes Verfahren verursacht für den Auftraggeber einen Aufwand, der zu dem erreichbaren Vorteil oder zum Wert der Leistung im Missverhältnis steht.

---

520 Zum Ablauf kurz aber prägnant, *Lux*, JuS 2006, 969 (974 f.).

521 Ausnahmen vom Verhandlungsverbot bestehen nur bei Verhandlungen zur Behebung von Zweifeln über die Angebote oder Bieter sowie bei zugelassenen Nebenangeboten oder einer funktionalen Leistungsbeschreibung (§ 8 Nr. 2 Abs. 1 a VOL/A). Hier darf mit dem „besten Bieter" (also erst am Ende der Auswertung der Angebote) über notwendige technische Änderungen geringen Umfangs verhandelt werden.

522 *Goodarzi*, in: Lehmann/Meents (Hrsg.), Informationstechnologierecht, Kap. 24 Rn. 81.

523 Hierzu auch *Blaufuß/Zeiss* in: jurisPK-VergR, § 101 GWB Rn. 11 ff.

3. Ein vorheriges offenes Verfahren hatte kein wirtschaftliches Ergebnis.

4. Ein offenes Verfahren ist aus anderen Gründen (Dringlichkeit, Geheimhaltung) unzweckmäßig.

c) Verhandlungsverfahren

Während sowohl beim offenen als auch beim nicht-offenen Verfahren die Anwendungsmöglichkeiten auf Grund des Verhandlungsverbotes beschränkt sind, kann im Rahmen des Verhandlungsverfahrens (welches der nationalen „freihändigen Vergabe" ähnelt) über Preis, die genaue Leistung sowie über die vertraglichen Bedingungen grundsätzlich verhandelt werden. Ganz explizit beschreibt § 101 Abs. 4 GWB das Verhandlungsverfahren als Verfahren, in dem sich der Auftraggeber mit oder ohne vorherige öffentliche Aufforderung zur Teilnahme an ausgewählte Unternehmen wendet, um mit einem oder mehreren über die Auftragsbedingungen zu verhandeln.

Das Verhandlungsverfahren selbst kann in zwei Varianten durchgeführt werden: mit oder ohne vorheriger Vergabebekanntmachung. Es handelt sich jedoch bei beiden Verfahren um subsidiäre Ausnahmeverfahren mit strengen Zulässigkeitsvoraussetzungen.[524]

Ein Verhandlungsverfahren mit vorheriger Vergabebekanntmachung kommt demnach nur in Betracht, wenn

– in einem vorherigem offenen/nicht-offenen Verfahren aus formalen Gründen keine abschließende Wertung samt Zuschlag erfolgt ist und keine grundlegende Änderung der Vergabebedingungen vorgenommen wurde, § 3a Nr. 1 Abs. 5a VOL/A.

– die vorherige Festlegung eines Gesamtpreises bei einem Dienstleistungsauftrag nicht möglich ist, § 3a Nr. 1 Abs. 5b VOL/A. Dies dürfte wohl bei komplexen und neuartigen, erstmalig zu beschaffenden Leistungen der Fall sein (z. B. Planungsleistungen, neuartige Technologien).

– die hinreichend genaue Festlegung der vertraglichen Spezifikationen bei Dienstleistungsaufträgen nicht möglich ist, § 3a Nr. 1 Abs. 5c VOL/A.

Der letzte Punkt ist am häufigsten bei Web 2.0 Plattformvorhaben einschlägig, bei welchen nur eine funktionale Leistungsbeschreibung vorliegt.

d) Insbesondere Wettbewerblicher Dialog

Gerade in Fällen, in denen nur eine schemenhafte Vorstellung innerhalb der jeweiligen Behörde darüber besteht, wie man denn eine Web 2.0 Plattform, die alle Wünsche und Anforderungen zu befriedigen vermag und sich zudem noch in die ggf. bereits vorhandene IT- respektive E-Government Infrastruktur einfügt, herrscht großer Bedarf an Absprache und Klärung mit Unternehmen, die auch als Auftragnehmer in Betracht kommen.

---

524 Zu den europarechtlichen Hintergründen *Werner*, in: Byok/Jaeger, VergabeR, § 101 GWB Rn. 649.

In aller Regel fehlt die – für die Realisierung von größeren und komplexen IT-Projekten wie einer integrierten E-Government Plattform mit Web 2.0 Elementen – notwendige Kompetenz zur Erstellung der Leistungsbeschreibung innerhalb der Behörde. Was ist überhaupt technisch machbar? Wie kann der Bedarf technisch und wirtschaftlich am sinnvollsten befriedigt werden? Während ein Unternehmen der Privatwirtschaft an diesem Punkt mit mehreren Anbietern in Verhandlung treten würde, ist dieses Vorgehen unter dem Regime des bisherigen Vergaberechts nur in engen Grenzen möglich gewesen. Es galt der Grundsatz des Verhandlungsverbotes (§ 24 VOL/A). Hilfestellung konnten der öffentlichen Hand nur Sachverständige und Projektanten (externe Berater) bieten. Problematisch war an diesem Vorgehen, dass Sachverständige sich grundsätzlich nicht am anschließenden Vergabeverfahren beteiligen dürfen, vgl. § 6 Nr. 3 VOL/A sowie § 16 VgV; und Projektanten nur unter den Voraussetzungen des § 4 Abs. 5 VgV.[525] Gerade diese Beteiligung des Sachverstandes ist jedoch bei IT-Projekten wie der Bereitstellung einer E-Government Plattform mit Web 2.0 Elementen erwünscht. Hier bietet nunmehr ggf. das Instrument des wettbewerblichen Dialogs Abhilfe, bei welchem Bedürfnisse und Projektziele vom öffentlichen Auftraggeber und IT-Anbieter gemeinsam definiert werden.[526]

aa. Grundlagen und Zweck

Der wettbewerbliche Dialog wurde mit dem am 8. 9. 2005 in Kraft getretenen so genannten ÖPP-Beschleunigungsgesetz[527] als geltendes Recht im GWB und in der VgV verankert.

Nach der Legaldefinition in § 101 Abs. 5 S. 1 GWB ist der wettbewerbliche Dialog „ein Verfahren zur Vergabe besonders komplexer Aufträge durch staatliche Auftraggeber". Mehr zur Charakterisierung des Verfahrens[528] klärt § 101 Abs. 5 S. 2 GWB darüber auf, dass im Rahmen des wettbewerblichen Dialoges zunächst eine Aufforderung zur Teilnahme erfolgt und anschließend Verhandlungen mit ausgewählten Unternehmen über alle Einzelheiten des Auftrags geführt werden. Nähere Beschreibung hinsichtlich des Verfahrensablaufs und der Voraussetzungen finden sich in § 6a VgV.[529]

---

525 Zu dieser „Projektantenproblematik" z. B. *Kolpatzik*, VergabeR 2007, 279.

526 Vgl. *Goodarzi*, in: Lehmann/Meents (Hrsg.), Informationstechnologierecht, Kap. 24 Rn. 68.

527 „Gesetz zur Beschleunigung der Umsetzung von Öffentlich Privaten Partnerschaften und zur Verbesserung gesetzlicher Rahmenbedingungen für Öffentlich Private Partnerschaften", v. 01. 09. 2005, BGBl. I, 2676.

528 *Schröder*, NZBau 2007, 216 (217).

529 In die VOB/A wurde eine nahezu inhaltsgleiche gleichlautende Bestimmung in § 3a Nr. 4b VOB/A eingefügt, während in der VOL7A in § 3a Nr. 1 III VOL/A nur ansatzweise Regelungen getroffen wurden.

Kennzeichnend für das neue Verfahren ist, dass eine Kommunikation der öffentlichen Auftraggeber mit den gemeldeten und ausgewählten Unternehmen zur gemeinsamen Ermittlung und Festlegung, wie Bedürfnisse bestmöglich erfüllt werden können, nunmehr zulässig ist.

Der wettbewerbliche Dialog wird daher als Paradebeispiel eines modernen, spezialgesetzlichen Verwaltungskooperationsrechts bezeichnet, weil sich weder die öffentliche Hand noch die Privatwirtschaft hinter Hierarchiestufen oder hinter zu förmlichen Verfahren verstecken können. Vielmehr finde ein gleichberechtigter Marktaustausch statt, dessen Durchführung (ggf. unter Beteiligung eines (externen) Mediators beziehungsweise Moderators) zu schnellen und befriedigenden Lösungen führen könne. Mit dem Wettbewerblichen Dialog wurde ein neues eigenständiges Vergabeverfahren[530] geschaffen, welches (freilich nur im oberschwelligen Bereich) neben dem offenen, dem nichtoffenen und dem Verhandlungsverfahren in § 101 Abs. 1 GWB als vierte Vergabeart genannt wird.

Die Eigenständigkeit des Verfahrens wird nicht dadurch in Frage gestellt, dass der wettbewerbliche Dialog einem Teilnahmewettbewerb innerhalb eines nichtoffenen Verfahrens oder einem Verhandlungsverfahren ähnelt. Wie *Schröder* zutreffend anmerkt, wird hierdurch vielmehr die besondere Eigenart des wettbewerblichen Dialoges noch unterstrichen. Es handelt sich um ein Vergabeverfahren, das bekannte und bewährte Elemente der herkömmlichen Vergabearten wie z. B. die Bekanntmachung, den Teilnahmewettbewerb, das Verhandlungselement sowie die Zuschlagserteilung auf das wirtschaftlichste Angebot nicht nur adaptiert. Vielmehr werden diese Verfahrenselemente durch neue Strukturen und neue Möglichkeiten (z. B. in der Dialogphase) ergänzt.[531]

bb. Anwendungsbereich

Der Anwendungsbereich des wettbewerblichen Dialogs deckt sich zum Teil mit demjenigen des Verhandlungsverfahrens mit vorausgehender Vergabebekanntmachung nach § 3 a Nr. 1 Abs. 5 lit. b VOL/A. Danach ist das Verhandlungsverfahren zulässig, wenn es sich um Liefer- oder Dienstleistungsaufträge handelt, die ihrer Natur nach oder wegen der damit verbundenen

---

530 BT-Dr 15/5668, 11; *Fleckenstein*, DVBl. 2006, 75 (77); *Ruthig*, NZBau 2006, 137 (140); *Heiermann*, ZfBR 2005, 766; *Noch*, BauRB 2005, 121 (123); *Mader*, EuZW 2004, 425 (426); *Knauff*, EuZW 2004, 141 (142); *Knauff*,VergabeR 2004, 287 (295); *Dörr*, JZ 2004, 703 (713); *Leinemann/Maibaum*, VergabeR 2004, S. 275 (278); Schröder, NZBau 2007, 216 (217); Nach a. A. stellt der Wettbewerbliche Dialog kein eigenständiges, sondern lediglich ein Vorverfahren zur Bestimmung des Auftragsgegenstandes (vgl. *Pünder/Franzius*, ZfBR 2006, 20) bzw. ein nichtoffenes Verfahren mit vorgeschaltetem technischem Dialog dar, bei dem sich die Möglichkeit, mit den Bietern alle Aspekte eines Auftrags zu erörtern, bietet, vgl. *Rechten*, NZBau 2004, 366 (369).

531 *Schröder*, NZBau, 216 (217).

Risiken eine vorherige Festlegung eines Gesamtpreises nicht zulassen.[532] Beiden Verfahrensarten ist gemein, dass die Vergabestelle nicht in der Lage ist, das geplante Projekt so konkret zu beschreiben, dass die Durchführung eines offenen oder nichtoffenen Verfahrens möglich ist.[533] Auch der Verfahrensablauf ähnelt sich teilweise sehr. So werden in beiden Verfahren mit den ausgewählten Unternehmen Verhandlungen über die Auftragsbedingungen (§ 101 Abs. 4 GWB) beziehungsweise über alle Einzelheiten des Auftrags (§ 101 Abs. 5 S. 2 GWB) geführt.

Dennoch besteht zwischen wettbewerblichem Dialog und Verhandlungsverfahren nach vorzugswürdiger Auffassung[534] kein Rangverhältnis.[535] Beide Verfahrensarten sind, so denn ihre Tatbestandsvoraussetzungen erfüllt sind, nebeneinander anwendbar. Das ergibt sich bereits daraus, dass ausweislich Art. 29 der europäischen Vergaberichtlinie 2004/18/EG[536] die neue Verfahrensart des wettbewerblichen Dialogs von den Mitgliedstaaten eingeführt werden „kann", aber nicht zwingend einzuführen ist. Die Einführung des wettbewerblichen Dialoges ist nur als Angebot, als „Optionsmodell"[537] an die Mitgliedstaaten formuliert[538]. Daraus folgt, dass alle denkbaren Fälle auch komplexer Vergaben in den Anwendungsbereich der hergebrachten „klassischen" Verfahrensarten offenes, nicht offenes Verfahren und Verhandlungsverfahren fallen. Zudem wird in der Richtlinie keine Subsidiarität des wettbewerblichen Dialogs gegenüber dem Verhandlungsverfahren statuiert. Im Gegensatz dazu wird in Art. 29 Abs. 1 S. 1 RL 2004/18/EG explizit (nur) der Vorrang des offenen und nicht offenen Verfahrens angeordnet.[539]

Als Argument für einen Vorrang des wettbewerblichen Dialogs wird bisweilen der Wortlaut und die systematische Stellung des Art. 30 Abs. 1 lit. a

---

532 Ähnlich auch die Parallelnorm § 3 a Nr. 5 lit. c VOB/A.

533 Ähnlichkeiten bestehen auch im Verfahrensablauf: Bei beiden Verfahren werden mit den ausgewählten Unternehmen Verhandlungen über die Auftragsbedingungen (§ 101 IV GWB) bzw. über alle Einzelheiten des Auftrags (§ 101 V 2 GWB) geführt.

534 *Uechtritz/Otting*, NVwZ 2005, 1105 (1106 f.).

535 Nach Auffassung von *Knauf* NZBau 2005, 249 (250) ist das Verfahren des wettbewerblichen Dialoges vorrangig gegenüber dem Verhandlungsverfahren.

536 Richtlinie 2004/18/EG des Europäischen Parlaments und des Rates v. 31. 03. 2004 über die Koordinierung der Verfahren zur Vergabe öffentlicher Bauaufträge, Lieferaufträge und Dienstleistungsaufträge, ABlEG Nr. L 134 v. 30. 04.2004, 135.

537 So *Leinemann/Maibaum*, VergabeR 2004, S. 275.

538 Art. 29 Abs. 1 S. 1 RL 2004/18/EG lautet „Bei besonders komplexen Aufträgen *können* die Mitgliedstaaten vorsehen, dass der öffentliche Auftraggeber, falls seines Erachtens die Vergabe eines öffentlichen Auftrags im Wege eines offenen oder nichtoffenen Verfahrens nicht möglich ist, den wettbewerblichen Dialog gemäß diesem Artikel anwenden kann." (Hervorhebung durch den Verf.).

539 Vgl. ferner Art. 28 RL 2004/18/EG.

der Vergabekoordinierungsrichtlinie (VKR) genannt.[540] Weder der Wortlaut noch die Systematik lassen jedoch eine derartige Ableitung zu. Nach Art. 30 Abs. 1 lit. a VKR ist ein Verhandlungsverfahren gerechtfertigt, wenn im Rahmen eines offenen oder nichtoffenen Verfahrens oder eines wettbewerblichen Dialogs keine ordnungsgemäßen Angebote abgegeben wurden. Hierdurch wird jedoch ebenfalls nur verdeutlicht, dass der wettbewerbliche Dialog eine von mehreren Möglichkeiten darstellt.

Ein Wille des nationalen Gesetzgebers, den wettbewerblichen Dialog bei Vorliegen dessen Tatbestandsvoraussetzungen als lex specialis zwingend vorzusehen, ist nicht erkennbar. Im Gegenteil: Die Einführung des wettbewerblichen Dialogs erfolgte ausweislich der Gesetzesbegründung des ÖPP-Beschleunigungsgesetzes in Übereinstimmung mit den neuen Vergaberichtlinien und um dem Bedürfnis der Praxis nach einem Dialog zwischen Auftraggeber und potentiellen Bietern zwecks Definition der zu erbringenden Leistung entgegenzukommen.[541] Weiter hat die Bundesregierung der Kommission gegenüber erklärt, dass sich das Verhandlungsverfahren in der Praxis bewährt habe.[542] Es erscheint wenig sinnvoll, nunmehr anzunehmen, der Anwendungsbereich dieses praktisch so wichtigen Verfahrens sollte zurückgedrängt werden.[543] Auch der nationale Gesetzgeber wollte wie der europäische Richtliniengeber im Ergebnis der Praxis lediglich eine zusätzliches Möglichkeit der Verfahrensdurchführung anbieten und gerade nicht ihre Möglichkeiten zur Anwendung des Verhandlungsverfahrens einschränken.[544]

cc. Persönliche Voraussetzung – Staatlicher Auftraggeber

Ausweislich § 101 Abs. 5 S. 1 GWB in Verbindung mit § 6a Abs. 1 VgV können nur „staatliche Auftraggeber" den wettbewerblichen Dialog als Vergabeverfahren wählen. Es handelt sich bei dem Begriff „staatliche Auftraggeber" um ein vergaberechtliches Novum.[545] Eine Definition enthält weder

---

540 *Knauf*, NZBau 2005, 249 (254 f.).

541 BT-Drs. 15/5668, S. 12.

542 Stellungnahme der Bundesregierung zum Grünbuch der EU-Kommission zu öffentlich-privaten Partnerschaften und den gemeinschaftlichen Rechtsvorschriften für öffentliche Aufträge und Konzessionen vom 16. 08. 2004, S. 13.

543 Vgl. *Uechtritz/Otting*, NVwZ 2005, 1105 (1107).

544 So heißt es denn auch in der BT-Drs. 15/5668, S. 12: „Da es noch keine Erfahrungen mit diesem Verfahren gibt und die Regelungen in der Koordinierungsrichtlinie 2004/18/EG z. T. unbestimmt und vage sind, *wird es den Anwendern in die Verantwortung gegeben*, die Vorteile dieses Verfahrens sachgerecht zu nutzen. Die Auftraggeber müssen ihren *Beurteilungsspielraum* anhand der Grundsätze des Wettbewerbs, der Transparenz und der Gleichbehandlung ausüben und die Gründe für die Entscheidung zur Wahl des wettbewerblichen Dialogs ausreichend dokumentieren." (Hervorhebungen durch den Verf.).

545 Vgl. *Schröder*, NZBau 2007, 216 (217 sowie Fn. 12), der darauf hinweist, dass der Begriff des „staatlichen Auftraggebers" ein Relikt des Referentenentwurfs zur VgV v. 18. 03. 2005 ist. Dieser Verordnungsentwurf definierte in § 2 Nr. 3 als „staatliche Auftraggeber" vornehmlich

das GWB, die VgV, noch die Richtlinie 2004/18/EG selber. Jedoch lässt sich bereits aufgrund des Wortlauts respektive des Erfordernisses der Staatlichkeit des Auftraggebers erahnen, dass nicht alle in § 98 GWB normierten öffentlichen Auftraggeber von dem Begriff erfasst sein sollen. Bei systematischer Auslegung der §§ 101 Abs. 6 S. 2 GWB ivM. § 98 Nr. 4 GWB ergibt sich, dass der Wettbewerbliche Dialog nicht für Sektorenauftraggeber (§ 98 Nr. 4 GWB) gedacht ist, mithin nur die in § 98 Nr. 1–3 GWB genannten Vergabestellen als „staatliche Auftraggeber" in Betracht kommen.[546] Die Europäische Kommission macht in ihren Erläuterungen zum Wettbewerblichen Dialog zudem darauf aufmerksam, dass die neue Sektorenrichtlinie keinen wettbewerblichen Dialog vorsieht.[547]

Auch wenn somit der Begriff des „staatlichen Auftraggebers" enger zu ziehen ist als der des öffentlichen Auftraggebers im „allgemeinen" Kartellvergaberecht, so umfasst er doch den hier interessierenden Fall, dass eine Kommune die Beauftragung der Errichtung einer Web 2.0 Plattform im Wege des wettbewerblichen Dialoges vergeben will. Sie ist als einer der klassischen öffentlichen Auftraggeber (§ 98 Nr. 1 GWB) als „staatlicher Auftraggeber" einzustufen.

dd.   Sachliche Voraussetzungen – besonders komplexer Auftrag

Sachliche Grundvoraussetzung für die Wahl des wettbewerblichen Dialoges als Verfahrensart ist, dass ein besonders komplexer Auftrag vergeben werden soll, vgl. § 6a VgV. Der Gesetzgeber hat bewusst auf eine Auflistung von möglichen Fällen, in denen ein solcher Auftrag vorliegt, verzichtet.[548]

Nach dem Gesetzeswortlaut[549] muss der Auftraggeber objektiv nicht in der Lage sein, entweder

– die technischen Mittel anzugeben, mit denen ihre Bedürfnisse und Ziele erfüllt werden können oder

– die rechtlichen oder finanziellen Bedingungen des Vorhabens anzugeben.

---

die in § 98 Nrn. 1 bis 3 GWB aufgeführten öffentlichen Auftraggeber, die keine Sektorentätigkeit ausüben, vgl. auch *Heiermann*, ZfBR 2005, 766 (769).

546 *Schröder*, NZBau 2007, 216 (217); a. A. *Heiermann*, ZfBR 2005, 766 (769).

547 Europäische Kommission, CC/2005/04 v. 05. 10. 2005, S. 1.

548 In Erwägungsgrund 31 der Richtlinie 2004/18/EG wird als Beispiel für das Vorliegen eines „besonders komplexen" Auftrages ausgeführt: „Eine derartige Situation kann sich insbesondere bei der Durchführung bedeutender integrierter Verkehrsinfrastrukturprojekte, großer Computernetzwerke oder Vorhaben mit einer komplexen und strukturierten Finanzierung ergeben, deren finanzielle und rechtliche Konstruktion nicht im Voraus vorgeschrieben werden kann."

549 Die dort enthaltene Auflistung ist abschließend, *Schröder*, NZBau 2007, 216 (218); *Knauff*, VergabeR 2004, S. 287, (290).

Es handelt sich hierbei um selbständige Alternativen, die jede für sich die Statthaftigkeit einer Durchführung eines Wettbewerblichen Dialoges zur Folge haben können.[550] Bei der Beurteilung, ob die Voraussetzungen der jeweils einschlägigen Alternative gegeben sind, gilt ein objektiver Maßstab. Nicht maßgeblich sind subjektive Vorstellungen des öffentlichen Auftraggebers.

Der öffentliche Auftraggeber kann sich daher bei der Vergabe einer Web 2.0 Plattform nicht darauf beschränken, lediglich zu behaupten, dass er nicht in der Lage ist, technische Mittel zu definieren oder die Lösungen zu beurteilen, die der Markt zu bieten hat. Er muss belegen, dass er auf Grund des besonderen Charakters des Auftrags „objektiv nicht in der Lage" ist, dies zu tun. Der Begriff dieser objektiven Unmöglichkeit ist kein abstrakter Begriff, sondern wird im Erwägungsgrund 31 der zu Grunde liegenden Richtlinie 2004/18/EG dahingehend erläutert, dass eine Situation gemeint ist, die dem öffentlichen Auftraggeber nicht anzulasten ist.[551] Mit anderen Worten: Dem staatlichen Auftraggeber obliegt eine gerichtlich überprüfbare[552] Sorgfaltspflicht hinsichtlich des Nachweises der beiden Alternativen des § 6a Abs. 1 VgV.[553]

Wäre er mit zumutbarem Aufwand in der Lage, die erforderlichen technischen Mittel beziehungsweise die rechtlich/finanzielle Konstruktion festzulegen, darf er nicht auf den wettbewerblichen Dialog zurückgreifen.[554] Je nach Auftrag muss der Auftraggeber also nachweisen, dass sein Auftrag der erste dieser Art ist oder dass er unverhältnismäßig viel Geld und/oder Zeit hätte investieren müssen, um die nötigen Kenntnisse zu erlangen, damit er in der Lage wäre, eine rechtskonforme Leistungsbeschreibung zu erstellen.[555] Die nachzuweisende besondere Komplexität muss darüber hinaus das Projekt als Ganzes erfassen. Eine Teilkomplexität ist angesichts des klaren Wortlauts und der Intention des Normgebers nicht ausreichend.[556]

(1)   Technische Komplexität
Eine besondere Komplexität des Auftrags beziehungsweise des Projektes liegt vor, wenn der staatliche Auftraggeber nicht in der Lage ist, die technischen Mittel anzugeben, mit denen seine Bedürfnisse und Ziele erfüllt werden können, § 6a Abs. 1 Nr. 1 VgV. Hier sind nach Auffassung der Europäischen Kommission zwei Fallvarianten denkbar. Entweder ist der staatli-

---

550 *Drömann*, NZBau 2007, 751 (751).

551 Hierauf bezugnehmend auch BT-Drs. 15/5668, S. 13.

552 *Schröder*, NZBau 2007, 216 (218); *Pünder/Franzius*, ZfBR 2006, 20 (22); *Knauff*, NZBau 2005, 249 (251); *Braun*, NZBau 2002, 378.

553 Vgl. *Schröder*, NZBau 2007, 216 (218).

554 Vgl. Erläuterungen der Europäischen Kommission „Wettbewerblicher Dialog – Klassische Richtlinie" – Dokument CC/2005/04_rev1 vom 05. 10. 2005 (dt. Fassung).

555 BT-Drs. 15/5668, S. 13.

556 *Schröder*, NZBau 2007, 216 (218).

che Auftraggeber objektiv nicht in der Lage, die benötigten technischen Mittel zu spezifizieren oder es ist ihm objektiv unmöglich, eine seinen Bedürfnissen oder Zielen entsprechende beste Lösung zu identifizieren.[557] In Bezug auf die Realisierung von Web 2.0 Plattformen kommen unter Umständen beide Varianten in Betracht.

(a) Spezifikation der technischen Mittel

Mit Spezifikation der technischen Mittel ist primär die Festlegung mit Hilfe europäischer Normen, technischer Zulassung oder technischer Spezifikationen im engeren Sinne gemeint, die es ermöglichen, das gewünschte Leistungs- oder Funktionsspektrum zu beschreiben.[558] Der Versuch einer solchen Spezifikation ist zwar auf dem Gebiet der Bauvergabe regelmäßig möglich, versagt jedoch zumindest bei innovativ angelegten Web 2.0 Plattformen.

(b) Identifikation der besten Lösung zur Zielerreichung

Regelmäßig wird es dem staatlichen Auftraggeber jedoch objektiv unmöglich sein, eigenständig die beste Lösung zur Zielerreichung zu identifizieren. Gerade bei der Realisierung von Web 2.0 Plattformen gibt es eine Vielzahl von technischen Möglichkeiten selbst einfachere Lösungen wie ein (anspruchsloses) Stadtforum oder ein Wikisystem zu realisieren. Ein Rückgriff auf Lösungen „von der Stange" dürfte sich regelmäßig verbieten. Eine genaue Abstimmung zwischen den in Frage kommenden Lösungen unter Berücksichtigung des Zieles ist für eine erfolgreiche Bedürfnisbefriedigung beziehungsweise für die Zielerreichung essentiell. Gerade für den Fall, dass nicht von vorneherein ermittelbar ist, welche der verschiedenen möglichen Lösungen am Markt am besten mit den eigenen Intentionen übereinstimmt, ist das Verfahren des Wettbewerblichen Dialoges geschaffen worden.

Die europäische Kommission nennt in ihren Erläuterungen denn auch als Beispiel für eine Situation, in der der wettbewerbliche Dialog gerechtfertigt sei, den Fall eines staatlichen Auftraggebers, der die beiden Ufer eines Flusses verbinden will. Es sei durchaus möglich, dass er nicht in der Lage sei, zu bestimmen, ob die beste Lösung in einer Brücke oder einem Tunnel besteht, selbst wenn er die technischen Spezifikationen für die Brücke (Hängebrücke, aus Metall, aus vorgespanntem Beton usw.) oder den Tunnel (eine oder mehrere Röhren, unter oder auf dem Flussbett usw.) festlegen könnte.[559]

Dies wird bisweilen als zumindest unglücklich gewähltes Beispiel kritisiert. Im Vergleich zu den vom Normgeber in der Richtlinie 2004/18/EG

---

557 Europäische Kommission, CC/2005/04 v. 05. 10. 2005, S. 2.

558 *Schröder*, NZBau 2007, 216 (219); Europäische Kommission, CC/2005/04 v. 05. 10. 2005, S. 2.

559 Europäische Kommission, CC/2005/04 v. 05. 10. 2005, S. 2.

genannten Beispielen (integrierte Verkehrsinfrastruktureinrichtung, große Computernetzwerke oder komplexe und strukturierte Finanzierung[560]) würde die „Verbindung zweier Flussufer" als Anwendungsbeispiel für den wettbewerblichen Dialog dem bautechnischen Laien nicht den notwendigen Eindruck der Komplexität vermitteln und lasse befürchten, dass staatliche Auftraggeber die für den Wettbewerblichen Dialog nötige, besondere Komplexität eines Vorhabens allzu leicht bejahen könnten.[561] Weiter wird vertreten, dass es sich bei den Vorhaben stets um hochinnovative Projekte beziehungsweise solche mit noch unbekannten wirtschaftlichen Risiken handeln müsse[562], die zudem eine hohe wirtschaftliche Bedeutung hätten, wie die Adjektive „bedeutende" und „große" in den Erläuterungen deutlich machen.[563]

Dem kann nur in Teilen gefolgt werden. Bei der Beurteilung, ob eine besondere Komplexität vorliegt, kommt es zunächst zwar auf die Art des Auftrages selbst an. Entsprechend dem Ausnahmecharakter der Bestimmung, der sich deutlich in Art. 28 S. 3 RL 2004/18/EG zeigt, sind die Anforderungen an die Unklarheit respektive an dessen Komplexität grundsätzlich hoch anzusetzen. Dass für die Erstellung der Vergabeunterlagen besondere Fachkenntnisse erforderlich sind, über die der Auftraggeber nicht selbst verfügt, reicht nicht aus. Dieser kann und muss zunächst die Möglichkeit der Hinzuziehung fachkundiger Sachverständiger in Erwägung ziehen, vgl. § 6 VOL/A.[564]

Des Weiteren muss jedoch der jeweilige Auftraggeber (objektiv[565]) mit seinen individuellen Fähig- und Möglichkeiten berücksichtigt werden. Hier können signifikante Unterschiede zwischen den verschiedenen Auftraggebern sowohl auf finanzieller, also auch auf der Ebene der Erfahrung mit ähnlichen Projekten, bestehen. Dies bedeutet, dass ein geplantes Projekt nicht erst die Ausmaße und die Komplexität beispielsweise einer bundesweiten satellitengestützten LKW Mauterfassung erreichen muss. Gerade auf kommunaler Ebene kann die Einrichtung einer Web 2.0 Plattform für das kommunale E-Government ein Projekt darstellen, welches dem Auftrag-

---

560 Vgl. Erwägungsgrund 31 RL 2004/18/EG.

561 *Schröder*, NZBau 2007, 216 (219).

562 *Prieß*, Vergaberecht, S. 201.

563 *Frenz*, Hdb. Europarecht, Rn. 3140.

564 Vgl. *Lensdorf*, CR 2006, 137 (141 f.), der darauf hinweist, dass die Möglichkeit der Vergabestelle zur Einschaltung von Sachverständigen nicht auf die punktuelle gutachterliche Unterstützung beschränkt ist. Auch die Bearbeitung von Vertragsbedingungen, Aufgabenbeschreibungen, die Bemessung von Angebots- oder Zuschlagsfristen, die Begutachtung oder Auswertung von Angeboten sowie die Vorbereitung der Angebotswertung und der Zuschlagsentscheidung gehören zu dessen zulässigen Aufgabenbereich, vgl. auch *Weyand*, Vergaberecht, § 6 VOL/A Rn. 5055 f.

565 Eine subjektive Unmöglichkeit aufgrund von Unzulänglichkeiten des Auftraggebers oder fehlendem Willen ist nach BT-Drs. 15/5668, S. 13 keine ausreichende Voraussetzung.

geber für seine Verhältnisse ähnlich komplex und unübersichtlich erscheint wie die Problematik der Maut-Einrichtung für eine größere Beschaffungsstelle.

Der wirtschaftlichen Bedeutung eines Auftrags allein kann bei der Bestimmung des Komplexitätsgrads allenfalls Indizfunktion zukommen. Eine allgemeine Aussage dahingehend, dass nur Großprojekte besondere Schwierigkeiten aufweisen können, lässt sich den normativen Vorgaben nicht entnehmen.[566]

Wesentlicher Punkt im Rahmen der Prüfung der Zulässigkeit des Rückgriffes auf den wettbewerblichen Dialog ist demnach die Frage, ob der staatliche Auftraggeber mit zumutbarem Aufwand die erforderlichen technischen Mittel festlegen *könnte*.

Im Rahmen dieser Fragestellung ist zu beachten, dass zwar im Laufe des Gesetzgebungsverfahrens Änderungen vorgeschlagen wurden, die darauf abzielten, den wettbewerblichen Dialog auf die Fälle zu beschränken, in denen es dem öffentlichen Auftraggeber nicht einmal bei Durchführung eines Wettbewerbs oder der Vergabe eines Dienstleistungsauftrags (Durchführung einer Studie) im Vorfeld zum eigentlichen Auftrag (über die Durchführung des besonders komplexen Vorhabens) möglich gewesen wäre, diesen in einem offenen oder nichtoffenen Verfahren zu vergeben.[567] Letztlich wurde diese Bedingung vom Gesetzgeber bewusst nicht berücksichtigt. Grund hierfür war das erkannte Konfliktpotential derartiger Auflagen. Dieses lag zum einen darin, dass im Falle der Durchführung zweier kompletter Vergabeverfahren zuzüglich der Durchführung des Auftrages (zu Recht) ein immenser Zeitaufwand projektiert wurde. Des Weiteren wurde die Gefahr erkannt, dass entweder das erste Verfahren ergebnislos verläuft oder für den eigentlichen Auftrag keine ausreichende Wettbewerbssituation mehr bestünde[568], wenn nämlich der Erbringer des Dienstleistungsauftrages (Durchführung der Studie) zwar eigentlich als Teilnehmer am zweiten Vergabeverfahren in Betracht kommen würde, jedoch wegen des Gleichbehandlungsgrundsatzes hiervon ausgeschlossen werden muss.[569]

Die Zumutbarkeit des Aufwandes der Kenntniserlangung auf Seiten des staatlichen Auftraggebers ist somit begrenzt und bleibt in finanzieller Hinsicht jedenfalls unter der Schwelle der (auch nationalen) Vergabepflichtigkeit. Positiv formuliert bedeutet dies, dass den Auftraggeber nur diejenigen Handlungspflichten treffen, die zeitlich und finanziell der Größe und der Dringlichkeit des Projektes also der konkreten Situation entsprechen. Ihm ist grundsätzlich bezüglich dieser prognostischen Entscheidung ein Beur-

---

566 *Knauff*, NZBau 2005, 249 (254).

567 Europäische Kommission, CC/2005/04 v. 05. 10. 2005, S. 2.

568 Vgl. BT-Drs. 15/5668, S. 13.

569 Vgl. Europäische Kommission, CC/2005/04 v. 05. 10. 2005, S. 2.

teilungsspielraum zuzubilligen.[570] Dieser wiederum wird freilich durch die vergaberechtlichen Grundsätze des Wettbewerbs, der Transparenz und dem Gebot der Diskriminierungsfreiheit begrenzt, weshalb die entsprechende Entscheidung zwingend zu objektivieren ist. Eine erschöpfende, objektiv nachvollziehbare und zeitnahe Dokumentation der im Rahmen der Beurteilung getroffenen Erwägungen und insbesondere der endgültigen Begründung für die Entscheidung ist notwendig, damit diese auf Willkürfreiheit überprüfbar wird.[571]

(2) Rechtliche oder finanzielle Komplexität
Alternativ oder kumulativ kann die Wahl des Wettbewerblichen Dialoges als Vergabeverfahrensart auch mit der rechtlichen und/oder finanziellen Komplexität des beabsichtigten Projektes begründet werden. Nach Erwägungsgrund 31 der RL 2004/18/EG kann sich eine rechtlich oder finanziell komplexe Situation vor allem bei „Vorhaben mit einer komplexen und strukturierten Finanzierung ergeben, deren finanzielle und rechtliche Konstruktion nicht im Voraus festgeschrieben werden kann." Ausweislich der Erläuterungen der Eurpäischen Kommission ergibt sich diese Situation zwar „sehr, sehr häufig" bei öffentlich-privaten Partnerschaften[572], wobei dies jedoch noch keinen Automatismus impliziert.[573] Die Einstufung eines Projektes als öffentlich-private Partnerschaft bedeutet m.a.W. nicht notwendigerweise, dass ein rechtlich oder finanziell komplexes Vorhaben i. S. d. § 6a Abs. 1 Nr. 2 VgV vorliegt.

Auch hier sind die oben angestellten Überlegungen zur besonderen Komplexität nutzbar zu machen. Das bedeutet, dass es wiederum zunächst auf das Vorhaben selbst und dessen objektive Komplexität und Einfachheit ankommt. Vergleichsweise wenig schwierige und immer wiederkehrende Konstellationen der Zusammenarbeit von öffentlicher Hand und Unternehmen können nicht als „besonders komplex" angesehen werden. Die Wahl des Verfahrens des wettbewerblichen Dialogs ist in diesen Fällen unzulässig. *Knauff* weist darauf hin, dass vor dem Hintergrund der – nach seiner Auffassung – „rigiden" normativen Anforderungen gerade bei den häufig auftretenden öffentlich-privaten Partnerschaften auf kommunaler Ebene

---

570 *Müller/Brauser-Jung*, NVwZ 2007, 884 (888); ähnlich *Frenz*, Hdb. Europarecht, Rn. 3149; *Prieß*, Vergaberecht, S. 201 nimmt eine Einräumung von Ermessen an. *Frenz* bemerkt hierzu, dass der Begriff „seines Erachtens" in Art. 29 Abs. 1 RL 2004/18/EG jedenfalls nach deutscher Terminologie eher auf einen Einschätzungsspielraum hindeute als auf ein Ermessen, *Frenz*, a. a. O. Fn. 126.

571 Vgl. *Müller/Brauser-Jung*, NVwZ 2007, 884 (888).

572 Europäische Kommission, CC/2005/04 v. 05. 10. 2005, S. 3; ähnlich auch die Einschätzung des nationalen Gesetzgebers, vgl. BT-Dr 15/5668, S. 2.

573 *Drömann*, NZBau 2007, 751 (751).

die mit einer Auftragsvergabe verbundene Partnerwahl im Wege des wettbewerblichen Dialogs unzulässig sein wird.[574]

Auch hier ist jedoch der staatliche Auftraggeber mit seinen individuellen Möglichkeiten und Erfahrungen selbst zu berücksichtigen. Hat er bereits eine der geplanten ähnliche öffentlich-private Partnerschaft mit einem Unternehmen geschlossen, so ist es – auch wenn dieses Vorhaben objektiv gesehen die Schwelle der besonderen Komplexität überschritten haben mag – zumindest für ihn nicht mehr als „besonders komplex" einzustufen.

Bei der Realisierung von Web 2.0 Plattformen kommt, insbesondere bei größeren Städten und Gemeinden, eine Realisierung im Rahmen einer öffentlich-privaten Partnerschaft regelmäßig in Betracht.[575] Ob eine besondere Komplexität in rechtlicher oder finanzieller Hinsicht vorliegt, hängt auch in diesen Fällen vom jeweiligen Einzelfall ab, wird aber in der Regel zu bejahen sein.

ee. Verfahrensablauf

Im Verfahren des wettbewerblichen Dialogs werden in verschiedenen Phasen[576] alle Aspekte des Auftrags bis zur Ermittlung der Lösung erörtert.[577] Ist durch den Dialog eine zufriedenstellende Lösung gefunden worden, wird dieser beendet und die Bewerber aufgefordert, auf der Grundlage der Lösungsvorschläge Angebote abzugeben. Sodann wird das wirtschaftlichste Angebot ermittelt. Gerade die Dialogphase stellt hierbei einen kritischen Punkt dar. Einerseits möchte der öffentliche Auftraggeber das Know-How der verschiedenen potentiellen Auftragnehmer gerne bündeln – ggf. wäre sogar eine Kombination von Leistungen verschiedener Anbieter sinnvoll. Gleichzeitig haben jedoch auch die Bewerberunternehmen ein legitimes Interesse an einer gewissen Geheimhaltung ihrer individuellen Lösungsvorschläge. Da auch im Verfahren des wettbewerblichen Dialoges die allgemeinen Verfahrensgrundsätze uneingeschränkt gelten, darf sich der öffentliche Auftraggeber hier nicht ohne Einwilligung der betroffenen Un-

---

574 *Knauff*, NZBau 2005, 249 (254).

575 Vgl. für das Beispiel hamburg.de *Konjovic*, „Stadtportale – best practice im Bereich PPP – auf dem Weg ins Web 2.0" – Vortrag auf dem 3. ReH..Mo-Symposium am 08. 11. 2007 – Folien abrufbar unter http://www.rehmo.uni-passau.de/fileadmin/rehmo/Vortraege/Rehmo2007/Konjovic.pdf.

576 *Bischof/Stoye*, MMR 2006, 138 (141) unterteilen das grundsätzlich dreistufige Verfahren in insgesamt acht Teilschritte: (1) Veröffentlichung der Bekanntmachung, (2) Auswahl der am Dialog teilnehmenden Unternehmen, (3) Dialog zwischen der Vergabestelle und den ausgewählten Teilnehmern mit dem Ziel der am besten geeigneten Mittel, (4) Aufforderung zur Abgabe des endgültigen Angebots, (5) Klarstellungen und Präzisierungen der Angebote, soweit erforderlich und zulässig, (6) Bewertung der Angebote, (7) ggf. Erläuterung des besten Angebots, soweit zulässig, (8) ggf. Zuschlagserteilung.

577 Auch der wettbewerbliche Dialog ist in seinem Ablauf streng formalisiert, *Lensdorf*, CR 2006, 137 (139).

ternehmen über das Geheimhaltungsprinzip hinwegsetzen und beispielsweise die Lösungsvorschläge des Unternehmens A dem Unternehmen B vorlegen. Ebenfalls aus Geheimhaltungsgründen ist der Dialog grundsätzlich mit den Unternehmen einzeln zu führen.[578]

Während der Dialogphase ist darauf zu achten, dass nicht etwa eine Anpassung der Bedürfnisse an die Lösungsvorschläge vorgenommen wird. Wird keine bedürfnisadäquate Lösung gefunden, gilt der Dialog als gescheitert und das Verfahren ist zu beenden, § 6a Abs. 5 Nr. 2 VgV.

C. Beschaffung mit Dritten

Bei der Realisierung einer Web 2.0 Plattform durch die öffentliche Hand ist bereits im Planungsstadium regelmäßig der Punkt fraglich, wie Aufbau und Betrieb der Plattform selbst organisiert werden sollen. Da Beides in der Regel nicht zu den Kernkompetenzen einer (kommunalen) Verwaltung gehört, stellt sich die Frage, wie die Gesamtverantwortlichkeit im Hinblick auf das Online-Gesamtangebot ausgestaltet werden soll. Hierbei ist die Frage nach der tatsächlichen Übernahme der Verantwortlichkeit sowohl für den Betrieb des Portals als auch den Aufbau der benötigten technischen Infrastrukturen fraglich. Begreift man den Betrieb von kommunalen E-Government Plattformen als Teil der Leistungsverwaltung, so sind Städte und Gemeinden im Rahmen der kommunalen Selbstverwaltung grundsätzlich frei in der Wahl der konkreten Organisationsform. Als grobe Formentypen kommen sowohl die öffentlich-rechtliche Organisationsform, eine privatrechtliche Organisationsform mit kommunaler Beteiligung, eine vollständige Privatisierung oder eine Organisationsform unter Berücksichtigung interkommunaler Zusammenarbeit (Öffentlich-öffentliche-Partnerschaft)[579] in Betracht.[580] Bei der Wahl der konkreten Organisationsform spielen neben Rechtmäßigkeits- auch Zweckmäßigkeitserwägungen eine gewichtige Rolle.[581]

I. Öffentlich-Private-Partnerschaften

Im IT-Bereich im Allgemeinen und bei der Realisierung eines kommunalen Web 2.0 Angebotes im Besonderen besteht grundsätzlich ein nur geringer Erfahrungsschatz auf Seiten der Verwaltung. Mit einer reinen Beschaffung

---

578 *Opitz*, VergabeR 2006, 451 (457).

579 Hierzu *Hanken* in: Wind/Kröger, IT in der Verwaltung, S. 393–402; *Ehlers*, DVBl. 1997, 137 sowie ganz ausführlich *Müller*, Interkommunale Zusammenarbeit, 2006.

580 Vgl. *Eifert/Püschel/Stapel-Schulz*, E-Government, S. 21.

581 Im Rahmen dieser Zweckmäßigkeitserwägungen spielen insbesondere die Punkte: Finanzierbarkeit, Steuerungsmöglichkeiten, Flexibilität sowie natürlich Image- und politische Gründe eine große Rolle für die Wahl der Organisationsform, vgl. näher *Eifert/Püschel/Stapel-Schulz*, E-Government, S. 21 m. w. N.

von Softwareprogrammen, wie z. B. Betriebssystemen, Textverarbeitungen oder Spezialsoftware, ist im Gegensatz zur klassischen Informatisierung des Verwaltungsbetriebs (im Sinne des Ersatzes von Schreibmaschine durch PC) ein Web 2.0 Projekt noch nicht abgeschlossen. Wie bereits eingangs dargestellt, bedarf eine Web 2.0 Plattform grundsätzlich der regelmäßigen technischen und inhaltlichen Pflege. Dies bedeutet, dass neben dem Customizing, also der technischen und optischen Anpassung an eventuell vorhandene IT-Infrastrukturen (insbesondere bereits vorhandener Internetauftritte) und an die gestalterischen Wünsche und Bedürfnisse der jeweiligen Kommune, von Anfang an dafür Sorge getragen werden muss, dass der jeweilige vom Betreiber vorgehaltene Content aktuell gehalten und User- respektive Citizen-Generated-Content moderiert und im Falle von Rechtswidrigkeit unverzüglich entfernt wird.[582] Aber auch die Plattform selbst muss regelmäßig gewartet werden, indem Updates eingespielt und Fehlfunktionen (so genannte Bugs) korrigiert werden.

Gerade in diesem Zusammenhang besteht häufig auch eine finanzielle Planungsunsicherheit auf Seiten der Verwaltungsträger. Es besteht die Gefahr, dass ein nicht unwesentlicher Anteil von Haushaltsmitteln für ein im Ergebnis wenig genutztes und unattraktives Angebot aufgewendet wird. Diese Vorstellung ist insbesondere im Hinblick auf die allseits beschworene prekäre Haushaltslage der überwiegenden Zahl der Gemeinden in Deutschland geeignet, die Einrichtung einer Web 2.0 Plattform allein unter Regie der jeweiligen Kommune als finanzielles Wagnis erscheinen zu lassen, welches nur schwer mit haushaltsrechtlichen Grundsätzen, insbesondere Wirtschaftlichkeitsgesichtspunkten, zu vereinbaren ist. Begreift man indes das E-Government im „Zeitalter" des Web 2.0 nicht lediglich auf kurze Sicht als Kostenfaktor, sondern unter Nachhaltigkeitsaspekten als Möglichkeit, die Verwaltung grundlegend zu modernisieren und hierdurch Kosten einzusparen, stellt sich die Frage, wie trotz alledem eine veritable Web 2.0 Plattform für das kommunale E-Government geschaffen und dauerhaft attraktiv gehalten werden kann.

Bereits unter den Aspekten „technisches Know-How" und finanzielle Mittelerbringung sowie Risikominimierung wird die privat-öffentliche Aufgabenteilung insbesondere im Bereich des (klassischen) E-Government als „Königsweg" für eine optimale und vor allem wirtschaftliche Zielerreichung angesehen.[583] Dies ist auch auf Grund eines weiteren, häufig übersehenen Aspektes, richtig. In der Bundesrepublik Deutschland hat das „konventionelle" E-Government bislang bei weitem noch nicht die Akzep-

---

582 Vgl. § 10 TMG – näher zur Verantwortlichkeitszuweisung S. 198 ff.

583 *Moos*, in: Wind/Kröger, IT in der Verwaltung, S. 403 (403); *Schellenberg/Moos*, in: Bullerdiek/Greve/Puschmann, Verwaltung im Internet, 2. Aufl. 2002, S. 301 (303); *Heimlich*, in: Weber/Schäfer/Hausmann, Praxishandbuch PPP, S. 709 (711); ähnlich auch *Heckmann* in: jurisPK-Internetrecht, Kap. 5, Rn. 43 bezüglich des Outsourcing.

tanzwerte[584] in der Bevölkerung erreicht, wie z. B. die Nutzung des Online-Banking oder des klassischen E-Commerce[585]. Grund hierfür ist nicht allein die relative Kompliziertheit der Abwicklung von Transaktionen (Stichwort: Signaturkarte), sondern auch die mangelnde Attraktivität der meisten „virtuellen Rathäuser". Wie *Moos*[586] richtig feststellt, müssen, um E-Government zur Massenanwendung zu machen, die Angebote attraktiver gestaltet und in einem zweiten Schritt entsprechend vermarktet werden. Ersteres kann einerseits durch ein entsprechendes Design und ein hohes Maß an Zugänglichkeit[587] respektive Usability geschehen. Unerlässlich sind hierfür jedoch weitere, attraktive Inhalte und Funktionen, die mit den hoheitlichen Anwendungen auf integrierten Plattformen verschmolzen werden und dem Bürger somit als universell nutzbares Stadtportal erscheinen.[588] Um dieses Ziel zu erreichen, bietet sich auf technischer Ebene die Nutzbarmachung von „Web 2.0-Techniken" an. Auf organisatorischer Ebene ist die Zusammenarbeit mit Privaten im Rahmen einer *Public Private Partnership* mitunter unerlässlich, da die Verwaltung in der Regel keinen Zugriff auf weiteren „attraktiven" Content hat und nicht über die notwendige Erfahrung in der Vermarktung eines Medienangebotes verfügt.[589]

---

584 Im Jahr 2005 standen zwei Drittel der Bevölkerung dem E-Government „desinteressiert gegenüber" und nur neun Prozent aller befragten Personen nutzten „Behördengänge über das Internet", *Timm/Kahle*, E-Government und andere Zwecke der Internetnutzung, in: Statistisches Bundesamt, Wirtschaft und Statistik 7/2005, S. 717 (718 und 722).

585 Im Jahr 2006 kauften private Verbraucher per Internet Waren und Dienste im Wert von 46 Milliarden €. Das entspricht einem Plus von 44 % im Vergleich zu 2005, teilte der Bundesverband Informationswirtschaft, Telekommunikation und neue Medien (BITKOM) mit (http://www.bitkom.de/43672_43665.aspx.). Neben dem stationären Handel und dem traditionellen Versandgeschäft habe sich – so BITKOM – das Internet als dritte Säule fest etabliert. Bis zum Jahr 2010 werde der Umsatz im elektronischen Handel mit Privatkunden auf 145 Milliarden € zulegen. Die jährliche Wachstumsrate liege bei durchschnittlich 33 %.

586 *Moos* in: Wind/Kröger, IT in der Verwaltung, S. 403 (403).

587 Zu den rechtlichen Anforderungen an die Zugänglichkeit insbesondere im Zusammenhang mit der Barrierefreiheit siehe Kapitel 3.

588 Zur Musterkonfiguration eines Web 2.0 Portals siehe oben S. 63 ff.

589 So existieren denn auch bereits mitunter sehr große E-Government ÖPPen im Plattform und Portalbereich. Exemplarisch sei hier einer der größten kommunalen Internetmarktplätze Deutschlands mit öffentlicher Beteiligung – berlin.de/berlinonline – genannt. Das Internet-Angebot Berlin.de wird derzeit von der BerlinOnline Stadtportal GmbH & Co. KG, einem Gemeinschaftsunternehmen der BV Deutsche Zeitungsholding, der Landesbank Berlin AG und der Berliner Volksbank, betrieben. Die BerlinOnline Stadtportal GmbH & Co. KG verantwortet die technische Plattform sowie die Gestaltung und Benutzerführung der beiden Stadtportale Berlin.de und BerlinOnline.de, der Homepage, Übersichtsseiten und Funktionsseiten sowie die Inhalte der Rubriken „Tourismus & Hotels", „Kultur & Tickets", „Wirtschaft" und „Themen". Das Land Berlin selbst übernimmt die inhaltliche Verantwortung für die Rubriken „Politik & Verwaltung", „Bürgerservice", „Die Hauptstadt" und „Ihre Meinung" und überträgt der Betreiberin die Nutzungsrechte an der Domain www.berlin.de. Die Angebote im Landesteil werden von ca. 130 beteiligten Landesbehörden dezentral erstellt und

1. Begrifflichkeiten

Bei dem Begriff „Public Private Partnership" oder Öffentlich-Private Partnerschaft handelt es sich weder um einen Rechtsbegriff noch um einen genau abgegrenzten vergaberechtlichen Begriff.[590] Insbesondere existiert keine allgemein gültige, geschweige denn anerkannte Definition, was damit zusammenhängt, dass „Public Private Partnerships" ihren Ursprung im anglo-amerikanischen Rechtsraum haben[591] und sich dementsprechend nur ungenau[592] in das deutsche Rechtssystem einordnen lassen.

Es handelt sich bei dem Begriff der Public Private Partnership respektive Öffentlich-Privaten-Partnerschaft (ÖPP) somit um einen mehr oder weniger schillernden Sammelbegriff. ÖPP wird von *Jaeger* zutreffend als eine allgemeine Bezeichnung für ein Phänomen charakterisiert, unter das zahlreiche Gestaltungsmöglichkeiten des Staates und seiner Gliederungen, insbesondere der weiteren Gebietskörperschaften, zur so genannten Privatisierung von Infrastruktur und öffentlichen Leistungen, also zur Beteiligung der privaten Wirtschaft an der Bereitstellung von Infrastruktur und öffentlichen Leistungen fallen. Insbesondere aber ist der Begriff eine Sammelbezeichnung „für gemischte Gesellschaften oder gemischtwirtschaftliche Gesellschaften, die dadurch gekennzeichnet sind, dass an ihnen der Staat oder eine sonstige rechtsfähige Institution des öffentlichen Rechts und ein privates Unternehmen oder auch mehrere private Unternehmen beteiligt sind".[593]

Wesentliche Merkmale einer ÖPP sind (1.) eine langfristige Zusammenarbeit[594] zwischen (2.) Privaten und der Öffentlichen Hand[595], zur (3.) ver-

---

durch die bei der Senatskanzlei des Landes Berlin gebildete „Landesredaktion Berlin.de" koordiniert. Sie bilden das offizielle Internetangebot des Landes Berlin. Im Jahr 2007 hatte das Portal (über welches auch Tageszeitungen abrufbar sind) monatlich über 46 Millionen Seitenzugriffe und über 2 Millionen Nutzer (http://www.berlin.de/imperia/md/content/ber linonline/mediadaten/mediadaten_berlinonline.pdf – Stand 11/2007). Die Historie des Projektes, insbesondere aber der Anforderungs- und Leistungskatalog für das Stadtinformationssystem des Landes Berlin, der als Grundlage für die öffentliche Ausschreibung zur Vergabe des Systems an einen privaten Betreiber diente, sind online abrufbar unter: http://www.berlin.de/rbmskzl/sis/index.html.

590 *Jaeger*, NZBau 2001, 6 (7).

591 *Moos*, in: Wind/Kröger, IT in der Verwaltung, S. 403 (404).

592 Es handelt sich nach *Schuppert* um einen der Begriffe, der sich dadurch auszeichnet, dass Versuche ihn genau zu definieren, sich als Versuche erweisen, einen „Pudding an die Wand zu nageln.", *Schuppert*, Grundzüge eines zu entwickelnden Verwaltungskooperationsrechts, Regelungsbedarf und Handlungsoptionen eines Rechtsrahmens für Public Private Partnerships, Rechts- und verwaltungswissenschaftliches Gutachten, erstellt im Auftrag des BMI, 2001, S. 4, zitiert nach *Tettinger*, NWVBl. 2005, 1 (2) m. w. N.

593 *Jaeger*, NZBau 2001, 6 (7).

594 In Abgrenzung zu nur vorübergehend eingegangenen Zweckbündnissen.

595 In Abgrenzung zur interkommunalen Zusammenarbeit (Public-Public-Partnership), hierzu umfassend *Kasper*, KommunalPraxis spezial 2/2006, S. 44.

traglich formalisierten[596] (4.) partnerschaftlichen Erreichung eines (5.) gemeinsamen Zweckes[597]. Wobei charakteristischerweise (6.) die öffentliche Trägerschaft fortbesteht[598] und (7.) die Partner außerhalb der ÖPP autonom[599] bleiben.

2. In Betracht kommende Modelle der Zusammmenarbeit

Von der Vielzahl der in Betracht kommenden Modelle[600] einer Zusammenarbeit zwischen öffentlicher Verwaltung und privaten Unternehmen stechen drei Varianten als für den Betrieb einer Web 2.0 Plattform einer Kommune besonders geeignet heraus:

Im Rahmen des *Betriebsführungsmodells* betreibt der Private qua definitionem Anlagen des weiterhin hierfür verantwortlichen öffentlichen Aufgabenträgers in dessen Namen und auf dessen Risiko. Diese Form der ÖPP erschöpft sich in der Erbringung der Leistungen. Rechtliche Beziehungen zu den Nutzern werden nicht geknüpft.[601] Konkret bedeutet dies, dass die Kommune die für den Betrieb einer Web 2.0 Plattform notwendigen Infrastrukturen zwar selbst beschafft, diese aber – in rein technischer Hinsicht – durch den privaten Partner für die Bürger zugänglich gehalten werden. Nicht hiervon umfasst wird beispielsweise die Einstellung oder die Aktualisierung von spezifischen Inhalten oder die Verwaltung von Nutzerkonten.

Im Gegensatz zu dieser bloßen Betriebsführung kann auch im Rahmen eines *Betreibermodells* eine über den reinen Betrieb hinausgehende Verlagerung der Aufgabenerledigung auf den privaten Partner erfolgen. Wesentlicher Unterschied zum Betriebsführungsmodell besteht hierbei in der Übertragung des wirtschaftlichen Risikos auf den privaten Betreiber.[602] Dieses Modell kann insbesondere in Form der *Konzessionierung* der Leistung „Betrieb einer Web 2.0 Stadtplattform" eine besonders interessante Lösung darstellen.

Schließlich sind gerade bei kleineren Kommunen respektive kleineren Vorhaben so genannte Handschlag-ÖPPs attraktiv. Bei dieser Form der

---

596 In Betracht kommt sowohl der Abschluss eines Gesellschaftsvertrages als auch eine einfachschuldrechtliche Leistungsbeziehung wie z. B. ein Dienst- oder Werkvertrag, der in der Praxis meist um eine Kooperationsvereinbarung ergänzt wird, um dem Gedanken einer Partnerschaft und den damit verbundenen Rechten und Pflichten ausreichend Rechnung zu tragen, *Moos* in: Wind/Kröger, IT in der Verwaltung, S. 403 (404).

597 Die gemeinsame Zweckerreichung ist im deutschen Recht konstituierend für eine Gesellschaft (vgl. § 705 BGB), *Moos* in: Wind/Kröger, IT in der Verwaltung, S. 403 (404).

598 Üblicherweise überträgt die Öffentliche Hand nur die Aufgabenausführung respektive Ausarbeitung auf den privaten Partner, behält jedoch die Verantwortung und Zuständigkeit für die Aufgabenerfüllung.

599 In Abgrenzung zur Fusion.

600 Vgl. für eine Auflistung von Grundmodellen *Horn/Peters*, BB 2005, 2421 (2421 f.).

601 *Hetzel/Früchtl*, BayvBl. 2006, 649 (651).

602 *Hetzel/Früchtl*, BayvBl. 2006, 649 (651); *Tettinger*, NWVBl. 2005, 1 (10).

eher informellen Zusammenarbeit zwischen der Öffentlichen Hand und Privaten handelt es sich um so genannte Koppel-Geschäfte, bei denen beispielsweise die Möglichkeit, auf der Plattform selbst zu werben, gegen bestimmte technische Dienstleistungen ausgetauscht wird. Der Vorteil dieser „Mini-ÖPP" ist die geringe Komplexität der vertraglichen Beziehungen, die gerade bei kleindimensionierten Plattformen zweckmäßiger sein kann als die Errichtung einer formellen ÖPP.[603]

3. Haushaltsrechtliche Implikationen

Zunächst suggeriert § 7 Abs. 1 S. 2 BHO und die ihm entsprechenden Vorschriften der Landeshaushaltsordnungen respektive Gemeindeordnungen[604], dass eine Beteiligung oder gar eine vollständige Übertragung des Betriebes einer Web 2.0 E-Government Plattform auf einen privaten Anbieter grundsätzlich vorzugswürdig ist. Es ist aber gerade das Haushaltsrecht, welches das Eingehen und die konkrete Ausgestaltung einer Public Private Partnership durch den Grundsatz der Wirtschaftlichkeit[605] begrenzt.

Bereits in der Vorbereitungsphase[606] ist somit anhand der Umstände des jeweiligen Einzelfalles zu erörtern[607], ob die Gründung einer ÖPP im Vergleich zu Alternativmodellen den Anforderungen des Wirtschaftlichkeits- und des haushaltsrechtlichen Optimierungsgebotes standhält. Voraussetzung hierfür ist, dass sich der von der öffentlichen Hand angestrebte Zweck nicht besser (Maximalprinzip) oder mit geringerem Mitteleinsatz (Minimalprinzip) auf andere Weise erreichen lässt.[608] Die Einhaltung der Anforderungen an die Wirtschaftlichkeit der Entscheidung unterliegen insofern auch der Rechtsaufsicht, wobei der jeweiligen Kommune jedoch eine Überschreitung des Entscheidungsspielraumes in „nicht mehr zu vertretender" Weise vorgeworfen können werden muss.[609] Zur Begründung der Kooperation mit einem privaten Partner lässt sich hier regelmäßig das in der Regel auf Seiten der Kommune nicht vorhandene technische und Vermarktungs-

---

603 *Hart/Welzel/Gerstlberger/Sack*, Public Private Partnerships im E-Government (2003), S. 14 f.

604 So fordert bspw. Art. 61 Abs. 2 S. 2 Gemeindeordnung für den Freistaat Bayern (GO Bay), dass Aufgaben in geeigneten Fällen daraufhin untersucht werden sollen, ob und in welchem Umfang sie durch nichtkommunale Stellen, insbesondere durch private Dritte oder unter Heranziehung Dritter, mindestens ebenso gut erledigt werden können.

605 Vgl. z. B. Art. 61 Abs. 2 S. 1 GO Bay.

606 Zu einzelnen Aspekten der ÖPP-Entscheidungsfindung vgl. *Hart/Welzel/Gerstlberger/Sack*, Public Private Partnerships im E-Government (2003), S. 37 ff.

607 Hierfür wird in der Praxis regelmäßig ein Interessenbekundungsverfahren i. S. d. § 7 Abs. 2 BHO durchgeführt, in dessen Rahmen die potentiellen privaten Partner die Möglichkeit haben, darzulegen, ob und inwieweit sie tatsächlich in der Lage sind, die staatlichen Aufgaben ebenso gut oder besser erbringen können, vgl. *Moos* in: Wind/Kröger, IT in der Verwaltung, S. 403 (408).

608 Vgl. *Widtmann/Grasser*, Bayerische Gemeindeordnung, (Stand: 9. EL 1999) Art. 61 Rn. 5.

609 OVG Münster, Beschl. v. 26. 10. 1990 – 15 A 1099/87 – NVwZ-RR 1991, 509.

Know-How heranziehen. Auch in Bezug auf Design, Usability und die Erstellung respektive Einbringung von Content gibt es hier regelmäßig Defizite.[610]

Zu beachten ist bei der Gründung ferner, dass das Haushaltsrecht eine Beteiligung an einem Unternehmen in Privatrechtsform nur unter der Prämisse zulässt, dass ein angemessener Einfluss im Aufsichtsrat oder in einem entsprechenden Gremium sichergestellt wird und dass die Haftung auf einen bestimmten, der jeweiligen Leistungsfähigkeit angemessenen Betrag begrenzt wird.[611] Dies ist insbesondere bei der Wahl der Gesellschaftsform zu beachten. Ausgeschlossen ist demnach eine Beteiligung der öffentlich-rechtlichen Körperschaft als Gesellschafterin einer OHG, einer GbR, als persönlich haftende Gesellschafterin einer KG oder als Mitglied eines nicht rechtsfähigen Vereins.[612] Klassische Rechtsform für kommunale Eigengesellschaften ist dementsprechend die GmbH. Diese hat den Vorzug, dass durch Gesellschaftsvertrag ein Weisungsrecht der Gesellschafter gegenüber der Geschäftsführung vorgesehen werden kann.[613]

4. Vergaberechtliche Implikationen

Das Vergaberecht ist sachlich nur für Beschaffungsvorgänge, also den Einkauf von Leistungen, anwendbar. Hieraus folgt, dass in all den Fällen, in denen der öffentliche Auftraggeber auf der Verkäuferseite tätig wird, Vergaberecht grundsätzlich keine Anwendung findet. Gerade im Falle von IT-Leistungen wie der Schaffung einer Web 2.0 Plattform für das kommunale E-Government scheint sich hierbei eine veritable Fluchttür aus dem Regime des Vergaberechts aufzutun, indem die Instrumentarien der Auslagerung auf gemischtwirtschaftliche Unternehmen genutzt werden.

a) Vergaberechtsfreiheit der Schaffung einer ÖPP

Der gedankliche Ausgangspunkt hinter der Vermutung, dass die Gründung einer Öffentlich-Privaten-Partnerschaft „vergaberechtsfrei" ist, lässt sich anhand eines Beispiels verdeutlichen: Die Kommune X gründet eine Eigengesellschaft in Form einer GmbH, deren Gesellschaftszweck es ist, die Gestaltung und den Betrieb der kommunalen Internetplattform zu übernehmen. Dieser Vorgang ist – isoliert betrachtet – als verwaltungsinterne Organisationsmaßnahme als vergaberechtsfrei zu betrachten. Nunmehr verkauft die Kommune einen Anteil der Gesellschaftsanteile an ein privatwirtschaftliches Unternehmen. Auch dieser Verkauf (!) von Gesellschaftsanteilen ist – wiederum nur für sich betrachtet – vergaberechtlich irrelevant. Hieraus

---

610 Vgl. *Moos* in: Wind/Kröger, IT in der Verwaltung, S. 403 (404).

611 Vgl. für Bayern Art. 92 Abs. 1 Nr. 2 und 3 GO Bay.

612 Vgl. *Moos* in: Wind/Kröger, IT in der Verwaltung, S. 403 (404).

613 *Mayen*, DÖV 2001, 110 (113).

wird, einer Milchmädchenrechnung gleich, gefolgert, dass eine Vergaberechtsfreiheit insgesamt besteht.
Dem ist nicht so. Im hier skizzierten Fall der sukzessiven Organisationsprivatisierung und anschließenden Geschäftsanteilsveräußerung an einen Privaten findet Vergaberecht zwar grundsätzlich keine Anwendung[614], weil weder die Überführung eines Unternehmens in öffentlich-rechtlicher Rechtsform in eine private Rechtsform noch die Gründung einer Eigengesellschaft einen Beschaffungsvorgang darstellen[615] und auch der Verkauf von Geschäftsanteilen dieser Gesellschaft nicht als Beschaffungsvorgang, sondern als Vermögensveräußerung einzuordnen ist.[616]

Dies gilt allerdings nur für die Fälle, in denen die Behörde bei der Anteilsveräußerung keine Beschaffungsintentionen hat, für welche das gemischtwirtschaftliche Unternehmen respektive der private Partner als Auftragnehmer avisiert wurde.[617] Geht mit Verkauf und Übertragung der Gesellschaftsanteile eine Auftragvergabe einher (so genannte „akzessorische Auftragsvergabe"[618]), wird hierin regelmäßig ein einheitlicher Beschaffungsvorgang zu sehen sein.[619] Eine derartige Verknüpfung, die ein förmliches Vergabeverfahren sowohl bezüglich der Gesellschaftsbeteiligung als auch der Auftragserteilung erforderlich macht, ist anzunehmen, wenn ein enger zeitlicher und sachlicher Zusammenhang zwischen beiden gegeben ist.[620] Eine Umgehung des Vergaberechts durch Begründung einer öffentlich-privaten Partnerschaft in Form eines gemischtwirtschaftlichen Unternehmens ist nicht möglich.[621]

b) Exkurs: Dienstleistungskonzession

Es stellt sich indes die Frage, ob der Weg einer solchen gesellschaftsrechtlichen öffentlich-privaten Partnerschaft überhaupt in jedem Fall eingeschlagen werden muss. Gerade auf kommunaler Ebene kann die Gründung eines gemischtwirtschaftlichen Unternehmens in Gesellschaftsform biswei-

---

614 Vgl. *Lensdorf/Steger,* CR 2005, 161 (161 ff.); *Ewer,* AnwBl. 2001, 471 (471 ff.); *Ziekow/Siegel,* VerwArch 2005, 119 (132).

615 *Lensdorf/Steger,* CR 2005, 161 (162 f.); *Jaeger,* NZBau 2001, 7 (8).

616 *Schröder,* NJW 2002, 1831 (1831); *Schröder,* LKV 2007, 207 (207 ff.); *Stickler,* VergabeR 2002, S. 49 (49 f.).

617 Vgl. auch *Moos,* in: Kröger/Hoffmann, Rechts-Handbuch zum E-Government, 2005, S. 314 Rn. 24 ff.

618 *Ziekow/Siegel,* VerwArch 2005, 119 (132).

619 Vgl. *Schröder,* LKV 2007, 207 (209); *Krutisch,* NZBau 2003, 650 (650 ff.).

620 *Ziekow/Siegel,* VerwArch 2005, 119 (132); *Lensdorf/Steger,* CR 2005, 161 (163); VK Lüneburg, Beschl. v. 10. 8. 1999 – 203 VgK – 6/1999 – NZBau 2001, 51 (52); vgl. auch VK Düsseldorf, Beschl. v. 07. 07. 2000 – VK 12/2000-L.

621 Vgl. auch EuGH, Urt. v. 10. 11. 2005 – Rs. C 29/04 – „Stadt Mödling" – NVwZ 2006, 70., nach dem eine Vergabe stets unter Berücksichtigung der Gesamtheit ihrer Schritte sowie ihrer Zielsetzung und nicht anhand ihrer rein zeitlichen Abfolge zu prüfen sei.

len überdimensioniert erscheinen. In diesen Fällen ist die Zusammenarbeit im Rahmen einer Dienstleistungskonzession anzudenken.[622] Eine solche[623] zeichnet sich dadurch aus, dass der Unternehmer an Stelle der Kommune die mit der Dienstleistung verbundenen Risiken trägt. Als Gegenleistung erhält er das Recht, seine eigene Leistung zu nutzen oder entgeltlich zu verwerten.[624] Sie charakterisiert sich weiter durch eine Übertragung der Verantwortung für die Nutzung und hat zudem üblicherweise Tätigkeiten zum Inhalt, die nach ihrer Natur, ihrem Gegenstand und nach den Vorschriften, denen sie unterliegen, in den Verantwortungsbereich des öffentlichen Auftraggebers fallen und die Gegenstand von ausschließlichen und besonderen Rechten sein können.[625]

c) Vergaberechtsfreie Beauftragung einer ÖPP

Bereits der Klärung zugeführt wurde die Frage, ob die Beauftragung eines mit dem öffentlichen Auftraggeber verbundenen gemischtwirtschaftlichen Unternehmens vergaberechtsfrei möglich ist. Nach der „Stadt Halle"-Entscheidung des EuGH steht fest[626], dass durch die – auch nur minderheitliche – Beteiligung eines privaten Unternehmens am Kapital einer Gesellschaft, an der auch der öffentliche Auftraggeber beteiligt ist, eine Kontrolle wie über eine Dienststelle im Sinne des ersten Teckal-Kriteriums ausgeschlossen ist. Mangels Vorliegens eines Quasi-In-House-Geschäfts sind Aufträge an ÖPP stets zu im Vergabeverfahren zu vergeben.

d) Vergaberechtsfreie Beauftragung durch die ÖPP

In diesem Zusammenhang stellt sich die Frage, ob und unter welchen Voraussetzungen aber zumindest das gemischtwirtschaftliche Unternehmen selbst von den Bindungen des Vergaberechts befreit ist.

aa. ÖPP als Öffentlicher Auftraggeber?

Auch im Falle einer ÖPP ist nicht von vorneherein ausgeschlossen, dass diese trotz ihres gemischtwirtschaftlichen Charakters als öffentliche Auftraggeber im Sinne des § 98 GWB einzuordnen sind und somit der personale Anwendungsbereich des Kartellvergaberechts eröffnet ist.[627] Die europäischen Vergaberichtlinien verstehen unter anderem den „Staat" und

---

622 *Hattig/Ruhland*, NZBau 2005, 626 (626 f.).

623 Vgl. auch Art. 1 Abs. 4 der RL 2004/18/EG, der Dienstleistungskonzessionen als „Verträge, die von öffentlichen Dienstleistungskonzessionen nur insoweit abweichen, als die Gegenleistung für die Erbringung der Dienstleistung ausschließlich in dem Recht zur Nutzung der Dienstleistung oder in diesem Recht zuzüglich eines Preises besteht", definiert.

624 BayObLG, Beschl. v. 11. 12. 2001 – Verg 15/01 – NZBau 2002, 233 (234); *Boesen*, VergabeR, § 99 GWB Rn. 32.

625 BayObLG, Beschl. v. 11. 12. 2001 – Verg 15/01 – NZBau 2002, 233 (234); Schreiben der EG-Kommission zu Auslegungsfragen im Konzessionsbereich, NZBau 2000, 413 (415).

626 Hierzu *Riese/Suermann*, LKV 2005, 289.

627 *Müller/Brauser-Jung*, NVwZ 2007, 884 (884 ff.).

„Gebietskörperschaften" als öffentlichen Auftraggeber, wobei der Begriff des Staates funktional zu verstehen ist.[628] Erfasst ist jede Einrichtung, die geschaffen wurde, um ihr durch Gesetz zugewiesene Aufgaben zu erfüllen, die jedoch nicht förmlich in die staatliche Verwaltung eingegliedert ist.[629] Dementsprechend weit ist der Begriff des öffentlichen Auftraggebers auszulegen, womit vornehmlich erreicht werden soll, dass eine „Flucht in das Privatrecht" und die damit verbundene Umgehung des Vergaberechts verhindert wird.[630] Bei der Frage, ob sich ein öffentlicher Auftraggeber durch die Ausgliederung von Teilbereichen wie der IT dem Vergaberecht entziehen kann, kann normativ bei § 98 Nr. 2 GWB angesetzt werden. Hiernach sind öffentliche Auftraggeber auch juristische Personen des öffentlichen und des privaten Rechts, die zu dem besonderen Zweck gegründet wurden, im Allgemeininteresse liegende Aufgaben nichtgewerblicher Art zu erfüllen, wenn andere öffentliche Auftraggeber nach § 98 Nr. 1–3 GWB sie einzeln oder gemeinsam durch Beteiligung oder auf sonstige Weise überwiegend finanzieren oder über ihre Leitung die Aufsicht ausüben oder mehr als die Hälfte der Mitglieder eines ihrer zur Geschäftsführung oder zur Aufsicht berufenen Organe bestimmt haben.

bb.   Tätigkeit im Allgemeininteresse nichtgewerblicher Art

Der Begriff der Tätigkeit im Allgemeininteresse wird vom EuGH weit ausgelegt[631] und in all den Fällen bejaht, in denen die wahrgenommenen Aufgaben relativ eng mit der öffentlichen Ordnung und dem institutionellen Funktionieren des Staates verknüpft sind.[632] Es ist nicht mit einem bloßen „Nutzen" für die Allgemeinheit gleichzusetzen[633], entfällt jedoch auch nicht dadurch, dass neben Interessen der öffentlichen Hand auch kommerzielle Interessen verfolgt werden.[634] Im Bereich des Betriebs einer E-Government-Plattform der Verwaltung werden regelmäßig Aufgaben wahrgenommen, die für das Funktionieren des Staates mitunter essentiell sind.[635] Es handelt sich bei den in diesem Kontext wahrgenommenen Aufgaben auch um Aufgaben nicht gewerblicher Art, weil diese in aller Regel

---

628 *Dreher,* in: Immenga/Mestmäcker, Wettbewerbsrecht: GWB, § 98 GWB, Rn. 15.

629 EuGH, Urt. v. 20. 09. 1988 – Rs. 31/87 – „Beentjes" – NVwZ 1990, 353 – Rn. 11.

630 *Noch,* NVwZ 1999, 1083 (1085).

631 EuGH, Urt. v. 27. 02. 2003 – Rs. C-373/00 – „Adolf Truley" – Vgl. d. Anm. v. *Wirner,* ZfBR 2003, 494 ff.

632 EuGH, Urt. v. 15. 01. 1998 – Rs. C-44/96 – „Österreichische Staatsdruckerei" – Slg. 1998 I, 114 – Rn. 24 f. Dazu *Höfler,* ZVgR 1999, 62 (62 ff.).

633 *Dietlein,* NZBau 2002, 136 (139) m. w. N. zu den verschiedenen Definitionsversuchen.

634 Vgl. EuGH, Urt. v. 10. 11. 1998 – Rs. C-360–96 – „Gemeente Arnhemu. Gemeente Rheden-BFI Holding BV" – EuZW 1999, 16; *Kruhl,* NZBau 2005, 121 (125); *Werner,* in: Byok/Jaeger, Vergaberecht, 2. Aufl., § 98 GWB, Rn. 339.

635 Vgl. für das IT-Outsourcing der Verwaltung allgemein *Lensdorf/Steger,* CR 2005, 161 (166).

von Marktmechanismen entkoppelt sind.[636] Es besteht eine Vermutung für ein nicht gewerbliches Handeln, soweit ein im Allgemeininteresse handelndes Unternehmen nicht im Wettbewerb zu anderen steht, beziehungsweise kein voll ausgebildeter Wettbewerb existiert.[637] Wie *Lensdorf* und *Steger* richtig festhalten, sind zwar viele einfache IT-Leistungen am Markt erhältlich, aber gerade bei der umfassenden Auslagerung von Verwaltungs-IT handelt es sich um eine organisatorische Aufgabe größeren Umfangs, die einen speziellen Bedarf der Verwaltung deckt und gerade nicht am Markt angeboten wird.[638]

cc. Beherrschung durch staatliche Stellen

Eine öffentlich-private-Partnerschaft im IT-Bereich ist allerdings nur dann als öffentliche Auftraggeberin einzustufen, wenn sie von einer oder mehreren staatlichen Stellen beherrscht wird. Eine derartige Beherrschung wird angenommen, wenn die Tätigkeit maßgeblich von einer staatlichen Stelle beeinflusst wird.[639] Es ist also zu fragen, ob die ÖPP bei wertender Betrachtung gleichsam „verlängerter Arm" der sie beherrschenden staatlichen Stelle ist. Hierbei ist es ohne Bedeutung, ob sich diese Beherrschung aus finanziellen Beziehungen oder der personellen Besetzung ergibt. Abzustellen ist auf die juristische Person als Ganzes und nicht lediglich auf eine einzelne Aufgabe.[640]

Eine Beherrschung auf Grund überwiegender Finanzierung i. S. d. § 98 Nr. 2 GWB liegt nach dem EuGH[641] bei einer Bereitstellung von wenigstens fünfzig Prozent der für den Geschäftsbetrieb notwendigen Kapitalmittel vor. Der prozentuale Anteil der öffentlichen Hand an dem jeweiligen Unternehmen hat jedoch nur Indizwirkung. So hat beispielsweise das OLG Düsseldorf in der „*Kampfschuhe-Entscheidung*" ein Unternehmen, an welchem die öffentliche Hand nur zu knapp 25 Prozent beteiligt war, als öffentlichen Auftraggeber eingestuft, weil auf Grund von Rechtsnormen die Pflicht bestand, die Aufgabenerfüllung zu kontrollieren.[642]

In der „*Truley*"-Entscheidung hat der EuGH eine Beherrschung im Sinne einer Aufsicht über die Leitung angenommen, wenn und soweit die öffentliche Hand die laufende Verwaltung im Hinblick auf die buchhalterische Richtigkeit, Ordnungsmäßigkeit, Sparsamkeit, Wirtschaftlichkeit und Zweckmäßigkeit kontrollieren kann.[643] Indiz für eine Beherrschung kann

---

636 Vgl. *Zeiss*, in: jurisPK-VergR, § 98 GWB Rn. 59; *Dietlein*, NZBau 2002, 136 (140).

637 VK Rheinland-Pfalz, Beschl. v. 04. 05. 2005 – VK 20/05.

638 *Lensdorf/Steger*, CR 2005, 161 (167).

639 Vgl. *Jennert*, NZBau 2006, 421 ff.

640 OLG Düsseldorf, Beschl. v. 30. 04. 2003 – Verg 67/02 – NZBau 2003, 401.

641 EuGH, Urt. v. 03. 10. 2000 – Rs. C 380/98 – „University Cambridge" – NZBau 2001, 218.

642 vgl. OLG Düsseldorf, Beschl. v. 30. 04. 2003 – Verg 67/02 – NZBau 2003, 401 mit instruktiver Anm. *Wagner/Wiegand*, NZBau 2003, 369.

643 EuGH, Urt. v. 27. 02. 2003 – Rs. C-373/00 – „Adolf Truley" – EuZW 2003, 315.

allerdings auch schon die Berechtigung sein, Betriebsräume und Anlagen der Einrichtung zu besichtigen oder besichtigen zu lassen.[644] Das Beherrschungsmerkmal ist bei öffentlich-privaten-Partnerschaften, bei denen sich die öffentliche Hand auf Grund von § 65 Abs. 1 Nr. 3 BHO[645] nur beteiligen soll, wenn sie *„einen angemessenen Einfluß, insbesondere im Aufsichtsrat oder in einem entsprechenden Überwachungsorgan erhält"*, nicht per se erfüllt. Zwar sollte hiernach ein mindestens der Beteiligungsquote entsprechender Stimmanteil in der Haupt- beziehungsweise Gesellschafterversammlung vorgesehen werden[646], ein Ausschluss einer „Kontrolle" i. S. d. § 98 Abs. 2 GWB ist jedoch zumindest denkbar.[647] Welcher Grad des Einflusses der öffentlichen Hand für die jeweilige Aufgabe (unter Umständen auf Grund von Rechtsnormen[648]) notwendig oder sinnvoll ist, ist eine Frage des jeweiligen Einzelfalles. Eine Pflicht zum Vorbehalt von umfassenden Einflussmöglichkeiten kann sich insbesondere aus der Nichtübertragbarkeit der Verantwortung für die Durchführung der betroffenen Verwaltungsvorgänge ergeben.[649] Dann aber ist das gemischtwirtschaftliche Unternehmen als öffentlicher Auftraggeber einzuordnen.

II. Öffentlich-öffentliche-Partnerschaften

Neben der Zusammenarbeit mit einem oder mehreren Unternehmen besteht bei der Errichtung einer E-Government Plattform freilich auch die Möglichkeit der Zusammenarbeit mit öffentlich-rechtlichen Partnern. Interkommunale Kooperationen sind auf dem Gebiet der Abwasserentsorgung, bei der Schulträgerschaft oder Abfallentsorgung in der kommunalen Praxis gang und gäbe und werden unter dem Stichwort der interkommunalen Zusammenarbeit respektive öffentlich-öffentliche-Partnerschaften geführt. Gerade im Bereich des E-Governments spielen jedoch auch „Partnerschaften" mit den bereits im Kontext der Problematik der Inhouse-Vergabe angesprochenen öffentlich-rechtlichen IT-Dienstleistern eine wesentliche Rolle.

1. Interkommunale Zusammenarbeit
a) Normative und begriffliche Grundlagen

Unter dem Begriff der interkommunalen Zusammenarbeit beziehungsweise der interkommunalen Kooperaton wird die Zusammenarbeit von kommunalen Gebietskörperschaften auf der Grundlage gemeinsamer Interessen oder Ziele verstanden. Hierbei verdeutlicht der Wortbestandteil „inter",

---

644 EuGH, Urt. v. 27. 02. 2003 – Rs. C-373/00 – „Adolf Truley" – EuZW 2003, 315.

645 Beziehungsweise den Parallelnormen der LHO und Gemeindeordnungen.

646 *Moos* in: Kröger/Hoffmann, Rechts-Handbuch zum E-Government, 2005, S. 311 Rn. 16.

647 *Moos* in: Kröger/Hoffmann, Rechts-Handbuch zum E-Government, 2005, S. 311 Rn. 18.

648 Vgl. für einen Fall der Verpflichtung zur Kontrolle durch Art. 87 b Abs. 1 Satz 2 GG – OLG Düsseldorf, Beschl. v. 30. 04. 2003 – Verg 67/02 – NZBau 2003, 401.

649 Vgl. näher *Lensdorf/Steger*, CR 2005, 161 (168).

dass es sich um eine Zusammenarbeit über die Grenzen der jeweiligen Gebietskörperschaft hinweg handelt.[650] Es handelt sich um ein Instrument, die Effizienz kommunalen Handelns durch den gezielten und synergetischen Einsatz von Ressourcen zu verbessern. Hieraus wird deutlich, dass unter dem Begriff der interkommunalen Zusammenarbeit das planmäßige, auf eine gewisse Dauer angelegte Handeln zu verstehen ist.[651]

Die interkommunale Zusammenarbeit ist länderspezifisch in Gesetzen über die kommunale Zusammenarbeit (GKZ) oder Gesetzen über die kommunale Gemeinschaftsarbeit (GkG) geregelt.[652] Allen Regelungen ist gemein, dass sie für die Zusammenarbeit zwischen den Kommunen als konkrete Rechtsformen den Zweckverband[653] und die öffentlich-rechtliche Vereinbarung (beziehungsweise Zweckvereinbarung)[654] nennen.[655] Bei letzterer wird zwischen der delegierenden und der mandatierenden Vereinbarung unterschieden. Bei der delegierenden öffentlich-rechtlichen Vereinbarung (Delegation) gehen das Recht und die Pflicht zur Aufgabenwahrnehmung auf die beauftragte Kommune über. Bei einer lediglich mandatierenden Vereinbarung (Mandat) erfolgt keine solche Aufgabenübertragung.[656] Beiden Kooperationsformen ist gemeinsam, dass sie durch einen koordinationsrechtlichen öffentlich-rechtlichen Vertrag begründet werden.[657]

b)   Zweck der interkommunalen Zusammenarbeit

Ziel und Zweck interkommunaler Kooperationen ist es, in Zeiten eng begrenzter finanzieller Spielräume eben diese zu erweitern und Handlungsmöglichkeiten auf Gebieten zu erlangen, die alleine nicht bewältigt werden können. Verbunden mit der Hoffnung auf Erweiterung der finanziellen Handlungsspielräume ist die Hoffnung auf Steigerung der Effizienz der jeweiligen Aufgabenerledigung, auf größere Wettbewerbsfähigkeit im Wettbewerb der Kommunen untereinander um die Gunst von Investoren und auf Fördermittel. Schließlich wird die Kooperation über die eigenen Grenzen hinaus auch als Reaktion auf die Tatsache angesehen, dass Bürger ihren Lebensraum nicht mehr über die Zugehörigkeit zu einer Kommune definie-

---

650 *Müller*, Interkommunale Zusammenarbeit, S. 4.

651 *Müller*, Interkommunale Zusammenarbeit, S. 4; *Schneider*, in: Schneider (Hrsg.), Handbuch Interkommunale Zusammenarbeit, S. 2.

652 GKZ BW, BbgGKG, BayKommZG, HessKGG, SaarGkG, NRWGkG, NdsKommZG etc.pp.

653 Z. B. Art. 17 ff. BayKommZG.

654 Z. B. Art. 7 ff. BayKommZG.

655 Detailliert zu den einzelnen Organisationsformen der interkommunalen Zusammenarbeit *von Lennep*, in: Schneider (Hrsg.), Handbuch Interkommunale Zusammenarbeit, S. 19 ff.

656 *Schwarzmann*, in: Schneider (Hrsg.), Handbuch Interkommunale Zusammenarbeit, S. 43; *Egger*, in: Müller-Wrede (Hrsg.), Kompendium des Vergaberechts, S. 195.

657 *Burgi*, NZBau 2005, 208 (208).

ren.[658] Es sind in der Praxis typischerweise die besonders kostenintensiven Aufgaben, die eine Gemeinde zu einer Kooperation bewegen. Neben den klassischen Beispielen der kooperativen Abfallent- und Wasserversorgung werden auch in zunehmendem Maße auf dem Gebiet der internen Dienstleistungen, wie z. B. der Personalabrechnung[659], interkommunale Kooperationen eingegangen.

c) Möglichkeiten im E-Government

Der Vergleich der Ziele der interkommunalen Kooperation mit denen des E-Government legen insbesondere im Bereich der Effizienzsteigerung und Kostenersparnis den Schluss nahe, dass der interkommunalen Errichtung (und dem interkommunalen Betrieb) einer E-Government-Plattform eine erhöhte Priorität im Rahmen der Prüfung in Betracht kommender Beschaffungsoptionen und Betreibermodelle zugestanden werden sollte. Und in der Tat bieten sich gerade im Bereich des E-Government im Allgemeinen[660] und bei dessen Umsetzung mit Hilfe von Web 2.0 Anwendungen im Besonderen eine große Zahl von Möglichkeiten und Chancen zur Erreichung eben dieser Ziele. Zunächst ist es für die Erreich- und Nutzbarkeit einer E-Government-Plattform unerheblich, wo sich der jeweilige Hosting-Server befindet. Der die Plattformseite aufrufende Nutzer wird von jedem Ort der Welt auf das Angebot geleitet, welches er durch eine entsprechende Eingabe in der Adresszeile seines Internetbrowsers aufruft. Im Rahmen eines „Server-Sharings", also dem gemeinsamen Betrieb der der Plattform zu Grunde liegenden IT[661], können sowohl Material- als auch Wartungskosten eingespart und in der Regel bestehende freie Serverkapazitäten besser ausgelastet werden. Auch die Plattform selbst kann – auf Softwareebene – technisch unproblematisch aufgeteilt werden, indem beispielsweise Anwendungen und Funktionen von kommunal übergreifendem Interesse wie z. B. (allgemeinere) Diskussionsforen oder Medienaustauschmöglichkeiten allgemein zugänglich gemacht werden, während gemeindespezifische Anwendungen wie z. B. E-Partizipationsmöglichkeiten mit konkretem örtlichen Bezug nur für die entsprechenden Anwohner zugänglich sind.[662]

---

658 *Schneider*, in: Schneider (Hrsg.), Handbuch Interkommunale Zusammenarbeit, S. 2 f.

659 Hierbei übernimmt eine Gemeinde mit einem personellen und technischen Kapazitätsüberschuss gegen Entgelt die Personalkostenabrechnung für eine andere Gemeinde, welche hierdurch die eigenen Personalkostenabrechnungen einspart, vgl. *Müller*, Interkommunale Zusammenarbeit, S. 6 f. mit Verweis auf Dokumentation Nr. 39 des Deutschen Städte- und Gemeindebundes, S. 20.

660 Hierzu insb. *Schneider/Kasper*, in: Schneider (Hrsg.), Handbuch Interkommunale Zusammenarbeit, S. 133 ff.

661 Zu den Elementen einer kooperativ betriebenen E-Government-Plattform siehe *Gollan*, in: Schneider (Hrsg.), Handbuch Interkommunale Zusammenarbeit, S. 127 ff.

662 Auch die „Corporate Identity" der jeweiligen Gemeinde kann auf diese Art und Weise gewahrt werden. Verwenden zwei Gemeinden dieselbe Frontendplattform, kann diese so

d) Vergaberechtliche Implikationen

Würde sich eine Kommune bei der Errichtung und bei Betrieb einer kommunalen E-Government-Plattform mit einem privaten Partner zusammenschließen oder diese Aufgabe vollständig auf ein Unternehmen der Privatwirtschaft auslagern, wäre dies in der Regel als vergaberechtlich relevanter Vorgang einzustufen.[663] Über lange Zeit wurde demgegenüber die gemeinsame Erledigung öffentlicher Aufgaben als dem Vergaberecht entzogen eingestuft. Lange Zeit wurde angenommen, es sei gleichgültig, ob die einzelne Kommune ihre Aufgaben selbst erfüllt oder ob die Aufgabenerfüllung durch interkommunale Zusammenarbeit erfolgt.[664] Insbesondere seit der „Kooperationsvereinbarungen Spanien"-Entscheidung des EuGH[665] hat sich dies grundlegend gewandelt. Im Rahmen dieser Entscheidung hat der EuGH erstmalig zur Frage Stellung bezogen, inwieweit interkommunale Kooperationen dem Vergaberecht unterliegen.[666] Er stellte klar, dass auch vertragliche Beziehungen zwischen den öffentlichen Verwaltungen, ihren öffentlichen Einrichtungen und Einrichtungen des öffentlichen Rechts im Allgemeinen nicht von vorneherein dem Anwendungsbereich des Vergaberechts entzogen seien. Auf nationaler Ebene haben danach verschiedene Oberlandesgerichte[667] ebenfalls Fälle interkommunaler Kooperationen als ausschreibungspflichtige Vorgänge[668] deklariert.

aa. Marktorientierte Lösung

Als besonders weitgehend sticht hierbei die Entscheidung des OLG Naumburg heraus, welches die Auffassung vertritt, dass der Unternehmerbegriff des § 99 Nr. 1 GWB alle sich wirtschaftlich betätigenden Rechtsträger erfasse, also auch Rechtsträger, die ihrerseits die öffentlichen Auftraggebereigenschaften nach § 98 GWB erfüllen. Der Anwendungsbereich des Vergaberechts sei nur dann ausgeschlossen, wenn der kooperierende Verwaltungsträger im Einzelfall nicht wie ein Privater am Markt tätig werde.

---

angepasst werden, dass auf Grund entsprechender, dem Nutzer zugewiesener „Anwohnerparameter", diese im jeweils gewünschten Design erscheint.

663 Siehe bereits oben S. 142 ff.

664 *Schwarzmann*, in: Schneider (Hrsg.), Handbuch Interkommunale Zusammenarbeit, S. 43.

665 EuGH, Urt. v 13. 01. 2005 – Rs. C-84/03 – „Kooperationsvereinbarungen Spanien" – NVwZ 2005, 431.

666 Der Entscheidung lag ein spanisches Gesetz zu Grunde, in welchem geregelt wurde, dass Kooperationsvereinbarungen per se vom Vergaberecht ausgenommen seien. Eine derart apodiktische Freistellung wertete der EuGH als Verstoß gegen europäisches Vergaberecht.

667 OLG Düsseldorf, Beschl. v. 05. 05. 2004 – VII-Verg 78/03; OLG Frankfurt a.M., Beschl. v. 07. 09. 2004 – 11 Verg 11/04; OLG Naumburg, Beschl. v. 03. 11. 2005 – 1 Verg 9/05.

668 Interkommunale Kooperationen stellen sich in der Regel als Vereinbarungen zwischen zwei eigenständigen Partnern dar, die nicht miteinander verbunden sind. Aus diesem Grunde scheitert die Annahme eines vergaberechtsfreien Quasi-Inhouse-Geschäftes bereits am ersten Teckal-Kriterium (vgl. oben S. 99 ff.).

Das wiederum sei aber nur dann der Fall, wenn ein Wettbewerb am Markt auf Grund der rechtlichen Rahmenbedingungen schlichtweg ausgeschlossen sei, also nur bei ausschließlich öffentlichen Aufgaben im Sinne eines Verwaltungsmonopols.[669] In einer solchen Konstellation könnte ein privater Unternehmer die Tätigkeit gerade nicht ausüben. Könne die Leistungserbringung nach den normativen Rahmenbedingungen aber zumindest auch durch ein privates Unternehmen erbracht werden, würde auch ein Verwaltungsträger im Rahmen einer Zusammenarbeit mit einem öffentlichen Auftraggeber in den so genannten „funktionalen Unternehmensbegriff" einrücken.[670] Argumentativ zieht das OLG den § 100 Abs. 2 lit. g GWB heran und meint, dass sowohl der Europäische Richtliniengeber als auch der deutsche Gesetzgeber die Fallgruppen, in denen als Auftragnehmer ein öffentlicher Auftraggeber beteiligt sei, gesehen und mit dieser Norm einen entsprechenden Ausnahmetatbestand geschaffen habe. Auf die Frage, ob es sich bei der interkommunalen Zusammenarbeit um eine delegierende oder mandatierende Aufgabenübertragung handele[671], komme es daher nicht an.

bb. Kommunenorientierte Lösung

Dieser „wettbewerbsrechtlichen" Auffassung wird im Rahmen der „kommunalrechtlichen"[672] Auffassung[673] entgegengehalten, dass alle Vereinbarungen, die innerhalb eines gesetzlich vorgezeichneten verwaltungsorganisatorischen Rahmens verblieben, keine „Beschaffung bei der Gesellschaft (Wirtschaft)" darstellten.[674] Es läge kein „Vertrag mit einem Unternehmen" im Sinne des GWB vor, wenn lediglich verwaltungsorganisatorische Verschiebungen innerhalb der staatlichen Gesamtorganisation vorgenommen würden.[675] Die Regelung einer Zusammenarbeit per Staatsvertrag oder per Gesetz – und wohl auch per Satzung – würde, so *Burgi*, schon angesichts des Wortlauts des geltenden § 99 Abs. 1 GWB kaum als vergaberechtspflichtiger Vorgang angesehen werden. Er stellt die Frage, warum etwas anderes gelten sollte, wenn Hoheitsträger (zwei oder mehrere Länder, Landesbehörden oder Kommunen) entsprechende Sonderregelungen für ihre gemeinsame Aufgabenwahrnehmung durch koordinationsrechtlichen Verwaltungsvertrag vereinbaren. In beiden Fällen ginge es um Verwaltungs-

---

669 So auch *Ziekow/Siegel*, VerwArch 2005, 119 (129).

670 OLG Naumburg, Beschl. v. 03. 11. 2005 – 1 Verg 9/05 – NZBau 2006, 58 (60).

671 Im konkreten Fall hatte ein Landkreis einem anderen Landkreiss die Durchführung der Abfallentsorgung übertragen. Ein Quasi-Inhouse-Geschäft lag nicht vor, vgl. OLG Naumburg, Beschl. v. 03. 11. 2005 – 1 Verg 9/05 – NZBau 2006, 58 (58).

672 Bezeichnungen nach *Bergmann/Vetter*, NVwZ 2006, 497 (498 f.).

673 *Burgi*, NZBau 2005, 208; *Schwarzmann*, in: Schneider (Hrsg.), Handbuch Interkommunale Zusammenarbeit, S. 43 ff.

674 *Burgi*, NZBau 2005, 208 (210).

675 *Burgi*, NZBau 2005, 208 (211).

organisation, nicht um Beschaffung. *Burgi* vergleicht die Situation in einem föderal organisierten Staat mit dem eines zentralistisch organisierten Mitgliedsstaats der EU. Letzterer besäße keine staatlichen Untergliederungen mit eigener Rechtspersönlichkeit nach Art der Länder und Kommunen. Würde in einem solchen Mitgliedstaat eine staatliche Behörde X mit einer staatlichen Behörde Y eine Kooperationsvereinbarung treffen (oder würde ihre Kooperation von höherer Stelle angeordnet), würde ein vergabepflichtiger Beschaffungsvorgang schon mangels Rechtspersönlichkeit der beteiligten Behörden und damit an der notwendigen Personenverschiedenheit von Auftraggeber und Auftragnehmer scheitern.

„Warum sollte für die Anwendbarkeit des Vergaberechts etwas anderes gelten, wenn in einem föderal untergliederten Staat wie der Bundesrepublik eine inhaltsgleiche Kooperationsvereinbarung zwischen zwei Kommunen oder zwischen einer Kommune und einem Land getroffen wird?"[676]

Die Annahme der Vergaberechtspflichtigkeit schlichter Reorganisation der Aufgabenwahrnehmung innerhalb der staatlichen Gesamtorganisation sieht er als (unzulässigen) Eingriff in die nationale Verwaltungsorganisationshoheit, weil hierdurch de facto eine Privatisierungspflicht begründet würde. Immer wenn der Staat eine veränderte Aufgabenverteilung innerhalb der staatlichen Gesamtorganisation anstrebte, wäre er zugleich zur Ausschreibung und damit möglicherweise zur Auftragsvergabe an einen privaten Anbieter verpflichtet. Das Vergaberecht sei aber nur Privatisierungsfolgenrecht und könne keine Privatisierungspflichten begründen.[677]

cc. Stellungnahme

Der kommunenorientierten Lösung ist in dem Punkt zuzustimmen, dass die derzeitige Regelung des Vergaberechts Mitgliedsstaaten mit föderalen Strukturen benachteiligt. In Frankreich würde sich ein Großteil dessen, was hierzulande unter dem Schlagwort Interkommunale Zusammenarbeit per (grundsätzlich vergaberechtspflichtigen) öffentlich-rechtlichem Vertrag[678] geführt wird, bei Anwendung der Teckal-Kriterien als vergaberechtsfreies Quasi-Inhouse-Geschäft darstellen. Nach dem Grundsatz der verfahrensmäßigen und organisatorischen Autonomie der Mitgliedstaaten hat die EG keine Kompetenz für grundlegende allgemeine Bestimmungen über die nationale Verwaltungsorganisation und eine Pflicht zur Rücksichtnahme

---

676 *Burgi*, NZBau 2005, 208 (210).

677 *Burgi*, NZBau 2005, 208 (210).

678 *Brost*, AbfallR 2007, 212 (212) konstatiert, dass nach den Urteilen der Oberlandesgerichte zur Vergabepflichtigkeit von interkommunalen Vereinbarungen per öffentlich-rechtlichem Vertrag eine Renaissance der öffentlichen Zusammenarbeit in Form von Zweckverbänden stattfände, die er als „Flucht in den Zweckverband" zu Recht als höchst fragwürdig einstuft.

auf grundlegende nationale Verfassungsstrukturen.[679] Nach hier vertretener Auffassung ist jedoch die unterschiedliche vergaberechtliche Behandlung relativ vergleichbarer Beschaffungsvorgänge im nationalen Vergleich noch nicht als Eingriff in die nationale Verwaltungsorganisationshoheit zu werten.[680]

Eine generelle Freistellung interkommunaler Kooperationen würde indes das Faktum übersehen, dass sich die Öffentliche Hand gerade im Rahmen der interkommunalen Zusammenarbeit häufig auf Gebieten bewegt, für die es einen Markt gibt[681] auf welchem öffentlich-rechtliche Auftragnehmer einen veritablen de facto Vorteil gegenüber Unternehmen hätten, sollten sie von den Bindungen des Vergaberechts befreit sein. Dies trifft in besonderem Maße auf den IT-Bereich und dort auf den Markt der Anbieter von Web 2.0-Lösungen zu.

Steiff[682] weist in diesem Kontext zutreffend auf das Argument des Marktentzugs als ein wettbewerbsrechtliches Argument für eine Ausschreibungspflicht hin. Das Bestreben der öffentlichen Hand, selbst als Anbieter von Leistungen auf dem Markt aufzutreten, bewirkt in Anbetracht des feststehenden Gesamtvolumens öffentlicher Aufträge, dass die von der öffentlichen Hand gewonnenen Aufträge letztlich zu Lasten des privaten Markts verteilt werden.[683] Im Rahmen dieses Allokationsprozesses verfügt die öffentliche Hand über eine Reihe von institutionellen Vorteilen wie z. B. das geringere Insolvenz- und Ausfallrisiko.[684] Agiert nun der öffentliche Auftraggeber, der sowieso bereits institutionell privilegiert ist, faktisch auf diesem Markt, so ist es mit den Grundprinzipien des Vergaberechts, insbesondere dem Wettbewerbs- und Transparenzgebot[685], nicht mehr in Einklang zu bringen, wenn privaten Unternehmen nicht einmal die Chance gegeben wird, sich im Rahmen eines Vergabeverfahrens mit ihren öffentlich-rechtlichen Konkurrenten zu messen.[686]

Es muss unter Berücksichtigung dieser Argumente der Grundsatz gelten, dass, sobald der Auftragnehmer für den öffentlichen Auftraggeber Aufgaben gegen Entgelt erbringt, Vergaberecht greift. Im Gegensatz zur Rechtsprechung des OLG Naumburg ist jedoch just aus diesem Grund zwischen der Delegation und der Mandatierung zu unterscheiden. Im Falle der voll-

---

679 *Kahl,* in: Callies/Ruffert, Das Verfassungsrecht der Europäischen Union, 3. Auflage 2007, Art. 10 EGV Rn. 72.

680 A. A. Kommission von Bundestag und Bundesrat zur Modernisierung der Bund-Länder-Finanzbeziehungen, Kommissionsdrucksache 099/2008 v. 19. 03. 2008, S. 9.

681 *Krohn,* NZBau 2006, 610 (614).

682 *Steiff,* NZBau 2005, 205 (207).

683 *Steiff,* NZBau 2005, 205 (207).

684 *Steiff,* NZBau 2005, 205 (207).

685 Hierzu bereits oben S. 77 f.

686 *Steiff,* NZBau 2005, 205 (206 f.).

ständigen Aufgabenübertragung z. B. auf eine andere Gemeinde liegt ein marktneutraler innerstaatlicher Organisationsakt vor, durch welchen zum Ausdruck gebracht wird, dass eine Aufgabe gerade in öffentlicher Hand verbleiben soll, mithin eine rein interne Neuordnung öffentlicher Befugnisse stattfindet. Auftraggeber und „Auftragnehmer" stehen sich nicht im Rahmen eines Nachfrager-Anbieter-Verhältnisses im klassischen Sinne gegenüber. Der delegierende öffentliche Auftraggeber entledigt sich vielmehr, ähnlich der materiellen Privatisierung[687], seiner bisher selbst wahrgenommenen Aufgabe und zieht sich vollständig aus der Verantwortung zurück.[688] Der „Auftragnehmer" einer Delegation erbringt keine Leistungen zur Erüllung fremder Aufgaben, sondern übernimmt neue eigene Aufgaben.[689] Es fehlt somit am, für die Anwendung des Vergaberechts notwendigen, Beschaffungsbezug.[690] Die Mandatierung ist im Gegensatz hierzu gerade dadurch geprägt, dass Rechte und Pflichten zur Erfüllung der Aufgabe gerade nicht übertragen werden. Der mandatierte öffentliche Auftragnehmer ist lediglich verpflichtet, die Aufgabe für den Auftraggeber zu erledigen. Hier ist eine Vergleichbarkeit mit einer Beschaffungstätigkeit gegeben, weshalb eine Vergaberechtsfreiheit nicht angenommen werden kann.[691]

e) Zwischenfazit

Lediglich die vollständige Übertragung der Aufgabe „Betrieb einer E-Government-Plattform" kann als vergaberechtsfrei eingestuft werden. Mit einer derartigen Lösung einher ginge jedoch die Notwendigkeit, sämtliche Einflussmöglichkeiten auf die Plattform zu verlieren.[692] Die Delegation des gesamten E-Government-Auftrittes ist bereits unter diesem Aspekt wenig praktikabel. In der Praxis wird – sollte beim Aufbau der E-Government-Plattform eine interkommunale Zusammenarbeit in Betracht gezogen werden – regelmäßig nur eine Mandatierung in Betracht kommen. Diese ist jedoch dem Vergaberecht nicht entzogen.

---

687 *Düsterdiek*, NZBau 2006, 618 (622).

688 *Bergmann/Vetter*, NVwZ 2006, 497 (499 f.); *Egger*, in: Müller-Wrede (Hrsg.), Kompendium des Vergaberechts, S. 194 f.; *Portz*, VergabeR 2006, 96 (100).

689 *Krohn*, NZBau 2006, 610 (615).

690 *M. Müller*, Interkommunale Zusammenarbeit und Vergaberecht, S. 107 f.

691 So auch *Bergmann/Vetter*, NVwZ 2006, 497 (500); ähnlich OLG Düsseldorf, Beschl. v. 21. 06. 2006 – VII Verg 17/06 – NZBau 2006, 662; *Krohn*, NZBau 2006, 610 (615); die Vergaberechtsfreiheit auch der Mandatierung nicht per se ausschließend *Düsterdiek*, NZBau 2006, 618 (621).

692 Will sich die delegierende Gemeinde Mitbestimmungsrechte vorbehalten, liegt keine „echte Delegation" mehr vor und eine Vergabepflichtigkeit liegt vor, vgl. *M. Müller*, Interkommunale Zusammenarbeit und Vergaberecht, S. 107; *Flömer/Tomerius*, NZBau 2004, 661 (665); *Müller*, VergabeR 2005, 436 (446).

2.   In-State-Geschäfte

Eng mit der Frage der Vergaberechtspflichtigkeit interkommunaler Kooperationen hängt die Frage zusammen, ob eine Beauftragung anderer öffentlich-rechtlicher Unternehmen, also z. B. eine Kooperation mit einem öffentlich-rechtlichen IT-Dienstleister, von den Vorgaben des Vergaberechts
freigestellt werden kann. Dies kann unter Verweis auf die bisherigen Ausführungen verneint werden. Lediglich in Fällen, in denen die Auftraggeberkommune an dem rein öffentlich-rechtlichen IT-Dienstleister beteiligt ist
und dieser im Wesentlichen für die Gebietskörperschaften tätig ist, die dessen Anteile halten, mithin die Teckal-Kriterien des EuGH für Quasi-Inhouse-Geschäfte erfüllt sind[693], kann eine Vergaberechtsfreiheit ausnahmsweise angenommen werden.

UPDATE: Das oben Gesagte gilt nach hier vertretener Auffassung auch unter
Berücksichtigung der jüngeren EuGH-Rechtsprechung, insbesondere mit Blick auf
die Entscheidung in der Rechtssache C-480/06[694] fort. In concreto stellte sich der
vom EuGH entschiedene Fall wie folgt dar. Vier Landkreise schlossen mit der Stadtreinigung Hamburg einen Vertrag, nach welchem diese den Landkreisen im Kern
eine bestimmte Nutzungskapazität einer Müllverbrennungsanlage „reservieren"
sollte. Die Stadtreinigung Hamburg hatte daraufhin wiederum einen Vertrag[695] mit
dem Betreiber der Anlage geschlossen. Der Vertrag mit den Landkreisen war nicht
ausgeschrieben worden. Entgegen der Auffassung der Kommission hatte der EuGH
entschieden, dass hierzu auch keine Verpflichtung bestanden habe. Eine Ausschreibungspflicht sei nämlich nicht gegeben, wenn öffentliche Stellen im allgemeinen
Interesse liegende Aufgaben gemeinsam wahrnehmen. Eine solche Zusammenarbeit zum Zwecke öffentlicher Aufgabenerfüllung beeinträchtige weder den freien
Dienstleistungsverkehr noch verfälsche sie den Wettbewerb. Das Gemeinschaftsrecht schreibe insbesondere keine bestimmte Rechtsform für die Gestaltung der
Zusammenarbeit vor. Damit erteilte der EuGH der Auffassung der Kommission
eine Absage, dass die vorliegende Zusammenarbeit in Form der Schaffung einer
Einrichtung des öffentlichen Rechts hätte erfolgen müssen.[696]
Der vom EuGH entschiedene Fall weist derart viele Besonderheiten auf, dass eine
Verallgemeinerung – oder gar die Annahme einer pauschalen Freistellung der inter-
kommunalen Zusammenarbeit vom Vergaberecht – verfehlt erscheint.[697] Im kon-
kreten Fall diente der zwischen den öffentlichen Stellen geschlossene Vertrag der
Sicherstellung der Aufgabe der (möglichst regionalen) Abfallentsorgung. Die

---

693 Hierzu oben S. 97.
694 EuGH, Urt. v. 09. 06. 2009 – Rs. C-480/06 – ZfBR 2009, 597 – 600 – „Stadtreinigung Ham-
     burg".
695 Dieser Vertrag war nicht Gegenstand der Klage.
696 EuGH, Urt. v. 09. 06. 2009 – Rs. C-480/06 – Rn. 46.
697 Ähnlich *Dippel*, in: Giesberts/Reinhardt (Hrsg.), BeckOK KrW-/AbfG § 16 Rn. 23.1.

Kooperation hatte erst die Grundlage für die Planung einer Müllverbrennungs-anlage geschaffen. Es gab gegenseitige abfallwirtschaftliche Beistandspflichten, ggf. einen Zwang zur Reduktion der Anlieferungen aus dem Umfeld zur Müllver-brennungsanlage. Der erkennbar auf Dauer angelegte Vertrag enthielt kein Präjudiz für den Bau oder Betrieb der Müllverbrennungsanlage. Als „Entgelt" war lediglich eine Kostenerstattung (ohne Gewinnspanne) vereinbart worden. Diese Besonder-heiten heben die betreffende Kooperationsvereinbarung aus dem Jahr 1995 von einer „normalen" Vereinbarung mandatierender Art deutlich ab.[698] Es handelt sich daher um eine Einzelfallentscheidung des EuGH und nicht um eine Relativierung seiner bisherigen Rechtsprechung.[699]

Auf die wesentlichen Punkte kondensiert kann eine interkommunale Zusammen-arbeit nach der Entscheidung des EuGH (nur) dann vergaberechtsfrei erfolgen wenn folgende Punkte[700] erfüllt sind:

1. Es handelt sich um eine Zusammenarbeit von öffentlichen Stellen zur gemein-samen Wahrnehmung einer ihnen allen obliegenden öffentlichen Aufgabe.

2. Diese gemeinsame Aufgabenerfüllung wird in gegenseitigen Verpflichtungen der vertragsschließenden Gebietskörperschaften, mit denen auch beiderseitige Synergieeffekte ausgelöst werden, und die über ein normales Vertragsverhältnis Auftraggeber-Auftragnehmer (Leistung gegen Entgelt) hinausgehen deutlich.

3. Gegenstand der Zusammenarbeit sind beiderseitige und auf ein Ziel ausgerichte-ten Verpflichtungen (Hier: Auslastung der Müllverbrennungsanlage).

4. Die Zusammenarbeit ist auf Dauerhaftigkeit angelegt. Es handelt sich nicht nur um eine punktuelle Beschaffung.

5. An der Zusammenarbeit selbst sind keine Privaten beteiligt.

6. Die Zusammenarbeit ist regional beschränkt. (Eine vergaberechtsfreie Koope-ration entfernt liegender Kommunen (Beispiel: Flensburg mit Garmisch-Parten-kirchen) dürfte hiernach rechtlich schwer vorstellbar sein.[701]

Die hier vertretene Auffassung wird durch eine zeitlich nachgelagerte Entscheidung des EuGH[702] noch unterstrichen. In diesem Verfahren hatte die Datenzentrale Baden-Württemberg (DZBW) einen öffentlichen Auftrag über die Lieferung einer Software zur Verwaltung der Kraftfahrzeugzulassung im Wege des Verhandlungs-verfahrens ohne öffentliche Vergabebekanntmachung an die Anstalt für Kom-

---

698 *Dippel*, in: Giesberts/Reinhardt (Hrsg.), BeckOK KrW-/AbfG § 16 Rn. 23.1.

699 *Dippel*, in: Giesberts/Reinhardt (Hrsg.), BeckOK KrW-/AbfG § 16 Rn. 23.1; *Albrecht*, AnwZert ITR 15/2009, Anm. 2; entgegen der Überschrift i.Erg. zurückhaltend auch *Portz*, „DStGB begrüßt EuGH-Entscheidung, Kein Vergaberecht bei interkommunalen Kooperatio-nen", http://www.dstgb.de/vis/home/rechtsprechung/dstgb_begruesst_eugh_entscheidung_ kein_vergaberecht_bei_interkommunalen_kooperationen/index.html; a. A. wohl *Weyand*, Vergaberecht 2009, Rn. 1329; *Steiff*, NZBau 2009, 528 – der in der Entscheidung eine Auf-gabe der „Teckal"-Kriterien entdeckt.

700 Vgl. auch *Portz*, a. a. O. und *Albrecht, a. a. O.*.

701 So ausdrücklich *Portz*, a. a. O.

702 EuGH, Urt. v. 15. 10. 2009 – Rs. C-275/08.

munale Datenverarbeitung in Bayern (AKDB) vergeben, ohne dass nach Auffassung des EuGH die hierfür nach Art. 6 Abs. 2 und 3 der Richlinie 93/36 vorgesehenen Ausnahmen erfüllt waren. Ausweislich Rn. 52 der Entscheidung sah der EuGH mangels Bestreiten der Beklagten Bundesrepublik Deutschland es nicht für notwendig an, die Frage der Vergabebedürftigkeit näher zu erörtern, sondern befasste sich sogleich mit dem konkret gerügten Verstoß gegen die rechtskonforme Durchführung des Verfahrens. Hätte der EuGH indes festgestellt, dass der fragliche Auftrag, der durchaus als „Kooperation" zwischen zwei öffentlichen Auftraggebern angesehen werden könnte, nicht in den Anwendungsbereich der Vergaberechtsrichtlinien fällt, dann wäre die Befassung mit der Frage der rechtskonformen Verfahrensdurchführung obsolet gewesen.

3. Änderungen de lege ferenda

Die hier vertretene Auffassung, dass die „Zusammenarbeit" zwischen zwei öffentlich-rechtlichen Partnern grundsätzlich dem Vergaberecht unterfällt, wird, wie oben dargestellt, kontrovers diskutiert. Am 3. März 2008 hat das BMWi den „Entwurf eines Gesetzes zur Modernisierung des Vergaberechts"[703] vorgelegt, der eine Neufassung des § 99 Abs. 1 S. 2 GWB vorsieht. Dieser sieht folgende Erweiterung des Begriffs des öffentlichen Auftrages vor:

„Ein öffentlicher Auftrag liegt nicht vor, wenn öffentliche Auftraggeber nach § 98 Nr. 1, 2 oder 3 Liefer-, Bau- oder Dienstleistungen durch eine oder mehrere juristische Personen erbringen lassen, die selbst öffentliche Auftraggeber sind und an denen privates Kapital nicht beteiligt ist, sofern diese juristischen Personen die zu erbringende Leistung überhaupt nicht auf dem Markt anbieten oder im Wesentlichen für öffentliche Auftraggeber tätig sind."

Auf den ersten Blick stellt sich die Änderung als Reaktion auf die „Teckal"-Entscheidung des EuGH und die sie konkretisierende Rechtsprechung dar, was auch die Begründung des am 21. Mai 2008 vom Bundeskabinett beschlossenen Entwurfs suggeriert.[704] Die GWB-Novelle ist allerdings mit Blick auf die EuGH-Rechtsprechung dennoch im Ergebnis gemeinschaftsrechtswidrig.[705] Eine nähere Betrachtung des Wortlautes des § 99 Abs. 1 S. 2 GWB ergibt, dass ein öffentlicher Auftrag dann nicht vorliegen soll, wenn

1. der Auftragnehmer selbst öffentlicher Auftraggeber ist,
2. am Auftragnehmer kein privates Kapital beteiligt ist,

---

703 BMWi Az.: I B 3 – 26 05 13/1.
704 BMWi, Entwurf der Begründung des Gesetzes zur Modernisierung des Vergaberechts (ohne Az.) – S. 13.
705 So auch die Einschätzung von *Kirch/Leinemann*, VergabeNews April 2008, S. 38 (38 f.).

3. der Auftragnehmer die zu erbringende Leistung nicht auf dem Markt anbietet ODER im Wesentlichen für öffentliche Auftraggeber tätig ist.

Damit wird die Teckal-Rechtsprechung des EuGH aber nur zum Teil und unvollständig umgesetzt. Ein wesentliches Element der ausnahmsweise erfolgenden Freistellung der so genannten Quasi-Inhouse-Geschäfte vom Regime des Vergaberechts ist die tatsächliche Vergleichbarkeit mit einer echten Inhouse-Situation. Der Vertragsschluss zwischen dem öffentlichen Auftraggeber und dem von ihm rechtlich zu unterscheidenden Auftragnehmer stellt bei einem Quasi-Inhouse-Geschäft nur einen Tribut an die rein juristisch begründete Unterscheidbarkeit dar, nicht aber an einen echten Drittstatus.[706] Dementsprechend hat der EuGH auch stets betont, dass der öffentliche Auftraggeber über den Auftragnehmer eine Kontrolle ausüben muss „wie über eine eigene Dienststelle". Dieses Kontrollkriterium, eine der zentralen Anforderungen der Teckal-Rechtsprechung, wird in der Novelle schlicht unterschlagen. Ebenso reflektiert das dritte Erfordernis des Entwurfs nur unzureichend das Wesentlichkeitskriterium beziehungsweise zweite Teckal-Kriterium des EuGH. Das Auftragnehmerunternehmen muss nicht, wie es § 99 Abs. 1 S. 2 GWB-Entwurf suggeriert, nur „im Wesentlichen für öffentliche Auftraggeber" tätig sein. Die Tätigkeit muss im Wesentlichen für die Gebietskörperschaft oder die Gebietskörperschaften verrichtet werden, *die die Anteile des Auftragnehmerunternehmens innehaben.*

Die Novelle des GWB hätte zur Folge, dass Vergaben auch an nicht mit dem öffentlichen Auftraggeber verbundene öffentlich-rechtliche Unternehmen grundsätzlich vergaberechtsfrei gestellt würden. Die Kommune, die eine Beschaffung einer Web 2.0 Plattform für das kommunale E-Government anstrebt, könnte diese ohne Durchführung eines Vergabeverfahrens bei einem öffentlich-rechtlichen IT-Dienstleister beziehen, wenn dieser die weiten Voraussetzungen des § 99 Abs. 1 S. 2 GWB-E erfüllt.

Dem liegt – ausweislich der Begründung des Entwurfes[707] – der Gedanke zu Grunde, dass eine „formale Anwendung" der „für Fälle vertikaler Kooperationen entwickelten Teckal-Kriterien [...] die horizontale Kooperation staatlicher Stellen faktisch ausschließen und damit dem Vergaberecht eine Regelungswirkung beimessen [würde], für die es nicht geschaffen wurde." Das Vergaberecht habe eine Marktöffnungs-, aber keine Liberalisierungsfunktion. Es solle gegeneinander geschlossene Märkte öffnen, aber nicht Märkte erschaffen. Hoheitliche Staatsorganisation sei

---

706 *Hardraht*, In-house Geschäfte und europäisches Vergaberecht, S. 170.

707 Entwurf der Begründung des Gesetzes zur Modernisierung des Vergaberechts (Stand 03. 03. 2008), S. 13 f. – ohne Az. – abrufbar unter http://bmwi.de/BMWi/Redaktion/PDF/Gesetz/be gruendung-entwurf-vergaberecht,property=pdf,bereich=bmwi,sprache=de,rwb=true.pdf.

keine Tätigkeit am Markt. Referenziert wird in diesem Kontext[708] die Entscheidung des EuGH in der Sache „Kooperationsvereinbarungen Spanien"[709], die allerdings das Gegenteil zum Tenor hat. Hier hatte der EuGH festgehalten, dass auch Geschäfte zwischen zwei öffentlichen Auftraggebern grundsätzlich dem Vergaberecht unterliegen. Etwas anderes könne auch bei „Vereinbarungen zwischen Verwaltungen" nur dann gelten, wenn der Auftragnehmer die Teckal-Kriterien erfüllt. Dies bedeutet für den öffentlichen Auftraggeber, dass er nicht am Markt vorbei und ohne reguläre Ausschreibung an andere öffentliche Auftraggeber Aufträge vergeben kann.

Die geplante Novelle des Vergaberechts erweist sich somit in diesem Punkt als nicht mit den Vergaberichtlinien und insbesondere der Rechtsprechung des Europäischen Gerichtshofes vereinbar.

Update: Am 3. Dezember 2008 ist der noch einmal geänderte Gesetzentwurf mit den Stimmen der großen Koalition beschlossen worden. Nach Protesten aus der Wirtschaft[710] wurde der geplante § 99 Abs. 1 S. 2 GWB-Entwurf ersatzlos gestrichen.

D. Zusammenfassung

Hat sich die öffentliche Hand dazu entschlossen, ihren Bürgern in Zukunft eine Web 2.0 E-Government Plattform anzubieten, muss sie diese in der Regel von Dritten beschaffen. Hierbei kann sie nicht ohne weiteres wie ein privates Unternehmen agieren und die Leistung am Markt einkaufen. Sie muss die besonderen Regelungen des (IT-)Vergaberechts beachten.

Das bedeutet im Einzelnen:

1. Bereits in dem Moment, in welchem der Entschluss zur Beschaffung der Web 2.0 Plattform gefallen ist und mit organisatorischen und/oder planenden Maßnahmen begonnen wurde, ist das gerichtlich überprüfbare Vergabe(vor)verfahren eröffnet.

2. Das bedeutet auch, dass im Internet frei verfügbare Open-Source-Lösungen nicht faktisch durch Herunterladen und installieren „beschafft" werden dürfen und sodann nur noch die Folgeleistungen ausgeschrie-

---

708 Es sei „nicht ausgeschlossen, dass Verträge mit Beschaffungscharakter auch zwischen verschiedenen öffentlichen Auftraggebern geschlossen werden. Wenn ein öffentlicher Auftraggeber eine Leistung am Markt beschaffen will, ist es grundsätzlich zulässig, dass sich auch andere öffentliche Stellen um diesen Auftrag bewerben. Daher wäre ein pauschaler Ausschluss einer derartigen Beauftragung nicht zulässig (s. Rechtssache C-84/03, Kommission gegen Spanien)."

709 EuGH, Urt. v. 13. 01. 2005 – Rs. C 84/03 – „Kooperationsvereinbarungen Spanien" – NZBau 2005, 232.

710 Hierzu *Junk*, Inhouse-Vergabe: Wirtschaft kritisiert scharf geplanten § 99 Abs. 1 GWB-E, http://www.vergabeblog.de/2008-10-08/inhouse-vergabe-wirtschaft-kritisiert-scharf-geplanten-99-abs-1-gbw-e/.

ben werden müssen. Die künstliche Aufspaltung in den Bezug der Software auf der einen Seite und die weitergehenden Wartungs-, Pflege-, Schulungs- und Beratungsleistungen andererseits entspricht nicht dem üblichen Lebenssachverhalt „Softwarebeschaffung". Ein solches Vorgehen verhindert im schlimmsten Fall, dass wirklich die wirtschaftlichste Lösung gefunden wird.

3. Die Integration „kostenloser" Web 2.0 Dienste wie z. B. GoogleMaps ist unter vergaberechtlichen Gesichtspunkten immer dann relevant, wenn das integrierte Angebot mit einer Werbung für das Anbieterunternehmen verknüpft ist. Zu beachten ist von der öffentlichen Hand, dass die Ermöglichung einer werblichen Selbstdarstellung (ggf. verbunden mit einer Weiterleitung auf das konkrete Angebot des Unternehmens) bereits als entgeltlich im Sinne des § 99 GWB zu werten ist.

4. Vergaberecht ist erst anwendbar, wenn die Entscheidung getroffen wird, die Leistungen von einem außen stehenden Dritten erbringen zu lassen. Die Unterscheidung zwischen einer vergaberechtsfrei möglichen Beschaffung „inhouse" oder vergabepflichtigen Beschaffung am Markt ist nicht formal-juristisch auf Grund einer rechtlichen Personenverschiedenheit zwischen Auftragnehmer und öffentlichem Auftraggeber zu treffen. Sind öffentlicher Auftraggeber und Auftragnehmer miteinander rechtlich verbunden, kann ein „Quasi-Inhouse" Geschäft vorliegen. Dazu müssen neben der Verbundenheit folgende Punkte in Bezug auf das Auftragnehmerunternehmen kumulativ zu bejahen sein:

a) Das Auftragnehmerunternehmen ist vollständig in öffentlicher Hand.

b) Der öffentliche Auftraggeber kann tatsächlich und umfassend auf das Auftragnehmerunternehmen einwirken.

c) Der Tätigkeitsbereich des Auftragnehmerunternehmens ist regional und inhaltlich auf die Bedürfnisse des verbundenen öffentlichen Auftraggebers und der anderen verbunden Körperschaften begrenzt.

d) Eine eventuelle Tätigkeit für Nichtteilhaber ist nur ganz nebensächlich.

e) Eine Tätigkeit für Nichtteilhaber ist nicht (z. B. im Gesellschaftsvertrag) vorgesehen.

Stets ist zu fragen, ob der Staat beziehungsweise das Auftragnehmerunternehmen sich aus der direkten und exklusiven Verbundenheit mit der Auftraggeberin gelöst hat und sich – wenn auch nur tendenziell – dem allgemein zugänglichen Markt annähert oder bereits (auch) dort tätig ist. Diese Frage ist gerade im IT-Bereich von großer Relevanz. Hier halten insbesondere auf Länderebene öffentlich-rechtliche IT-Dienstleister eine teilweise breit-gefächerte Produktpalette vor, die nicht nur ihren Anteilseignern „zur Verfügung" gestellt, sondern auch Dritten, insbesondere Kommunen, angeboten wird. Sie stehen damit in direkter

Konkurrenz zu einer Vielzahl privater IT-Dienstleister, die ebenfalls Lösungen für die Öffentliche Hand anbieten. Für die Beschaffung einer Web 2.0 Plattform bedeutet dies, dass vor einer Beauftragung eines derartigen umfunktionalisierten Rechenzentrums in Gestalt eines „öffentlich-rechtlichen IT-Dienstleisters" stets die obigen Checkpunkte überprüft werden müssen. Liegen die Voraussetzungen eines Quasi-In-House-Geschäfts nicht vor, so muss trotz einer eventuellen gesellschaftsrechtlichen Verbundenheit mit eben diesem Unternehmen ein formell und materiell ordnungsmäßiges Vergabeverfahren durchgeführt werden.

5. Die Beschaffung einer spezifischen Web 2.0 E-Government Plattform erfordert in der Regel eine funktionale Leistungsbeschreibung. In dieser muss im Falle der Beschaffung einer Web 2.0 Plattform über den Anwendungsbereich und die gewünschten Funktionen, über Spezifikationen hinsichtlich Benutzerkomforts sowie notwendige Schnittstellen zu bereits bestehenden Applikationen aufgeklärt werden. Die beschaffende Kommune kann zwar grundsätzlich selbst festlegen, welche Art Plattform sie beschaffen möchte. Zur Erstellung der Leistungsbeschreibung ist jedoch in der Regel die Hinzuziehung externen Sachverstands nicht nur ratsam, sondern zwingend. Ein durch § 6 VOL/A eingeräumtes Ermessen ist auf Null reduziert. Im Falle von Web 2.0 Plattformen bietet sich in diesem Zusammenhang die Inanspruchnahme eines mit der Erstellung derartiger Plattformen vertrauten „Konzepters" beziehungsweise Designers an.

6. Die Nachfrageautonomie der beschaffenden Stelle ist auch bei der Beschreibung selbst nicht grenzenlos. So darf sie „ungewöhnliche Anforderungen" nur stellen, wenn dies unbedingt notwendig ist. Bestimmte Erzeugnisse oder Verfahren sowie bestimmte Ursprungsorte und Bezugsquellen dürfen nur dann ausdrücklich vorgeschrieben werden, wenn dies durch die Art der zu vergebenen Leistung gerechtfertigt ist. Die Beschreibung technischer Merkmale darf nicht zur Folge haben, dass bestimmte Unternehmen oder Erzeugnisse bevorzugt oder ausgeschlossen werden, wenn dies nicht durch die zu vergebende Leistung gerechtfertigt ist. Unter diesem Aspekt ist die pauschale und sachlich nicht gerechtfertigte Anforderung, die Web 2.0 E-Government Plattform müsse „Open Source" beziehungsweise „quelltextoffen" sein, unzulässig. Sollten besondere Sicherheitsanforderungen oder ein tatsächlicher Bedarf an Einsichtnahme in den Quelltext bestehen, ist dies in der Leistungsbeschreibung darzulegen, um den Anforderungen an ein diskriminierungsfreies Vergabeverfahren gerecht zu werden und auch Herstellern proprietärer Web 2.0 Lösungen die Einreichung eines Angebotes zu ermöglichen.

7. Zur Beschaffung einer Web 2.0 Plattform stehen – wie für alle IT-Leistungen – grundsätzlich die „klassischen" Vergabeverfahren zur Wahl. Gerade in Fällen, in denen nur eine schemenhafte Vorstellung innerhalb der jeweiligen Behörde darüber besteht, wie man denn eine Web 2.0 Plattform, die alle Wünsche und Anforderungen zu befriedigen vermag und sich zudem noch in die gegebenenfalls bereits vorhandene IT- respektive E-Government Infrastruktur einfügt, herrscht großer Bedarf an Absprache und Klärung mit Unternehmen, die auch als Auftragnehmer in Betracht kommen. Hier schafft das neue Vergabeverfahren des wettbewerblichen Dialogs Abhilfe. Bei diesem werden Bedürfnisse und Projektziele vom öffentlichen Auftraggeber und IT-Anbieter gemeinsam definiert. Voraussetzung ist entweder eine besondere technische oder rechtliche Komplexität des Beschaffungsvorhabens. Gerade bei innovativ angelegten Web 2.0 E-Government Plattformen ist eine solche Komplexität in der Regel zu bejahen. Hier verbietet sich ein Rückgriff auf Lösungen „von der Stange". Eine genaue Abstimmung zwischen den in Frage kommenden Lösungen unter Berücksichtigung des jeweiligen Zieles ist für eine erfolgreiche Bedürfnisbefriedigung beziehungsweise für die Zielerreichung essentiell. Gerade für Fälle, in denen nicht von vorneherein ermittelbar ist, welche der verschiedenen möglichen Lösungen am Markt am besten mit den eigenen Intentionen übereinstimmt, ist das Verfahren des Wettbewerblichen Dialoges geschaffen worden.

8. Um ein möglichst großes „technisches Know-How", finanzielle Mittelerbringung sowie eine Risikominimierung zu sichern, ist eine privatöffentliche Aufgabenteilung bei der Errichtung einer Web 2.0 E-Government Plattform im Rahmen einer ÖPP ein attraktives „Geschäftsmodell". Hierbei besteht zunächst haushaltsrechtlicher Rechtfertigungsbedarf. Gesichert werden müssen die Wirtschaftlichkeit der Unternehmung sowie die Sicherung eines angemessenen Einflusses der öffentlichen Hand auf den gemischt-wirtschaftlichen Betrieb. Zu beachten ist ferner, dass eine „Umgehung" des Vergaberechts durch Begründung einer öffentlich-privaten Partnerschaft in Form eines gemischtwirtschaftlichen Unternehmens grundsätzlich nicht möglich ist. Ist die Beauftragung der ÖPP zeitlich und sachlich akzessorisch zur Beteiligung eines privaten Partners, ist hierin ein Beschaffungsvorgang im Sinne des Vergaberechts zu sehen. Ein förmliches Vergabeverfahren ist sowohl bezüglich der Gesellschaftsbeteiligung, als auch der Auftragserteilung erforderlich.

9. Eine Beauftragung einer ÖPP mit der Schaffung einer Web 2.0 Plattform ist trotz Beteiligung der Auftraggeberkommune an der ÖPP kein vergaberechtsfreies Quasi-Inhouse-Geschäft (s. o. 4 a)). Auch eine ÖPP kann nur dann vergaberechtsfrei Aufträge erteilen, wenn sie selbst nicht als öffentlicher Auftraggeber einzuordnen ist, da der öffentlichen Hand

durch eine Aufgabenverlagerung auf ein gemischtwirtschaftliches Unternehmen keine „Flucht" aus dem Vergabe- in das Privatrecht ermöglicht werden soll. Eine ÖPP, welche eine Web 2.0 E-Government Plattform, also mithin eine „Tätigkeit im Allgemeininteresse nichtgewerblicher Art" betreibt und von der Kommune maßgeblich beeinflusst wird, ist dem Regime des Vergaberechts ebenso unterworfen wie die Kommune selbst.

10. Gerade im Bereich von Web 2.0 E-Government Plattformen ist die Zusammenarbeit von zwei oder mehreren öffentlichen Partnern z. B. in Form von interkommunaler Zusammenarbeit sinnvoll, da der „Standort" der Plattform für die Erreichbarkeit unerheblich ist. Denkbar ist eine Zusammenarbeit sowohl auf der Hard- als auch auf der Softwareebene. Hierbei ist jedoch auch zu beachten, dass interkommunale Kooperationen nicht per se vom Vergaberecht ausgenommen sind. Zu unterscheiden ist zwischen der schlichten Mandatierung und der Delegation von Aufgaben. Lediglich die vollständige Übertragung der Aufgabe „Betrieb einer E-Government-Plattform" kann als vergaberechtsfrei eingestuft werden. Mit ihr gingen jedoch sämtliche Einflussmöglichkeiten der delegierenden Kommune auf den Plattformbetrieb verloren. Deshalb werden in der Praxis der interkommunalen Zusammenarbeit bei Aufbau und Betrieb von E-Government-Plattformen regelmäßig nur Mandatierungen in Betracht kommen, die nicht dem Vergaberecht entzogen sind.

11. Vergaberechtspflichtig ist die Beschaffung von E-Government Web 2.0 Lösungen von einem öffentlich-rechtlichen IT-Dienstleister. Anderes gilt nur, wenn die Voraussetzungen für ein Inhouse-Geschäft (siehe oben 4.) vorliegen. Die im Rahmen der Novellierung des Vergaberechts geplante grundsätzliche Freistellung von In-State-Geschäften vom Vergaberecht ist mit den europarechtlichen Vorgaben und der einschlägigen Rechtsprechung des EuGH nicht vereinbar.

Kapitel 3:
Rechtskonforme Modellierung

A.   Spannungsfeld Modellierung

Wird im realen Raum ein Gebäude errichtet, so ist eine vorherige Konzeption und Modellierung mit Hilfe eines Architekten eine Selbstverständlichkeit. Zu Recht, gilt es doch die Nutzbarkeit und den Nutzwert, die Ästhetik und insbesondere die Einhaltung rechtlicher Anforderungen zu sichern. Ein ähnliches Vorgehen ist auch im virtuellen Raum unabdingbar. Mit anderen Worten: Die öffentliche Hand ist ist nicht vollkommen frei in der Gestaltung ihres Plattformangebotes. Insbesondere im Hinblick auf die rechtskonforme Modellierung einer Internetplattform sind sowohl allgemeine[711] als auch, speziell für die öffentliche Hand als Anbieterin einer Plattform, normative Gestaltungsvorgaben zu beachten. Während es derzeit für private Anbieter nur wenige Vorgaben bezüglich der konkreten Ausgestaltung des Plattformangebotes gibt[712], werden an internetbasierte Angebote der öffentlichen Hand Modellierungsanforderungen gestellt, die mitunter maßgeblich die ästhetische und technische Ausgestaltung des jeweiligen Angebotes beeinträchtigen und die diskriminierungsfreie „Zugänglichkeit" des Angebotes für Jedermann zum Ziel haben.

Im Hinblick auf die rechtskonforme Modellierung eines Web 2.0 Angebotes für die öffentliche Hand stellt sich zunächst die Frage, welchen Sinn und Zweck eine „zugängliche" beziehungsweise „barrierefreie" Gestaltung hat. Hier soll das folgende Kapitel zunächst – unter Berücksichtigung der historischen Entwicklung – Klarheit sowohl über die normativen Grundlagen als auch über die Bedeutung des Begriffes der Barrierefreiheit als Rechtsbegriff schaffen. Sodann werden die technischen Anforderungen an eine Web 2.0 Plattform, die sich hieraus ergeben, dargestellt und verdeutlicht. Eingegangen wird hier auf die speziellen Konflikte, die sich bei der Verwendung von „Web 2.0 Technologien" ergeben. Schließlich soll kurz auf die auf kommunaler Ebene bisweilen vorhandenen Bedenken bezüglich der Wirtschaftlichkeit und Kosten einer barrierefreien E-Government Plattform

---

711 Zu den allgemeinen Anforderungen an die rechtskonforme Modellierung einer Web 2.0 Plattform gehört beispielsweise die Beachtung der Pflicht zur Anbieterkennzeichnung nach dem Telemediengesetz, hierzu umfassend *Heckmann*, jurisPK-Internetrecht, Kap. 1.5.

712 Diese resultieren hauptsächlich aus dem Recht des Verbraucherschutzes und betreffen Anbieter von E-Commerce-Angeboten. So verpflichtet beispielsweise § 312e Abs. 1 Nr. 1 BGB den Unternehmer, der einen Online-Shop betreibt, dem Kunden *„angemessene, wirksame und zugängliche technische Mittel zur Verfügung zu stellen, mit deren Hilfe der Kunde Eingabefehler vor Abgabe seiner Bestellung erkennen und berichtigen kann."*

eingegangen und Rechtsschutzmöglichkeiten bei Missachtung der Modellierungsanforderungen erörtert werden.

B. Modellierung und Zugänglichkeit

Die Nutzbarkeit und der Nutzwert einer Internetplattform hängen eng mit ihrer Accessibility, also ihrer Zugänglichkeit zusammen. Der Grad der Zugänglichkeit beschreibt im Allgemeinen, bis zu welchem Grad ein Produkt von einer möglichst großen Anzahl von Leuten mit unterschiedlichen geistigen und körperlichen Fähigkeiten benutzt werden kann. Es wird die Frage gestellt, wie zugänglich die Funktionalitäten eines Produktes sind, aber auch, welche Personengruppen die mit dem Produkt verbundenen Vorteile nutzen können. Dem Begriff der Zugänglichkeit ist als Oberbegriff derjenige der Barrierefreiheit vorzuziehen. Während Zugänglichkeit lediglich die Möglichkeit umfasst, beispielsweise auf eine Internetplattform technisch zugreifen zu können, ist zweites, ebenfalls vom Begriff der Barrierefreiheit umfasstes Element, das der Benutzbarkeit.[713] Hierunter ist die Möglichkeit zu verstehen, das jeweilige Angebot selbst nutzen zu können.[714]

I. Ausgangserwägungen

Der Begriff der Barrierefreiheit wird insbesondere im Kontext der Modellierung von Angeboten im World Wide Web mit Blick auf die Belange von Menschen mit Behinderungen verwendet. Ausweislich der Gesundheitsberichterstattung des Bundes[715] lebten im Jahr 2003 insgesamt 8,4 Millionen amtlich anerkannte behinderte Menschen in der Bundesrepublik Deutschland. Dies entspricht einem Anteil an der Gesamtbevölkerung von knapp zehn Prozent.[716] Diese Personengruppe könnte theoretisch zu den größten Nutznießern der vernetzten Gesellschaft avancieren. Können doch gerade Einrichtungen wie Internetchats, Foren und E-Mails helfen, die soziale Isolation zu überwinden. Auf dem Gebiet des E-Government kann der Staat den im Grundgesetz in Art. 3 Abs. 3 S. 2 GG verankerten Auftrag, auf die gleichberechtigte Teilhabe behinderter Menschen am gesellschaftli-

---

713 Vergleiche die Definition von *Integration: Österreich/Firlinger*, Buch der Begriffe – Sprache Behinderung Integration, S. 98 „Barrierefreiheit bedeutet Zugänglichkeit und Benutzbarkeit von Gebäuden und Informationen für alle Menschen, egal ob sie im Rollstuhl sitzen, ob es sich um Mütter mit Kleinkindern oder Personen nicht deutscher Muttersprache handelt, ob es blinde, gehörlose, psychisch behinderte oder alte Menschen sind."

714 Abzugrenzen ist die Accessibility von der so genannten Usability. Unter Usability wird die allgemeine Nutzerfreundlichkeit verstanden, also die Gebrauchstauglichkeit bzw. Ergonomie einer Plattform.

715 http://www.gbe-bund.de.

716 Gesundheitsberichterstattung des Bundes, „Gesundheit in Deutschland", Juli 2006, S. 61.

chen Leben hinzuwirken[717], wahrnehmen. Hierzu gehört auch die Teilhabe an neuartigen Interaktions- und Kommunikationsangeboten mit Hilfe von Web 2.0 Anwendungen[718], insbesondere dann, wenn sie zu Zwecken der politischen und gesellschaftlichen Partizipation im Rahmen einer kommunalen E-Government-Plattform eingesetzt werden.

Die technischen Möglichkeiten, diese Vorteile tatsächlich zu nutzen, existieren. Doch selbst Nutzer, die Zugang zu adaptiven Technologien wie Screenreadern[719] oder Brailledisplays haben, scheitern häufig an den Barrieren, die durch Nachlässigkeit oder Unwissen in Webangebote einprogrammiert werden. Dass eine hieraus resultierende mangelhafte Zugänglichkeit und der damit einhergehende Ausschluss eines erheblichen Bevölkerungsanteiles im Falle einer E-Government-Plattform nicht gewollt sein kann, liegt auf der Hand.

II. Historische und normative Grundlagen

1. Americans with Disabilities Act und Art. 3 Abs. 3 S. 2 GG

Auf dem Gebiet der Accessibility gilt auf globaler Ebene die USA als wegweisendes Vorbild. Mit dem Satz *„Let the shameful wall of exclusion finally come tumbling down"* hat der amerikanische Präsident *George H. W. Bush* bereits 1990 den „Americans with Disabilities Act"[720] vorgestellt. Auch heute noch wird diesem Gesetz[721] Vorbildfunktion für die rechtliche und gesellschaftliche Integration behinderter Menschen zugesprochen[722]. Vier Jahre später hat sich der deutsche Gesetzgeber im Rahmen der Grundgesetznovelle vom 27. 10. 1994 durch die Einfügung des Diskriminierungsver-

---

717 Vgl. *Jarass*, in: Jarass/Pieroth, GG, Art. 3 Rn. 142.

718 Nach einer Studie der Aktion Mensch nutzen gerade behinderte Menschen „herkömmliche" Web 2.0-Angebote überdurchschnittlich häufig. So verwenden beispielsweise Gehörlose die Videoplattform YouTube, um sich einander Videobotschaften in Gebärdensprache zu senden. Sehbehinderte bestellen überdurchschnittlich häufig online, vgl. „Barrieren im Web 2.0", heise news v. 06. 05. 2008 – http://www.heise.de/newsticker/Barrieren-im-Web-2-0-/ meldung/107472.

719 Ein Screenreader (auch Bildschirmleseprogramm) ist eine Software, welche Blinden und Sehbehinderten eine alternative Benutzerschnittstelle anstelle des Textmodus oder anstelle einer grafischen Benutzeroberfläche bietet. Ein Screenreader vermittelt die Informationen, die gewöhnlich auf dem Bildschirm ausgegeben werden, mithilfe nicht-visueller Ausgabegeräte. Die Bedienelemente und Texte werden dabei mittels Sprachsynthese akustisch zumeist über eine Soundkarte oder taktil über eine Braillezeile wiedergegeben, vgl. http://de.wikipedia.org/wiki/Screenreader.

720 United States Public Law 101–336, signed into law on July 26, 1990.

721 Insbesondere Title II und Title III der Main Section des Americans with Disabilities Act of 1990.

722 Vgl. *Huckschlag/Korte*, SuP 2003, 426 (433).

botes in Art. 3 Abs. 3 S. 2 GG[723] in Gestalt eines subjektiven grundrecht-
lichen Abwehrrechtes[724] verpflichtet, Diskriminierungen behinderter Menschen entgegenzuwirken[725] und die Stellung behinderter Menschen nicht
nur im Verhältnis Staat-Bürger, sondern generell in Recht und Gesellschaft
zu stärken.[726] Aber erst seit dem Jahr 2000 hat die Behindertenpolitik des
Bundes mit dem Gesetz zur Bekämpfung der Arbeitslosigkeit Schwerbehin-
derter[727] den Fokus von der reinen Fürsorge und Versorgung auf die
Aspekte der Selbstbestimmung und Teilhabe gerichtet[728].

Im Bereich des World-Wide-Web manifestierte sich die Forderung nach
Zugänglichkeit im Februar 1997 in Form der Web Accessibility Initiative
(WAI)[729] des im Jahr 1994 vom Erfinder des World-Wide-Webs[730], *Sir Timothy J. Berners-Lee*, gegründeten World-Wide-Web-Konsortiums (W3C), das
zuvor schon den HTML-„Standard"[731] weiterentwickelt hatte. Unterstützt
vom amerikanischen Präsidenten *Clinton*[732] machte es sich das Industrie-
konsortium[733] zur Aufgabe, Zugangsbarrieren für alle Menschen mit Behinderungen gleich welcher Art durch die Errichtung so genannter „accessibility goals" zu beseitigen[734]. Im Jahr 1999 legte die WAI die erste Version
ihrer „Web Content Accessibility Guidelines 1.0" (WCAG 1.0) als Directors
Recommendation[735] vor. Bereits ein Jahr zuvor hatte die amerikanische
Regierung den „Workforce Investment Act of 1998"[736] erlassen, der bestimmt, dass Menschen mit Behinderungen gleichwertigen Zugang zu IT-
Angeboten der Bundesbehörden haben sollen. Die von den Behörden ein-

---

[723] Gesetz zur Änderung des Grundgesetzes vom 27. 10. 1994, BGBl. I S. 3146, in Kraft getreten am 15. 11. 1994.

[724] *Scholz*, in: Maunz/Dürig, GG Kommentar, Art. 3, Rn. 174.

[725] Vgl. BT Drs. 12/8165, S. 29.

[726] *Neuner*, NJW 2000, 1822 (1822).

[727] Gesetz vom 29. 9. 2000, BGBl. I, 1394.

[728] Vgl. BT Drs. 14/7420, S. 17, ferner *Braun*, MDR 2002, 862 (862).

[729] Http://www.w3.org/WAI/.

[730] *Berners-Lee/Fischetti*, „Weaving the Web: Origins and Future of the World Wide Web", London 1999.

[731] Das W3C ist keine (zwischen)staatliche Organisation und daher nicht berechtigt, Standards festzulegen. Die „Recommendations" des W3C haben sich jedoch stets zu de-facto-Standards entwickelt; z. B. HTML, CSS, XHTML.

[732] „Statement of support" online unter http://www.w3.org/Press/Clinton.html.

[733] Zu diesem Zeitpunkt gemeinsam vom amerikanischen MIT „Laboratory for Computer Science" (LCS), dem französischen „Institut national de recherche en informatique et en automatique" (INRIA) und der japanischen Keio-Universität verwaltet.

[734] Pressemitteilung des W3C vom 07. 04. 1994, abrufbar unter: http://www.w3.org/Press/WAI-Launch.html.

[735] W3C Recommendation vom 05. 05. 1999, abrufbar unter: http://www.w3.org/TR/WCAG10/.

[736] Text online unter http://www.usdoj.gov/crt/508/508 law.html.

zuhaltenden Standards[737] legt das „Architectural and Transportation Barriers Compliance Board" (kurz „Access Board"[738]) fest[739]. Diese Standards[740], die in den USA seit dem 25. Juni 2001 Geltung beanspruchen, bestehen aus sechzehn Regeln für die Zugänglichkeit von Websites[741].

2. Vom Aktionsplan eEurope 2002 zum BGG

Der Europäische Rat hat im Juni 2000 den Aktionsplan eEurope 2002[742], „Eine Informationsgesellschaft für alle", der Kommission angenommen[743]. Mit ihm haben sich die Mitgliedstaaten verpflichtet, alle Internetangebote des öffentlichen Sektors und deren Inhalte so anzulegen, dass behinderte Menschen Zugang zu ihnen haben und voll von den Möglichkeiten einer „Regierung am Netz" profitieren können. Als konkretisierende Maßnahme wurde hierfür die Übernahme der WCAG der WAI bis Ende 2001 vorgesehen.[744] Die politische Selbstverpflichtung zur Überbrückung dieses Aspekts der Digitalen Kluft[745] wurde mit dem Gesetz zur Gleichstellung behinderter Menschen (Behindertengleichstellungsgesetz – BGG)[746] für den Bereich der Bundesverwaltung auf nationaler Ebene 2002 umgesetzt[747].

3. Die BITV Bund

Nach § 11 Abs. 1 gestalten Träger öffentlicher Gewalt ihre Internetauftritt und -angebote sowie die ihnen zur Verfügung gestellten grafischen Programmoberflächen nach Maßgabe der auf Grund des § 11 Abs. 1 S. 2 BGG vom Bundesministerium des Innern (BMI) im Einvernehmen mit dem Bundesministerium für Gesundheit und Soziale Sicherung erlassenen Barriere-

---

737 „Electronic and Information Technology Accessibility Standards", veröffentlicht im Federal Register am 21. 12. 2000; online abrufbar unter: http://www.access-board.gov/sec508/standards.htm.

738 Http://www.access-board.gov/.

739 Vgl. Sec. 508 (2) (A) Workforce Investment Act 1998.

740 Außer den Bundesbehörden müssen auch Privatunternehmen, die als Auftragnehmer für die Regierung tätig sind, die Richtlinien zur Barrierefreiheit implementieren.

741 Hiervon sind die ersten elf Punkte solche der WCAG. Die letzten fünf hingegen sind Sec. 508 spezifisch.

742 Http://europa.eu.int/information_society/eeurope/2002/index_en.htm.

743 Auf deutscher Seite wurde der Plan maßgeblich vom Bundesministerium für Arbeit und Wirtschaft mitverhandelt.

744 Vgl. Aktionsplan eEurope 2002 (dt. Fassung), S. 19.

745 Die Metapher der Digitalen Kluft (so genannter „Digital Divide") beschreibt die sozio-ökonomische Teilung einer Gesellschaft in diejenigen, welche vollwertigen Zugang zum Internet haben und diesen auch nutzen können und denen, die, aus welchem Grund auch immer, hierzu nicht in der Lage sind. Vgl. zur Begriffsdiskussion: http://www.digitaldivide.org/digitaldivide.html.

746 Verkündet als Art. 1 Gesetz zur Gleichstellung behinderter Menschen und zur Änderung anderer Gesetze v. 27. 04.2002 (BGBl. I S. 1467). Vgl. hier § 11 Abs. 1 BGG.

747 Überdies kam die Bundesregierung hiermit ihrer Verpflichtung aus den Art. 21 Abs. 1 und 26 der Europäischen Charta der Grundrechte nach.

freie Informationstechnik-Verordnung (BITV-Bund)[748]. Die Verordnung gilt für alle Internetauftritte und -angebote der Behörden der Bundesverwaltung, vgl. § 7 Abs. 1 Satz 1 BGG. Neben den klaren Festlegungen der Anforderungen und Bedingungen an IT-gestützte Angebote im Anhang Teil 1 zur BITV bestimmt § 4 BITV die für die Umsetzung wesentlichen Fristen. Spätestens[749] bis zum 31. Dezember 2005 sollten alle Angebote auf allen Zugangsmöglichkeiten an die im Anhang Teil 1 BITV festgelegten Anforderungen angepasst werden.

4. Situation in den Bundesländern am Beispiel Bayerns

Die meisten Länder[750] haben sukzessive Landesbehindertengleichstellungsgesetze erlassen. So ist beispielsweise in Bayern am 1. August 2003 das Bayerische Behindertengleichstellungsgesetz (BayBGG[751]) in Kraft getreten. In Art. 13 BayBGG ist eine Spezialregelung enthalten, nach welcher Inter-

---

748 Für die fachlich-inhaltlichen Belange der Bedarfsträger der BITV war zum Zeitpunkt des Erlasses das Bundesministerium für Gesundheit und soziale Sicherung (BMGS) zuständig, für die technischen Aspekte das BMI. Letzteres hat spezielle Aufgaben dem Bundesverwaltungsamt übertragen. Die Rechtsverordnung bedurfte nicht der Zustimmung des Bundesrates. Nunmehr ist das Bundesministerium für Arbeit und Soziales zuständig, vgl. § 11 Abs. 1 S. 2 BGG.

749 Angebote, die sich speziell an behinderte Menschen im Sinne des BGG richteten, waren bereits zum 31. 12. 2003, Internetauftritte, die ganz oder in wesentlichen Teilen nach dem 17. 07. 2002 gestaltet wurden, waren zumindest hinsichtlich einer Zugangsmöglichkeit barrierefrei zu gestalten.

750 Landesgesetz zur Gleichstellung von Menschen mit Behinderungen Baden Württemberg, Gesetz vom 20. 04. 2005 (BW Landtagsdrucksache 13/4279); Landesgleichberechtigungsgesetz Berlin (LGBG), GVBL. für Berlin, Nr. 42 S. 433; Brandenburgisches Behindertengleichstellungsgesetz (BbgBGG), GVBl.I/03 S. 42; Bremisches Behindertengleichstellungsgesetz (BremBBG); Hamburgisches Gesetz zur Gleichstellung behinderter Menschen (HmbGGbM), HmbGVBl. Nr. 10, 29. 03. 2005 S. 75–79; Hessische Gesetz zur Gleichstellung von Menschen mit Behinderungen (HessBGG), GVBl. I S. 482; derzeit gibt es noch kein Landesgleichstellungsgesetz in Mecklenburg-Vorpommern, es ist jedoch in Vorbereitung; Niedersächsisches Behindertengleichstellungsgesetz (NBGG); Behindertengleichstellungsgesetz Nordrhein-Westfalen BGG NRW, GV.NRW. S. 766 sowie Barrierefreie Informationstechnik-Verordnung Nordrhein-Westfalen (BITV-NRW) vom 24. 06.2004; Landesgesetz zur Gleichstellung behinderter Menschen Rheinland-Pfalz (LGGBehM) vom 04. 12. 2002; Saarländisches Behindertengleichstellungsgesetz (SBGG), vom 26. 11. 2003; Gesetz zur Verbesserung der Integration von Menschen mit Behinderungen im Freistaat Sachsen (SächsIntegrG), vom 28. 05. 2004; Gesetz für Chancengleichheit und gegen Diskriminierung behinderter Menschen in Sachsen-Anhalt (BGStG LSA), (in Sachsen-Anhalt existiert allerdings keine explizite Regelung zur Barrierefreiheit, sondern nur ein allgemeines Diskriminierungsverbot), GVBI. LSA Nr. 50/2001 (S. 457 bis 462); Gesetz zur Gleichstellung behinderter Menschen des Landes Schleswig-Holstein und zur Änderung anderer Rechtsvorschriften (LBGG), GVOBl. Schl- H. 2002, S. 264; Thüringer Gesetz zur Gleichstellung und Verbesserung der Integration von Menschen mit Behinderungen (ThürGlG), v. 16. 12. 2005.

751 Verkündet als § 1 Bayerisches BehindertengleichstellungsG und ÄnderungsG v. 09. 07. 2003 (GVBl. S. 419).

net- und Intranetauftritte und -angebote sowie die zur Verfügung gestellten grafischen Programmoberflächen, die mit Mitteln der Informationstechnik dargestellt werden, schrittweise technisch so zu gestalten sind, dass sie von behinderten Menschen grundsätzlich uneingeschränkt genutzt werden können. Knapp drei Jahre später wurde die in Art. 13 S. 2 BayBGG angekündigte, „nach Maßgabe der technischen, finanziellen, wirtschaftlichen und verwaltungsorganisatorischen Möglichkeiten gestaltete", Rechtsverordnung der bayerischen Staatsregierung erlassen, welche die Details bezüglich der Schaffung barrierefreier Informationstechnik regelt.[752] Referenziert wird, wie in den meisten Gleichstellungsgesetzen der anderen Bundesländer auch, die BITV des Bundes als Orientierungsmaßstab für die barrierefreie Gestaltung von Angeboten der Informationstechnik.

III. Barrierefreiheit

Grundlage der Zugänglichkeitsdebatte und Kernstück der Gleichstellungsgesetze ist der sehr plastische Begriff der Barrierefreiheit, der zunächst einer näheren normativen Umreißung bedarf.

1. Rechtsbegriff

Dem Gedanken der Barrierefreiheit liegt das Postulat des Grundgesetzes aus Art. 3 Abs. 3 S. 2 zu Grunde, nach welchem niemand wegen einer Behinderung benachteiligt werden darf. Barrierefreiheit wird in diesem Sinne in der Zentralnorm des § 4 BGG[753] legaldefiniert. Barrierefreiheit im Sinne des BGG ist demnach immer dann gegeben, wenn behinderten Menschen ein gestalteter Lebensbereich in der allgemein üblichen Weise, ohne besondere Erschwernis und grundsätzlich ohne fremde Hilfe, zugänglich und nutzbar ist. Barrierefreiheit ist umfassend zu verstehen. Der Begriff beschränkt sich nicht nur auf die räumliche Ausgestaltung eines Lebensbereiches[754], sondern erstreckt sich auch die kommunikative Ebene[755].

Eine Barriere besteht im Umkehrschluss, wenn kein umfassender Zugang und keine uneingeschränkte Nutzungsmöglichkeit vorhanden sind. Von Barrierefreiheit kann nicht bereits dann gesprochen werden, wenn behinderten Menschen ein „Sonderzugang" zu einem gestalteten Lebensbereich eingerichtet wird. Die Definition ist keine Ergänzung der Begriffe „behin-

---

752 Bayerische Verordnung zur Schaffung barrierefreier Informationstechnik (Bayerische Barrierefreie Informationstechnik-Verordnung – BayBITV) vom 24. 10. 2006, BayGVBl. 22/2006, S. 801.

753 Gleichlautend in den entsprechenden Landesgesetzen, z. B. § 4 Hamburgisches Gesetz zur Gleichstellung behinderter Menschen, Art. 4 Bayerisches Behindertengleichstellungsgesetz.

754 Ursprünglich stammt der Begriff aus dem Baurecht und bezeichnete den Anspruch an bauliche Anlagen, beispielsweise Rollstuhlfahrern ungehinderten Zugang zu ermöglichen, vgl. *Huckschlag/Korte*, SuP 2003, 426 (426).

755 So auch *Stähler*, NZA 2002, 777 (778).

dertenfreundlich" oder „behindertengerecht". Im Gegenteil: der Ansatz des Gesetzgebers[756] ist auf eine Einbeziehung („inclusion") behinderter Menschen in die allgemeine soziale Umgebung gerichtet. Sie sollen gerade nicht ausgegliedert und gesondert behandelt werden. Vielmehr muss für alle Personen, die einen gestalteten Lebensbereich nutzen wollen oder sollen, ein egalitärer Zugang im Rahmen eines „universal designs"[757] geschaffen werden.[758] Die Behinderung darf – in anderen Worten – nicht an der allgemein üblichen Nutzung des gestalteten Lebensbereiches hindern. Abzustellen ist auf eine grundsätzlich selbständige Nutzungsmöglichkeit behinderter Menschen ohne fremde Hilfe. Nicht ausgeschlossen ist jedoch, dass behinderte Menschen trotz aller Bemühungen um eine optimale Gestaltung der Lebensbereiche auf Grund ihrer Beeinträchtigung auf Hilfen angewiesen sein können[759]. Schließlich ist der so genannte gestaltete Lebensbereich[760] vom natürlichen Lebensbereich abzugrenzen. Barrierefreiheit bezieht sich nur auf von Menschen veränderte oder hergestellte Gegenstände und Räume beziehungsweise räumliche Ausgestaltungen. Im Gegensatz dazu ist ein natürlicher Lebensbereich der ursprüngliche – von Menschen unveränderte – räumliche Bereich beziehungsweise Gegenstand, wobei es nicht darauf ankommt, ob der Mensch diesen Bereich verändern könnte.

2. Geschützter Personenkreis

Das BGG hat den Schutz Behinderter vor Ausschluss aus dem gesellschaftlichen Leben zum Ziel. Menschen sind als Behinderte im Sinne dieses Gleichstellungsgesetzes anzusehen, wenn ihre körperliche Funktion, geistige Fähigkeit oder seelische Gesundheit mit hoher Wahrscheinlichkeit länger als sechs Monate von dem für das Lebensalter typischen Zustand abweicht und daher ihre Teilhabe am Leben in der Gesellschaft beeinträchtigt ist, vgl. § 3 BGG. Dies entspricht der Legaldefinition der Behinderung, welche sich auch in § 2 Abs. 1 SGB IX findet. Der Begriff ist demnach extensiv auszulegen.[761] Eine Beschränkung beispielsweise auf Schwerbehinderte im Sinne des § 2 Abs. 2 SGB IX respektive §§ 68 ff. SGB IX findet nicht statt.

---

756 Vgl. BT Drs. 14/7420, S. 24 f.

757 Vgl. auch die Richtlinien „Design for All" des „Information and Communications Technologies Standards Board" unter http://www.ict.etsi.fr/DATSCG_home.htm.

758 Vgl. auch *Schulte*, in: Wind/Kröger, Handbuch IT in der Verwaltung, S. 379.

759 Vgl. BT Drs. 14/7420, S. 25.

760 Beispielhaft und nicht abschließend werden in § 4 BGG bauliche und sonstige Anlagen, Verkehrsmittel, technische Gebrauchsgegenstände, Systeme der Informationsverarbeitung, akustische und visuelle Informationsquellen und Kommunikationseinrichtungen genannt.

761 Vgl. auch die auf § 3 Abs. 1 S. 1 SchwbG (inzwischen außer Kraft) basierende Definition des BVerfG, wonach „Behinderung [...] die Auswirkung einer nicht nur vorübergehenden Funktionsbeeinträchtigung [ist], die auf einem regelwidrigen körperlichen, geistigen oder seelischen Zustand beruht.", BVerfG, Beschl. v. 08. 10. 1997 – 1 BvR 9/97 – NJW 1998, 131 (131). Regelwidrig war nach § 3 Abs. 1 S. 2 SchwbG der Zustand, der von dem für das

Abgestellt wird lediglich auf die negative Abweichung vom aus medizinischer Sicht typischen Alterszustand. Somit sind auch Menschen erfasst, die so genannte leichte und leichteste Behinderungen wie beispielsweise Kurzsichtigkeit oder Rot-Grün-Blindheit aufweisen.

Dieser Schutz gilt trotz der missverständlichen Ermächtigung zur Einschränkung in § 11 Abs. 1 S. 2 Nr. 1 BGG auch für die barrierefreie Informationstechnik. Eine etwaige Auflistung – in § 2 BITV wird lediglich auf § 3 BGG zurückverwiesen – wie sie die Gesetzesbegründung[762] vorsah, kann nur exemplarischen, nicht jedoch abschließenden Charakter haben. Dies ergibt sich schon aus der insoweit uneingeschränkten Formulierung des § 11 Abs. 1 Satz 1 BGG.[763]

IV. Technische Anforderungen

Mit der BITV werden die Anforderungen an ein barrierefreies E-Government-Angebot auf der technischen und gestalterischen Ebene konkretisiert. Hierbei lehnen sich die in der BITV Anlage 1 aufgeführten Anforderungen und Bedingungen weitgehend an die WCAG in der Version 1.0 an[764]. Dies ist angesichts der politischen Selbstverpflichtung im Rahmen von eEurope 2002 nur konsequent.

Die BITV selbst teilt die technischen Anforderungen an IT-Angebote der öffentlichen Verwaltung allerdings nur in zwei Prioritätsstufen[765] ein. Nach § 3 BITV müssen die unter Priorität I Anhang BITV aufgeführten Anforderungen und Bedingungen von allen Angeboten erfüllt werden, während zentrale Navigations- und Einstiegsangebote zusätzlich die unter Priorität II aufgeführten Anforderungen und Bedingungen berücksichtigen müssen.

Die BITV verzichtet darauf, den Adressaten konkrete Vorgaben zur zu verwendenden Technik (z. B. Server, CMS, Betriebssysteme, o.ä.) zu geben. Auch in Bezug auf die zu verwendenden Benutzeragenten[766] werden keine konkreten Angaben gemacht. Die BITV ist somit keine Bauanleitung für ein barrierefreies IT Angebot, sondern steckt lediglich die zu erreichenden Ziele fest. Auf welche Art dieses Ziel erreicht wird, ist in das „Ermessen" des Programmierers respektive Webdesigners gestellt. Diese Ziele werden

---

Lebensalter typischen abweicht. Als „nicht nur vorübergehend" wurde auch nach § 3 Abs. 1 S. 3 SchwbG ein Zeitraum von mehr als 6 Monaten angesehen.

762 BT-Drs. 14/7420, S. 29.

763 Wie hier *Majerski-Pahlen*, SGB IX Kommentar, § 11 BGG, Rn. 4.

764 Vgl. Anlage Teil 1 BITV Abs. 2.

765 Die WCAG hat eine dreigeteilte Prioritätsabstufung.

766 Ein Benutzeragent ist nach der Definition der BITV Anlage 2 Software zum Zugriff auf Internetinhalte; dies umfasst graphische Desktop-Browser, Text-Browser, Sprach-Browser, Mobiltelefone, Multimedia-Player und manche assistive Software-Technologien, die in Verbindung mit Browsern verwendet werden, wie etwa Screenreader, Bildschirmlupen und Spracherkennungssoftware.

in der BITV in vierzehn einzeln konkretisierte Anforderungen aufgespalten, die wiederum entsprechend der WCAG 2.0[767] den Grundprinzipien eines Barrierefreien Internetangebotes – Wahrnehmbarkeit, Bedienbarkeit, Verständlichkeit und Robustheit der Technik – untergeordnet werden können.

1. Prinzip der Wahrnehmbarkeit

„Content must be perceivable" – „Inhalt muss wahrnehmbar sein" – ist das erste Prinzip der WCAG 2.0[768]. Hierdurch soll gesichert werden, dass alle Funktionen und Informationen eines Internetangebotes so präsentiert werden, dass sie jeder Nutzer wahrnehmen kann.[769]

a) Audio-visuelle Inhalte

Dies betrifft insbesondere audio-visuelle Inhalte, was im Hinblick auf Web 2.0 Plattformen hochrelevant ist. Diese stehen quasi synonym für audio-visuelle Inhalte im Netz. Webclips, also kleine kurze Videos, sind dank Angeboten wie YouTube zu allen Themenbereichen und in jeglicher Qualität zu finden. Auch auf Web 2.0 Plattformen der öffentlichen Hand können audio-visuelle Inhalte zur Attraktivität und zu einem zeitgemäßen Erscheinungsbild des Angebotes beitragen[770]. Hierbei ist jedoch zu bedenken, dass erblindete Menschen zum Beispiel Filme, Gehörlose Klangeffekte nicht wahrnehmen können.

Die BITV fordert dementsprechend, dass für audio-visuelle Inhalte ein Äquivalent bereitzustellen ist, welches den gleichen Zweck erfüllt[771]. Dieser Zweck ist erfüllt, wenn die durch die visuellen Inhalte vermittelten Informationen zusätzlich auch in Textform bereitgestellt werden. Ein barrierefreies Webangebot muss also nicht auf Video- oder Soundclips verzichten. Es ist jedoch zusätzlich beispielsweise eine deskriptive Tonspur zu

---

767 Am 27. 04. 2006 wurde der Entwurf der Web Content Accessibility Guidelines 2.0 (WCAG 2) als sogenannter Last Call veröffentlicht. In der WCAG 2.0 wurden die Vorgaben der WCAG 1.0 noch stärker zusammengefasst und unter den vier genannten Prinzipien vereint. Wie *Schulte* (in: Wind/Kröger, Handbuch IT in der Verwaltung, S. 387 und 390) richtig feststellt, stellen diese eine weitaus transparentere Struktur dar, der sich die inhaltlichen Anforderungen der BITV respektive der WCAG 1.0 problemlos zuordnen lassen.

768 Die hier referenzierte Fassung der WCAG 2.0 ist die der so genannten „Candidate Recommendation" vom 30. April 2008. Es handelt sich hierbei um die Fassung der Guidelines, von denen das W3C denkt, dass sie den wesentlichen technischen Anforderungen entspricht, die aber noch nicht abschließend als „Standard" verabschiedet wurde. Zum Prozess der Guidelineerstellung des W3C siehe http://www.w3.org/2004/02/Process-20040205/tr.html#RecsCR.

769 Vgl. *Schulte,* in: Wind/Kröger, Handbuch IT in der Verwaltung, S. 387.

770 Z. B. im Rahmen von Stadtinformationsvideos oder Videoblogs.

771 BITV Anlage Teil 1 – Anforderung 1.

erstellen und eine (ggf. zuschaltbare) Untertitelung vorzunehmen.[772] Bei Bildern ist das Bereitstellen eines Textäquivalents vergleichsweise unproblematisch. Für die so genannten IMG Elemente einer Website kann[773] ein beschreibender Alternativtext einprogrammiert werden, welcher sodann beispielsweise auf Sprachgeneratoren oder Blindenschrift-Displays[774] ausgegeben werden kann.

b)   Farbgestaltung von Texten und Grafiken

Bei der farblichen Gestaltung von Webangeboten setzen Programmierer beim Endnutzer oftmals neben hohen technischen Anforderungen, wie zum Beispiel einer hochauflösenden Grafikkarte samt Farbbildschirm, die Fähigkeit voraus, diese Farben wahrzunehmen. Gerade Personen, die unter Achromatopsie[775] oder auch nur unter einer Rot-Grün-Sehschwäche leiden, haben häufig keine Möglichkeit ein Webangebot zu nutzen, weil sie schlicht die auf der Website enthaltenen Informationen nicht erkennen können. Abhilfe kann geschaffen werden indem, entsprechend der Bedingung der BITV Anlage[776], die mit Farbe dargestellten Informationen zusätzlich in einer „farblosen" Version verfügbar gemacht werden, beispielsweise durch zusätzliche Kontextinformationen und die entsprechenden Markup-Sprache-Elemente. Bei Bildern ist eine Gestaltung so vorzunehmen, dass auch auf Schwarz-Weiß-Bildschirmen beziehungsweise bei Betrachtung durch Farbfehlsichtige ein ausreichender Kontrast gewahrt bleibt.

c)   Verwendung von Tabellen

Im Bemühen um ein ansprechendes Layout ist unter Webentwicklern die zweckentfremdete Verwendung von Tabellen als so genannte „Layout-Tabellen" noch immer weit verbreitet. Aber auch bei Datentabellen wird oftmals vergessen, die Zeilen- und Spaltenüberschriften ordnungsgemäß als solche zu kennzeichnen. Beides führt bei der Darstellung durch Screenreader dazu, dass die auf der Website enthaltenen Informationen nicht mehr vermittelt werden können. Eine rechtskonforme[777] Programmierung verzichtet dementsprechend auf die Benutzung von Tabellen als Layouthilfe. Des Weiteren ist die ordnungsgemäße Kennzeichnung von Tabellenüberschriften nunmehr Voraussetzung für die Barrierefreiheit einer Website.

---

772 Vgl. BITV Priorität I Anforderung 1 Bedingungen 1.3 und 1.4.

773 Z. B. in der Markuplanguage HTML über den „alt"-Tag.

774 Ein derartiges „dynamic braille display" hebt oder senkt Punktmuster, gesteuert durch ein elektronisches Gerät. Das Ergebnis ist eine Zeile mit Blindenschrift, die sich in kurzen zeitlichen Abständen verändern kann.

775 Der Begriff Achromatopsie leitet sich aus dem griechischen achromatos = farblos sowie opsis = Sehen ab. Achromaten sind Personen, die nicht in der Lage sind, Farbtöne zu sehen.

776 Hier Anforderung 2 Bedingung 2.1 und 2.2.

777 Vgl. BITV Anlage 1 Anforderung 5.

d) Zeitgesteuerte Inhaltsänderungen

Menschen mit kognitiven oder visuellen Behinderungen sind nicht in der Lage, bewegten Text schnell genug oder überhaupt zu lesen. Bewegte Texte oder auch Objekte können eine derart starke ablenkende Wirkung entfalten, dass es Menschen mit kognitiven Schwächen nicht mehr möglich ist, den Inhalt wahrzunehmen. Entsprechendes gilt für Screenreader. Blinkende oder flackernde Grafiken oder schnelle Farbwechsel können darüber hinaus bei Menschen mit photosensitiver Epilepsie Anfälle auslösen. Dementsprechend schreibt die BITV vor, dass flackernde und blinkende Inhalte zu vermeiden sind. Im Falle bewegter Texte oder Objekte ist zumindest eine Option einzurichten, die es dem Nutzer ermöglicht, die Bewegung anzuhalten, damit er die Inhalte wahrnehmen kann.

2. Prinzip der Operabilität

Das Prinzip der Operabilität beziehungsweise Bedienbarkeit soll sicherstellen, dass Interaktionselemente von Anwendungen – die gerade auch bei Web 2.0 Plattformen eine große Rolle spielen – von allen Menschen nutzbar sind.

a) Geräteunabhängigkeit

Eines der wichtigsten Features einer barrierefreien Web-Plattform ist die universelle Nutzbarkeit durch ein geräteunabhängiges Design. Im Idealfall können Seitenobjekte nicht, wie zumeist, nur über die Maus angesteuert beziehungsweise aktiviert werden. Vielmehr ist ein geräteunabhängiger Zugriff möglich, was bedeutet, dass der Nutzer mit seinem bevorzugten Ein- respektive Ausgabegerät beispielsweise ein Onlineformular ausfüllen und abschicken kann.[778] Diese Geräteunabhängigkeit kommt nicht nur behinderten Menschen zu Gute, die gegebenenfalls schon aus technischen Gründen keine Maus bedienen können. Auch viele ältere Menschen verfügen häufig nicht mehr über die mitunter notwendige Geschicklichkeit, um z. B. Radio-Button-Elemente auf einer Plattform zu „treffen". Idealerweise ist daher jedes Element (auch) über die Computertastatur ansteuerbar.

b) Zugänglichkeit von Benutzerschnittstellen

Die Zugänglichkeit von Benutzerschnittstellen[779], die durch speziell programmierte Elemente in die Internetseite eingebettet sind, ist häufig nicht gewährleistet. Unter programmierten Elementen sind beispielsweise Skrip-

---

778 Vgl. Richtlinie 9 WCAG 1.0.

779 Benutzerschnittstellen ermöglichen Eingaben der Nutzerin/des Nutzers und legen deren Darstellung fest.

te[780] oder Applets zu verstehen, die client-seitig[781] auf dem PC des Nutzers ausgeführt werden. Diese in das Internetangebot eingebetteten Angebote können von Menschen mit Sehbehinderung oder, soweit Audioinhalte enthalten sind, auch von Gehörlosen nicht oder nicht richtig wahrgenommen oder bedient werden und stellen damit eine Barriere zum Informationsangebot im Sinne der BITV dar. Dementsprechend müssen bei einem rechtskonformen Internetangebot sämtliche Inhalte in gleicher Weise zugänglich und mit assistiven Technologien, wie regulären HTML Texten, kompatibel sein. In diesem Punkt geht die BITV noch über die WCAG Richtlinien hinaus. Letztere lässt für den Fall, dass ein direkter Zugang nicht geschaffen werden kann, eine zusätzliche alternative Lösung zu[782]. Diese Striktheit der BITV Regelungen ist jedoch im Hinblick auf eine konsequente Umsetzung der Forderung nach Barrierefreiheit folgerichtig. Es soll eben kein „behindertengerechter" Sonderzugang geschaffen werden, sondern grundsätzlich das gleiche Angebot für alle nutzbar gemacht werden.

3. Prinzip der Verständlichkeit

Eng mit der Usability, also der Nutzbarkeit eines Webangebotes, verbunden und damit inzident eines der Prinzipien, die eng mit dem Konzept des Web 2.0 in Verbindung stehen[783], ist das Prinzip der Verständlichkeit. Die Bedienbarkeit einer Internetplattform als auch die Verständlichkeit der dargebotenen Inhalte sind konstitutiv für den Erfolg und die Barrierefreiheit eines Angebotes.

a) Sprache

Hierbei ist insbesondere mit Blick auf die Nutzer von Screenreadern als Nutzeragenten zu beachten, dass, um auf Webseiten enthaltenen Text von Screenreadern korrekt wiedergeben zu können, diesen angezeigt werden muss, in welcher Sprache der synthetisch vorzulesende Text gehalten ist. Werden beispielsweise Anglizismen verwendet, ist dies nach den Vorgaben der BITV[784] entsprechend im Programmcode zu kennzeichnen, damit der

---

780 Bei derartigen Skripten (z. B. JavaScript) handelt es sich um Programmbausteine, die dazu dienen, HTML Seiten dynamisch aufzubereiten. Formulare können überprüft werden bevor sie an den Server geschickt werden oder Cookies werden gesetzt oder ausgelesen. Von (Java-)Applets spricht man, wenn kleine Computerprogramme im Browser ablaufen. Diese Programme lassen bspw. Fenster schließen oder generieren Benachrichtigungsfenster.

781 Client-seitige Programme werden im Gegensatz zu Server-seitigen Programmen auf dem Client (also z. B. dem PC des Benutzers) selbst ausgeführt und sind daher abhängig von den verwendeten Browsern, den Browsereinstellungen und ggf. den erforderlichen Modulen, die die Funktionalität des Browsers erweitern, so genannten Plug-ins.

782 Richtlinie 8 WCAG 1.0.

783 Vgl. die Mindmap von *Angermeier* auf S. 29.

784 BITV Anlage 1 Anforderung 4.

Nutzer des Screenreaders durch Verwendung der korrekten Aussprache Zugang zum Inhalt des Textes erhält. Gleiches gilt für Abkürzungen. Hier ist – zumindest im Programmcode – die ungekürzte Variante des abgekürzten Wortes bereitzuhalten.

b)   Informationen zum Kontext und zur Orientierung
Gerade umfangreiche Plattformen gewinnen an Usability, wenn der Nutzer stets erkennen kann, an welcher Stelle er sich im Angebot befindet. Hierdurch wird das Verständnis komplexer Seiten oder Elemente für alle Adressaten eines Angebots erleichtert. Um dieser Anforderung gerecht zu werden, sind beispielsweise Seiten, die in einer Rahmenstruktur aufgebaut sind (so genannte Framesets), einzeln zu übertiteln. Zusätzlich ist, zumindest im Programmcode, der Zweck der einzelnen Rahmen (z. B. Menürahmen, Hauptinhalt) zu definieren.

c)   Navigationsmechanismen
Ebenfalls zur Usability und damit inzident zur Zugänglichkeit einer Webseite tragen klare und konsistente Angaben zur Navigation und Orientierung bei. Eine verworrene Nutzerführung frustriert und behindert insbesondere Menschen mit motorischen Einschränkungen. Um den Anforderungen der BITV gerecht zu werden, ist ein Webangebot klar zu strukturieren und eine „irreführende" Verlinkung einzelner Inhalte entweder zu unterbinden oder transparent zu machen. Linktexte sind aussagekräftig und sinnvoll zu halten.[785] Der Benutzer muss über ein Inhaltsverzeichnis oder eine Sitemap[786] jederzeit einen Überblick über die Seitenstruktur bekommen und auf jeder Seite erkennen können, an welchem Punkt der Struktur er sich befindet.[787] Es sind Metadaten bereitzustellen, um semantische Informationen zu Seiten hinzuzufügen[788].

d)   Sprachliche Anforderungen
Anforderung 14 der BITV an eine barrierefreie Internetplattform betrifft die Content-Provider[789] der Webangebote und sollte bei Angeboten öffentlicher Stellen eigentlich eine Selbstverständlichkeit sein: die Verwendung einer klaren und einfachen Sprache. Diese Anforderung senkt nicht nur die Barrieren für Menschen, die kognitive oder Lernschwierigkeiten haben. Sie erleichtert es auch Menschen, deren Muttersprache nicht deutsch ist,

---

785 Dementsprechend bestimmt die BITV, dass das Ziel eines jeden Hyperlinks auf eindeutige Weise identifizierbar sein muss, 13.1 BITV.

786 Gesamtübersicht über den Aufbau eines Internetangebots.

787 Vgl. auch *Gappa, „Barrierefreies e-Government für Alle"* in: Bieler/Schwarting (Hrsg.), E-Government, S. 221 (245).

788 Dies kann z. B. durch die Verwendung des RDF Formates geschehen. Hierzu näher: http://www.w3.org/TR/rdf-primer/.

789 Also die Personen, die die Inhalte des jeweiligen Angebotes erstellen.

gleichberechtigt auf Informationen zugreifen und diese für sich nutzbar machen zu können. Unter „klarer und einfacher" Sprache ist nicht nur der Verzicht auf unnötige Fremdwörter und Anglizismen zu verstehen, sondern auch ein einfacher Satzbau sowie die Einhaltung grammatikalischer Grundregeln. Eine weit verbreitete und ebenfalls angemessene Maßnahme im Sinne dieser BITV Anforderung ist das Unterlegen von Fremdwörtern mit einem deutschen Synonym, welches durch Mausklick auf das Wort angezeigt wird.

4. Prinzip der Robustheit der Technik

Über das Prinzip der Robustheit der Technik soll einerseits sichergestellt werden, dass die im Rahmen der Gestaltung des jeweiligen Angebotes verwendeten Webtechnologien eine möglichst große Interoperabilität und Kompatibilität zu Browsern, Rechnern und Nutzeragenten haben. Darüber hinaus soll auch die Zukunftsfähigkeit der Plattform im Hinblick auf neue Entwicklungen sowohl bei Webbrowsern als auch bei assistiven Technologien gesichert werden.[790]

a) Programmierung

Webangebote werden zumeist in einer so genannten Markup-Sprache „programmiert"[791]. Prominenteste Vertreter sind die Markup-Sprache HTML[792] sowie die Nachfolgerin XHTML[793]. Seit der Erfindung von HTML durch *Berners-Lee* im Jahre 1989 ist die HTML Sprache beständig weiterentwickelt worden. Insbesondere Netscape und Microsoft haben die Markup-Sprache Mitte der 90er Jahre um Elemente erweitert, welche sich mit der Gestaltung des Dokuments befassen, was der ursprünglichen Idee der Systemunabhängigkeit entgegen lief. Um dem entgegenzutreten und ein einheitliches Erscheinungsbild in verschiedenen Browsern zu ermöglichen, wurde die Stylesheet Definition CSS vorgenommen. Nichts desto trotz verwenden viele Programmierer auch heute noch diese „unzulässigen" Befehle zur grafischen Gestaltung. Dies führt dazu, dass Webangebote in speziellen Browsern für Menschen mit Behinderungen nicht mehr darstellbar sind. Die Anforderungen an die Programmierung durch die BITV Anlage sind dementsprechend strikt. Die Programmierung hat sich an den veröffentlichten Definitionen der jeweiligen Markupsprache zu orientieren.

---

790 *Schulte*, in: Wind/Kröger, Handbuch IT in der Verwaltung, S. 389.

791 Es handelt sich bei den Markup-Sprachen nicht um Programmiersprachen wie Basic, Pascal, C++ etc., sondern vielmehr um so genannte Seitenbeschreibungssprachen, mit deren Hilfe dem jeweiligen Internetbrowser vermittelt wird, wie eine bestimmte Seite dargestellt werden soll.

792 Hypertext Markup Language.

793 Hierzu *Mintert* (Hrsg.), „XHTML, CSS und Co. Die W3C-Spezifikationen für das Web-Publishing", 2003.

Insbesondere sind bei der Gestaltung einer Website zwingend Stylesheets zu verwenden, welche der CSS Definition entsprechen müssen.

b)   Abwärtskompatibilität

Die Abwärtskompatibilität[794] wird im Rahmen von Barrierefreiheit im Internet bei der Anwendung von Internetbrowsern relevant. Ältere Browser sind häufig nicht in der Lage, aktuelle Internetstandards (richtig) darzustellen[795], weil sie beispielsweise neue HTML Befehle oder neue Programmiersprachen nicht unterstützen. Bisweilen kann es auch zu Kompatibilitätsproblemen kommen, da die Basisprogrammiersprache HTML zum Teil Browser-spezifische Befehle enthält, die nur von einem bestimmten Browser erkannt und richtig ausgeführt werden. Assistive Technologien können eine richtige Erfassung der Information nur dann bewirken, wenn sie bei dem Aufruf einer Internetseite auf „standard"konformen HTML Programmiercode stoßen. Das Erfordernis bestimmter Browser oder die Verwendung weitere Programme stellt für einen behinderten Internetnutzer ein Hindernis und somit eine Einschränkung zu einer gleichberechtigten Informationsbeschaffung dar. Da sich die Entwicklung der Browser nicht vorhersehen lässt, ist es die nunmehr in der BITV festgeschriebene Aufgabe der Web-Designer, bei der Programmierung der Internetseiten auf die Kompatibilität mit alten und unterschiedlichen Browsern zu achten. Mit der Verwendung von standardkonformen HTML Quelltexten wird diesem Erfordernis Genüge getan, weil auf diese Weise eine optimale Abbildung durch adaptive Technologien erreicht wird[796]. Allerdings macht die BITV die Erfüllung dieser Anforderung davon abhängig, wie groß der Aufwand für eine abwärtskompatible Programmierung ist. Stellt sich der Aufwand als unverhältnismäßig dar, kann von einer Abwärtskompatibilität abgesehen werden[797].

c)   Verwendung neuartiger Technologien

Einer der populären Irrtümer in Bezug auf ein barrierefreies Webdesign ist, dass es dem Programmierer verbietet, neuartige Technologien zu verwenden. Dass dies nicht richtig ist, zeigt ein Blick auf Anforderung 6 der Anlage 1 der BITV. Gefordert wird in Bezug auf die Verwendung neuartiger Technologien lediglich, dass ältere oder mit den neuen Technologien inkompatible Benutzeragenten nicht ausgeschlossen werden. Dies bedeutet, dass beispielsweise HTML Dokumente so aufgebaut werden sollen, dass sie inhaltlich logisch sind und auch ohne so genannte Stylesheets gelesen wer-

---

794 Wenn technisch weiterentwickelte Hard- oder Software mit vorausgegangenen Entwicklungen zusammenarbeiten kann, ist sie abwärtskompatibel.

795 Http://www.agenda-wien-sieben.at/browser.htm.

796 Vgl. *Schweibenz*, JurPC Web-Dok. 193/2004, Abs. 3.

797 Vgl. BITV Anlage 1 Anforderung 10.

den können.[798] Eine Funktion der Website auch ohne Einsatz der neuen Technologien muss gewährleistet bleiben. Wird auf einer Website ein dynamisches Angebot[799] eingesetzt, welches nicht mit allen Benutzeragenten funktioniert, ist ein Äquivalent bereitzuhalten, welches analog zum dynamischen Angebot aktualisiert wird.

d) Öffentlich zugängliche Technologiedokumentation

Alle zur Erstellung eines Internetangebots verwendeten Technologien sollen nach Maßgabe der BITV Anlage 1 öffentlich zugänglich und vollständig dokumentiert sein, soweit dies für die Erfüllung der angestrebten Aufgabe angemessen ist. Beispielhaft werden die vom World Wide Web Consortium entwickelten Technologien genannt. Die Nutzung der W3C Technologien ist grundsätzlich auch sinnvoll, weil diese von der W3C im Rahmen der WAI stets auf ihre Zugänglichkeit überprüft werden und auf einem breiten Industriekonsens beruhen.[800] Auswirkungen könnte diese Regelung unter anderem für die Verwendung des Formates PDF[801] als nicht öffentlich dokumentierter Technologie haben. Das PDF-Format ist in der Praxis inzwischen weit verbreitet. Gerade im Bereich des E-Government ist es durch seine vielfältigen Optionen, wie z. B. der Möglichkeit der Integration digitaler Signaturen, welche die Abwicklung kompletter Verwaltungsprozesse ohne Medienbruch ermöglichen, ein bevorzugt genutztes Format[802]. Regelmäßig scheitert jedoch eine Nutzung mittels assistiver Technologien an der unzureichenden Zugänglichkeit der bereitgehaltenen PDF Dokumente selbst[803]. Anforderung 11.3 der BITV Anlage bestimmt, dass die Nutzung einer unzugänglichen Technologie rechtlich unzulässig ist, wenn und soweit ein barrierefreies funktionales Äquivalent zur Verfügung steht. Diese Anforderung ist im Hinblick auf die theoretische Möglichkeit der barrierefreien Gestaltung eines PDF-Dokumentes[804] dahingehend auszulegen, dass auch ein nicht öffentlich zugängliches und vollständig dokumentiertes Format dann Verwendung finden kann, wenn die vollständige Zugänglichkeit gewährleistet wird.

---

798 Vgl. hierzu auch Richtlinie 6.1 der WCAG.

799 Sammelbegriff für verschiedenartige Mechanismen, Inhalte während ihrer Anzeige dynamisch zu ändern, entweder automatisch oder durch Einwirken der Nutzerin/des Nutzers.

800 Vgl. WCAG Richtlinie 11.

801 Portable Document Format.

802 Daneben bietet sich auch die Verwendung des darstellungsneutralen XML-Formates an, wie dies z. B. bei den Formularmanagementsystemen der Bundesbehörden der Fall ist. Vgl. hierzu Sixt, eGovernment Kompendium 2006, 26, 27. XML entspricht den Anforderungen der BITV.

803 So ist es z. B. möglich, die Markieren/Kopieren Funktion in einem PDF Dokument zu deaktivieren. Allerdings können in einem solchen Fall auch Screenreader das PDF Dokument nicht mehr aus- und vorlesen.

804 Vgl. http://www.einfach-fuer-alle.de/artikel/pdf_barrierefrei/teil1.html.

V.   Barrierefreiheit 2.0

Die der BITV zu Grunde liegenden Anforderungen und Bedingungen basieren grundsätzlich auf den Zugänglichkeitsrichtlinien für Web-Inhalte 1.0 (Web Content Accessibility Guidelines 1.0) des World Wide Web Consortiums vom 5. Mai 1999. Auch wenn es zu diesem Zeitpunkt bereits Anwendungen gab, die als Web 2.0 Anwendungen oder zumindest Vorläuferanwendungen bezeichnet werden können, hat sich dennoch seitdem das Erscheinungsbild des Internets grundlegend gewandelt.

1.   Konfliktbeispiele

Zwei typische Konfliktbeispiele, die sich bei dem Versuch einer barrierefreien Gestaltung von Web 2.0 Plattformen ergeben, sind die Verwendung so genannter Flash-Elemente sowie einer AJAX-Architektur.

a)   Flash-Elemente

Wurden 1999 Webseiten noch hauptsächlich in der Seitenbeschreibungssprache HTML erstellt, setzt sich gerade im Bereich des Web 2.0 die Programmierung ganzer Webseiten mit Hilfe von so genannten „Flash" Objekten immer mehr durch. Auf fast jedem Webangebot gibt es zumindest Flash-Elemente, die teilweise integrale oder konstituierende Bestandteile des Gesamtangebots sind.[805] Bei Flash handelt es sich um eine Webseitengestaltungstechnologie[806], die es Webdesignern ermöglicht, Texte, Grafiken, Animationen, Audio- und Videoelemente in einer multimedialen Webpräsentation zu kombinieren.[807] Die barrierefreie Gestaltung einer Webplattform schließt die Verwendung dieses Programmes nicht grundsätzlich aus. Zwar handelt es sich bei Flash um ein proprietäres Format, es besteht jedoch die grundsätzliche Möglichkeit, zumindest rudimentäre Zugänglichkeit herzustellen.[808] Insbesondere im Hinblick auf Bildschirmleseprogramme für sehbehinderte Menschen ist jedoch problematisch, dass eine Optimierung nur für das so genannte Microsoft Active Accessibility Plugin (MSAA) besteht. Hieraus folgt, dass der Zugriff auf Flash-Inhalte mithilfe von Bildschirmleseprogrammen nur unter Windows 98 (oder neuer) und nur mit dem Microsoft Internet Explorer möglich ist.[809] Im Umkehrschluss

---

805 So können beispielsweise bei der Videoplattform You Tube die eingestellten Filme nur im Flash-Format betrachtet werden.

806 Flash wurde von der Firma Macromedia entwickelt und wird inzwischen von dem Unternehmen Adobe unter dem Namen Adobe Flash vertrieben.

807 *Hellbusch/Kirsch*, Flash – auch für Blinde und Sehbehinderte, http://www.dvbs-online.de/horus/2003-6-3181.htm.

808 Hierzu *Hellbusch/Kirsch*, a. a. O. sowie Adobe Flash CS3 Professional, Benutzerhandbuch, Kapitel 17, S. 348 ff.

809 Siehe auch Adobe Flash C3 Professional, Benutzerhandbuch, S. 349 unter „Plattformanforderungen".

sind all die Nutzer ausgeschlossen, die nicht über dieses Betriebssystem und die entsprechende Software verfügen.

b)   AJAX

Im Hinblick auf die Barrierefreiheit ist auch die Gestaltung einer Plattform mit Hilfe der AJAX (Asynchronous JavaScript and XML) Technologie problematisch, die insbesondere bei Rich User Interfaces (RUI), also Benutzeroberflächen, die denen der Desktop-Applikationen ähnlich sind, eine große Rolle spielen. Die Architektur mit AJAX verhindert, dass jedes Mal die komplette Bildschirmdarstellung neu aufgebaut werden muss, wenn im Rahmen eines derartigen RUI einzelne Schaltflächen wie z. B. „Daten senden" angeklickt werden. Vielmehr ermöglicht AJAX erst ein „Look-and-Feel" von Desktopapplikationen, indem der Nutzer die ganze Zeit auf der gleichen Seite bleibt, während lediglich Teile der Seite neu geladen werden. Notwendige Folge ist eine Einschränkung der Funktionalitäten des Webbrowsers, in welchem die mit AJAX erstellte Seite aufgerufen wird. Da gängige Browser nur statische Versionen einer Seite in der Historie abspeichern, ist die „Zurück"-Funktion in der Regel nicht mehr sinnvoll nutzbar.[810] Die fehlende Statik und asynchrone Interaktion mit dem Webserver wirkt sich auch negativ auf die häufig browserbasierten assistiven Technologien aus.[811]

2.   Konfliktbeilegung?

Die Beispiele zeigen auf, dass Web 2.0 Plattformen und barrierefreie (und damit rechtskonforme) Gestaltung von eben diesen Plattformen scheinbar unvereinbar gegenüberstehen. Nach dem Wortlaut der BITV „sind" Angebote gemäß der Anlage zur BITV zu gestalten. Allerdings findet sich in Anforderung 11 in Bedingung 11.3 die Aussage, dass, soweit auch nach „bestem Bemühen" die Erstellung eines barrierefreien Internetangebots nicht möglich ist, ein alternatives barrierefreies Angebot zur Verfügung zu stellen ist. Dieses muss äquivalente Funktionalitäten und Informationen gleicher Aktualität enthalten, soweit es die technischen Möglichkeiten zulassen.

Die Verordnung zielt damit zwar grundsätzlich darauf, Sonderlösungen für behinderte Menschen oder für einzelne Gruppen behinderter Menschen zu vermeiden.[812] Dennoch wird nicht ausgeschlossen, dass für Technolo-

---

810 Vgl. *Alby*, Web 2.0, S. 135 ff.

811 Vgl. Edwards, „AJAX and Screenreaders: When Can it Work", sitepoint v. 05. 05. 2006 – http://www.sitepoint.com/article/ajax-screenreaders-work.

812 Begründung zur Verordnung zur Schaffung barrierefreier Informationstechnik nach dem Behindertengleichstellungsgesetz (BITV), Begründung zu Nr. 11.3 der Anlage 1. Aus dieser geht auch hervor, dass die Erstellung eines Internetangebots, dass für alle Benutzergruppen gleichermaßen uneingeschränkt nutzbar ist, Vorrang insbesondere vor einer explizit nicht wünschenswerten „Nur-Text-Lösung" als Alternative zum eigentlichen Internetangebot hat.

gien, deren Einsatz „unverzichtbar" ist, noch keine barrierefreien Lösungen vorliegen sondern erst noch entwickelt werden müssen.[813] Für diese Ausnahmefälle wird die Möglichkeit eröffnet, bis zum Vorliegen barrierefreier Lösungen zeitweise, im Rahmen der technischen Gegebenheiten, ein alternatives Angebot, das äquivalente Funktionalitäten und Informationen gleicher Aktualität enthält, anzubieten.[814]

a) Unverzichtbarkeit und „Progressive Enhancement"-Prinzip

Daraus resultiert, dass die Schaffung einer Web 2.0 Plattform nicht an den Anforderungen der Barrierefreiheit respektive der Unmöglichkeit der Vereinbarkeit bestimmter Techniken scheitern muss. Allerdings muss der Einsatz der Technologien objektiv unverzichtbar, also für die Frage der Existenz der Plattform mit den vorgesehenen Funktionalitäten von großer Bedeutung sein.[815] Nach dem Prinzip des so genannten „Progressive Enhancement" ist eine Website zunächst so zu programmieren, dass alles, was essentiell ist, barrierefrei funktioniert. Erst in einem zweiten Schritt sollten Extras hinzugefügt werden, die nicht oder nicht unmittelbar barrierefrei sind.[816] Der Plattformbetreiber ist zudem verpflichtet, regelmäßig und aktiv zu prüfen, ob in Folge der technologischen Entwicklung barrierefreie Lösungen verfügbar und einsetzbar sind. Sind zumindest äquivalente barrierefreie Lösungen verfügbar, sind diese unmittelbar den eingesetzten nicht oder nur teilweise barrierefreien Technologien vorzuziehen.[817]

b) BITV 2.0?

Ausweislich der Begründung der BITV orientiert sich diese insbesondere bei der Festlegung der technischen Anforderungen an die Barrierefreiheit an den „derzeitigen technischen Möglichkeiten". In der BITV des Bundes findet sich indes mit § 5 BITV eine Regelung, nach welcher die Verordnung unter Berücksichtigung der technischen Entwicklung regelmäßig zu überprüfen ist. Diese Überprüfung soll insbesondere dann erfolgen, wenn entweder

1. eine neue, offiziell verabschiedete Fassung der Web Content Accessibility Guidelines vorliegt,

---

813 Begründung zur Verordnung zur Schaffung barrierefreier Informationstechnik nach dem Behindertengleichstellungsgesetz (BITV), Begründung zu Nr. 11.3 der Anlage 1.

814 Begründung zur Verordnung zur Schaffung barrierefreier Informationstechnik nach dem Behindertengleichstellungsgesetz (BITV), Begründung zu Nr. 11.3 der Anlage 1.

815 Hier bedarf es insbesondere bei Flash-Elementen eines erhöhten Begründungsaufwandes.

816 Vgl. *Platz*, „Barrierefreiheit ist die Grundidee des Internet", Netzzeitung v. 01. 11. 2006; *Olsson*, „Graceful Degradation & Progressive Enhancement", http://accessites.org/site/2007/02/graceful-degradation-progressive-enhancement/.

817 Begründung zur Verordnung zur Schaffung barrierefreier Informationstechnik nach dem Behindertengleichstellungsgesetz (BITV), Begründung zu Nr. 11.3 der Anlage 1.

2. „völlig neue" Web-Technologien und Tools, die das Problem der Barrierefreiheit fundamental berühren, verfügbar sind, oder

3. erhebliche neue Zugangsprobleme festgestellt wurden, die in den Standards der BITV noch nicht berücksichtigt sind.

Es ist zu erwarten, dass eine Neufassung der WCAG noch im Laufe des Jahres 2008 offiziell verabschiedet wird.[818] In diesem wird eine technische Spezifikation speziell für so genannte Accessible Rich Internet Applications (ARIA[819]) integriert werden, welche insbesondere auf Web 2.0 Angebote zugeschnitten ist.[820]

VI.   Exkurs 1: Wirtschaftlichkeit

1.   Bedenken

Gerade auf kommunaler Ebene wird in Bezug auf die Notwendigkeit eines barrierefreien Webdesigns mit Unverständnis reagiert. So vertritt der bayerische Gemeindetag die Auffassung, dass „es wohl nicht sein könne, dass kleinere Gemeinden mit relativ wenigen sehbehinderten Mitbürgerinnen und Mitbürgern große Aufwendungen in den Bereich der neuen Medien zu tätigen haben"[821] An dieser Erklärung wird zum einen deutlich, dass immer noch eine fehlerhafte Reduktion des Begriffes der Barrierefreiheit auf behindertenfreundliche Gestaltung stattfindet, zum anderen aber auch, dass hinsichtlich der Kosten eines barrierefreien Internetangebotes Fehlvorstellungen bezüglich der Höhe bestehen.

a)   Traffic und Wartungskosten

Dies ist jedoch nicht unbedingt der Fall. Zwar wird in vielen Fällen das Redesign einer Plattform in der Tat nicht unwesentliche Anlaufkosten verursachen. Die Höhe der, für den Umstellungsaufwand für die bestehenden Angebote als auch der Zusatzaufwand bei der Neukonzeption von Internetauftritten, zu veranschlagenden Kosten kann im Einzelfall aufgrund der Vielfältigkeit und Komplexität der Gestaltungsmöglichkeiten (Seitenanzahl, Seitengestaltung, Steuerung, Verlinkungen, eingesetzte Softwareprodukte) sehr unterschiedlich ausfallen.[822] Allein durch die Verschlankung

---

818 Siehe hierzu bereits oben, S. 172.

819 ARIA 1.0 – Working Draft v. 06. 08. 2008 – online abrufbar unter: http://www.w3.org/TR/wai-aria/.

820 *Hexelschneider*, „Web 2.0 – Dynamische Webinhalte und Barrierefreiheit", Blogartikel v. 07. 12. 2007 – online abrufbar unter: http://wissensmanagement.terapad.com/index.cfm?fa=contentNews.newsDetails&newsID=44358&from=list.

821 *Dix*, BayGTZeitung 2003, 466 ff.

822 *Schmahl*, KommunalPraxis BY 2007, 84 (87) die darauf hinweist, dass die Höhe der Umstellungskosten letztendlich entscheidend davon abhängen wird, welche Bedeutung der Barrierefreiheit bisher bei der Erstellung des jeweiligen Internetauftritts beigemessen wurde und

des Codes auf Grund einer Markup-Sprachekonformen Programmierung und der damit einhergehenden Trennung von Inhalt und Layout kann jedoch der Traffic einer Website und damit die Höhe der Fixkosten stark sinken[823]. Auch die Wartungskosten eines Webangebotes sinken langfristig auf Grund der besseren Übersichtlichkeit und Nachvollziehbarkeit des Programmiercodes.[824] Unter Nachhaltigkeitsgesichtspunkten ist eine barrierefreie Gestaltung einer Website kostensparend.

b) Ausweitung der Reichweite

Bei einem Verzicht auf ein barrierefreies Webdesign werden automatisch viele relevante Benutzergruppen ausgeschlossen. Hierbei handelt es sich nicht nur um die eigentliche Zielgruppe der Gleichstellungsgesetze, die Behinderten, sondern auch um Menschen mit älteren oder seltenen Computern, Internetbrowsern und Betriebssystemen. Spätestens mit der Einführung des iPhones der Firma Apple Computer im Jahr 2007 findet zudem das mobile Internet immer mehr Verbreitung in der Bundesrepublik. Es ist zu erwarten, dass innerhalb der nächsten Dekade der Bedarf an mobilen E-Government-Lösungen exponentiell steigen wird. Diese Nutzergruppen können jedoch nur erschlossen werden, wenn ein barrierefreies Design, welches insbesondere die Anforderungen an die universelle Nutzbarkeit erfüllt, gewählt wird. Bereits heute ist in Unternehmensnetzwerken die Nutzung von aktiven Inhalten (also z. B. auf der Basis von Microsoft ActiveX oder JavaScript) aus IT-Sicherheitsaspekten nicht mehr zulässig respektive deaktiviert. Eine nicht barrierefreie E-Government-Plattform, die auf die Nutzung dieser nur wenig zugänglichen Technologien setzt, schließt auch diese wichtigen Nutzergruppen aus.

2. Fazit

Die Wirtschaftlichkeitsbedenken sind unter Berücksichtigung dieser Aspekte zu vernachlässigen und als Begründung für eine Einschränkung der Barrierefreiheit nicht diskutabel.

VII. Exkurs 2: Durchsetzung

Der § 11 Abs. 1 BGG und seine landesrechtlichen Pendants geben dem einzelnen Betroffenen grundsätzlich einen Rechtsanspruch auf eine barrierefreie E-Government-Plattform. Überdies hat der Gesetzgeber es für notwendig erachtet, besondere prozessuale Instrumente zur Förderung der

---

ob für die Herstellung der Barrierefreiheit Fremdleistungen in Anspruch genommen werden müssen.

823 Das Infoportal www.wien.at konnte nach der Umstellung auf ein barrierefreies Webdesign bei gleich bleibender Besucherzahl eine Ersparnis von über 400 Gigabyte Traffic im Monat verzeichnen.

824 So auch die Einschätzung von *Schmahl*, KommunalPraxis BY 2007, 84 (87).

Durchsetzbarkeit im BGG festzuschreiben. Der einzelne behinderte Bürger kann im Rahmen einer allgemeinen Leistungsklage nach den allgemeinen Regeln seinen Anspruch auf barrierefreien Zugang zu den Webangeboten öffentlicher Stellen prozessual geltend machen. Daneben sind in den §§ 12 und 13 BGG besondere Vertretungsbefugnisse anerkannter Verbände, welche nach ihrer Satzung ideell und nicht nur vorübergehend die Belange behinderter Menschen fördern und die sonstigen in § 13 Abs. 3 S. 2 BGG enumerativ aufgelisteten Voraussetzungen erfüllen, geregelt.

1. gesetzliche Prozessstandschaft

Während Vereine und Verbände grundsätzlich nicht prozessual berechtigt sind, unmittelbar in eigenem Namen in Prozessstandschaft für ihre Mitglieder deren Rechte wahrzunehmen, auch dann nicht, wenn die Wahrung dieser Rechte Vereinszweck ist[825], soll bei einer Verletzung eines Rechtes aus dem BGG eines einzelnen behinderten Menschen an dessen Stelle und mit dessen Einverständnis ein derartiger Verband nach Maßgabe des § 12 BGG[826] selbst Rechtsschutz beantragen dürfen. § 12 BGG orientiert sich insofern an § 63 SGB IX, welcher für den Bereich der Sozialleistungen bereits ein Klagerecht der Verbände in Form einer gesetzlichen Prozessstandschaft eingeführt hat. Hierdurch soll dem besonderen Interesse behinderter Menschen an einer sachnahen Prozessführung und dem Selbsthilfegruppencharakter, welcher gerade bei Verbänden behinderter Menschen weit verbreitet sei, Rechnung getragen werden.[827] Diese gesetzliche Spezialregelung der Klagebefugnis eines derartigen Verbandes kann im Falle des § 12 BGG allerdings nicht weiter reichen als die Klagebefugnis der Person, deren Rechte geltend gemacht werden. Es müssen die gleichen Sachurteilsvoraussetzungen erfüllt sein wie bei einer Klage durch die vertretene Person selbst.[828]

2. Öffentlich-rechtliche Verbandsklage

Zusätzlich eröffnet der § 13 BGG den Verbänden nach § 13 Abs. 3 BGG die Möglichkeit einer öffentlich-rechtlichen Verbandsklage. Der klagende Verband oder Verein muss hierzu nicht in eigenen subjektiven Rechten verletzt sein. Ihm wird die allgemeine Befugnis zuerkannt, die tatsächliche Anwendung von denjenigen Vorschriften durchzusetzen, die dem Schutz behinderter Menschen dienen sollen[829]. Die Verbandsklage ist nach dem Willen des Gesetzgebers als Feststellungsklage ausgestaltet, was dazu führen soll,

---

825 St. Rspr. BVerwGE 54, 212; 61, 341; teilweise a. A. *Brohm* VVDStRL 1972, 245 (301).

826 Die Landesgleichstellungsgesetze haben entsprechende Regelungen, vgl. z. B. Art. 15 BayBGG.

827 BT Drs. 14/7420, S. 30.

828 So ausdrücklich Art. 15 Satz 3 BayBGG.

829 Eine Enumeration findet sich in § 13 Abs. 1 BGG.

dass sich eine mit dem BGG in Einklang stehende Verwaltungspraxis aus-
bildet. Besondere Zulässigkeitsvoraussetzung einer derartigen Klage ist
nach § 13 Abs. 2 BGG[830] indes, dass der Verband durch die Maßnahme in
seinem satzungsgemäßen Aufgabenbereich berührt wird. Überdies ist die
Verbandsklage ihrem Charakter als Feststellungsklage entsprechend subsidiär zu der Möglichkeit eines Betroffenen selbst oder mit Unterstützung
eines Verbandes nach § 12 BGG Klage zu erheben. Auch wenn der Betroffene die Klagemöglichkeit – möglicherweise bewusst – verstreichen lässt,
ist die Klage nach § 13 Abs. 1 BGG grundsätzlich unzulässig. Etwas anderes
gilt nur dann, wenn das in § 13 Abs. 2 BGG festgeschriebene besondere
Feststellungsinteresse eines Falles mit allgemeiner Bedeutung vorliegt.
Eine derartige allgemeine Bedeutung ist nach § 13 Abs. 2 Satz 3 BGG beispielsweise bei Vorliegen einer Vielzahl gleich gelagerter Fälle gegeben. Auf
Bundesebene ist der öffentlich-rechtlichen Verbandsklage zwingend ein
„Vorverfahren" entsprechend § 68 VwGO vorgeschaltet[831]. Hierbei kann es
sich jedoch nicht um ein Widerspruchsverfahren im klassischen Sinne handeln[832], da mangels Vorliegen eines Verwaltungsaktes ein solcher regelmäßig nicht überprüft werden kann. Sinnvoller Weise muss der Verband
zur Wahrung des Rechtsschutzinteresses vor der Klageerhebung die öffentliche Stelle zu einer Stellungnahme bezüglich der behaupteten Rechtsverletzung auffordern[833]. Diese soll – beispielsweise im Falle eines Web 2.0
Plattformangebotes – noch einmal die Gelegenheit erhalten, die Rechtmäßigkeit desselben selbst zu überprüfen. Wenn die Behauptungen für
zutreffend erachtet werden, kann entsprechend § 72 VwGO ein rechtskonformer Zustand hergestellt werden. Die übrigen Vorschriften des 8. Ab-
schnittes der VwGO, wie z. B. das Fristerfordernis des § 70 Abs. 1 VwGO,
sind bei einer dem Gesetzeszweck entsprechenden Interpretation des insoweit zu weit gefassten § 13 Abs. 2 Satz 3 BGG[834] nicht anwendbar.

Anderenfalls wäre bei entsprechender Anwendung der in § 70 iVm § 58
VwGO niedergelegten Grundsätze die Durchführung eines Verfahrens nur
ein Jahr ab dem Zeitpunkt möglich, in dem der Verband von dem rechtswidrigen Zustand hätte Kenntnis erlangen können[835]. Dies ist bei einem
Internetangebot im Sinne des § 11 BGG aber faktisch ab dem Zeitpunkt der
öffentlichen Publikation durch Upload der Fall. Eine weitere Vorausset-

---

830 In Bayern Art. 16 Abs. 2 BayBGG.
831 Vgl. § 13 Abs. 2 Satz 4 BGG.
832 Vgl. insofern die unglückliche Formulierung in BT-Drs. 14/7420, S. 30.
833 Vgl. insofern die gelungenere Regelung des Art. 16 Abs. 2 Satz 4 BayBGG.
834 Welcher den gesamten 8. Abschnitt der VwGO für entsprechend anwendbar erklärt.
835 Vgl. z. B. die Rechtsprechung zum Nachbarrechtsschutz gegen begünstigende Verwaltungs-
akte BVerwGE 44, 300; NVwZ 1988, 532.

zung für die prozessuale Durchsetzung eines barrierefreien Webangebotes ist der Ablauf der Umsetzungsfristen.[836]

3. Landesrechtliche Besonderheiten

Bei alledem ist jedoch zu beachten, dass die Bundesländer bezüglich der konkreten Verpflichtungen im Vergleich zur Bundesregelung die Anforderungen an die Umsetzungen teilweise verwässert haben. So weist beispielsweise die bayerische Regelung[837] einige Besonderheiten auf.

a) Sollvorschrift

Im Gegensatz zur zwingenden Regelung des § 11 Abs. 1 BGG iVm. BITV-Bund sind beispielsweise die Vorgaben an die Umsetzung in der Bayerischen Verordnung zur Schaffung barrierefreier Informationstechnik sehr viel weniger streng. So „sollen" Behörden und sonstige öffentliche Stellen des Freistaates Bayern lediglich ihre Inter- und Intranetauftritte nach den Vorgaben der BITV erstellen. Bereits bestehende Angebote „sollen" bis zum 31. Dezember 2010 umgestaltet werden, wenn sie sich speziell an behinderte Menschen richten, ansonsten besteht eine (mit einer Länge von acht Jahren durchaus als geräumig zu bezeichnende) Umsetzungsfrist bis zum 31. Dezember 2014, § 3 Abs. 1 und 2 BayBITV.

Im Hinblick auf die grundrechtliche Relevanz der Barrierefreiheit und auf das seit 1998 auch in der Bayerischen Verfassung verankerte Benachteiligungsverbot des Art. 118a BV[838] ist diese Bestimmung eng auszulegen. Von einer Umsetzungsverpflichtung kann nur in begrenzten Ausnahmefällen abgesehen werden. Diese sind in § 3 Abs. 3 BayBITV abschließend aufgezählt. Hiernach kann von einem barrierefreien Angebot ganz abgesehen werden, soweit die Herstellung der Barrierefreiheit aus finanziellen, wirtschaftlichen und verwaltungsorganisatorischen Gründen unverhältnismäßig oder aus technischen Gründen unmöglich ist. Als Beispiel für Fälle der „Unverhältnismäßigkeit" nennt *Schmahl*[839] „länderübergreifende Fachverfahren, deren Wartung und Pflege nicht allein beim Freistaat Bayern liegen". Als Beispiel „technischer Unmöglichkeit" wird die Unentbehrlichkeit grafischer Elemente wie z. B. von Plänen und Kartenmaterial genannt.[840]

---

836 Auf Bundesebene ist dies am 1. Januar 2006 der Fall gewesen. Auf Landes- beziehungsweise auf kommunaler Ebene wird sich diese Frist entsprechend dem Stand des Gesetzgebungsverfahrens verlängern.

837 Bayerische Verordnung zur Schaffung barrierefreier Informationstechnik (Bayerische Barrierefreie Informationstechnik-Verordnung – BayBITV) vom 24. 10. 2006 – GVBl. 22/2006, S. 801.

838 Dessen S. 1 lautet „Menschen mit Behinderung dürfen nicht benachteiligt werden."

839 *Schmahl*, KommunalPraxis BY 2007, 84 (86).

840 *Schmahl*, KommunalPraxis BY 2007, 84 (87).

b) Bloße Empfehlung

Auf kommunaler Ebene schließlich hat die Umsetzung der Anforderungen der BITV nicht einmal mehr Soll-Charakter. Nach § 4 BayBITV wird den Gemeinden, Gemeindeverbänden und sonstigen der Aufsicht des Freistaates Bayern unterstehenden juristischen Personen des öffentlichen Rechts mit Ausnahme des Bayerischen Rundfunks und der Bayerischen Landeszentrale für neue Medien nur mehr „empfohlen", ihre Internet- respektive Intranetauftritte barrierefrei zu gestalten. Hieraus folgt, dass in Bayern die Kommunen (und nach § 4 S. 2 BayBITV auch die Landratsämter) scheinbar eigenmächtig entscheiden können, ob sie bei der Schaffung eines Web 2.0 E-Government-Angebotes die Standards der BITV beachten wollen. Eine plausible und insbesondere sachliche Begründung für diese Ausnahmeregelung ist nicht ersichtlich. Im Hinblick auf Art. 3 Abs. 3 S. 2 GG und dessen landesverfassungsrechtlichen Pendant, dem Benachteiligungsverbot in Art. 118a BV ist die „Empfehlung" verfassungskonform als (ebenfalls eng auszulegende) Sollvorgabe zu lesen.

C. Zusammenfassung

Die Frage nach der rechtskonformen Modellierung einer Web 2.0 E-Government Plattform ist zugleich die Frage nach den Anforderungen an die Zugänglichkeit beziehungsweise „Barrierefreiheit" des konkreten Plattformangebots der öffentlichen Hand. Barrierefreiheit ist immer dann gegeben, wenn behinderten Menschen ein gestalteter Lebensbereich in der allgemein üblichen Weise, ohne besondere Erschwernis und grundsätzlich ohne fremde Hilfe zugänglich und nutzbar ist. Im Gegensatz zur „Behindertenfreundlichkeit" oder „Behindertengerechtheit" zielt Barrierefreiheit auf eine Einbeziehung behinderter Menschen in die allgemeine soziale Umgebung. Zielvorgabe ist ein egalitärer Zugang im Rahmen eines „universal designs". Die normativen Grundlagen für den diskriminierungsfreien Zugang zu allen Internetangeboten der öffentlichen Hand (und somit auch für Web 2.0 E-Government Plattformen) wurden für den Bereich der Bundesverwaltung auf nationaler Ebene mit dem Behindertengleichstellungsgesetz (BGG) geschaffen. Dieses wiederum verweist auf die Barrierefreie Informationstechnik-Verordnung (BITV), in welcher klare Vorgaben für die barrierefreie Gestaltung von Webauftritten enthalten sind und die von einem Großteil der Landesgleichstellungsgesetze auch für die Länder als verbindlich übernommen wurde. Diese Vorgaben beziehen sich nicht konkret auf zu verwendende Technologien oder gar bestimmte Produkte, sondern sind vielmehr als Zielvorgaben für ein barrierefreies IT-Angebot der öffentlichen Hand zu verstehen. Explizit angelehnt ist die derzeitige Fassung der BITV an die Web Content Accessibility Guidelines in der Version 1.0 (WCAG 1.0), die eine Empfehlung des World Wide Web Consortiums

(W3C) darstellen. Die insgesamt vierzehn Einzelanforderungen lassen sich in vier Grundprinzipien unterteilen, die gleichzeitig die vier Säulen einer barrierefreien Internetplattform der öffentlichen Hand darstellen.

Die dem Prinzip der Wahrnehmbarkeit unterzuordnenden Anforderungen legen fest, dass alle Funktionen und Informationen eines Internetangebotes so präsentiert und aufbereitet werden, dass sie von jedem Nutzer wahrgenommen werden können. Dies betrifft insbesondere die im Web 2.0 besonders wichtigen audio-visuellen Inhalte, aber auch Designvorgaben wie die Farbgestaltung (Stichwort: rot-grün Blindheit).

Das Prinzip der Operabilität beziehungsweise Bedienbarkeit soll sicherstellen, dass Interaktionselemente von Anwendungen – die gerade auch bei Web 2.0 Plattformen eine große Rolle spielen – von allen Menschen nutzbar sind.

Eng mit dem Usability-Konzept, welches insbesondere für Web 2.0 Plattformen große Bedeutung hat, ist das Prinzip der Verständlichkeit verknüpft. Dieses soll die Bedienbarkeit einer Internetplattform als auch die Verständlichkeit der dargebotenen Inhalte sicherstellen und ist somit nicht nur für die Barrierefreiheit, sondern auch für den Erfolg und die Akzeptanz der Plattform konstitutiv.

Schließlich sichert das Prinzip der Robustheit der Technik einerseits eine möglichst große Interoperabilität und Kompatibilität zu Browsern, Rechnern und Nutzeragenten. Darüber hinaus ist es auch für die Sicherung der Zukunftsfähigkeit der Plattform im Hinblick auf neue Entwicklungen sowohl bei Webbrowsern als auch bei assistiven Technologien unverzichtbar.

Konfliktpotentiale der Anforderungen an die Barrierefreiheit resultieren daraus, dass die Basis der BITV, die WCAG 1.0, bereits 1999 erstellt wurde und sich das Erscheinungsbild des Web seitdem grundlegend geändert hat. Typische Technologien, die vermehrt zur Gestaltung von Web 2.0 Plattformen verwendet werden (z. B. Flash oder AJAX), sind nur schwer mit den Anforderungen der BITV vereinbar. Eine attraktive Plattformgestaltung analog privater Angebote ist dennoch nicht ausgeschlossen, wenn der Technologieeinsatz „unverzichtbar" ist und auch nach „bestem Bemühen" Barrierefreiheit nicht hergestellt werden kann. Um diesen Anforderungen gerecht zu werden, ist eine Plattform nach dem Prinzip des „Progressive Enhancement" so zu gestalten, dass alles, was essentiell ist, barrierefrei funktioniert. Erst in einem zweiten Schritt sollten Extras hinzugefügt werden, die nicht oder nicht unmittelbar barrierefrei sind. Für diese Inhalte kann dann – entgegen der Grundidee der Barrierefreiheit – ein Alternativangebot bereitgehalten werden. Abhilfe wird hier aller Voraussicht nach die Neufassung der WCAG (Version 2.0) schaffen, die Empfehlungen für Web 2.0 Angebote enthalten soll und die bei einer Neufassung der BITV zu berücksichtigen ist.

Derzeit bestehende Bedenken gegen die Wirtschaftlichkeit barrierefreier E-Government Angebote sind unbegründet. Sowohl unter dem Aspekt der Wartungs- als auch der sonstigen Betriebskosten ist die barrierefreie Gestaltung einer Plattform im Ergebnis kostensparend. Zudem werden durch ein nicht barrierefreies Angebot neben behinderten Bürgen auch viele weitere, für die Betreiberkommune relevante Zielgruppen ausgeschlossen. So ist z. B. mit der zunehmenden Verbreitung des mobilen Internets und weiter sinkenden Zugangskosten auch für Verbindungen über das Mobilfunktelefon ein steigender Bedarf an mobilen E-Government-Lösungen zu erwarten, die jedoch geräte- und softwareunabhängig zugänglich sein müssen. Im Ergebnis begegnet also die Schaffung einer Plattform, die nicht barrierefrei ist, den größeren Wirtschaftlichkeitsbedenken, da ein (kostenträchtiges) Redesign in absehbarer Zeit zu erwarten ist.

Zumindest auf Bundesebene haben Betroffene die Möglichkeit, im Rahmen einer allgemeinen Leistungsklage einen Anspruch auf barrierefreien Zugang zu einer Web 2.0 E-Government Plattform geltend zu machen. Zudem besteht, entgegen den üblichen prozessualen Grundsätzen, die Möglichkeit einer Prozessstandschaft durch einen Verein oder Verband für ein betroffenes Mitglied. Aber auch eine öffentlich-rechtliche Verbandsklage auf Herstellung von Barrierefreiheit ist denkbar.

So scharf somit die Durchsetzungsmöglichkeiten auf Bundesebene sind, so abgeschwächt stellen sie sich mitunter auf Landes- beziehungsweise auf kommunaler Ebene dar. Nach der bayerischen BITV wird Kommunen lediglich „empfohlen", ihre Internetauftritte barrierefrei zu gestalten. Eine nachvollziehbare Begründung für diese Rechtsverkürzung besteht insbesondere im Hinblick auf Art. 3 GG und dessen landesverfassungsrechtlichem Pendant, dem Benachteiligungsverbot in Art. 118a BV, nicht. Bei verfassungskonformer Auslegung ist eine derartige „Empfehlung" als (eng auszulegende) Sollvorgabe zu lesen.

Kapitel 4:
Rechtskonformer Betrieb

A. Spannungsfeld Betrieb

Eines der größten und meistdiskutierten Spannungsfelder im Bereich Web 2.0 ist die Frage nach der Verantwortlichkeit der Plattformbetreiber für „Betriebsstörungen". Die hier verwendete Metapher der Betriebsstörungen ist dabei in einem weiten Sinne zu verstehen. Erfasst werden grundsätzlich alle Vorkommnisse, die den reibungslosen Ablauf des Plattformbetriebes beeinträchtigen. Im Kontext des Web 2.0 interessieren hierbei weniger die Problematiken, die mit einem eventuellen Verfügbarkeitsmangel der Plattform durch rein technische Fehlfunktionen, z. B. auf Grund eines Serverausfalles, einhergehen. Diese unterscheiden sich nicht von denen, die bei Ausfällen herkömmlicher E-Government-Plattformen auftreten und sind mit Hilfe der Instrumentarien des Sachmängelgewährleistungsrechts beziehungsweise der vertraglichen Vereinbarungen mit dem jeweiligen Serviceprovider zu lösen.

Rechtlich um ein vielfaches problematischer sind Betriebsstörungen, die weniger technischen, sondern menschlichen Ursprungs sind und den Plattformbetrieb gewissermaßen von innen stören: Rechtsverletzungen durch die Plattformnutzer. Es handelt sich bei dieser Problematik um die juristische Kehrseite der User-Generated-Content Medaille. Die Beiträge und die Beteiligung der Nutzer sind, gerade auch im E-Government-Bereich, essentiell für den Erfolg einer Web 2.0 Plattform.[841] Gerade mit diesen Beiträgen geht jedoch auch ein mitunter unüberschaubar anmutendes Haftungsrisiko auf Seiten der Betreiberkommune einher. Immer wieder beschäftigen Entscheidungen, die eine Verantwortlichkeit von Forenbetreibern oder Bloggern für eine rechtswidrige Handlung eines Dritten zum Gegenstand haben, die Publikumsmedien, die mit Meldungen wie „Gnadenlose Richter verbieten Web 2.0"[842] naturgemäß zur Verunsicherung beisteuern. Die Klärung der Frage, ob und in welchem Umfang die öffentliche Hand als Betreiberin einer Web 2.0 Plattform für nutzergenerierte Betriebsstörungen einzustehen hat, ist hierbei mitunter existentiell. Eine – angesichts der bisweilen überaus scharfen Rechtsprechung[843] – durchaus denkbare strafbewehrte Verpflichtung zur Vermeidung von Rechtsverletzungen durch Nutzer zieht regelmäßig einen nicht unerheblichen Personal- und Kostenaufwand nach

---

841 Siehe S. 22.

842 Spiegel Online v. 21. 06. 2007 – http://www.spiegel.de/netzwelt/web/0,1518,490006,00. html.

843 Hier sticht insbesondere die Pressekammer des Landgerichtes Hamburg heraus, dazu näher unten S. 204 sowie S. 218.

sich, der insbesondere finanzschwächere Kommunen zu einer Einstellung des Angebotes zwingen würde.[844]

Um einem solchen GAU zu verhindern, bedarf es einer Haftungsvermeidungsstrategie. Wie eine solche sinnvoll gestaltet und rechtskonform umgesetzt werden kann, ist bislang weitestgehend ungeklärt. Zweierlei ist hierbei zu beachten und zu beantworten. Zunächst stellt sich die Frage, ob die öffentliche Hand als Anbieterin eines neuen öffentlichen Kommunikationsraumes[845] ähnlich einem privaten Anbieter einer Web 2.0 Plattform handeln darf oder ob und wenn ja, welche besonderen Regeln, insbesondere für die Zulassung zu und zum Ausschluss von Internetkommunikation über diese Plattformen, gelten.

Um die Problematik des rechtskonformen Betriebes einer Web 2.0 Plattform der öffentlichen Hand zu verdeutlichen, seien colorandi causa zwei Beispiele dargestellt, welche als Ausgangspunkt für die weitere Erörterung dienen sollen.

I. Ausgangsbeispiel: Plattform „Tolerantes Brandenburg"

Das erste Ausgangsbeispiel basiert auf einem Fall, der im Jahr 1999 das Landgericht Potsdam beschäftigte[846] und zu einem der ersten und bislang wenigen Fälle zählt, die die Haftung der öffentlichen Hand als Betreiberin einer Plattform mit User-Generated-Content-Inhalten betrafen. Die Landesregierung Brandenburg war Initiatorin eines von ihr so bezeichneten „Handlungskonzeptes gegen Gewalt, Rechtsextremismus und Fremdenfeindlichkeit" mit dem Titel „Tolerantes Brandenburg", welches die „Förderung von Meinungsvielfalt und Toleranz gegenüber Ansichten anderer Menschen" zum Ziel hatte. Im Rahmen dieses Handlungskonzeptes wurde ein Internet-Wettbewerb veranstaltet, bei dem Jugendliche und junge Erwachsene bis 25 Jahre eingeladen waren, zu den Themen Gewalt, Rechtsextremismus und Fremdenfeindlichkeit Stellung zu nehmen. Die Landesregierung stellte für den Wettbewerb eine Internet-Seite zur Verfügung. Im Rahmen dieses Wettbewerbs wurde ein Beitrag zweier Jugendlicher mit der Überschrift „Ausländerfeindlichkeit und Rassismus: XYZ-Partei besetzt faschistische Themen" auf dieser Webseite unter Namensnennung der Autoren veröffentlicht. Dies wollte die XYZ-Partei, die schon die Überschrift des Artikels als „pauschale Verunglimpfung" und Schmähkritik

---

844 Dies gilt umso mehr, als die Kommunen bereits aus haushaltsrechtlichen Erwägungen heraus die Frage der Finanzierbarkeit positiv klären müssen.
845 Zur (hier nicht zu vertiefenden) Frage, ob das Internet die (politische) Kommunikation bereichert, indem ein neuer öffentlicher Kommunikationsraum im Allgemeinen entsteht, vgl. *Jarren*, Internet – neue Chancen für die politische Kommunikation? Aus Politik und Zeitgeschichte, B 40/98, S. 13.
846 LG Potsdam, Urt. v. 08. 07. 1999 – 3 O 317/99 – MMR 1999, 739, m. Anm. *Schmitz*, CR 2000, 124; *Vahle*, DSB 200, Nr. 3, 16; *Becker*, DStR 2001, 1539.

interpretierte, nicht hinnehmen und nahm die Betreiberin der Internetplattform auf Unterlassung in Anspruch, obwohl diese darauf hingewiesen hatte, dass die „Wettbewerbsbeiträge die Meinung der Teilnehmerinnen und Teilnehmer widerspiegeln und nicht die der Veranstalter".

II. Ausgangsbeispiel: Kommunales Diskussionsforum

Ebenfalls im Bundesland Brandenburg spielte der Fall, der Grundlage des zweiten Ausgangsbeispieles ist. Das OLG Brandenburg[847] hatte Anfang 2007 über einen Fall zu entscheiden, in welchem eine Stadt ihrer offiziellen Internetpräsenz eine Diskussionsplattform, also ein Meinungsforum, angegliedert hatte. Auf dieser Plattform fanden sich Beiträge von Diskussionsteilnehmern, die nach der Würdigung des Gerichts nachhaltig in das Persönlichkeitsrecht der Klägerin – einer Lehrerin – eingriffen, indem sie ihre persönliche Ehre und ihren sozialen und beruflichen Geltungsanspruch verletzten. Ausgehend von konkreten Körperverletzungs- und Kindesmisshandlungsvorwürfen steigerte sich die „Diskussion" auf der Plattform dahingehend, dass einzelne Beiträge einen „fundamentalen Angriff auf die Menschenwürde der Klägerin" beinhalteten und „streckenweise den Charakter einer regelrechten Vernichtungskampagne annahmen". Ein Forenbeitrag enthielt eine Morddrohung gegenüber der Klägerin. Ein vorprozessual im Wege einer Abmahnung geltend gemachtes Unterlassungsbegehren hatte die Bürgermeisterin der Stadt mit dem Argument zurückgewiesen, dass es sich bei dem Internetforum um ein offizielles Angebot der Stadt handele und daher eine Zensur nicht stattfinde.

III. Konfliktpotential

Die beiden Ausgangsbeispiele legen offen, dass insbesondere hinsichtlich der Frage der Verantwortlichkeit der öffentlichen Hand für eine Web 2.0 Plattform ein erhöhtes Maß an Unsicherheit hinsichtlich der Verantwortlichkeitszuweisungen besteht. Diese ist differenziert zu betrachten. Zunächst ist hierbei die allgemeine Betreiberverantwortlichkeit insbesondere mit Blick auf die historischen und normativen Grundlagen zu klären, bevor auf die Eigenverantwortlichkeit für Informationen respektive die Fremdverantwortlichkeit eingegangen werden kann. Die sich bietenden Konfliktpotentiale können vielfach entschärft werden, indem Haftungsstrategien angewandt werden, die allerdings wiederum den allgemeinen und öffentliche-Hand-spezifischen rechtlichen Vorgaben entsprechen müssen.

---

847 OLG Brandenburg, Urt. v. 19. 02. 2007 – 1 U 13/06 – NJ 2007, 465.

B. Allgemeine Betreiberverantwortlichkeit

Bei der Frage nach der Verantwortlichkeit der öffentlichen Hand als Betreiberin einer Internetplattform zum Austausch von Informationen über das Internet ist zunächst grundlegend auf die Entwicklung und Entscheidung der Frage nach der Zuweisung von Verantwortlichkeit im Rechtsraum Internet einzugehen.

I. Historische und normative Grundlagen

War die elektronische Kommunikation über das Internet noch bis weit in die neunziger Jahre hinein im Wesentlichen IT-affinen (und versierten) Nutzern aus der Wissenschaft und aus technisch geprägten Unternehmensbereichen vorbehalten, kam es bereits kurz nach der „Kommerzialisierung des Internets" in der Mitte der neunziger Jahre zu ersten Konflikten zwischen Nutzern untereinander[848] sowie zwischen Nutzern und Diensteanbietern[849], die vermehrt auch vor Gerichten ausgetragen wurden.[850] Mit dieser Entwicklung ging die Erkenntnis einher, dass das Internet einerseits ein enormes Konfliktpotential birgt, andererseits aber insbesondere die kommerzielle Nutzung der „neuen Medien" und das Anbieten und Bereithalten von internetgestützten oder gar vollständig internetbasierten Diensten mindestens ebenbürtige wirtschaftliche Möglichkeiten bietet. Es stellte sich die Frage, wie ein „rechtsfreier Raum"[851], in dem „Ohnmachtserfahrungen" für einen demokratischen Staat zum Normalfall zu werden drohten[852], vermieden werden könnte. Des Weiteren bestand ein großes Interesse an der Förderung der sich entwickelnden wirtschaftlichen und partizipatorischen Möglichkeiten. Diese wiederum waren der latenten Gefahr ausgesetzt, durch eine Überregulierung und übermäßige Kontrolle durch einzelne Staaten noch in ihrer Entwicklungsphase erstickt zu werden.[853]

Zunächst standen die großen Access-Provider sowohl in Deutschland als auch in den USA im Fokus der Behörden und Gerichte. Am 28. Mai 1998

---

848 Z. B. LG München I, Urt. v. 17. 10. 1996 – 4 HKO 12190/96; AG Detmold, Urt. v. 21. 10. 1996 – 3 C 408/96.

849 Z. B. LG Frankfurt, Urt. v. 04. 11. 1997 – 2/4 O 262/95; LG Mannheim, Urt. v. 01. 08. 1997 – 7 O 271/97.

850 *Heckmann*, jurisPK-Internetrecht, Kap. Vorbem. 1.7, Rn. 1.

851 Propagiert beispielsweise durch A. *Müller-Maguhn* sowie den berühmten Cyberpionier John Perry *Barlow*, der als Reaktion auf den Telecommunication Reform Act der US-amerikanischen Regierung die so genannte „Unabhängigkeitserklärung des Cyberspace" verfasste, in der er die „Regierungen der industriellen Welt" aufforderte, sich aus dem „Cyberspace" zurückzuziehen. Die Erklärung ist in deutscher Übersetzung unter http://www.heise.de/tp/r4/artikel/1/1028/1.html abrufbar.

852 Vgl. *Bleisteiner*, Rechtliche Verantwortlichkeit im Internet, S. 6.

853 *Heckmann*, jurisPK-Internetrecht, Kap. Vorbem 1.7, Rn. 3.

verurteilte das Amtsgericht München[854] den Geschäftsführer des Access-Providers Compuserve Deutschland wegen der mittäterschaftlichen Verbreitung pornographischer Schriften zu einer Gesamtfreiheitsstrafe von zwei Jahren, weil über den Diensteanbieter Compuserve Deutschland Newsgroups im Internet beziehungsweise auf Servern der Compuserve USA abrufbar waren, in denen sich u. a. kinderpornographische Darstellungen fanden.[855] In Folge der Verurteilung kam es zu heftiger Kritik.[856] Insbesondere in der Presse[857], aber auch in der Praxis wurde die Verurteilung durchweg negativ aufgenommen.[858] Eine Abwanderung der Internet-Service-Provider in das (europäische) Ausland zeichnete sich ab.[859] Erst Ende 1999 sprach das LG München I den Geschäftsführer aus rechtlichen und tatsächlichen Gründen frei.[860]

Nicht einmal ein Jahr zuvor hatte der Gesetzgeber mit Einführung des Teledienstegesetzes[861] versucht, die Verantwortlichkeit der Diensteanbieter regulativ klarzustellen.[862] Insbesondere wurde durch § 5 Abs. 3 TDG-1997 positiviert, dass Diensteanbieter für fremde Inhalte dann nicht verantwortlich sind, wenn sie zu diesen fremden Inhalten lediglich „den Weg öffnen"[863]. Ausweislich der Gesetzesbegründung sollte es einem solchen Weg-

---

854 AG München, Urt. v. 28. 05. 1998 – 8340 Ds 465 Js 173158/95 – NJW 1998, 2836 m. ausführlicher Anm. *Hoeren*, NJW 1998, 2792.

855 Dem Geschäftsführer von Compuserve Deutschland wurde gemäß § 35 Abs. 1 GmbHG, d. h. als vertretungsberechtigtem Organ, das „betriebsbezogene deliktische Handeln von Compu-Serve Deutschland" gemäß § 14 Abs. 1 Nr. 1 StGB zugerechnet, AG München, Urt. v. 28. 05. 1998 – 8340 Ds 465 Js 173158/95 – juris Rn. 114. Der Tatbeitrag der deutschen Tochtergesellschaft des amerikanischen Online-Service-Providers wurde darin gesehen, dass sie deutsche Kunden der amerikanischen Muttergesellschaft über bereitgestellte Einwahlknoten via Standleitung mit dem Rechenzentrum der Muttergesellschaft verbinden. Der Tatbeitrag der Muttergesellschaft lag darin, den Zugang zum Internet zu vermitteln, verbunden mit der Bereithaltung der Dateninhalte auf ihrem News-Server, ohne Herausnahme strafrechtlich relevanter Inhalte. Die Garantenstellung der Muttergesellschaft hinsichtlich dieses strafbaren Unterlassens ergibt sich aus ihrer Sachherrschaft über die Gefahrenquelle. (vgl. juris Orientierungssatz zu AG München, Urt. v. 28. 05. 1998 – 8340 Ds 465 Js 173158/95.

856 Hierzu u. a. *Derksen*, NJW 1997, 1878.

857 So beschreibt *Huff* das Urteil als „gefährlichen Coup eines Amtsrichters", *Huff*, FAZ v. 4. 6. 1998, S. 16.

858 Hierzu *Sieber*, MMR 1998, 438.

859 Vgl. http://www.heise.de/newsticker/meldung/2464.

860 LG München I, Urt. v. 17. 11. 1999 – 20 Ns 465 Js 173158/95 – NJW 2000, 1051 m. Anm. *Kühne* NJW 2000, 1003.

861 Zur geschichtlichen Entwicklung des TDG bis zum TMG siehe *Heckmann*, jurisPK-Internetrecht, Vorbem. Kap. 1.7, Rn. 9 ff.

862 Dies auch unter dem Eindruck des laufenden Ermittlungsverfahrens gegen den Compuserve-Geschäftsführer, vgl. *Engel-Flechsig* NJW 1997, 2981 (2984).

863 BT-Drs. 13/7385, S. 20.

bereiter nicht obliegen, für rechtswidrige Inhalte einzutreten, wenn er keinen Einfluss auf diese hat.[864]

Die Entscheidung des Amtsgerichts München spiegelt das grundlegende Dilemma des Internets wider, mit welchem sich neben der öffentlichen Hand jeder Betreiber einer Web 2.0 Plattform konfrontiert sieht. Für die Privatwirtschaft stellt es sich einerseits als unverzichtbarer Milliardenmarkt für informationswirtschaftliche Produkte und Dienstleistungen sowie als Absatzplattform für Produkte und Dienstleistungen aller Art dar.

Für die öffentliche Hand und insbesondere für Kommunen bietet es neue Möglichkeiten und Wege, die Bürger im Rahmen einer E-Partizipation in den demokratischen Prozess zu integrieren und auf moderne Art und Weise anzusprechen und zu kommunizieren. Andererseits ist es auf Grund seiner technikimmanenten Anonymität und Dezentralität Plattform und Präsentationsfläche für Rechtsverletzungen aller Art.

Es stellt sich die grundlegende Frage des gerechten Ausgleiches zwischen freiem Wettbewerb, berechtigten Nutzerbedürfnissen und öffentlichen Ordnungsinteressen. Sowohl mit dem Teledienstegesetz (TDG) als auch dem Telemediengesetz (TMG) soll die Entfaltungsmöglichkeit der Marktkräfte im Bereich der Informations- und Kommunikationsdienste durch die Klarstellung von Verantwortlichkeiten der Diensteanbieter reguliert werden.[865]

II. Terminologie und Dogmatik

1. Anwendungsbereich

Für die Beurteilung der Verantwortlichkeit der öffentlichen Hand ist somit das Telemediengesetz (TMG) Ausgangspunkt aller weiteren Überlegungen. Sachlicher Anwendungsbereich ist nach Maßgabe des § 1 Abs. 1 Satz 2 TMG das Angebot von Telemedien[866], unabhängig davon, ob die Nutzung der Angebote ganz oder teilweise unentgeltlich oder gegen Entgelt ermöglicht wird. Der persönliche Anwendungsbereich umfasst ausweislich § 1

---

864 Im „Compuserve"-Fall hatte das Amtsgericht die Einschlägigkeit des § 5 Abs. 3 TDG-1997 durchaus gesehen, aber mit dem abwegigen Argument die Diensteanbietereigenschaft abgelehnt, dass Compuserve Deutschland nur Nutzer mit der US-Mutterfirma durch eine Standleitung verbinde und nicht direkt ins Netz vermittele. Das AG verkannte sowohl die Irrelevanz des „Wie" der Zugangsvermittlung als auch die Tatsache, dass der Knotenpunkt von Compuserve USA bereits einen Teil des Internets darstellt. Hierzu *Kühne*, NJW 1999, 188 (189).

865 Vgl. bereits BT-Drs. 13/7385, S. 16.

866 Nach der Legaldefinition in § 1 Abs. 1 Satz 1 TMG sind „alle elektronischen Informations- und Kommunikationsdienste, soweit sie nicht Telekommunikationsdienste nach § 3 Nr. 24 des Telekommunikationsgesetzes, die ganz in der Übertragung von Signalen über Telekommunikationsnetze bestehen, telekommunikationsgestützte Dienste nach § 3 Nr. 25 des Telekommunikationsgesetzes oder Rundfunk nach § 2 des Rundfunkstaatsvertrages."

Abs. 1 Satz 2 alle Anbieter von Telemedien(diensten). Explizit umfasst sind auch die „öffentlichen Stellen".

Nach § 2 Nr. 1 TMG ist Diensteanbieter jede natürliche oder juristische Person, die eigene oder fremde Telemedien zur Nutzung bereithält oder den Zugang zur Nutzung vermittelt. Unerheblich für die Eröffnung des persönlichen Anwendungsbereiches ist der Zweck der Diensteanbietertätigkeit. Das Angebot kann gewerbs- oder geschäftsmäßige, aber auch rein private oder öffentlich-rechtliche Zielsetzungen verfolgen.[867] Das Telemediengesetz erfasst nicht nur private Anbieter, sondern auch öffentliche Stellen des Bundes und der Länder.[868] Irrelevant ist hierbei die Rechts- oder Organisationsform des Anbieters. Es kann sich um eine solche des Privat- oder des Öffentlichen Rechts (also insbesondere auch um eine kommunale Gebietskörperschaft) handeln.[869] Hieraus folgt, dass sich die öffentliche Hand in ihrer Position als Anbieterin von eigenen oder fremden Informationen im Internet grundsätzlich demselben Normenregime zu unterwerfen hat, dem auch ein privater Diensteanbieter unterliegt.

2. Verantwortlichkeit

Von der Anwendbarkeit des TMG für öffentliche Stellen des Bundes und der Länder sind nur die Regelungen ausgenommen, die ihrem Regelungszweck nach nicht für sie einschlägig sind. Nach dem expliziten Willen des Gesetzgebers umfasst sind jedoch insbesondere die Haftungsprivilegierungen, also der dritte Abschnitt des TMG.[870] Dieser Abschnitt ist mit dem Schlagwort „Verantwortlichkeit" übertitelt und auch in den §§ 8–10 TMG wird immer wieder auf diesen Begriff zurückgegriffen. So ist nach § 7 Abs. 1 TMG der Diensteanbieter für eigene Informationen, die zur Nutzung bereitgehalten werden, nach den allgemeinen Gesetzen „verantwortlich". Für fremde Informationen, die durch einen Nutzer gespeichert werden, ist er hingegen ausweislich § 10 Satz 1 TMG „nicht verantwortlich", wenn die weiteren Voraussetzungen des § 10 Nr. 1 und 2 TMG erfüllt sind. Was aber ist unter Verantwortlichkeit im telemedienrechtlichen Sinne zu verstehen?

Im deutschen Recht ist der Begriff der „Verantwortlichkeit" in dieser Form ungewöhnlich. Üblicherweise werden je nach Rechtsgebiet entweder konkrete Verpflichtungen (z. B. Schadensersatz, Unterlassung) oder Sanktionen (z. B. Freiheitsstrafe, Bußgeld) als Rechtsfolge für ein bestimmtes Verhalten statuiert. Zwar findet sich der Begriff der Verantwortlichkeit als Oberbegriff z. B. im öffentlichen Recht als ein gebräuchlicher Terminus,

---

867 *Müller-Terpitz* in: Kröger/Hoffmann (Hrsg.), Rechtshandbuch zum E-Government, 4. Teil, Rn. 16.

868 Vgl. *Heckmann*, jurisPK-Internetrecht, Kapitel 1.1 Rn. 59 f.

869 *Müller-Terpitz* in: Kröger/Hoffmann (Hrsg.), Rechtshandbuch zum E-Government, 4. Teil, Rn. 16.

870 *Heckmann*, jurisPK-Internetrecht, Kap. 1.1, Rn. 60; BT-Drs. 16/3078, S. 13 f.

beispielsweise im Rahmen der polizeilichen Verhaltens- oder Zustandsverantwortlichkeit.[871] Die Normen auf welche hierbei abgestellt wird (z. B. §§ 6 und 7 PolG-Baden-Württemberg) regeln indes „nur", gegen wen *polizeiliche* Maßnahmen gerichtet werden können oder müssen. Das Telemediengesetz ist insofern jedoch weiter gefasst, der Begriff der Verantwortlichkeit im Sinne des TMG dementsprechend nicht einem konkreten Rechtsgebiet zuzuordnen. Er strahlt vielmehr auf alle Bereiche des Zivil- und Strafrechts sowie das Verwaltungsrecht aus.[872] Abstrahiert werden die in den einzelnen Rechtsgebieten – zum Teil unterschiedlich – differenzierten Kategorien von Haftung, Verschulden, Vorsatz und Fahrlässigkeit, ohne dass deren jeweilige Gültigkeit angetastet würde.[873]

Verantwortlichkeit ist daher als das *Einstehenmüssen für die Rechtsfolgen, die das Recht an einen bestimmten Sachverhalt knüpft,* zu verstehen.[874] Nicht Aufgabe oder Zweck der §§ 7 ff. TMG ist es, eine Verantwortlichkeit – sei sie strafrechtlicher, zivilrechtlicher oder öffentlich-rechtlicher Natur – zu begründen, sondern vielmehr sie zu begrenzen.[875] Insbesondere begründet das TMG keine Verantwortlichkeit im Sinne einer Anerkennung einer allgemeinen Garantenstellung der Diensteanbieter.[876]

Bereits im Rahmen der Gesetzesbegründung zu § 5 TDG-1997 hat der Gesetzgeber festgehalten, dass der Diensteanbieter selbst eine Mitverantwortung zu tragen habe, wenn ihm beispielsweise der einzelne konkrete Inhalt, den ein Dritter eingestellt hat, bekannt und er technisch in der Lage ist, diesen einzelnen Inhalt gegen weitere Nutzung zu sperren. Klargestellt werden sollte mit § 5 Abs. 2 TDG-1997, dass der Diensteanbieter bei einem bewussten Bereithalten fremder rechtswidriger Inhalte eine Garantenstellung für die Verhinderung der Übermittlung an Dritte hat.[877] Durch die Zuweisung der Verantwortlichkeit in § 7 Abs. 1 TMG wird somit klargestellt, dass derjenige, der eigene Inhalte vorsätzlich oder fahrlässig so bereitstellt, dass sie über Telemedien zur Kenntnis genommen werden können, für diese Inhalte einstehen muss.[878]

---

871 Hierzu *Würtenberger/Heckmann*, Polizeirecht in Baden-Württemberg, 6. Aufl., Rn. 441 ff.

872 Vgl. *Stadler*, Haftung für Informationen im Internet, Rn. 19, der zu Recht feststellt, dass eine einheitliche dogmatische Zuordnung bereits deshalb scheitern muss, da die einzelnen Regelungen zur Haftung bzw. Strafbarkeit unterschiedlichsten tatbestandlichen Voraussetzungen unterliegen.

873 Vgl. Engel-Flechsig/Maennel/Tettenborn, NJW 1997, 2981 (2984).

874 *Stadler*, Haftung für Informationen im Internet, Rn. 19; *Engel-Flechsig/Maennel/Tettenborn*, NJW 1997, 2981(2984); *Spindler* in: Hoeren/Sieber, Handbuch Multimediarecht, Teil 29, Rn. 31.

875 *Köhler/Arndt/Fetzer*, Recht des Internet, S. 252; *Spindler* in: Spindler/Schmitz/Geis, TDG, vor § 8 Rn. 1.

876 BT-Drs. 14/6098, S. 23; *Hoffmann* in: Spindler/Schuster, Vorb. §§ 7 ff. TMG, Rn. 25.

877 BT-Drs. 13/7385, S. 20.

878 Vgl. Begr. RegE zu § 5 Abs. 1 TDG-1997, BT-Dr 13/7385, S. 19.

3. Informationen

Das Telemediengesetz regelt die Verantwortlichkeit für „Informationen". Im Hinblick auf den Wortsinn und die Herleitung des Wortes „Information" vom lateinischen „informatio" (Unterrichtung, Nachricht, Auskunft) liegt zwar zunächst eine Einschränkung dahingehend nahe, dass nur kommunikative Inhalte erfasst sein sollten.[879] Der Rechtsbegriff der Informationen ist allerdings im Lichte der E-Commerce-Richtlinie, der er entnommen wurde, richtigerweise weit auszulegen.[880] Er entspricht dem in § 5 TDG-1997 verwendeten Begriff der „Inhalte" und umfasst nach der Begründung des Regierungsentwurfes zum TDG a. F. alle „Angaben, die im Rahmen des jeweiligen Teledienstes übermittelt oder gespeichert werden"[881].

Informationen im Sinne des TMG sind also alle Daten, die überhaupt transportiert oder gespeichert werden können, unabhängig davon, ob sie unmittelbar oder mit Hilfsmitteln (wie z. B. spezieller Software) gelesen, angehört oder -gesehen werden können.[882] Erfasst sind somit insbesondere auch Software und das Urheberrecht.[883] Die Vorschriften des TMG finden grundsätzlich sowohl auf das Verbreiten von urheberrechtlich geschützten Musikstücken (und anderen Urheberrechtsverletzungen) Anwendung[884] als auch auf Markenrechtsverletzungen.[885]

4. Filterfunktion

Nach Darstellung des Gesetzgebers[886] und der wohl herrschenden Rechtsprechung[887] sind die Verantwortlichkeitsregeln der §§ 7 ff. TMG eine Art Vorfilter, welcher bei der Prüfung der allgemeinen Verantwortlichkeitsnormen heranzuziehen ist.[888] Nach der Gesetzesbegründung zu den §§ 8 – 11

---

879 Vgl. hierzu *Matthies*, Providerhaftung für Inhalte, S. 130; *Stadler*, Haftung für Informationen im Internet, Rn. 61.

880 Vgl. *Matthies*, Providerhaftung für Inhalte, S. 130.

881 Begr. RegE BT-Drs. 14/6098, S. 23.

882 *Müller-Terpitz* in: Kröger/Hoffmann, Rechtshandbuch zum E-Government, 4. Teil, Rn. 23; *Spindler*, NJW 2002, 921 (922); *Spindler* in: Spindler/Schmitz/Geis, TDG, vor § 8 Rn. 23 m. w. N.

883 *Hoffmann*, MMR 2002, 284 (288); *Stadler*, Haftung für Informationen im Internet, Rn. 63.

884 Anders noch (zum alten § 5 TDG-1997) OLG München, Urt. v. 08. 03. 2001 – 29 U 3282/00 – MMR 2001, 375 – m. abl. Anmerkung *Hoeren*, MMR 2001, 379.

885 OLG Düsseldorf, Urt. v. 26. 02. 2004 – I-20 U 204/02 – MMR 2004, 315; a. A. noch OLG Köln, Urt. v. 02. 11. 2001 – 6 U 12/01 – MMR 2001, 110 (zum alten § 5 TDG-1997).

886 BT-Drs. 14/6098, S. 23; BT-Drs. 13/7385, S. 20 (zum TDG-1997); Stellungnahme des Bundesrates zum TDG-1997, BT-Drucks. 13/7385, S. 51.

887 Vgl. OLG Düsseldorf, Urt. v. 26. 02. 2004 – I-20 U 204/02; BGH, Urt. v. 23. 09. 2003 – VI ZR 335/02 (zu § 5 TDG-1997).

888 So auch Hoeren, MMR 2004, 672 (672); kritisch hierzu *Spindler* in: Spindler/Schmitz/Geis, TDG, vor § 8 Rn. 28 m. w. N. zum Streitstand, der wie *Sobola/Kohl*, CR 2005, 445 (443) richtig bemerken, in der Rechtsprechung nur wenig, in der Literatur hingegen umso ausführlicher diskutiert wird.

TDG a. F. muss, bevor ein Diensteanbieter auf der Grundlage allgemeiner Haftungsvorschriften zur Verantwortung gezogen werden kann, geprüft werden, ob die aus diesen Vorschriften folgende Verantwortlichkeit nicht durch die Privilegierungstatbestände ausgeschlossen ist. Auch wenn im Einzelfall die Voraussetzungen der allgemeinen Vorschriften (also den Maßstäben des jeweiligen Rechtsgebiets, etwa des Zivil-, des Straf- oder des Polizei- und Ordnungsrechts) für eine Haftung erfüllt wären, ist der Diensteanbieter für die Rechtsgutsverletzung gleichwohl nicht verantwortlich, wenn er sich auf das Eingreifen der Haftungsprivilegien berufen kann.[889] Dies bedeutet, dass bereits vor der Prüfung, ob beispielsweise ein Anspruch auf Schadensersatz des Diensteanbieters nach den allgemeinen Gesetzen besteht oder ob ein Straftatbestand verwirklicht wurde, eine Vorabprüfung auf der Grundlage des TMG erfolgt. Besteht nach dem Telemediengesetz eine Haftungsprivilegierung, kommt eine weitere Prüfung eventuell einschlägiger Normen nicht mehr in Betracht.

C. Eigenverantwortlichkeit für Informationen

Wie aber ist nun die Zuweisung der Verantwortlichkeit im Detail vorzunehmen? Ausgangspunkt hierfür ist der § 7 TMG, der den vor die Klammer gezogenen[890] allgemeinen Teil des Verantwortlichkeitsabschnitts des Telemediengesetzes darstellt.[891] Der § 7 TMG selbst ist in zwei Absätze unterteilt. Während in Absatz 1 die Verantwortlichkeit der Diensteanbieter für eigene Informationen geregelt wird, finden sich in Absatz 2 allgemeine Ver- beziehungsweise Entpflichtungen, die für alle Diensteanbieter im Sinne der §§ 8 bis 10 TMG gelten.[892]

I. Eigene Informationen

Derjenige, der originär eigene Informationen bereithält, ist ausweislich § 7 Abs. 1 TMG für diese selbst verantwortlich und zwar unabhängig davon, ob die Informationen auf einem eigenen oder einem fremden Rechner oder Server bereitgehalten werden.[893] Es handelt sich insofern um eine rechtliche „Binsenweisheit".[894] Es ergeben sich keinerlei Verantwortlichkeitsbeschränkungen der so genannten Content-Provider aus dem Telemedien-

889 BT-Drs. 14/6098, S. 23.

890 Vgl. *Stadler*, Haftung für Informationen im Internet, 2. Aufl. Rn. 57.

891 *Heckmann*, jurisPK-Internetrecht, Kap. 1.7 Rn. 2.

892 *Heckmann*, jurisPK-Internetrecht, Kap. 1.7, Rn. 3.

893 *Sobola/Kohl*, CR 2005, 443 (444); *Spindler* in: Spindler/Schmitz/Geis, TDG, § 8 Rn. 4.

894 *Köhler/Arndt/Fetzer*, Recht des Internet, S. 254; *Müller-Terpitz* in: Kröger/Hoffmann, Rechtshandbuch zum E-Government, 4. Teil, Rn. 25, misst der Norm rein deklaratorische Bedeutung zu (jeweils zu § 8 Abs. 1 TDG a. F.).

gesetz.[895] Ihre Haftung ist nach den jeweils einschlägigen Rechtsnormen zu prüfen. Für die Kommune als Betreiberin einer Web 2.0 Plattform gilt dies ebenso wie für den privaten Betreiber einer Webpräsenz. Das bedeutet, dass Haftungsansprüche bei rechtswidrigen Informationen[896] durch die öffentliche Hand dem allgemeinen Haftungsregime unterfallen und keinerlei Privilegierungen nach dem Telemediengesetz Anwendung finden.

II. Fremde Informationen

Für fremde Informationen ist der Diensteanbieter grundsätzlich nicht verantwortlich, vgl. § 7 Abs. 2 TMG. Fremde Informationen sind alle vom Diensteanbieter nicht selbst erzeugten Informationen.[897] In Fällen, in denen der Diensteanbieter die Informationen durch Arbeitnehmer im Rahmen eines Arbeitsverhältnisses erstellen lässt, sind diese als eigene Informationen des Diensteanbieters zu werten. Aus Sicht des Diensteanbieters handelt es sich um eine eigene und keine fremde Information. Regelmäßig wird die Information „für" den Diensteanbieter erstellt.[898]

III. „Zu eigen gemachte" Informationen

Die sowohl einfache als auch einleuchtende Verantwortlichkeitsaufteilung erfährt jedoch durch den Gesetzgeber[899] und flankierend von der herrschenden Rechtsprechung[900] eine Modifikation, indem die Kategorie der „zu eigen gemachten" Informationen zwischen die eindeutige Unterteilung in eigene und fremde Informationen eingefügt wird. Neben der selbst hergestellten – originär eigenen[901] – soll auch die von einem anderen herge-

---

895 Vgl. BT-Drs. 14/6098.

896 Im Hinblick auf die Weite des Informationsbegriffes sind nicht nur eigene Texte erfasst, sondern beispielsweise auch Musikstücke, Grafiken oder zum Download bereitgehaltene Software oder Dateien.

897 Vgl. *Müller-Terpitz* in: Kröger/Hoffmann, Rechtshandbuch zum E-Government, 4. Teil, Rn. 27.

898 Vgl. *Stadler*, Haftung für Informationen im Internet, 2. Aufl., Rn. 113 – Arbeitnehmer und Arbeitgeber stehen sich in diesen Fällen auch nicht als Diensteanbieter und Nutzer gegenüber. Anders ist dies z. B. in Fällen, in denen der Arbeitgeber eine Plattform z. B. in Form eines Corporate Blog zur Verfügung stellt und diese von den Arbeitnehmern gewissermaßen bei Gelegenheit ihrer Arbeitstätigkeit mit Inhalten gefüllt wird. Hier stellt sich die Frage, ob eine Privilegierung des Arbeitgebers als Diensteanbieter entfällt, weil der Arbeitnehmer diesem im Sinne von § 10 Satz 2 TMG „untersteht".

899 BT-Drs. 14/6098, S. 23.

900 Vgl. z. B. KG, Urt. v. 28. 06. 2004 – 10 U 182/03; OLG Brandenburg, Urt. v. 16. 12. 2003 – 6 U 161/02; OLG Köln, Urt. v. 28. 05. 2002 – 15 U 221/01; ferner OLG Frankfurt, Urt. v. 12. 07. 2007 – 16 U 2/07.

901 *Stadler*, Haftung, Rn. 70.

stellte und sich vom Anbieter gewissermaßen „zu eigen gemachte"[902] Information als eigene Information gelten.[903]

Eine genaue Festlegung, wie und wodurch sich ein Diensteanbieter fremde Informationen „zueignen" kann, ist problematisch. Der Gesetzgeber selbst hat für die Abgrenzung keinerlei Kriterien vorgegeben[904], weshalb sich die Rechtsprechung (und teilweise auch die Literatur) mit der Heranziehung presserechtlicher Grundsätze behilft.

Ein „Zueigenmachen" kann zunächst immer dann angenommen werden, wenn sich der Diensteanbieter mit dem fremden Inhalt respektive den fremden Informationen derart identifiziert, dass er die Verantwortung für den gesamten oder für bewusst ausgewählte Teile davon übernimmt.[905]

Als entscheidende Wertungskriterien werden z. B. die Art der Datenübernahme, ihr Zweck und die konkrete Präsentation der Inhalte durch den Übernehmenden angesehen[906], wobei es hier auf die Gesamtschau des jeweiligen Angebotes aus der Perspektive eines objektiven Betrachters ankommt.[907] Problematisch ist in der Praxis insbesondere der Umstand, dass in der Rechtsprechung immer wieder Entscheidungen ergehen, die mit den vorherrschenden Geschäftsmodellen des Web 2.0 nicht zu vereinbaren sind.

1. OLG Köln – Steffi Graf

So hat das OLG Köln[908] im Steffi-Graf-Fall ein Zueigenmachen durch den Plattformbetreiber in einem Fall angenommen, in dem ein Nutzer ein gefälschtes Nacktbild der Tennisspielerin in ein Community-Forum hochgeladen hatte. Zur Begründung führte es aus:

---

902 Namentlich *Spindler* weist darauf hin, dass § 11 S. 1 TDG a. F. (§ 10 TMG) nicht mehr auf die Fremdheit der Inhalte abstelle, sondern darauf, ob diese „im Auftrag des Nutzers" gespeichert worden seien. Insbesondere stelle Art. 14 I E-Commerce-RL (Richtlinie 2000/31/EG), welche dem TDG und TMG zugrunde liegt, allein auf die Speicherung einer vom Nutzer eingegebenen Information ab. Ein „zu eigen machen" von Inhalten, die vom Nutzer stammen, scheide damit aus (*Spindler*, NJW 2002, 921 (923); *Freytag*, CR.2000, 600 (603 f.)). Dem ist mit *Matthies* entgegenzuhalten, dass – bei Berücksichtigung der weit weniger technisch geprägten Terminologie der englischen und französischen Fassung der Richtlinie – ein solcher Schluss nicht zwingend ist. Im Gegenteil: dass nur vom Provider selbst eingegebene Informationen eigene Informationen im Sinne des § 7 Abs. 1 TMG sein sollen, erscheint wenig überzeugend, führt dies doch zu einer wenig sinnvollen Divergenz der Beurteilung von Online- und Offline-Sachverhalten (*Matthies*, Providerhaftung für Online-Inhalte, S. 143). Die Privilegierungen der Art. 12 ff. E-Commerce-RL sollen nur in Fällen gelten, in denen der Provider weder Kenntnis noch Kontrolle über die Informationen hat.

903 Vgl. *Wüstenberg*, WRP 2002, 497 (497).

904 Weder BT-Drs. 13/7385, S. 19 noch BT-Drs. 14/6098, S. 23 enthalten nähere Erläuterungen.

905 *Köhler/Arndt/Fetzer*, Recht des Internet, 5. Aufl., S. 254.

906 *Köhler/Arndt/Fetzer*, Recht des Internet, 5. Aufl., S. 254.

907 Vgl. OLG Hamburg, Urt. v. 29. 09. 2007 – 5 U 165/06.

908 OLG Köln, Urt. v. 28. 05. 2002 – 15 U 221/01 – MMR 2002, 548.

„Die Bekl. gibt, wenn auch nur grob strukturiert, die Infrastruktur der Communities vor, indem sie Themenschwerpunkte bildet und eine bildliche oder textliche Ausgestaltung der Beiträge vorschreibt. Auf diese Weise wirkt sie initiierend und lenkend auf die Schaffung überhaupt wie auch auf die Inhalte der Communities ein. Diese sind in die übrigen – eigenen – Internetseiten der Bekl. vollständig eingebettet und werden selbst von werbenden Aussagen der Bekl. für eigene Produktangebote eingerahmt. Es ist im Hinblick darauf [...] nicht ersichtlich, welchem anderen Zweck als dem der Förderung eigener wirtschaftlicher Interessen die Hereinnahme der Communities zu dienen bestimmt sein soll."

Vergleicht man diese Beschreibung der streitgegenständlichen „Community" mit heutigen Web 2.0 Plattformen, so wären auch die dort eingestellten Inhalte regelmäßig als zu eigen gemachte Informationen zu werten. Für diese hätte der Plattformbetreiber nach den allgemeinen Gesetzen wie für eigene Informationen einzustehen.

2. LG Hamburg – Supernature

Mit der Differenzierung zwischen eigenen und zu eigen gemachten Informationen setzt sich das Landgericht Hamburg[909] in einer jüngeren Entscheidung erst gar nicht auseinander. Es vertritt die Auffassung, dass „eigene Informationen" auch Informationen seien, für deren Verbreitung der Betreiber einer Internetseite seinen eigenen Internetauftritt zur Verfügung stellt, mag auch nicht er selbst, sondern eine dritte Person die konkrete Information eingestellt haben. Nur bei einer konkreten – auf die einzelne Information bezogenen – Distanzierung könne der Diensteanbieter die Privilegierungen für „fremde Informationen" in Anspruch nehmen.

3. Allgemeine Bewertung

Beide Auffassungen sind so nicht vertretbar. Der reine Betrieb einer Plattform, auf welcher Nutzer eigene Inhalte gewissermaßen automatisiert – also ohne Prüfung durch den Betreiber – einstellen können, reicht für ein Zueigenmachen regelmäßig nicht aus.[910] Eine hinreichend deutliche Parallele zu originär eigenen Informationen ist hierdurch noch nicht gegeben. Erst wenn technisch ursprünglich durch Dritte eingegebene Informationen vom Betreiber einer Plattform bewusst als Ergänzung ausgewählt und übernommen werden oder der Provider auf sonstige Art und Weise deutlich macht, dass er für die Informationen bewusst die Verantwortung übernehmen will, kann von einem Zueigenmachen gesprochen werden.[911] Dementsprechend

---

909 LG Hamburg, Urt. v. 27. 04. 2007 – 324 O 600/06 m. abl. Anm. *Ernst*, jurisPR-ITR 5/2007 Anm. 2.

910 BGH, Urt. v. 11. 03. 2004 – I ZR 304/01 – NJW 2004, 3102.

911 Vgl. *Matthies*, Providerhaftung für Online-Inhalte, S. 144 f.; *Stadler*, Haftung für Informationen im Internet, Rn. 74.

kann auch die reine Kenntnis von Informationen noch nicht zu einem Zueigenmachen führen.[912]

Das Kammergericht stellt zutreffend klar, dass es nicht darauf ankommen
könne, ob und in welchem Umfang der Dienstanbieter einen wirtschaftlichen Vorteil aus dem Dienst zieht. Bei anderer Betrachtung entstünde ein
unauflöslicher Widerspruch zur presserechtlichen Behandlung.[913] Ein Ver-
leger würde für den Inhalt von Leserbriefen auch dann nicht wie für eigene
Inhalte zur Verantwortung gezogen, wenn auf derselben Seite Werbung
platziert wird.[914] Die Regelungen des TMG differenzieren nicht danach, ob
und auf welchem Weg der Diensteanbieter die für das Betreiben des Dienstes erforderlichen Einnahmen erzielt. Hieraus folgt, dass einem Diensteanbieter eine haftungsrechtliche Privilegierung nicht allein deswegen zu versagen ist, weil das inkriminierte Angebot mit einer Werbeanzeige versehen
ist oder der Gewinnerzielung dient. Insbesondere wenn zwischen Wer-
beanzeigen und beanstandetem Inhalt kein sachlicher Zusammenhang
besteht, wird auf Seiten des Nutzers in der Regel nicht der Eindruck
erweckt, der Diensteanbieter wolle eine inhaltliche Verantwortung übernehmen.

Es kommt nach im Ergebnis zutreffender Auffassung des OLG Hamburg[915]
auf das „Gesamtgepräge" der Seite an. Für die Frage, ob sich ein Diensteanbieter eine fremde Information zu eigen gemacht hat, kommt es maßgeblich
darauf an, ob der verständige „Internetbenutzer" anhand des konkreten
Angebotes den Eindruck gewinnen muss, der Anbieter wolle für sie die Verantwortung tragen.[916]

Die bisweilen vorgetragene grundlegende Kritik an der Beibehaltung der
Figur der „zu eigen gemachten" Informationen überzeugt in diesem Kontext
allerdings nicht. Argumentativ basiert diese auf der Behauptung, dass die
den §§ 7 TMG zugrunde liegenden Art. 12–14 E-Commerce-RL nicht zwischen eigenen und fremden Informationen unterscheiden würden.[917]
Art. 14 E-Commerce-RL stelle darauf ab, ob der Nutzer von dem Diensteanbieter beaufsichtigt wird oder diesem untersteht. Wesentlich seien daher
die Einfluss- und Beherrschungsmöglichkeiten des Diensteanbieters in

---

912 Vgl. LG München I, Urt. v. 08. 12. 2005 – 7 O 16341/05 – MMR 2006, 179.

913 KG, Urt. v. 28. 06. 2004 – 10 U 182/03 – juris Rn. 11 unter Verweis auf *Spindler*, MMR 2002,
549 (550); BGH NJW 1986, 2503 (2505).

914 Vgl. BGH, Urt. v. 27. 05. 1986 – VI ZR 169/85 – NJW 1986, 2503 (2505); BGH, Urt. v. 20. 06.
1969 – VI ZR 234/67 – NJW 1970, 187; BGH, Urt. v. 26. 01. 1971 – VI ZR 95/70 – NJW 1971,
698.

915 OLG Hamburg, Urt. v. 26. 09. 2007 – 5 U 165/06.

916 Diese Kernaussage entspricht dem Tenor der wohl herrschenden Rechtsprechung (vgl. z. B.
KG, Urt. v. 28. 06. 2004 – 10 U 182/03; OLG Brandenburg, Urt. v. 16. 12. 2003 – 6 U 161/02;
OLG Köln, Urt. v. 28. 05. 2002 – 15 U 221/01; ferner OLG Frankfurt, Urt. v. 12. 07. 2007 – 16
U 2/07).

917 *Spindler* in: Spindler/Schmitz/Geis, TDG, § 8 Rn. 6.

Beziehung zum Nutzer, nicht aber die Möglichkeit der Beherrschung der Informationen selbst.[918] Es wird jedoch auch vertreten[919], dass auf Grund der Entstehungsgeschichte der E-Commerce-RL in Anlehnung an Section 512 des amerikanischen Digital Millenium Copyright Act[920] eine Haftung nur dann ausscheide, wenn die Informationsübermittlung automatisch, ohne Zutun des Diensteanbieters und durch die Technik notwendig bedingt, erfolgt und im Übrigen für eine weitergehende Abgrenzung von fremden und eigenen Inhalten kein Raum mehr bleibe.[921] Dies erscheint insgesamt überzeugender, da sich diese Terminologie auf die technischen Umstände stützt und zugleich eine Möglichkeit des Zueigenmachens nicht ausschließt. Dass nur vom Provider selbst eingegebene Informationen eigene Informationen im Sinne des § 7 Abs. 1 TMG sein sollen, erscheint wenig überzeugend, führt dies doch zu einer wenig sinnvollen Divergenz der Beurteilung von Online- und Offline-Sachverhalten.[922]

4. Bewertung in Bezug auf Plattformen der öffentlichen Hand

Diese Bewertung gilt auch für Web 2.0 Plattformen, die von der öffentlichen Hand zur Verfügung gestellt werden. Handelt es sich bei dem Angebot um eine Form der E-Partizipation, kann also beispielsweise über die Verwendung von Haushaltsmitteln oder über die zukünftige Nutzung eines Baugeländes diskutiert werden, so ist bereits aus dieser thematischen Ausrichtung für den objektiven Betrachter der jeweiligen Plattform ersichtlich, dass es sich bei den eingestellten Inhalten nicht um eigene Inhalte der öffentlichen Hand als Plattformbetreiberin handelt.

Im Ausgangsfall „*Tolerantes Brandenburg*" hatte das LG Potsdam[923], noch auf der Basis des damals geltenden Teledienstegesetzes, eine Verantwortlichkeit der Betreiberin für den vermeintlich beleidigenden Beitrag eines Dritten abgelehnt, weil deutlich erkennbar war, wer Urheber des Beitrages war und die Betreiberin mehrfach deutlich darauf hingewiesen hatte, dass sie lediglich die Plattform für die Verbreitung des Beitrags im Internet darstelle und sich nicht mit den Inhalten der Beiträge identifiziere.

Auch wenn der Entscheidung im Ergebnis zuzustimmen ist, bleibt doch festzuhalten, dass es einer derart konkreten Distanzierung von einzelnen Beiträgen regelmäßig nicht bedarf. Im Gegenteil, erst wenn der äußere Eindruck der Fremdheit der Beiträge durch aktives Tun des Betreibers selbst

---

918 *Spindler*, NJW 2002, 549 (551); Spindler, MMR 2004, 440 (442).
919 *Köhler/Arndt/Fetzer*, Recht des Internets, S. 255 f.
920 Online abrufbar unter: www.copyright.gov/legislation/dmca.
921 *Matthies*, Providerhaftung für Online-Inhalte, S. 141 f.
922 *Matthies*, Providerhaftung für Online-Inhalte, S. 143.
923 LG Potsdam, Urt. v. 08. 07. 1999 – 3 O 317/99.

zerstört wird[924], kann von einem Zueigenmachen ausgegangen werden. In aller Regel wird jedoch der Eindruck der Fremdheit der Einträge bei einem objektiven Betrachter bereits dadurch hinreichend erzeugt, dass jeder Beitrag einem konkreten Nutzernamen (sei es ein Klarname oder ein Pseudonym) zugeordnet ist.

Anders kann sich die Situation allerdings bei einem von der öffentlichen Hand betriebenen Wiki-Informationssystem darstellen. Hier liegt es gewissermaßen in der „Natur der Sache", dass Informationen, die von verschiedenen Seiten zusammengetragen und kollaborativ editiert werden, nicht mehr ohne weiteres den ursprünglichen Urhebern zugeordnet werden können. Aus der Perspektive eines Nutzers, der keine Kenntnis von den Umständen hat, unter denen Inhalte auf einer Wikiplattform entstehen, kann zunächst der Eindruck entstehen, es handele sich um Informationen, die ein Plattformbetreiber selbst eingestellt hat. Dieser Eindruck des Informationsangebotes „aus einem Guß" ist beispielsweise auf Wikiplattformen häufig gerade erwünscht. Bei näherer Betrachtung kann der Nutzer allerdings erkennen, dass nicht nur verschiedene Autoren die Informationen eingestellt und editiert haben. Er kann über die regelmäßig bei allen Wikiplattformen vorhandenen Menüpunkte auch die Historie des jeweiligen Beitrags und damit alle bisherigen Änderungen verfolgen. Hier ist meist aufgeführt, welcher Nutzer welche Modifikation vorgenommen hat.

Für die Frage der Bewertung derartiger Angebote ist somit entscheidend, welcher Grad der Kenntnis bezüglich der einzelnen Angebote bei der Wahl der Perspektive des objektiven Betrachters zu wählen ist. Trotz intensiver Berichterstattung über die bekannte Internetenzyklopädie Wikipedia und deren großer Beliebtheit bei den deutschen Internetnutzern kann bei einem Durchschnittsnutzer die Kenntnis der Art und Weise der Entstehung der Informationsinhalte nicht vorausgesetzt werden. Dies umso mehr, als zwar viele Wikiplattformen ein der Wikipedia nachempfundenes Erscheinungsbild und eine ähnliche Bedienungsmöglichkeit vorhalten (so genannte „Look and Feel"), dieses aber unter Umständen stark variieren kann und dementsprechend auch versierte Wikipedia-Nutzer das System zumindest nicht bei flüchtiger Betrachtung als Wikiplattform erkennen können.

Für den Betreiber eines Wikis bedeutet dies in der Konsequenz, dass er nutzergerecht verdeutlichen muss, wer der Urheber der auf der Wikiplattform bereitgehaltenen Informationen ist und insbesondere, dass er selbst „nur" der Plattformbetreiber, also derjenige der die technischen Infrastrukturen bereithält, ist. Um dies zu erreichen bietet es sich an, die Plattform mit einem entsprechenden Eingangshinweis auf der Startseite zu versehen.

---

924 Z. B. durch ein klares Bekenntnis dazu, dass eine Identifikation mit den Inhalten stattfindet. Dieses Bekenntnis muss nicht ausdrücklich, sondern kann durchaus auch konkludent erklärt werden oder sich aus dem Gesamtgepräge des jeweiligen Angebotes ergeben, vgl. z. B. OLG Hamburg, Urt. v. 26. 09. 2007 – 5 U 165/06.

Dieser Eingangshinweis muss – ähnlich den Vorgaben für die Anbieter-kennzeichnung nach § 5 TMG – ständig verfügbar und von jedem Punkt des Angebotes aus unmittelbar erreichbar[925] sein.

D. Fremdverantwortlichkeit

Das Hauptkonfliktfeld beim Betrieb einer interaktiven Internetplattform breitet sich vor dem Betreiber im Rahmen der Frage aus, ob, unter welchen Umständen und in welchem Umfang er bei einer rechtsverletzenden Information, die ein Dritter auf der Plattform eingestellt hat, verantwortlich ist. Diese Frage wird insbesondere dann von Relevanz, wenn feststeht, dass sich der Betreiber die fremden Informationen nicht zu eigen gemacht hat, er also nicht „wie für eigene" für diese Einstehen muss.

I. Täterschaft und Teilnahme

Hierbei spielt die Frage einer Verantwortlichkeit im Rahmen der Haftung als Täter oder Teilnehmer in der Praxis eine ganz untergeordnete Rolle. Begeht ein Nutzer über eine User-Generated-Content Plattform eine Rechtsverletzung, so kommt die Annahme einer (Mit-)Täterschaft des Diensteanbieters allein auf Grund des Plattformbetriebs in aller Regel nicht in Betracht. Dem liegt der Gedanke zu Grunde, dass die eigentliche Rechtsverletzung in dem Upload des inkriminierten Inhaltes oder dem Posting des rechtsverletzenden Eintrages liegt. Die Plattform selbst ist vergleichbar mit dem Ort des Tatgeschehens. Kann indes ein mittäterschaftliches Begehen nachgewiesen werden, kommt zugleich eine Einordnung der inkriminierten Information als zu eigen gemachte Information beziehungsweise originär eigene Information in Betracht und es gilt § 7 Abs. 1 TMG. Voraussetzung für eine Haftung des Diensteanbieters als Teilnehmer an der Rechtsverletzung ist zumindest das Vorliegen eines bedingten Vorsatzes bezogen auf die konkrete Haupttat.[926] Im Umkehrschluss ist das Bewusstsein um und die Inkaufnahme der abstrakten Tatsache, dass Dritte die Plattform zur Verbreitung rechtswidriger Inhalte nutzen könnten, nicht ausreichend, eine konkrete Teilnehmerverantwortlichkeit zu begründen.

Lediglich in Fällen, in denen sich der Anbieter trotz mehrfacher Aufforderung im Hinblick auf ein ganz bestimmtes, ihm bekanntes Verletzungsangebot weigert Maßnahmen zu ergreifen, kann gegebenenfalls ein bedingter Vorsatz angenommen werden.[927]

---

925 Die Anforderungen hieran sind nicht zu überspannen, vgl. BGH, Urt. v. 20. 07. 2006 – I ZR 228/03 – NJW 2006, 3633.

926 Vgl. BGH, Urteil v. 11. 03. 2004 – I ZR 304/01; BGH, Urteil v. 19. 04. 2007 – I ZR 35/04 – juris Rn. 32.

927 Vgl. *Lehment*, GRUR 2007, 713 (713) unter Verweis auf LG Hamburg, Urt. v. 21. 11. 2006 – 312 O 459/06.

II. Störerhaftung

Von herausragender praktischer Relevanz und Problematik haben sich daher im Kontext der Verantwortlichkeit der Betreiber von Web 2.0 Plattformen die zivilrechtlichen Unterlassungsansprüche herauskristallisiert. Bis April 2004 war diesbezüglich, insbesondere im Bereich der Internetplattformen, davon ausgegangen worden, dass auch der Unterlassungsanspruch von den Haftungsprivilegien der Vorläufernormen des § 10 TMG – den §§ 9 MDStV und 11 TDG – erfasst würde.[928]

Im Rahmen der zivilrechtlichen Verantwortlichkeit müsse jede Haftung wegen einer unerlaubten Handlung den „Filter" des TMG passieren.[929] Es mache keinen Unterschied, ob wegen der unerlaubten Handlung Schadensersatz, Beseitigung oder Unterlassung verlangt wird.[930] So vertrat beispielsweise das LG Köln die Auffassung, dass eine Forenbetreiberin als

„[...] Diensteanbieterin i. S. d. §§ 9–11 TDG nicht verpflichtet ist, die von ihr übermittelten oder gespeicherten Informationen zu überwachen oder nach Umständen zu forschen, die auf eine rechtswidrige Tätigkeit hinweisen, § 8 Abs. 2 Satz 1 TDG. [...] Dementsprechend wäre sie erst nach Kenntniserlangung von dem Inhalt gem. § 11 Ziff. 1 TDG zur Überprüfung verpflichtet gewesen."[931]

Ähnliches vertrat auch das LG Potsdam und verwies dabei auf Folgendes:

„Dies entspricht aber gerade nicht dem Willen des Gesetzgebers, der mit dem TDG eine haftungsrechtliche Erleichterung bei den vom Internetteilnehmer ausgeübten Funktionen setzen und in erster Linie die Haftungsrisiken aus mittelbarer Rechtsgutsverletzung, insb. von Service-Providern für fremde Inhalte, reduzieren wollte."[932]

Dem ist der BGH in der „Internetversteigerung I"-Entscheidung entgegengetreten. Nach seiner Auffassung finden die Haftungsprivilegierungen des TMG und insbesondere der § 10 TMG auf Unterlassungsansprüche keine Anwendung.[933]

Der BGH folgert dies aus dem Zusammenhang der gesetzlichen Regelungen. Insofern in § 11 S. 1 TDG a. F. / § 10 S. 1 TMG von der Verantwortlichkeit der Diensteanbieter die Rede sei, würde hierdurch nur die straf-

---

928 Vgl. *Ehret*, CR 2003, 754 (759 f.); *v. Samson-Himmelstjerna/Rücker* in: Bräutigam/Leupold, Online-Handel, 2003, B V Rn. 126 ff.

929 Zur Theorie vom „Vorfilter" *Stadler*, Haftung für Informationen im Internet, Rn. 20.

930 Vgl. noch OLG Düsseldorf, Urt. v. 26. 02. 2004 – I-20 U 204/02 – juris Rn. 65; ähnlich auch *Ehret*, CR 2003, 754 (759 f.).

931 LG Köln, Urt .l v. 04. 12. 2002 – 28 O 627/02 – MMR 2003, 601 m. Anm. *Gercke.*

932 LG Potsdam, Urt. v. 10. 10. 2002 – 51 O 12/02 – MMR 2002, 829.

933 BGH, Urt. v. 27. 03. 2007 – VI ZR 101/06; BGH, Urt. v. 11. 03. 2004 – I ZR 304/01, für § 11 TDG a. F.

rechtliche Verantwortlichkeit und die Haftung auf Schadensersatz angesprochen. Die allgemeinen deliktsrechtlichen Maßstäbe oder die Möglichkeit als Störer auf Unterlassung in Anspruch genommen zu werden, wenn
ein Inhalt oder eine Information Rechte Dritter verletzt, sei hiermit nicht
gemeint.

Dass Unterlassungsansprüche nicht durch die Haftungsprivilegierung
des § 10 TMG berührt seien, lege auch der § 8 Abs. 2 TDG a. F. / § 7 Abs. 2
TMG nahe. Zwar würde in § 7 Abs. 2 Satz 1 TMG einerseits geklärt, dass
Diensteanbieter im Sinne der §§ 8 bis 10 TMG nicht verpflichtet seien, die
von ihnen übermittelten oder gespeicherten Informationen zu überwachen
oder nach Umständen zu forschen, die auf eine rechtswidrige Tätigkeit hinweisen.

Andererseits stelle jedoch § 7 Abs. 2 Satz 2 TMG klar, dass Verpflichtungen zur Entfernung oder Sperrung der Nutzung von Informationen nach
den allgemeinen Gesetzen auch im Falle der Nichtverantwortlichkeit des
Diensteanbieters nach den §§ 8 bis 10 TMG unberührt bleiben. Die deutsche Regelung in § 7 Abs. 2 Satz 2 TMG decke sich mit Art. 14 der E-Commerce-RL. Insbesondere dessen Absatz 3 mache deutlich, dass Unterlassungsansprüche von dem Haftungsprivileg nicht erfasst sein müssten, was
auch Erwägungsgrund 46 der Richtlinie nahe lege.[934]

Nach Auffassung des BGH erkläre der Umstand, dass Unterlassungsansprüche von dem Haftungsprivileg ausgenommen sind oder ausgenommen sein können, auch, weswegen Art. 14 Abs. 1 lit. a der E-Commerce-RL
und ihm folgend § 11 Satz 1 Nr. 1 Alt. 2 TDG a. F. / § 10 Satz 1 Nr. 1 Alt. 2
TMG. für Schadensersatzansprüche geringere Anforderungen stellen als für
die Verantwortlichkeit im Übrigen. Wäre auch der Unterlassungsanspruch
von der Haftungsprivilegierung in Art. 14 der E-Commerce-RL und § 11
Satz 1 Nr. 1 Alt. 1 TDG n. F. erfasst, hätte dies die – für den BGH – schwer
verständliche Folge, dass an den Unterlassungsanspruch höhere Anforderungen gestellt wären als an den Schadensersatzanspruch.

In der Entscheidung „Jugendgefährdende Medien bei eBay"[935] hat der
BGH diese Argumentation weiter vertieft und verweist zusätzlich auf Erwägungsgrund 48 der Richtlinie 2000/31/EG. Danach können die Mitgliedstaaten verlangen, dass Diensteanbieter, die von Nutzern ihres Dienstes bereitgestellte Informationen speichern, die nach vernünftigem Ermessen von
ihnen zu erwartende und in innerstaatlichen Rechtsvorschriften nieder-

---

934 Dort heißt es: „Dieser Artikel läßt die Möglichkeit unberührt, daß ein Gericht oder eine Ver-
waltungsbehörde nach den Rechtssystemen der Mitgliedstaaten vom Diensteanbieter verlangt, die Rechtsverletzung abzustellen oder zu verhindern, oder daß die Mitgliedstaaten
Verfahren für die Entfernung einer Information oder die Sperrung des Zugangs zu ihr festlegen."

935 BGH, Urt. v. 12. 07. 2007 – I ZR 18/04 – juris Rn. 20 – m. Anm. *Spindler*, jurisPR-ITR 10/2007
Anm. 3.

gelegte Sorgfaltspflicht anwenden, um bestimmte Arten rechtswidriger Tätigkeiten aufzudecken und zu verhindern.

1. Störerhaftung

Das hat in der Praxis zur Folge, dass der in seinen Rechten Verletzte den Diensteanbieter beziehungsweise Betreiber einer Plattform im Rahmen der Mitstörerhaftung auf Unterlassung der Beeinträchtigung in Anspruch nehmen kann. Störer ist nach ständiger Rechtsprechung des BGH[936] dabei jeder Akteur, dessen Verhalten die Beeinträchtigung (mit) veranlasst hat oder eine Beeinträchtigung befürchten lässt, unabhängig vom jeweiligen Tatbeitrag. Sind also an einer Beeinträchtigung mehrere Akteure beteiligt, so kommt es für die Frage, ob ein Unterlassungsanspruch besteht, grundsätzlich nicht auf Art und Umfang des Tatbeitrages oder das Interesse des einzelnen Beteiligten an der Verwirklichung der Störung an. Als Mitwirkung reicht die Unterstützung oder das Ausnutzen der Handlung eines eigenverantwortlich handelnden Dritten aus, sofern der in Anspruch Genommene die rechtliche Möglichkeit zur Verhinderung dieser Handlung hatte. Es steht dem Unterlassungsbegehren hierbei nicht entgegen, dass dem in Anspruch Genommenen die Kenntnis der Tatbestandsmäßigkeit und die Rechtswidrigkeit begründenden Umstände fehlt. Insbesondere aber ist ein Verschulden nicht erforderlich.

2. Mitstörerhaftung

Die Verantwortlichkeitssphäre wird somit zunächst weit gezogen. Umfasst ist insbesondere auch der Betreiber einer Internetplattform. Es reicht für die grundsätzliche Einordnung als Störer insbesondere aus, wenn im Internet eine Plattform bereitgehalten wird, auf welcher die eigentlichen Rechtsverletzer die rechtsverletzende Information einstellen können.

In Bezug auf den Mitstörer, also denjenigen, der nicht selbst die rechtswidrige Beeinträchtigung vorgenommen hat, vertritt der BGH allerdings die Auffassung, dass die Störerhaftung nicht „über Gebühr" auf diese Dritten erstreckt werden dürfe.[937] Aus diesem Grunde setze die Haftung des Mitstörers auf Unterlassung der Rechtsverletzung einen Mangel an Beobachtung „zumutbarer" Prüfungspflichten voraus.[938]

---

936 Vgl. BGH, Urt. v. 17. 05. 2001 – I ZR 251/99 – ambiente.de; Urt. v. 10. 10. 1996 – I ZR 129/94, GRUR 1997, 313 (315 f.) = WRP 1997, 325 – Architektenwettbewerb, zum UWG; Urt. v. 30. 06. 1994 – I ZR 40/92, GRUR 1994, 841 (842 f.) = WRP 1994, 739 – Suchwort, zum Kennzeichenrecht; Urt. v. 15. 10. 1998 – I ZR 120/96, GRUR 1999, 418 (419 f.) = WRP 1999, 211 – Möbelklassiker, zum Urheberrecht, jew. m. w. N.

937 Vgl. BGH, Urt. v. 17. 05. 2001 – I ZR 251/99 – „ambiente.de" m. w. N.

938 Vgl. statt vieler BGH, Urt. v. 19. 04. 2007 – I ZR 35/04 – juris Rn. 40 m. w. N.

3. Problemfeld: Zukünftige Rechtsverletzungen

Der Mitstörer ist im Rahmen des Unterlassungsanspruches zunächst verpflichtet, die konkrete rechtsverletzende Information zu sperren oder zu löschen. Das stellt die Diensteanbieter vor keine größeren Probleme, haben sie doch auf Grund entsprechender Administratorenrechte in der Regel umfangreichen Zugriff auf die von ihnen bereitgehaltenen Angebote.

Weitaus problematischer sind in diesem Zusammenhang die ebenfalls vom Unterlassungsanspruch umfassten Verpflichtungen des jeweiligen Diensteanbieters im Hinblick auf die Vermeidung *zukünftiger* Rechtsverletzungen. Ist der Diensteanbieter erst einmal auf eine (klare) Rechtsverletzung eines Nutzers auf der Plattform hingewiesen worden, ist er nach Auffassung des BGH nicht nur verpflichtet, die konkrete Information unverzüglich zu löschen (vgl. auch § 10 Satz 1 Nr. 2 TMG). Er muss darüber hinaus auch „Vorsorge treffen", dass es nicht zu weiteren „gleichgelagerten" Rechtsverletzungen kommt.[939]

Der BGH folgt hierbei der so genannten „Kerntheorie". Nach dieser im Wettbewerbsrecht entwickelten Theorie umfasst der Schutzumfang eines Unterlassungsgebotes nicht nur die Verletzungsfälle, die mit der verbotenen Form identisch sind, sondern auch solche gleichwertigen Verletzungen, die ungeachtet etwaiger Abweichungen im Einzelnen den Kern der Rechtsverletzung unberührt lassen. Die Kerntheorie dient insbesondere der effektiven Durchsetzung von auf Unterlassung von Äußerungen gerichteten Ansprüchen, die wesentlich erschwert wäre, falls eine Verletzung von Unterlassungstiteln nur in Fällen anzunehmen wäre, in denen die Verletzungshandlung dem Wortlaut des Titels genau entspricht.[940]

Der Umfang dieser Verpflichtungen zur Vermeidung weiterer Beeinträchtigungen nach einer bereits erfolgten Rechtsverletzung bestimmt sich wiederum danach, ob und inwieweit nach den jeweiligen Umständen des Einzelfalles eine diesbezügliche Prüfungsverpflichtung zumutbar ist.

a)   Zumutbarkeit von Prüfungspflichten

In die hierfür erforderliche Abwägung sind die betroffenen Rechtsgüter, der zu betreibende Aufwand und der zu erwartende Erfolg einzustellen.[941]

Es ist danach zu fragen

– inwieweit es dem als Störer in Anspruch Genommenen technisch und wirtschaftlich möglich und zumutbar ist, die Gefahren von Rechtsgutverletzungen zu vermeiden,

---

939 Vgl. BGH, Urt. v. 11. 03. 2004 -1 ZR 304/01 – NJW 2004, 3102 – „Internet-Versteigerung I"; BGH, Urt. v. 19. 04. 2007 – I ZR 35/04 – GRUR Int 2007, 933 – „Internet-Versteigerung II".

940 Vgl. hierzu und zur verfassungsrechtlichen Unbedenklichkeit BVerfG, Beschl. v. 09. 07. 1997 – 1 BvR 730/97; BVerfG, Beschl. v. 04. 12. 2006 – 1 BvR 1200/04.

941 Vgl. BGH, Urt. v. 11. 03. 2004 – I ZR 304/01; OLG Düsseldorf, Urt. v. 07. 06. 2006 – I-15 U 21/06, 15 U 21/06; LG Düsseldorf, Urt. v. 23. 01. 2008 – 12 O 246/07.

- ob und welche (insbesondere wirtschaftlichen) Vorteile der Diensteanbieter aus seinen Diensten zieht oder ob sein Angebot ehrenamtlich[942] erfolgt,
- welche berechtigten Sicherheitserwartungen der betroffene Verkehrskreis hegen darf,
- inwieweit Risiken vorhersehbar sind,
- welche Rechtsgutsverletzungen drohen,
- ob der Dienst für die Netzkommunikation nützlich oder gar unerlässlich ist sowie
- ob und inwieweit sich die Grundrechte der Meinungs-, Presse- und Rundfunkfreiheit auswirken.[943]

Schließlich dürfen die aufzuerlegenden Prüfungspflichten nicht dazu führen, dass das (erlaubte) Geschäftsmodell des Diensteanbieters „grundsätzlich" in Frage gestellt wird.[944]

b) Kritik

Die Rechtsprechung des BGH zur Mitstörerhaftung der Diensteanbieter schließt an frühere Entscheidungen zur Störerhaftung an und scheint unter dem Gesichtspunkt des Bemühens um einen gerechten Interessenausgleich zwischen Rechteinhabern und Diensteanbietern zunächst verständlich. In concreto bieten die Erwägungen jedoch nach hier geteilter Auffassung nur wenig Halt für gesicherte Kriterien bei der Bestimmung einzelner zumutbarer Prüfungspflichten und sind dem praktischen Bedürfnis nach Rechtssicherheit eher ab- denn zuträglich.[945]

Insbesondere mit Blick auf § 7 Abs. 2 Satz 1 TMG wird die Ansicht des BGH zu Recht kritisiert.[946] Wird der Diensteanbieter zu einer Unterlassung „ähnlich gelagerter" Rechtsverletzungen verpflichtet, trifft ihn regelmäßig de facto keine spezifische (ggf. von § 7 Abs. 2 TMG noch gedeckte), sondern vielmehr eine allgemeine Überwachungsverpflichtung, wie sie sowohl das TMG als auch die E-Commerce-Richtlinie (hier Art. 15 bzw. Erwägungs-

---

942 Vgl. z. B. LG München I, Urt. v. 08. 12. 2005 – 7 O 16341/05.

943 Vgl. *Steinle*, MMR 2006, 180 (181).

944 Vgl. BGH, Urt. v. 11. 03. 2004 – I ZR 304/01. Dieser Grundsatz soll nur dann nicht greifen, wenn der Dienst ganz überwiegend für illegale Aktivitäten genutzt wird, vgl. LG Düsseldorf, Urt. v. 23. 01. 2008 – 12 O 246/07.

945 *Härting*, BGHReport 2007, 828 (828 f.); *Rücker*, CR 2005, 347 (348); *Hoeren*, MMR 2004, 672 (673); *Hoeren* in: Hoeren/Sieber, Handbuch Multimedia Recht, 18.2 Rn. 104; *Spindler*, MMR 2007, 511 (512) – „diffuser Begriff der Prüfungspflichten".

946 Vgl. z. B. *Sobola/Kohl*, CR 2005, 443; *Berger/Janal*, CR 2004, 917; *Rücker*, CR 2005, 347; *Volkmann*, CR 2004, 767 (768 ff.); *Stadler*, Haftung für Informationen im Internet, Rn. 30c; *Hoeren* in: Hoeren/Sieber, Handbuch Multimedia Recht, 18.2 Rn. 101 ff.; *Roggenkamp*, jurisPR-ITR 4/2007 Anm. 2, unter D.

grund 47 S. 1) gerade verbieten.[947] Dort heißt es explizit, dass Diensteanbieter nicht verpflichtet sind, „die von ihnen übermittelten oder gespeicherten Informationen zu überwachen oder nach Umständen zu forschen, die auf eine rechtswidrige Tätigkeit hinweisen". Der zur Unterlassung verpflichtete Diensteanbieter müsste, um seiner Verpflichtung zu entsprechen, regelmäßig alle eingehenden fremden Inhalte zur Kenntnis nehmen, auf eine eventuelle „ähnlich gelagerte" Rechtsverletzung überprüfen und dann gegebenenfalls sperren beziehungsweise löschen. Nur so kann es ihm gelingen, einen Verstoß gegen seine Unterlassungsverpflichtung zu vermeiden. Diese Verpflichtung zur allgemeinen Überwachung wird hierbei nur dadurch gemildert, dass sie offenbar nur mit Hilfe von automatisierten Filtermechanismen zumutbar sein soll und im Falle eines „Durchrutschens" einer rechtsverletzenden Information gegebenenfalls ein Verschulden entfallen würde.[948] Dies wird jedoch erst im so genannten Bestrafungsverfahren (§ 890 ZPO) überprüft und ändert insbesondere nichts an der Tatsache, dass auch eine solch automatisierte Überprüfung weiterhin eine allgemeine Überwachung darstellt.

Dem Wortlaut des § 7 Abs. 2 Satz 2 TMG ist darüber hinaus gerade keine Ausnahme der Geltung der Haftungsprivilegierungen für Unterlassungsansprüche zu entnehmen. Vielmehr heißt es dort, dass Verpflichtungen „zur *Entfernung* oder *Sperrung* der Nutzung von Informationen nach den allgemeinen Gesetzen" auch im Falle der Nichtverantwortlichkeit des Diensteanbieters unberührt bleiben. Von künftigen Maßnahmen zur Unterbindung identischer oder kerngleicher Rechtsverletzungen ist nicht die Rede. Grundsätzlich fallen alle (auch verschuldensunabhängige) Ansprüche unter die Haftungsprivilegierung.[949]

c) Stellungnahme

Die Reichweite des Unterlassungsanspruches ist also nach hier vertretener Ansicht auf den reinen Anspruch auf Beseitigung der Störung durch Löschung der rechtsverletzenden Information zu begrenzen.[950] Eine faktisch generelle Überprüfungspflicht ist zur Wahrung der Rechte des Verletzten nicht notwendig. Dauerhafte Verbreitung muss dieser trotz allem nicht dulden. Er kann sich bei erneuter Verletzung wieder an den Betreiber wen-

---

947 Vgl. *Stadler*, Haftung für Informationen im Internet, Rn. 30c; *Stadler*, K&R 2006, 253; *Gercke*, MMR 2002, 695; *Sobola/Kohl*, CR 2005, 443; *Spindler*, WRP 2003, 1 (4); *Spindler*, MMR 2007, 511 (512).

948 BGH, Urt. v 19. 04. 2007 – I ZR 35/04.

949 *Hoeren* in: Hoeren/Sieber, Handbuch Multimedia Recht, 18.2 Rn. 105; *Hoeren*, MMR 2004, 672; *Gercke*, MMR 2006, 493; *Rücker*, CR 2005, 347; *Berger/Janal*, CR 2004, 917 (919).

950 Vgl. *Härting*, BGHReport 2007, 828 (828); *Sobola/Kohl*, CR 2005, 443 (449); *Volkmann*, K&R 2004, 231 (233); *Hoeren* in: Hoeren/Sieber, Handbuch Multimedia Recht, 18.2 Rn. 104; *Leible/Sosnitza*, NJW 2007, 3324 (3324); a. A. BGH, Urt. v. 11. 03. 2004 – I ZR 304/01; BGH, Urt. v. 19. 04. 2007 – I ZR 35/04 – Internet-Versteigerung II.

den. Neben dem Beseitigungsanspruch gegenüber dem Diensteanbieter besteht dem eigentlichen Verletzer gegenüber ein weitergehender Unterlassungsanspruch für die Zukunft.[951]

Beachtung finden muss einerseits, dass der Diensteanbieter lediglich Dritter in einem Konflikt zwischen Rechtsverletzer und Rechteinhaber ist. Dies wird im Rahmen der Rechtsprechung des BGH nicht hinreichend berücksichtigt. Des weiteren wird offenbar ignoriert, dass die E-Commerce-Richtlinie, auf welcher das Telemediengesetz basiert, (auch) den Zweck verfolgte, die Tätigkeit der Diensteanbieter durch klare Regelungen zur Haftung auf rechtlich sicherem, weil überschau- und einschätzbarem Terrain zu ermöglichen.[952] Dieses Anliegen, welches sich insbesondere in den Haftungsprivilegierungen der Diensteanbieter widerspiegelt, wird durch die Rechtsprechung des BGH konterkariert. Ob und in welchem Umfang Prüfungs- und Überwachungsverpflichtungen vorliegen, ist unklar.[953] Insbesondere aber verwirrt die „Doppelfunktion" der Prüfungspflichten im Kontext der Mitstörerhaftung: Diese und deren Verletzung sind gleichzeitig Voraussetzung und Rechtsfolge der Störerhaftung. Wer Prüfungspflichen verletzt, ist zur Prüfung verpflichtet.[954] Dies vermag auch dogmatisch nicht zu überzeugen.

Eine Beschränkung des Unterlassungsanspruches auf die Beseitigung oder Sperrung der konkreten Information und die exklusive Zuweisung des in die Zukunft wirkenden Anspruchsteiles auf den eigentlichen Rechtsverletzer würde die Diensteanbieter aus der undankbaren Rolle des „Schnellrichters mit Privathaftung"[955] entlassen. Zwar besteht die Verpflichtung zur Überwachung nur im Hinblick auf „eindeutig als rechtsverletzend erkennbare" Informationen.[956] Ob eine Rechtsverletzung tatsächlich klar ist; welche Anforderungen an die Eindeutigkeit zu stellen sind[957], ist jedoch von den Diensteanbietern im Zweifel nur schwer zu beurteilen[958] und wird ebenfalls zum Gegenstand des Vollstreckungsverfahrens. Das ist insbesondere unter dem Aspekt misslich, als dass ein Unterliegen in diesem auf Seiten des Diensteanbieters regelmäßig die Verwirkung einer Geldstrafe in nicht unerheblicher Höhe zur Folge haben wird.

---

951 Vgl. *Stadler*, K&R 2006, 253 (257); *Roggenkamp*, jurisPR-ITR 7/2006 Anm. 5.

952 Vgl. z. B. Erwägungsgründe 5 – 8 der E-Commerce-Richtlinie.

953 Und führt zu einer wahren Kakophonie an Folgerechtsprechung, vgl. S. 120.

954 *Härting*, BGHReport 2007, 828 (829).

955 *Ufer*, MMR 2008, 69 (70).

956 BGH, Urt. v. 19. 04. 2007 – I ZR 35/04.

957 Hierzu *Jürgens*, K&R 2007, 392 (394).

958 Der BGH tut sich mitunter schwer, dies zu konkretisieren. Vgl. für die Frage, ob das Einstellen von Rolex-Uhren zu niedrigen Angebotsstartpreisen auf der Auktionsplattform eBay ein (eindeutiges) Indiz für eine rechtsverletzendes Angebot eines Plagiates ist BGH, Urt. v. 19. 04. 2007 – I ZR 35/04 – Abs. 51.

Insoweit der BGH zur Vertiefung seiner Argumentation den Erwägungsgrund 48 der E-Commerce-RL heranzieht[959], nach dessen Wortlaut die Möglichkeit unberührt bleibt, dass Mitgliedstaaten insbesondere von Host-Providern verlangen können, die „nach vernünftigem Ermessen von ihnen zu erwartende" Sorgfaltspflicht anzuwenden, um bestimmte Arten rechtswidriger Tätigkeiten aufzudecken oder zu verhindern, vermag dies die Wertung nicht zu erschüttern. Erwägungsgrund 48 der E-Commerce-RL steht im Widerspruch zu Art. 15 Abs. 1 der E-Commerce-RL, da er denknotwendigerweise auf eine allgemeine Verpflichtung zur Überwachung fremder Informationen hinausliefe. Er wurde erst in den so genannten Gemeinsamen Standpunkt aufgenommen und nur unzureichend begründet.[960] Es handelt sich daher um eine „am besten schnell zur Seite zu legende Ausführung"[961], die keine argumentative oder gar normativ wirkende Berücksichtigung finden kann.[962]

4. Bedeutung für die öffentliche Hand

Gerade für Web 2.0 Angebote der öffentlichen Hand ist die Rechtsprechung des BGH besonders fatal. Im Rahmen der Erörterung zumutbarer Prüfungspflichten streitet im Gegensatz zur öffentlichen Hand für die privaten Betreiber von Meinungsforen die Meinungsfreiheit. Für Betreiber von Auktionsplattformen kommt die Berufsfreiheit zum Tragen. Das ist der Grund, warum der BGH regelmäßig betont, dass das „Geschäftsmodell" des Diensteanbieters durch die Prüfungsverpflichtungen nicht in Frage gestellt werden dürfe. Für die öffentliche Hand spricht im Rahmen des Abwägungsprozesses nur, dass sie ihr Angebot regelmäßig nicht in Gewinnerzielungsabsicht betreibt, sondern im Allgemeininteresse. Das TMG gilt auch für öffentlich-rechtliche Diensteanbieter.[963] Auch wenn die Aktivitäten der öffentlichen Hand im Internet nicht dem E-Commerce, sondern dem E-Government zuzuordnen sind, gelten die auf der E-Commerce-Richtlinie beruhenden Privilegierungen auch für sie. Die Rechtsprechung des BGH stellt im Hinblick auf die Entwicklung und den Betrieb solcher Angebote einen bestenfalls ärgerlichen Hemmschuh dar, der insbesondere den nationalen

---

959 Auch das OLG Hamburg, Urt. v. 26. 09. 2007 – 5 U 165/06 – juris Rn. 38 zieht u. a. den Erwägungsgrund 48 zur Begründung heran.

960 Vgl. die Mitteilungen der Kommission SEK/2000/0386 endg., v. 29. 02. 2000, Bem. zu Erwägungsgrund 48.

961 So *Spindler*, MMR 2000, Beilage Nr. 7, 4, 19.

962 Vgl. *Marly*, in: Grabitz/Hilf, Das Recht der Europäischen Union, Stand 32. EL 2007, RL (EWG) 2000/31 Art. 15, Rn. 7.

963 Vgl. OLG Brandenburg, Urt. v. 19. 02. 2007 – 1 U 13/06; *Heckmann*, jurisPK-Internetrecht, Kap. 1.1 Rn. 59.

und europaweiten Zielen der verstärkten Nutzung gerade der Möglichkeiten und Technologien des Web 2.0 entgegensteht.[964]

5. Vorbeugende Unterlassungsansprüche

Die oben genannten Kritikpunkte ignorierend[965], hat der Bundesgerichtshof seine Auffassung nicht nur – scheinbar unreflektiert – in der „Internet-Versteigerung II"-Entscheidung wiederholt, sondern darüber hinaus festgestellt, dass die Unanwendbarkeit der Haftungsprivilegierungen nicht nur für den auf eine bereits geschehene Verletzung gestützten, sondern auch für den vorbeugenden Unterlassungsanspruch gelte. Ein Störer könne auch dann vorbeugend auf Unterlassung in Anspruch genommen werden, wenn es noch gar nicht zu einer Verletzung des geschützten Rechts gekommen, eine Verletzung in der Zukunft aber aufgrund der Umstände zu befürchten ist. Voraussetzung dafür ist, dass der potentielle Störer eine Erstbegehungsgefahr begründet.[966]

Diese Auffassung ist, selbst wenn man entgegen der oben genannten grundlegenden Kritikpunkte die Rechtsprechung des BGH zu nachgelagerten Prüfungspflichten noch als mit dem TMG vereinbar sehen möchte, abzulehnen. Die Verwendung der Begriffe *„Entfernung oder Sperrung"* in § 7 Abs. 2 TMG verdeutlicht, dass nur Handlungen zur Beseitigung einer bereits eingetretenen Rechtsverletzung oder zur Verhinderung ihrer fortdauernden Wirkung oder Wiederholung erfasst sein sollen. Eine Verpflichtung zur Abwehr der Gefahr einer ersten Zuwiderhandlung ist offensichtlich ausgeschlossen.[967]

Die notwendige Erstbegehungsgefahr ist indes nur unter engen Voraussetzungen anzunehmen.[968] Hinweise auf eine konkret bevorstehende Rechtsverletzung begründen eine solche für sich genommen noch nicht. Erst wenn sich der potentielle Störer nach einem die Prüfpflicht aktivierenden Hinweis weigert, Vorsorge zur Verhinderung weiterer Rechtsverletzungen zu treffen oder seine Pflichten erstmals verletzt, wird die Störereigenschaft begründet.[969]

---

964 Die „ungeklärten rechtlichen Probleme" im Hinblick auf die Verantwortlichkeit für die von Nutzern erstellten Hinweise werden denn auch von *Albrecht/et.al.*, E-Partizipation, S. 185 als mögliche Barriere bei der Umsetzung der E-Government 2.0 Strategie identifiziert.

965 *Leible/Sosnitza*, NJW 2007, 3324 (3324).

966 BGH, Urt. v. 19. 04. 2007 – I ZR 35/04 – Internet-Versteigerung II m. kritischen Anm. von *Spindler*, MMR 2007, 511; *Härting*, BGHReport 2007, 828 – „Irrweg des BGH zur Störerhaftung im Netz"; *Roggenkamp*, jurisPR-ITR 11/2007 Anm. 2.

967 Vgl. *Leible/Sosnitza*, NJW 2007, 3324 (3324).

968 Das ist insbesondere aus dem vom BGH konkret entschiedenen Fall zu folgern. Der BGH hatte darüber zu entscheiden, ob eine bereits begründete Störerhaftung für klare Rechtsverletzungen nationaler Marken auf die Haftung bezüglich identischer Gemeinschaftsmarken durchschlägt.

969 *Jürgens*, K&R 2007, 392 (393).

III.   Prüfungspflichten in der Praxis

In der Praxis stellt sich angesichts dieser Rechtsprechung die Frage, welche Prüfungsverpflichtungen dem Betreiber einer User-Generated-Content Plattform konkret zugemutet werden können. In den vom BGH entschiedenen Fällen des Angebotes von gefälschten Markenuhren auf Onlineauktionsplattformen konnten „verdächtige" Angebote mit Hilfe einer Filtersoftware durch Eingabe von entsprechenden Suchbegriffen aufgespürt und dann manuell überprüft werden.[970] Diese Möglichkeit besteht bei Video-/Fotoplattformen oder anderen „Community"-Angeboten bislang nicht.

1.   Kakophonie der Rechtsprechung

Die Instanzrechtsprechung beachtet nur prima facie die Entscheidung des Bundesgerichtshofes. Bei näherer Betrachtung wird jedoch insbesondere die Frage nach den konkreten Prüfungspflichten bei Rechtsverletzungen auf Web 2.0-Plattformen, die sich nicht mit Hilfe einer Filtersoftware auffinden lassen, höchst unterschiedlich beantwortet. *Feldmann* spricht hier treffend von einer Kakophonie der Rechtsprechung[971], aus der die folgenden Entscheidungen besonders schrill hervorstechen.

a)   LG Hamburg – „Heise"

Im Falle eines Meinungsforums hatte das Landgericht Hamburg in einer viel beachteten Entscheidung die Auffassung vertreten, dass die Betreiberin sämtliche Einträge der Nutzer vor ihrer Freischaltung auf die rechtliche Zulässigkeit ihres jeweiligen Inhalts prüfen müsse.[972] Wer

„Betriebsmittel bereit hält, die es ihm erlauben, über ein redaktionell gestaltetes Angebot in riesenhafter Anzahl Äußerungen zu verbreiten, unterhält damit eine Gefahrenquelle, indem er einer unbestimmten Vielzahl von Nutzern gerade damit die Möglichkeit eröffnet, in großer Zahl Äußerungen zu verbreiten, die geeignet sind, Rechte Dritter zu verletzen. Ein allgemeiner Grundsatz, dass derjenige, der eine besonders gefährliche Einrichtung unterhält, wegen deren Gefährlichkeit von eventuellen Haftungsrisiken freigehalten werden müsste, existiert nicht; die Tendenz geht im Gegenteil vielmehr dahin, dass derjenige, der eine Einrichtung unterhält, von der wegen ihrer schweren Beherrschbarkeit besondere Gefahren ausgehen, einer verschärften Haftung unterworfen wird [. . .]"

---

970 BGH, Urt. v. 19. 04. 2007 – I ZR 35/04 – juris Rn. 47; ähnlich OLG München, Urt. v. 21. 09. 2006 – 29 U 2119/06 m. Anm. *Wiebe*, jurisPR-ITR 10/2006 Anm. 4.

971 Feldmann, MMR 2006, 746, 747.

972 LG Hamburg, Urt. v. 02. 12. 2005 – 324 O 721/05 – juris Rn. 16 – m. Anm *Hoeren*, EWiR 2006, 651.

Zu den konkreten Verpflichtungen führte es aus, dass

„Wenn die Antragsgegnerin ein Unternehmen betreibt – und das Bereithal-
ten von Internetforen stellt eine solche Form unternehmerischen Betriebs
dar –, das in großer Zahl Einträge über solche Foren verbreitet, muss sie
ihr Unternehmen daher so einrichten, dass sie mit ihren sachlichen und
personellen Ressourcen auch in der Lage ist, diesen Geschäftsbetrieb zu
beherrschen. Wenn die Zahl der Foren und die Zahl der Einträge so groß
ist, dass die Antragsgegnerin nicht über genügend Personal oder genügend
technische Mittel verfügt, um diese Einträge vor ihrer Freischaltung einer
Prüfung auf ihre Rechtmäßigkeit zu unterziehen, dann muss sie entweder
ihre Mittel vergrößern oder den Umfang ihres Betriebes – etwa durch Ver-
kleinerung der Zahl der Foren oder Limitierung der Zahl der Einträge –
beschränken.“

Zum Nachteil der Betreiberin gereichte das LG Hamburg insbesondere die
Tatsache, dass diese einen kritischen Artikel über den Antragsteller veröffentlicht und zur Diskussion gestellt hatte. Nach Auffassung des Gerichts
musste sie deshalb damit rechnen, dass Nutzer der Diskussionsfunktion
„über die Stränge schlagen“ und die Gelegenheit nutzen würden, rechtswidrige Inhalte zu posten. Wenn aber der Betreiber damit rechnen muss,
dass das Angebot missbraucht werden wird, müsse er wirksame Vorkehrun-
gen treffen, um einen solchen Missbrauch zu vermeiden. Solche Vorkeh-
rungen könnten nur darin bestehen, dass die eingehenden Beiträge vor
ihrer Freischaltung geprüft werden.[973]

b)   OLG Hamburg – „Heise“

Diese Entscheidung wurde vom OLG Hamburg in der zweiten Instanz
dahingehend entschärft, dass nur die Teile der Plattform überprüft werden
müssten, in welchen mit dem Auftreten von Rechtsverletzungen konkret zu
rechnen sei.[974] Eine allgemeine Überwachungspflicht erscheint dem Gericht demgegenüber „mit vertretbaren Mitteln nur schwer durchführbar“.
Eine Kontrolle einzelner Plattformbestandteile sei dem Betreiber jedenfalls
dann zuzumuten, wenn die Gefahr erheblicher Rechtsverletzungen droht.
Hielte man den Betreiber von Überprüfungspflichten auch in diesen Fällen
frei, entstünde für den Schutz grundrechtlich geschützter Positionen der
Betroffenen ein Vakuum. Diese könnten vom Betreiber dann „lediglich“
die Löschung des konkreten Beitrags verlangen. Dem lasse sich nicht ent-
gegenhalten, dass es dem Verletzten unbenommen sei, gegen den Autor der
verletzenden Äußerung vorzugehen, da dieser in vielen Fällen nicht identifizierbar oder erreichbar sein wird. Eine spezielle Überprüfungspflicht des
Betreibers sei dann angemessen, wenn dieser entweder durch sein eigenes

973 LG Hamburg, Urt. v. 02. 12. 2005 – 324 O 721/05 – juris Rn. 18.
974 OLG Hamburg, Urt. v. 22. 08. 2006 – 7 U 50/06 – juris Rn. 27.

Verhalten vorhersehbar rechtswidrige Beiträge Dritter provoziert hat oder wenn ihm bereits mindestens eine Rechtsverletzungshandlung von einigem Gewicht im Rahmen des Forums benannt worden ist und sich damit die Gefahr weiterer Rechtsverletzungshandlungen durch einzelne Nutzer bereits konkretisiert habe.[975]

c) OLG Düsseldorf – „Pornokönig"

Das OLG Düsseldorf lehnte demgegenüber in der „Pornokönig"-Entscheidung die Verpflichtung zur Kontrolle der Plattform bei nicht durch Filtersoftware auffindbaren Rechtsverletzungen zu Recht als grundsätzlich unzumutbar ab.[976] Zu Gunsten des Forenbetreibers gewichtete das Gericht die Tatsache, dass das Angebot nicht professionell und ohne wirtschaftlichen Profit betrieben wurde. Eine Überwachung, z. B. durch Beschäftigung von Mitarbeitern, welche das Forum rund um die Uhr überprüfen, sei unzumutbar. Technisch wären keine praktikablen Lösungen zur Verhinderung von Rechtsgutverletzungen ersichtlich. Insbesondere die Sperrung von IP-Adressen oder von Pseudonymen sei praktisch ungeeignet; eine Kennwortsuche wenig sinnvoll. Zwar hatte der Betreiber nicht die Möglichkeit genutzt, im internen Verhältnis zu den potentiellen Usern die Nutzung von einer Registrierung abhängig zu machen (bei Ermöglichung der Nutzung in anonymisierter Form). Das rechtfertige jedoch nur, dass der Betreiber als Störer auf Unterlassung in Anspruch genommen werden könne, wenn er ihm bekannt gewordene rechtswidrige Äußerungen nicht unverzüglich lösche.

2. Konsolidierende Bewertung

Die Rechtsprechung des Landgerichts Hamburg entspricht weder den normativen Vorgaben des Telemediengesetzes, welches die Host-Provider von allgemeinen Überprüfungspflichten freistellt, noch den Vorgaben des Bundesgerichtshof in Bezug auf nachgelagerte spezifische Überwachungspflichten. Zu Recht weist das OLG Hamburg darauf hin, dass eine generelle Verpflichtung zu einer allgemeinen Überwachung nicht nur contra legem wäre, sondern die Möglichkeiten des freien Meinungsaustauschs in grundrechtswidriger Weise einschränkt.[977]

a) Restriktive Annahme von Prüfungspflichten

Außer in Fällen, in denen sich wie im vom OLG Hamburg entschiedenen Fall die konkrete Gefahr einer Rechtsverletzung auf einen ohne nennens-

---

975 OLG Hamburg, Urt. v. 22. 08. 2006 – 7 U 50/06.

976 OLG Düsseldorf, Urt. v. 07. 06. 2006 – 15 U 21/06 – juris Rn. 26 f. – m. Anm. *Roggenkamp*, jurisPR-ITR 7/2006 Anm. 5 – MMR 2006, 619 m. Anm. *Eichelberger*; ähnlich auch LG Karlsruhe, Beschl. v. 10. 12. 2007 – 9 S 564/06 – MMR 2008, 190.

977 OLG Hamburg, Urt. v. 22. 08. 2006 – 7 U 50/06.

werten Aufwand überprüfbaren Bereich des Angebotes bezieht[978], ist eine Prüfungspflicht auch nach einer Rechtsverletzung unter Zugrundelegung der vom BGH aufgestellten Abwägungskriterien[979] nicht zumutbar. Das Auffinden von Urheber- oder Kunsturheberrechtsverletzungen erfordert eine manuelle Sichtung aller eingestellten Informationen. Der hierzu notwendige personelle Aufwand würde das Geschäftsmodell aller Web 2.0 Plattformen grundsätzlich in Frage stellen. Soweit ersichtlich, vertritt lediglich noch das LG Hamburg[980] die Auffassung, dass den Betreiber eines Forums bereits auf Grund der abstrakten Möglichkeit von Rechtsverletzungen die Verpflichtung trifft, vorbeugende Überwachungsmaßnahmen durchzuführen. Demgegenüber hat der BGH in einer Entscheidung aus dem Jahr 2007[981] nochmals festgehalten, dass die Bereitstellung einer Internet-Plattform, auf der automatisiert Inhalte durch die Nutzer eingestellt werden, für sich allein noch keinerlei Prüfungspflichten begründen kann. Eine Handlungspflicht besteht erst ab Kenntnis. Dies folgert der BGH insbesondere aus § 7 Abs. 2 TMG. Ein anderes Bild ergibt sich hingegen, wenn bereits das Geschäftsmodell der Betreiber selbst Rechtsverletzungen der Nutzer einkalkuliert und diese gewissermaßen hierzu „herausfordert"[982, 983]

Diese Herausforderungsfälle sind jedoch entgegen der Auffassung des LG Hamburg[984] eng zu ziehen. Dieses vertritt unter Berufung auf die oben dargestellte Entscheidung des OLG Hamburg im so genannten „Heise-Foren"-Fall, dass die Frage, ob und inwieweit dem Betreiber eines Forums respektive einer Kommentarfunktion in einem Blog eine Prüfpflicht treffe, anlassbezogen zu beurteilen sei. Hierbei sei eine Abwägung dahingehend vorzunehmen, dass, je mehr konkreter Anlass zur „Befürchtung" bestehe, dass es zu Rechtsverletzungen Dritter kommen werde, um so mehr Aufwand müsse der Betreiber auf sich nehmen, um die gewissermaßen gefahrgeneigten Angebotsteile einer Überprüfung zu unterziehen. Es bestehe ein „gleitender Sorgfaltsmaßstab" mit einem „Spektrum abgestufter Prüfungspflichten". Sei „mit großer Sicherheit" vorhersehbar, dass es zu schweren

---

978 Im konkreten Fall handelte es sich um das sog. „Heise-Forum". Auf den Internetseiten des Heise-Verlages haben die Nutzer die Möglichkeit, in einer Art Miniforum einzelne Artikel zu kommentieren.

979 Vgl. oben S. 212. In der zweiten Rolex-Entscheidung hat der BGH zudem zutreffend festgehalten, dass die Grenze des Zumutbaren „jedenfalls dann erreicht [ist], wenn keine Merkmale vorhanden sind, die sich zur Eingabe in ein Suchsystem eignen.", vgl. BGH, Urt. v. 19. 04. 2007 – I ZR 35/04 – juris Rn. 47.

980 LG Hamburg, Urt. v. 24. 08. 2007 – 308 O 245/07 – „Mettenden-Foto"; ähnlich Urt. v. 27. 04. 2007 – 324 O 600/06 „Supernature", m. Anm. *Ernst*, jurisPR-ITR 5/2007 Anm. 2.

981 BGH, Urt. v. 19. 04. 2007 – I ZR 35/04.

982 Denkbar wäre z. B. der Betrieb einer Plattform zum urheberrechtswidrigen Tausch von Musik- und Filmdateien.

983 Vgl. *Jürgens/Veigel*, AfP 2007, 181 (184).

984 LG Hamburg, Urt. v. 03. 12. 2007 – 324 O 794/07.

Rechtsverletzungen kommen wird, könne die Prüfpflicht des Betreibers bis hin zu einer Dauer- oder Vorabkontrollpflicht „anwachsen".[985] Als Anhaltspunkte nennt das LG Hamburg einen „außerordentlich scharfen und polemisierenden" Beitrag, der zur Debatte gestellt wird in Kombination mit der Möglichkeit, sich unter einem Pseudonym zu äußern. Spätestens dann, wenn die Diskussion einen in rechtlicher Hinsicht „grenzwertigen Verlauf" annehme, müsse der Betreiber die eingehenden Beiträge fortdauernd überprüfen. Das Gericht schlägt hierfür einen „geeigneten Moderator" oder eine schubweise Freigabe von Beträgen nach erfolgter Vorabkontrolle vor.[986] Es stellt sich damit zunächst sowohl § 7 Abs. 2 TMG als auch der einschlägigen BGH-Rechtsprechung zu den Verpflichtungen der Host-Provider diametral entgegen, weil es eben nicht bei dem Geschäftsmodell selbst, sondern bei einer einzelnen Betätigung ansetzt, die dem Betreiber nicht erwünscht ist und von diesem auch nicht beabsichtigt wird.

b)   Fehlende Wiederholungsgefahr
Wie das LG Düsseldorf[987] zutreffend festhält, fehlt es in Fällen, in denen der Betreiber nach Kenntniserlangung die streitgegenständlichen Beiträge entfernt und es zu keinen weiteren Rechtsverletzungen kommt, zudem an einer Wiederholungsgefahr zu deren Beseitigung die Abgabe einer strafbewehrten Unterlassungsverpflichtungserklärung notwendig ist. Unschädlich sei es, in diesen Fällen deren Abgabe abzulehnen, wenn sich der Plattformbetreiber weder des Rechts berührt, den Beitrag weiter verbreiten zu dürfen, noch es strikt ablehnt, das Forum künftig auf etwaige Verletzungshandlungen zu überwachen.

3.   Bedeutung für die öffentliche Hand
Für die öffentliche Hand als Betreiberin eines E-Partizipationsangebotes hat die oben dargestellte (vornehmlich hamburgische) Rechtsprechungspraxis weitreichende Bedeutung. Gegenstand der staatlich veranlassten Kommunikation und diskursiven Auseinandersetzung sind ganz überwiegend Themen, in denen eine kontroverse Diskussion nicht nur vorhersehbar, sondern sogar erwünscht ist. In der Regel bleibt im Kontext einer rege geführten Debatte ein Konflikt zwischen einzelnen Diskutanten nicht aus. Diskussionsbeiträge, die die Grenze der Meinungsfreiheit hin zur Persönlichkeitsrechtsverletzung überschreiten, liegen hierbei durchaus im Bereich des Möglichen. Die hieraus nach Auffassung des LG Hamburg resultierende Verpflichtung, Beiträge prinzipiell nur noch nach Vorabprüfung freizuschalten, ist in Anlehnung an die Rechtsprechung des Bundesgerichtshofes zur Störerhaftung der Plattformbetreiber mit Blick auf das

---

985 LG Hamburg, Urt. v. 03. 12. 2007 – 324 O 794/07 – juris Rn. 25.
986 A. A. AG Berlin-Mitte, Urt. v. 20. 10. 2004 – 15 C 1011/04 – MMR 2005, 639.
987 LG Düsseldorf, Urt. v. 27. 06. 2007 – 12 O 343/06.

hinter E-Partizipationsplattformen stehende Geschäftsmodell abzulehnen. Mit dem Betrieb eines virtuellen Forums zum Austausch von Meinungen geht die Notwendigkeit einher, diesen Austausch möglichst zeitnah zu gestalten. Eine Diskussion kann in einem Forum nur sinnvoll geführt werden, wenn es den Diskutanten möglich ist, unmittelbar auf neue Einträge zu reagieren. Dies aber ist nicht möglich, wenn jeder Diskussionsbeitrag zunächst einer Vorabmoderation unterliegt. Schon rein tatsächlich wird es einer Gemeinde nicht möglich sein, so viele „Moderatoren" einzustellen, dass eine Betreuung rund um die Uhr möglich ist.[988] Diese rein tatsächlichen Hinderungsgründe sind bereits für sich geeignet dazu zu führen, dass eine Beschränkung der (im Rahmen eines E-Partizipationsangebotes ja gerade erwünschten) Möglichkeiten des Bürgers, „durch seine Meinung in der Öffentlichkeit zu wirken"[989] und die damit einhergehende „unerlässliche Freiheit der öffentlichen Erörterung gemeinschaftswichtiger Fragen", nicht nur beengt, sondern von vorneherein in dieser Form ausgeschlossen werden. Die Festlegung der Notwendigkeit einer umfassenden Vorabkontrolle „gefahrgeneigter", weil gegebenenfalls kontrovers diskutierter Plattformteile ist im Lichte der Meinungsfreiheit der Plattformnutzer, welche auch die Modalitäten der Meinungsäußerung umfasst[990], abzulehnen.[991] Eine unangemessen weite Prüfungsverpflichtung lähmt den Austausch von Meinungen und hat im Ergebnis zur Folge, dass die Gefahr besteht, dass auf Grund eines „Kadavergehorsams" der Plattformbetreiber auch rechtmäßige und relevante Meinungsäußerungen der Öffentlichkeit nicht mehr zur Kenntnis gelangen.[992] Das Grundrecht auf freie Meinungsäußerung wird zu Recht als der unmittelbarste Ausdruck der menschlichen Persönlichkeit in der Gesellschaft und damit als eines der vornehmsten Menschenrechte überhaupt angesehen. Es ist für die freiheitlich-demokratische Staatsordnung „schlechthin konstituierend", da es erst die ständige geistige Auseinandersetzung, den Kampf der Meinungen, der ihr Lebenselement ist, ermöglicht.[993] Dies berücksichtigend hat die verfassungsgerichtliche Recht-

---

988 Die Süddeutsche Zeitung hat in Reaktion auf das Urteil des LG Hamburg die Möglichkeit der Nutzung der Kommentarfunktion im Kontext ihres Online-Angebotes auf die Bürozeiten beschränkt und damit erstmals „Öffnungszeiten für das Internet" eingeführt, vgl. *Skrobotz*, jurisPR-ITR 5/2008 Anm. 3. m. w. N.

989 Vgl. BVerfG, Urt. v. 15. 01. 1958 – 1 BvR 400/51 – BVerfGE 7, 198 – juris Rn. 40.

990 Statt aller *Jarass*, in: Jarrass/Pieroth, GG, Art. 5 Rn. 6 m. w. N. insb. zur Rechtsprechung des BVerfG.

991 In diese Richtung ebenfalls *Skrobotz*, jurisPR-ITR 5/2008 Anm. 3, der prognostiziert, dass das Urteil des LG Hamburg aller Voraussicht nach zur Folge habe, dass es „bald keine Kommentare zu kritischen Fragen" mehr geben würde oder „es bald keine kritischen Beiträge mehr geben [wird], weil diese ja eventuell auf anderen Plattformen zu verletzenden Kommentaren verleiten können."

992 Vgl. auch AG München, Urt. v. 06. 06. 2008 – 142 C 6791/08.

993 BVerfGE 5, 85 (205).

sprechung seit der „Lüth"-Entscheidung[994] betont, dass einschüchternde Effekte tunlichst zu vermeiden sind und es die Meinungsfreiheit gebietet, eher eine unzulässige Äußerung zu tolerieren, als rechtmäßige Äußerungen aufgrund der Furcht vor Sanktionen dem Markt der Meinungen vorzuenthalten.

Dieser Grundsatz beansprucht auf allen Ebenen des einfachen Rechts Geltung, also (und insbesondere) auch bei der Frage nach der Verantwortlichkeit desjenigen oder der Institution, die – zulässigerweise – einen Kanal zur Entäußerung von Meinungen eröffnet. Mit diesen Grundsätzen lässt sich eine Vorabkontrollpflicht[995] nicht vereinbaren.[996] Eine solche würde – insbesondere im Falle großer und relevanter Meinungsplattformen (nicht nur) im E-Partizipationsbereich – also ausgerechnet bei den großen und relevanten Internetforen und bei umstrittenen Themen, bei denen ein Meinungsaustausch besonders wichtig ist, eine faktische Zugangsbeschränkung für die von der Verfassung bezweckte Ausübung der Meinungsfreiheit nach sich ziehen. Gerade kleinere Kommunen würden angesichts dieser Hürden und dem damit verbundenen Aufwand der Überwachung und Abwägung aller Voraussicht nach von der Einrichtung eines E-Partizipationsangebotes absehen.[997]

4. Fazit

Hieraus folgt, dass ein in die Zukunft gerichteter Unterlassungsanspruch – wenn überhaupt – nur in ganz engen Grenzen in Betracht kommt. Berücksichtigt man insbesondere die Zielsetzung der E-Commerce-Richtlinie (ausweislich deren Erwägungsgrund 47 nur in „spezifischen Fällen" Überwachungsverpflichtungen möglich sind), nämlich die Schaffung von Rechtssicherheit im Bereich des Internet, ist der Anwendungsbereich der „spezifischen Fälle" – so man denn den Erwägungsgründen überhaupt normative Wirkung zusprechen möchte – denkbar eng auszulegen. Neben der nach hier vertretener Ansicht notwendigen[998] Coupierung des Unterlassungsanspruches um das in die Zukunft wirkende Element und einer damit verbundenen Freistellung von allen in die Zukunft gerichteten Prüfungspflichten, ist höchstens noch – gewissermaßen als vermittelnde Lösung – eine Einschränkung des konkreten Unterlassungstitels unter Aufgabe der Kerntheorie[999] zumindest in Fällen von Persönlichkeitsrechtsverletzungen

---

994 BVerfG, Urt. v. 15. 01. 1958 – 1 BvR 400/51 – BVerfGE 7, 198.

995 Das AG Frankfurt/Main spricht treffend von einer „Vorab-Zensur-Pflicht", vgl. AG Frankfurt/Main, Urt. v. 16. 07. 2008 – 31 C 2575/07–17.

996 Vgl. auch *Feldmann*, jurisPR-ITR 15/2008, Anm. 4.

997 In diese Richtung auch *Skrobotz*, jurisPR-ITR 5/2008 Anm. 3; *Feldmann*, jurisPR-ITR 15/2008, Anm. 4.

998 Siehe oben S. 118.

999 Hierzu oben S. 117.

denkbar. In der „Internetversteigerung II" – Entscheidung des 1. Zivilsenates des BGH kam ein Auffinden „gleichgelagerter" Rechtsverletzungen durch Einsatz eines entsprechenden Filtersystems ernsthaft in Betracht. Ein solches muss denknotwendigerweise z. B. beim Versuch des Auffindens kerngleicher Persönlichkeitsrechtsverletzungen durch bestimmte Äußerungen schon an der Vielzahl der möglichen Wortwahlvarianten[1000] scheitern.[1001] Wird eine Persönlichkeitsrechtsverletzung durch eine Verbreitung eines Bildes begangen, ist ein Auffinden von „gleichgelagerten" Verletzungen nur durch Sichtung aller neu eingestellten Bilddateien möglich. Im Falle einer in die Zukunft gerichteten Unterlassungsklage gegen die Veröffentlichung von so genannten Paparazzi-Bildern hat der 6. Zivilsenat des BGH eine Verurteilung zutreffend mit dem Argument abgelehnt, dass es für die Zulässigkeit einer Bildveröffentlichung in jedem Einzelfall einer Abwägung zwischen dem Informationsinteresse der Öffentlichkeit und dem Interesse des Abgebildeten am Schutz seiner Privatsphäre bedürfe, wobei insbesondere die Wortberichterstattung im Kontext eine wesentliche Rolle spiele. Diese Abwägung könne jedoch nicht vorab in Bezug auf Bilder vorgenommen werden, die noch gar nicht bekannt seien und bei denen insbesondere der konkrete Kontext der Veröffentlichung noch unbekannt sei.[1002] Diese Situation ist vergleichbar mit derjenigen, in welcher Nutzer auf einer Internetplattform z. B. Wortbeiträge verfassen, die im konkreten Fall persönlichkeitsrechtsverletzender Natur sind. Auch hier ist stets zu einer erlaubten Meinungsäußerung abzugrenzen. Die Äußerung ist in ihrem Gesamtkontext zu lesen und darf nicht isoliert betrachtet werden.[1003] Geschützt sind auch polemische oder übersteigerte Äußerungen.[1004] In jedem Fall ist eine Abwägung zwischen der Meinungsäußerungsfreiheit und Ehrenschutz geboten[1005], wobei der Sinn einer Äußerung genau zu erfassen ist.[1006]

Der 6. Zivilsenat des BGH erkennt an, dass die denkbaren Fallgestaltungen der Bildveröffentlichungen derart vielgestaltig seien, dass sie mit einer „vorbeugenden" Unterlassungsklage selbst dann nicht erfasst werden können, wenn man diese auf „kerngleiche" Verletzungshandlungen be-

---

1000 Im sog. Call-In-TV-Fall (OLG München, Urt. v. 31. 07. 2007 – 18 W 1970/07) waren Forenteilnehmer nach einer Sperre bestimmter Wörter dazu übergegangen, diese durch „unverdächtige" zu ersetzen. Hierzu Niggemeier, „CallActive will Kritiker mundtot machen", Blogbeitrag abrufbar unter http://www.stefan-niggemeier.de/blog/callactive-will-kritiker-mundtot-machen/.

1001 Vgl. LG Karlsruhe, Beschl. v. 10. 12. 2007 – 9 S 564/06.

1002 BGH, Urt. v. 13. 11. 2007 – VI ZR 265/06 – Abs. 13 f.

1003 Vgl. Jarass in, Jarass/Pieroth, GG, Art. 5 Rn. 76.

1004 BVerfGE 61, 1 (9 f.); BVerfGE 85, 1 (15); BVerfGE 93, 260 (289).

1005 BVerfG, Beschl. v. 14. 02. 1973 – 1 BvR 112/65 – BVerfGE 34, 269.

1006 Vgl. in diesem Kontext die Entscheidung des AG Hamburg, Urt. v. 24. 06. 2008 – 36A C 28/08.

schränken wollte. Eine vorweggenommene Abwägung, die sich mehr oder weniger nur auf Vermutungen stützen könne und die im konkreten Verletzungsfall im Vollstreckungsverfahren nachgeholt werden müsste, verbiete sich aber schon im Hinblick auf die Bedeutung der betroffenen Grundrechte.[1007]

Obwohl die Situation im Falle einer „vorbeugenden" Verurteilung des Plattformbetreibers vergleichbar ist, mag der 1. Zivilsenat diesen Schritt offenbar nicht gehen. Er ist der Auffassung, dass die Verlagerung eines Teils des Streits in das Vollstreckungsverfahren nicht zu vermeiden sei, „wenn nicht der auf einen durchsetzbaren Unterlassungstitel zielende Rechtsschutz geopfert werden soll"[1008]. Dies kann zumindest in all den Fällen, in denen sich grundrechtliche Positionen wie die Meinungsfreiheit, der Ehrenschutz oder die Pressefreiheit gegenüberstehen, nicht gelten. Es ist analog den Fällen der Bildveröffentlichung zu verfahren und nur zur Unterlassung der konkreten Rechtsverletzung im konkreten Kontext zu verurteilen. Diese wiederum kann regelmäßig in zumutbarer Art und Weise auch durch automatische Filtersysteme aufgefunden werden.[1009] Alle weitergehenden Prüfungs- beziehungsweise Überwachungspflichten sind nicht mehr als „spezifische", sondern als allgemeine und damit unzulässige Überwachungspflichten einzuordnen. Diese Lösung führt freilich nur zur teilweisen Abhilfe, da sie lediglich auf Fälle Anwendung finden kann, in denen das Ergebnis des Abwägungsvorgangs zwischen grundsätzlich mehr oder weniger gleichwertigen Rechtspositionen im Einzelfall nicht antizipierbar ist. Im Falle von (klaren) Verletzungen, in denen eine Abwägung, sollte sie überhaupt noch vorzunehmen sein, stets zu Gunsten des Rechteinhabers ausschlagen muss (z. B. bei Markenverletzungen), greift die Argumentation des 6. Zivilsenates nicht.

E.   Haftungsvermeidungsstrategien

Zur Aufrechterhaltung des Betriebes gilt es, unter Berücksichtigung der dargestellten stark divergierenden und uneinheitlichen Rechtsprechungspraxis, Haftungsrisiken von vorneherein zu minimieren. Obwohl auf Grund der Grundrechtsgebundenheit der Kommune im Vergleich zu einem rein privaten Anbieter von Web 2.0 Plattformen einige Besonderheiten zu

---

1007 BGH, Urt. v. 13. 11. 2007 – VI ZR 265/06 – Abs. 14.

1008 BGH, Urt. v. 19. 4. 2007 – I ZR 35/04 – Abs. 48; BGH, Urt. v. 30. 4. 2008 – I ZR 73/05 – Internet-Versteigerung III.

1009 Bei Äußerungen können die entsprechenden Zeichenfolgen, bei Bilddateien die entsprechenden Dateinamen in Kombination mit der Dateigröße und dem Dateiformat gesucht werden. Bei letzterem bietet sich zur Vermeidung von Umgehungen auch eine Suche anhand sog. „Hashwerte" an.

beachten sind, steht der öffentlichen Hand grundsätzlich die gleiche Bandbreite der Möglichkeiten zur Haftungsvermeidung offen.

I. Typologie der Haftungsvermeidungsstrategien

Eine entsprechende Haftungsvermeidungstrategie kann an verschiedenen Punkten ansetzen, wobei eine grobe Typisierung zunächst in präventive und reaktive Maßnahmen vorzunehmen ist. Im Rahmen dieser beiden Obergruppen kann weiter zwischen allgemeinen und besonderen Maßnahmen unterschieden werden. Zu den allgemeinen Präventivstrategien gehört beispielsweise die (vermeintliche) Möglichkeit des Haftungsausschlusses durch einen so genannten „Disclaimer" oder die Nichtzulassung von Anonymität auf der Plattform. Besondere Präventivmaßnahmen betreffen sodann sowohl die Nutzer- als auch die Inhaltsselektion, wobei hier jeweils zwischen präventiver und reaktiver Selektion unterschieden werden kann. Präventive Nutzerselektion meint die Auswahl der Nutzer, die zur Nutzung der Plattform zugelassen werden, während die reaktive Nutzerauswahl auf einen Ausschluss von Nutzern von der Plattform nach einem Fehlverhalten zielt. Ähnlich kann im Rahmen der präventiven respektive reaktiven Inhalteselektion vorgegangen werden.

II. Allgemeine Haftungsvermeidungsstrategien

1. Disclaimer

Eine ebenso weit verbreitete wie wirkungslose „Strategie" zur Haftungsvermeidung stellt im Internet der so genannte „Disclaimer" dar. Hierbei handelt es sich um eine Erklärung des Betreibers der Webseite, in welcher dieser sich pauschal von allen von Nutzern eingestellten Informationen distanziert und jegliche Verantwortungsübernahme ablehnt. Überproportional häufig findet sich der folgende Text:

„Mit Urteil vom 12. Mai 1998 hat das Landgericht Hamburg entschieden, dass man durch die Ausbringung eines Links die Inhalte der gelinkten Seiten gegebenenfalls mitzuverantworten hat. Dies kann nur dadurch verhindert werden, dass man sich ausdrücklich von diesem Inhalt distanziert. Ich distanziere mich aus diesem Grunde hiermit ausdrücklich von allen Inhalten aller gelinkten Seiten auf meiner Homepage und mache mir diese Inhalte nicht zu eigen."[1010]

Diese Hoffnung, sich durch einfache Erklärung von Inhalten Dritter distanzieren zu können, kommt nicht von ungefähr. In der Tat ist es das LG Hamburg, welches vertritt, dass einem Plattformbetreiber die bereitgehaltenen

---

1010 Heckmann, jurisPK-Internetrecht, Kap. 1.7, Rn. 108.

Inhalte Dritter stets als eigene Inhalte[1011] zugerechnet würden, wenn sich dieser nicht von diesen distanziert. Erforderlich ist nach dieser übertrieben strengen Auffassung jedoch eine auf den jeweiligen Inhalt bezogene, konkrete Distanzierung. Das bedeutet, dass ein pauschaler Haftungsdisclaimer nach Auffassung des LG Hamburg gerade nicht den erhofften Effekt hat. Auch die in den „Disclaimern" regelmäßig referenzierte Entscheidung des LG Hamburg[1012] betont gerade die Folgenlosigkeit eines allgemeinen Disclaimers[1013]. Den damals geltenden § 5 TDG-1997 ignorierend, hatte es die Verantwortlichkeit eines Linksetzenden für Hyperlinks auf Webseiten mit persönlichkeitsrechtsverletzenden Inhalten bejaht und die Auffassung vertreten, dass der Linksetzer durch die Verlinkung Kontrollpflichten für die verlinkte Webseite übernommen habe.

2. Identifikation und Identität

Der Theorie folgend, dass im Schutze der Anonymität die Hemmschwelle zu rechtswidrigem Verhalten stark sinkt und dementsprechend eine Senkung des Anonymitätslevels mit einer Senkung des Haftungsrisikos einhergeht, kommt grundsätzlich eine Identifikationsverpflichtung der Plattformnutzer sowohl im Rahmen des Registrierprozesses als auch bei jedem einzelnen Posting in Betracht. Im Rahmen eines derart gestalteten Angebotes wäre es den Nutzern in der Folge unmöglich, anonym[1014] oder unter einem Pseudonym[1015] Postings oder andere Informationen zu hinterlassen.

a) Anonyme und pseudonyme Nutzbarkeit

Einem solchen Ansinnen steht der § 13 Abs. 6 TMG diametral entgegen. Nach diesem müssen grundsätzlich alle Anbieter einer Webplattform die Nutzung anonym oder unter Pseudonym ermöglichen, soweit dies technisch möglich und zumutbar ist. Das bedeutet nicht nur, dass grundsätzlich ein Auftreten der Nutzer auf der Plattform selbst unter einem Pseudonym zu gestatten ist. Auch gegenüber dem Diensteanbieter selbst fordert das TMG bei entsprechender Zumutbarkeit Anonymität oder Pseudonymität. Eine anonyme Nutzung beziehungsweise eine Nutzung unter Pseudonym

---

1011 Hierzu bereits oben S. 202.

1012 LG Hamburg, Urt. v. 12. 05. 1998 – 312 O 85/98 – MMR 1998, 547.

1013 *Köhler/Arndt/Fetzer*, Recht des Internet, 6. Aufl., Rn. 788.

1014 Nach § 3 Abs. 6 BDSG ist Anonymisieren das Verändern personenbezogener Daten derart, dass die entsprechenden Einzelangaben nicht mehr bzw. nur mit einem unverhältnismäßig hohen Aufwand einer bestimmten oder bestimmbaren natürlichen Person zugeordnet werden können.

1015 § 3 Abs. 6a BDSG ist Pseudonymisieren das Ersetzen des Namens und anderer Identifikationsmerkmale durch ein Kennzeichen zu dem Zweck, die Bestimmung des Betroffenen auszuschließen oder wesentlich zu erschweren.

ist Diensteanbietern technisch möglich.[1016] Ob es einem Diensteanbieter auch zumutbar ist, eine derartige Nutzung des Dienstes zu ermöglichen, hängt von der Ausgestaltung des konkreten Dienstes ab.[1017] Es ist in derartigen Fällen im Einzelfall eine Verhältnismäßigkeitsprüfung durchzuführen, bei der das Interesse des Anbieters, den Nutzer identifizieren zu können, mit dem Recht des Kunden auf informationelle Selbstbestimmung abzuwägen ist.[1018]

Für eine Unzumutbarkeit spricht im Falle von Web 2.0 Plattformen der öffentlichen Hand zunächst die bereits dargestellte hohe Gefahr eines Missbrauches durch Dritte und das damit einhergehende Risiko der Haftung als Mitstörer. Hierbei ist insbesondere zu beachten, dass bei einer fehlenden Identifizierung ein Rückgriff auf den Rechtsverletzer im Innenverhältnis im Falle einer Inanspruchnahme des Betreibers bei anonymer Nutzung schon rein faktisch nicht möglich ist. Des weiteren wird die Möglichkeit der anonymen Nutzbarkeit eines Angebotes im Rahmen der Frage, ob der Diensteanbieter die die Mitstörerhaftung konstituierenden Prüfungverpflichtungen verletzt hat, in der Rechtsprechung zu Lasten des Diensteanbieters gewertet. Schließlich ist gerade bei lokal ausgerichteten Angeboten eine Identifizierung notwendig, um sicherstellen zu können, dass die Plattform nur von der intendierten Zielgruppe genutzt wird und z. B. Online-Abstimmungen nicht verfälscht werden.

Während eine Anonymität im Innenverhältnis zwischen Plattformbetreiber und Nutzer somit nicht zumutbar ist[1019], ergibt sich hinsichtlich der Einräumung der Möglichkeit, auf der Plattform selbst unter einem Pseudonym aufzutreten, ein anderes Abwägungsergebnis. Schon auf Grund der Registrierungsanforderungen wird dem Nutzer bewusst gemacht, dass eine von ihm auf der Plattform begangene Rechtsverletzung auf ihn zurückgeführt werden kann. Damit wird die Hemmschwelle ausreichend gehoben, beziehungsweise das Haftungsrisiko ausreichend minimiert.[1020] Ein Zwang zur Offenlegung der Identität gegenüber anderen Plattformnutzern ist hierfür nicht notwendig. Dieser kann sich insbesondere im Rahmen von E-Par-

---

1016 *Heckmann*, jurisPK-Internetrecht, Kap. 1.13 Rn. 82, der darauf hinweist, dass ein Diensteanbieter seinen Nutzern für die Dauer der Nutzung z. B. so genannte Session-IDs zuordnen könnte, die aus zufälligen Zahlenketten bestehen.

1017 *Heckmann*, jurisPK-Internetrecht, Kap. 1.13 Rn. 83.

1018 *Schulz* in: Roßnagel, Recht der Multimedia-Dienste, § 4 TDDSG Rn. 443; vgl. eingehend zu diesem Problemkreis *Golembiewski*, DuD 2003, 129; *Fritsch/Roßnagel/Schwenke/Stadler*, DuD 2005, 592.

1019 Vgl. auch *Heckmann*, jurisPK-Internetrecht, Kap. 1.13 Rn. 85.

1020 Zu beachten ist hierbei freilich, dass nach Auffassung des BGH der Plattformbetreiber grundsätzlich auch im Falle der Bekanntheit der Identität des eigentlichen Rechtsverletzers in Anspruch genommen werden kann, weil er die Rechtsverletzung „verbreitet". Dem Rechteinhaber könnten die ansonsten notwendigen Nachforschungen und Prüfungen nicht zugemutet werden, vgl. BGH, Urt. v. 27. 03. 2007 – VI ZR 101/06.

tizipationsmöglichkeiten wie z. B. Diskussionsforen vielmehr als wenig zweckdienlich erweisen. Im Rahmen von E-Partizipations-Angeboten ist den Anbietern daran gelegen, die wahren Positionen und die unverfälschte Meinung des Nutzers zu erfahren. Nur so kann sichergestellt werden, dass eventuelle Reaktionen auch dem Willen und den Wünschen der Nutzer entsprechen. Gerade in kleineren Kommunen, in denen im realen Raum nur ein geringes Maß an Anonymität gegeben ist, besteht hierbei die Chance, auch die Ansichten derjenigen zu erfahren, die ansonsten (tatsächlich oder vermeintlich) negative Konsequenzen im gesellschaftlichen Miteinander zu fürchten hätten. In diesem Zusammenhang besteht die Notwendigkeit, durch entsprechende Maßnahmen sicherzustellen, dass die Daten der Nutzer datenschutzgerecht gesichert sind.

b) **Datenschutzerklärung**

Nach § 13 Abs. 1 TMG ist der Nutzer über die Art, den Umfang und die Zwecke der Erhebung und Verwendung seiner personenbezogenen Daten zu unterrichten. Hierdurch soll die Datenverarbeitung für den Nutzer transparent werden. Er soll detailliert darüber informiert werden, welche seiner personenbezogenen Daten zu welchen Zwecken verarbeitet werden. Unzureichend ist es, in dieser Datenschutzerklärung lediglich darauf hinzuweisen, dass bei der Erhebung und Verwendung der Daten die „geltenden Gesetze" eingehalten werden.[1021] Hierbei handelt es sich lediglich um eine Selbstverständlichkeit, die für den Nutzer keinen weitergehenden Informationswert hat.[1022]

III. Präventive Nutzerselektion

1. Ziel und Möglichkeiten

Bereits in der Konzeptionsphase der Plattform hat sich die Betreibergemeinde die Frage zu stellen, welcher Personenkreis die Plattform nutzen soll.

a) **Missbrauchsszenarien**

Allen Internetplattformen ist gemein, dass sie grundsätzlich weltweit abruf- und nutzbar sind. Wird keinerlei Nutzerselektion getroffen und eine solche weltweite Nutzungsmöglichkeit eingeräumt, ist ein Missbrauch der Plattform durch Dritte hochwahrscheinlich. Wird beispielsweise ein Blog oder ein Forum betrieben, besteht die Gefahr, Opfer eines so genannten Forenspammers zu werden. Diese durchkämmen mit Hilfe von speziellen Spam-Programmen (so genannte Spam-Bots) permanent das World Wide Web nach allgemein, d. h. ohne Registrierung, zugänglichen Blogs mit Kommen-

---

1021 *von Lewinski*, DuD 2002, 395 (397).
1022 *Heckmann*, jurisPK-Internetrecht, Kap. 1.13 Rn. 3.

tarfunktion und Internetforen.[1023] Findet das Programm ein solches ungeschütztes Angebot, hinterlässt es dort eine, meist scheinbar unverfängliche Nachricht, die mit einem Link auf ein Angebot des Auftraggebers des Spammers versehen ist. Dies ist insbesondere dann problematisch, wenn auf der verlinkten Seite rechtswidrige Inhalte wie z. B. (Kinder-)pornographie oder Raubkopien angeboten werden und/oder über diese Seiten versucht wird, Viren oder so genannte Trojanische Pferde auf dem Nutzerrechner zu installieren. Ungeschützt zugängliche Plattformen zum Austausch von Informationen in Form von Video-, Bild- oder Musikdateien laden die Verbreiter von Raubkopien urheberrechtlich geschützter Materialien dazu ein, den Speicherplatz für ihre Zwecke zu missbrauchen.

Zwar ist in beiden Fällen nach hier vertretener Ansicht[1024] auch die öffentliche Hand als Betreiberin eines Forums oder einer Foto/Videoplattform nur gehalten, bei Kenntnis derartiger Informationen diese unverzüglich zu löschen. Bereits das Vorhandensein rechtsverletzender Inhalte kann aber zu einem Vertrauensverlust bei der eigentlichen Nutzerzielgruppe führen und ist für die Akzeptanz der Plattform abträglich.

b) Technische Verhinderungsmöglichkeiten

Um einem solchen Missbrauch vorzubeugen, ist es unerlässlich, eine Nutzerselektion vorzunehmen. In Betracht kommt hierbei zunächst eine Selektion anhand der IP-Adresse des Nutzers, welcher das Angebot aufruft. Mit Hilfe von speziellen Programmen können IP-Adressen dergestalt identifiziert werden, dass erkennbar wird, aus welchem Land und über welchen lokalen Zugangspunkt ein Nutzer mit dem Internet verbunden ist. Anhand dieser Information kann ein Angebot verhältnismäßig genau lokal beschränkt werden. So ist es beispielsweise denkbar, dass nur Nutzer, die über einen deutschen Zugangspunkt mit dem Internet verbunden sind, die Plattform aufrufen und nutzen können, während Nutzer, die das Angebot über einen ausländischen Zugangspunkt aufrufen, eine entsprechende Fehlermeldung erhalten.[1025] Problematisch an dieser Lösung ist, dass zumindest theoretisch die Möglichkeit besteht, über einen so genannten Proxy-Server die eindeutige Zuordnung zu dem tatsächlichen Zugangspunkt zu umgehen und dem Selektionsprogramm einen lokalen Internetzugangspunkt vorzugaukeln.

1023 Vgl. *Hiebig*, „Weblogs effektiv vor Kommentar-Spam schützen", IT-Frontal Weblog – http://www.itfrontal.de/2004/12/spamschutz_in_w.html.

1024 Siehe hierzu oben S. 214 f.

1025 Dieses Verfahren wird derzeit z. B. von den großen amerikanischen Fernsehsendern verwendet, die ihren Zuschauern ermöglichen wollen, verpasste Sendungen im Internet anzuschauen, aus urheberrechtlichen Gründen jedoch nur einen Abruf im amerikanischen Inland erlauben. Siehe z. B. entsprechende Angebote bei www.abc.com.

Eine Nutzerselektion kann jedoch auch mit Hilfe einer Zugangsbeschränkung für „Registrierte Nutzer" erfolgen. Diese Form des Schutzes vor Missbrauch ist bei Internetplattformen aller Art derzeit die vorherrschende Methode. Üblicherweise wird hierzu eine Registrierroutine im Eingangsbereich des Angebotes vorgehalten. Beim ersten Besuch des jeweiligen Angebotes wird der Nutzer aufgefordert, die für den Betreiber relevanten Daten wie E-Mailadresse, gewünschten Benutzername, so genannter „Realname", Adresse usw. einzugeben. Nach dieser Registrierung wird dem Nutzer – nach einer eventuellen Überprüfung – ein Passwort zugeschickt, welches für das erste „Login" verwendet werden kann und während der ersten Benutzung personalisiert wird.[1026] Danach kann der Nutzer die Plattform nach Eingabe seines Benutzernamens und Passwortes nutzen. Im Rahmen dieses Registrierprozesses kann beispielsweise anhand der Adressangabe des Nutzers entschieden werden, ob ein Passwort und damit eine Zugangsberechtigung vergeben oder die Plattformnutzung verwehrt werden soll. Problematisch hieran ist, dass eine Zugangsberechtigung durch Angabe falscher Adressdaten im Kontext des Registrierprozesses erschlichen werden könnte. Hier bietet es sich an, die angegebene Anschrift durch ein Zusenden des Passwortes per Post zu validieren.[1027] Diese Maßnahme mag auf Grund höherer Kosten – im Vergleich zur Zusendung per E-Mail – und der größeren Zeitspanne zwischen Registrierung und Möglichkeit der ersten Nutzung zunächst[1028] kompliziert wirken. Zur Verringerung von Haftungsrisiken erscheint sie jedoch unerlässlich. Darüber hinaus ist die Maßnahme geeignet, bei den Nutzern ein erhöhtes Maß an Vertrauen in die Integrität der Plattform zu erreichen. Gerade bei Plattformen, die der E-Partizipation auf kommunaler Ebene dienen, kann so sichergestellt werden, dass sowohl Doppelregistrierungen als auch Registrierungen durch Ortsfremde wirksam verhindert werden.

2. Rechtskonforme Selektion und Zugangsgestaltung

Der Anspruch auf Zugang zu einer kommunalen Web 2.0 Plattform folgt – wie bei allen kommunalen öffentlichen Einrichtungen – grundsätzlich in Form eines subjektiv-öffentlichen Rechts[1029] aus den jeweils einschlägigen Gemeindeordnungen. So bestimmt beispielsweise Art. 21 Abs. 1 BayGO, dass alle Gemeindeangehörigen[1030] sowie die so genannten „Foren-

---

[1026] Freilich gibt es auch andere Varianten des Registriervorgangs, die jedoch im Kern ähnlich verlaufen.

[1027] Ein durchaus nicht unübliches Vorgehen, welches z. B. Banken oder Versicherungen verwenden, um ihre Plattformen vor Missbrauch zu schützen.

[1028] Insbesondere im Vergleich zu vielen kommerziellen Web 2.0 Plattformen.

[1029] Vgl. *Frey*, DÖV, 2005, 411 (415).

[1030] Es kommt hierbei nicht auf die Rechtsfähigkeit an, sondern lediglich auf die Ortsansässigkeit, vgl. *Frey*, DÖV 2005, 411 (415); *Dietlein*, Jura 2002, 445 (449). Neben juristischen Personen oder Personenvereinigungen können also auch nicht als juristische Personen

sen"[1031] nach den bestehenden allgemeinen Vorschriften berechtigt sind, die öffentlichen Einrichtungen der Gemeinde selbst zu „benutzen". Hieraus folgt nach h. M. kein unmittelbarer Nutzungsanspruch, sondern nur ein Anspruch auf Zulassung zur Nutzung.[1032]

a) Gestaltung des Registriervorgangs

Ob es eines speziellen Zulassungsakts bedarf, wie dieser ausgestaltet ist und an welche Kriterien er gebunden ist, kann im Rahmen der Widmung festgelegt werden.[1033] Die Zulassung selbst bedarf grundsätzlich keiner besonderen Form.[1034] Im Rahmen der Widmung kann jedoch wieder differenziert werden. So kann z. B. die Nutzung zur reinen Informationsabfrage zulassungsaktfrei sein, während die Möglichkeit der Beteiligung am Plattformgeschehen von einer Zulassung abhängig gemacht wird. Wird zur Nutzerselektion ein Registrierprozess gewählt und wird dieser vom Bürger erfolgreich durchlaufen, stellt die (positive) Registrierbestätigung zugleich eine Zulassung zur Nutzung dar.

Sollen nur Ortsansässige berechtigt sein, beispielsweise Fotos in eine kommunale Fotoplattform einzustellen oder in einem Forum zu diskutieren, kann die Kommune als Betreiberin die Zulassung zur Nutzung von einem Nachweis der Ortsansässigkeit (z. B. durch Angabe der Wohnanschrift oder Übersendung der Meldebestätigung) abhängig machen.

b) Ortsfremde als Nutzungsberechtigte

Problematisch ist in diesem Zusammenhang, ob nicht ortsansässige Nutzer ebenfalls einen Anspruch auf Zugang zu kommunalen Plattformen haben können. Ein solcher kann zunächst durch Widmung oder Widmungserwei-

---

organisierte Gruppen (z. B. nicht eingetragene Vereine) die sich bietenden Plattformmöglichkeiten nutzen.

1031 Hierunter versteht man die Nicht-Einwohner, die im Gemeindegebiet ein Grundstück besitzen oder einen Gewerbebetrieb unterhalten.

1032 *Gern*, Dt. KommunalR, 1994, Rn. 536 f.; *Püttner/Lingemann*, JA 1984, 121; *Seewald* in: Steiner, Bes. VerwR, 7. Aufl. (2003), Rn. 149; *Mohl*, Die kommunalen öffentlichen Einrichtungen, Diss. Erlangen-Nürnberg 1988, S. 154 ff.; a. A. *Axer*, NVwZ 1996, 114 (115).

1033 Vgl. *Axer*, NVwZ 1996, 114 (116), der darauf hinweist, dass der Einzelne, wenn die Gemeinde eine spezielle Zulassung verlangt, einen Nutzungsanspruch aus der Widmung erst nach vorheriger Zulassung erlangt. Die Zulassung ist somit Voraussetzung für einen Nutzungsanspruch aus der Widmung, da die Gemeinde in der Widmung gerade festlegt, dass die Benutzung der Einrichtung von einer vorherigen Entscheidung im Einzelfall abhängig ist.

1034 Liegt eine öffentlich-rechtliche Ausgestaltung des Nutzungsverhältnisses vor, kann die Verwaltung über die Zulassung durch Verwaltungsakt entscheiden; denkbar ist auch der Abschluss eines öffentlich-rechtlichen Vertrages oder eine schlichthoheitliche Überlassung. Möglich ist auch die Überlassung einer öffentlichen Einrichtung ohne gesonderte Zulassungsentscheidung, *P. Stelkens/U. Stelkens* in: Stelkens/Bonk/Sachs, Verwaltungsverfahrensgesetz, § 35 VwVfG, Rn. 73.

terung eingeräumt werden.[1035] Insbesondere in Fällen, in denen keine Beschränkung des Nutzerkreises durch eine ausdrückliche Widmung stattgefunden hat, ist zu unterscheiden, auf welche Art und Weise die jeweilige Plattform durch den Ortsfremden genutzt werden soll.

Eine (konkludente) Widmung der kommunalen Internetplattform für den reinen Abruf im World Wide Web ergibt sich bereits aus dem Wesen des Internet und seiner weltweiten Abrufbarkeit an sich. Der Abruf der kommunalen Webseiten ist den Gemeinden in der Regel sogar erwünscht, ist Motiv für die Errichtung doch auch eine gewisse Außenwirkung und Selbstdarstellung.

Problematischer ist hingegen die Annahme einer konkludenten Widmung der Plattform zur Nutzung durch Ortsfremde im Hinblick auf Web 2.0 Funktionalitäten wie z. B. Diskussionsforen, Fotocommunity oder Social-Networking-Funktionen. Diese dienen in der Regel zuvörderst den Ortsansässigen selbst. Insbesondere im Falle von E-Partizipationselementen wird dies offenbar. Mit ihnen wird die Klärung und Transparenz von kommunal relevanten Entscheidungen bezweckt. Eine Beteiligung Ortsfremder, beispielsweise bei der Diskussion um die zukünftige Gestaltung des Marktplatzes, würde dem Sinn und Zweck, die Interessenlage der Gemeinde widerzuspiegeln, diametral entgegenstehen. Selbst wenn man entgegen *Dietlein*[1036] und *Ehlers*[1037] einen grundsätzlichen Zulassungsanspruch Ortsfremder zu kommunalen öffentlichen Einrichtungen nicht generell verneinen wollte und mit *Erichsen*[1038] einen Anspruch Ortsfremder aus den kommunalrechtlichen Vorschriften über die Benutzung öffentlicher Einrichtungen in Verbindung mit Art. 3 Abs. 1 GG annehmen wollte, würde dieser an eben jener Zielsetzung kommunaler Web 2.0 Plattformen als sachlichen Differenzierungsgrund scheitern. Auch die argumentative Heranziehung des „zentralörtlichen Gliederungsprinzips" zur Erweiterung des Kreises der Anspruchsberechtigten auf Personen, die im Einzugsbereich der öffentlichen Einrichtung ihren Wohnsitz haben[1039], führt im speziellen Falle des Angebotes einer kommunalen Web 2.0 Plattform nicht zu anderen Ergebnissen. Das zentralörtliche Gliederungsprinzip als Begründung eines Zulassungsanspruches für im Einzugsbereich der Kommune wohnende Bürger kann zwar im Hinblick auf Schulen, Theater oder Schwimmbäder überzeugen[1040], nicht aber in Bezug auf die Zulassung zu einer kommuna-

---

1035 Vgl. *Frey*, DÖV 2005, 411 (415); *Dietlein*, Jura 2002, 445 (449).

1036 *Dietlein*, Jura 2002, 445 (449).

1037 *D. Ehlers*, DVBl. 1986, 912 (919).

1038 *Erichsen*, Kommunalrecht NRW, 2. Aufl. 1997, § 10 S. 246 zitiert nach *Frey*, DÖV 2005, 411 (415).

1039 *Seewald* in: Steiner, Bes. VerwR, 7. Aufl. (2003), Rn. 149.

1040 Hinter dem Prinzip steht der Gedanke, dass Bewohnern kleinerer Gemeinden in angemessener Entfernung Leistungen geboten werden sollen, für deren Erbringung die eigene

len Webplattform. Bietet diese Plattform beispielsweise den Bewohnern einen Raum zur Diskussion örtlicher Belange, so ist die Beteiligung der Bewohner von Nachbargemeinden hier fehl am Platz. Die Situation ist vergleichbar mit der Zulassung zur Wahl des Ortsrates. Auch hier kommt es wesentlich auf die Einwohnereigenschaft an.

Fakultativ kann die Kommune ihr Angebot oder Teile des Angebotes auch Personen, die „nur" im Einzugsgebiet der Gemeinde wohnen, öffnen. Denkbar ist auch die Einführung eines Rechtemanagementsystems, welches die Teilnahme an E-Partizipationsangebote nur den Einwohnern vorbehält, während andere Nutzer mit einem „Gast"-Status sich nur an allgemeinen, z. B. touristisch-relevanten Themen beteiligen können.

c)   Potentiell „problematische" Nutzer

Im Rahmen der präventiven Nutzerselektion kann der Betreibergemeinde unter Umständen daran gelegen sein, sich die Zulassung bestimmter Nutzer oder Benutzergruppen vorzubehalten. Zu denken ist hierbei zunächst an den „stadtbekannten notorischen Querulanten" insbesondere aber – analog zu den bekannten „Stadthallen"-Fällen[1041] – an Nutzergruppen, die aus Mitgliedern rechts- oder linksextremer Parteien bestehen. Hierbei ist indes zu beachten, dass der Anspruch auf Zulassung zu einer kommunalen Einrichtung grundsätzlich „gebunden" ist. Ein Ermessen der Kommune bezüglich der Zulassung ist nicht gegeben und ein entsprechender Vorbehalt in der Plattform-Benutzungsordnung ist unzulässig, solange und soweit kein (zu belegender) Anlass besteht, an der Absicht des Anspruchstellers, die Web 2.0 E-Governmentplattform als öffentliche Einrichtung im Rahmen des Widmungszweckes zu nutzen, zu zweifeln.[1042] Die Betreiberkommune ist insofern dem Gleichbehandlungsgrundsatz und zur Neutralität verpflichtet.[1043]

IV.   Reaktive Nutzerselektion

1.   Möglichkeiten

Im Hinblick auf den Ausschluss von Nutzern einer Plattform stellt sich die Frage, ob und unter welchen Voraussetzungen ein „unliebsamer" Nutzer von der weiteren Nutzung ausgeschlossen werden kann. Auf technischer Ebene kann dies durch eine Sperrung oder gar Löschung des Nutzerkontos geschehen. Voraussetzung hierfür ist allerdings, dass der Zutritt zur Platt-

---

Gemeinde überfordert wäre. Hierzu näher *Seewald* in: Steiner, Bes. VerwR, 7. Aufl. (2003), Rn. 63.

1041 Vgl. hierzu *März*, BayVBl. 1992, 97.

1042 Vgl. *Dietlein*, Jura 2002, 445 (450).

1043 *Ott/Ramming*, BayVBl. 2003, 454 (460).

form nur nach vorheriger Registrierung und entsprechender Schaffung eines derartigen Kontos möglich ist.[1044]

2. Öffentlich-rechtliches virtuelles Hausrecht

Aus juristischer Perspektive bietet sich wieder ein Rückgriff auf die Regelungen im realen Raum an, die allerdings nicht eindeutig sind. Wird im realen Raum ein Hausverbot – beispielsweise durch einen Behördenleiter gegen einen störenden Besucher in einem Verwaltungsgebäude – ausgesprochen, so ist strittig, ob dies als öffentlich-rechtliche oder privatrechtliche Maßnahme zu qualifizieren ist.[1045] Es stellt sich insbesondere die Frage, ob sich das Hausverbot – wie regelmäßig bei privatrechtlich handelnden Personen – aus zivilrechtlichen Besitz- und Eigentumsverhältnissen ergibt oder vielmehr aus der öffentlich-rechtlichen Sachherrschaft.

a)   Allgemeines

Grundsätzlich ist anerkannt, dass dem (privaten) Plattformbetreiber ein so genanntes „virtuelles Hausrecht" zusteht[1046]. Nach den allgemeinen zivilrechtlichen Grundsätzen kann der Eigentümer mit seiner Sache grundsätzlich nach Belieben verfahren und andere von der Einwirkung ausschließen. Dieser Grundsatz steht aber unter der Einschränkung, dass Rechte Dritter nicht entgegenstehen (§ 903 BGB). Im Hinblick auf das Betreten von Gebäuden ist im realen Raum anerkannt, dass der Eigentümer grundsätzlich frei ist, zu entscheiden, wem er Zutritt zu seinem Eigentum gewährt.[1047] Eröffnet er jedoch beispielsweise ein Geschäft für den allgemeinen Publikumsverkehr und bringt damit zum Ausdruck, dass er an jeden Kunden Leistungen erbringen will, wird dieser Grundsatz eingeschränkt. Er erteilt in diesen Fällen generell und unter Verzicht auf eine Prüfung im Einzelfall eine Zutrittsbefugnis, solange und so weit der Besucher, insbesondere durch Störungen des Betriebsablaufs, keinen Anlass gibt, ihn von dieser Befugnis wieder auszuschließen.[1048] Unter dem Gesichtspunkt des Verbots wider-

---

1044 Kann die Plattform oder einzelne Angebote wie zum Beispiel eine Kommentarfunktion anonym und ohne vorherige Registrierung genutzt werden, gestalten sich die technischen Möglichkeiten eines Ausschlusses als schwierig oder unpraktikabel. So führt beispielsweise die Blockierung von bestimmten IP-Adressen angesichts der Praxis eines Großteils der Access-Provider, so genannte „dynamische" IP-Adressen (also IP-Adressen, die nicht einem bestimmten Anschlussinhaber fest zugewiesen sind) zu vergeben in der Regel dazu, dass der „falsche" Nutzer von der Plattform ausgeschlossen wird.

1045 Es handelt sich bei den Räumlichkeiten eines Verwaltungsgebäudes um so genannte „Sachen im Verwaltungsgebrauch", vgl. *Papier*, Recht der öffentlichen Sachen, 3. Auflage 1998, S. 34 f.

1046 Vgl. LG München I, Urt. v. 25. 10. 2006 – 30 O 11973/05; für den Fall von Online-Chats – OLG Köln, Beschl. v. 25. 08. 2000 – 19 U 2/00; umfassend *Kunz*, Rechtsfragen des Ausschlusses aus Internetforen, 2005, S. 93 ff.

1047 Vgl. *Schmidl*, K&R 2006, 563 (563).

1048 BGH, Urt. v. 03. 11. 1993 – VIII ZR 106/93 – NJW 1994, 188 f. m. w. N.

sprüchlichen Verhaltens entsteht eine Bindung des Eigentümers an die Zutrittsbefugnis, die es ihm verbietet, sein Hausrecht willkürlich aus-zuüben. Diese Wertungen sind auf Internetangebote übertragbar.[1049] Nach Auffassung des LG München I kann der Betreiber einer Internetplattform gemäß §§ 903 S. 1 Alt. 2, 1004 BGB jeden anderen von der Nutzung der Hardware durch das Speichern von Inhalten auf dieser abhalten.[1050] Abzu-stellen ist hierbei jedoch mangels Sachqualität nicht auf die Software, son-dern auf die Hardware (z. B. Server), von der das Internetangebot abgerufen wird.[1051] Hat der Betreiber die Hardware nur gemietet, so kann er aufgrund des Besitzes und seines Rechtes zum Besitz andere von jeder Einwirkung ausschließen, §§ 858, 862 BGB. Der BGH[1052] bejaht in derartigen Fällen auch dann die Sachherrschaft, wenn die dafür normalerweise erforderliche physische Einwirkungsmöglichkeit nicht gegeben ist. *Kunz* stellt in diesem Zusammenhang darauf ab, dass der Betreiber einer Plattform[1053] zumindest im Vergleich zu den Nutzern die intensivste Funktionsherrschaft innehat, indem er Beiträge nach Belieben löschen oder modifizieren kann. Obwohl keine Sachherrschaft im eigentlichen Sinne besteht, sei die Verfügungs-macht des Betreibers, der den notwendigen Serverspeicherplatz nur ange-mietet hat, mit einer vollwertigen Besitzposition vergleichbar.[1054] Die Grundlage eines virtuellen Hausrechts findet sich nach dem LG München I darüber hinaus auch darin, dass der Betreiber der Plattform der Gefahr ausgesetzt ist, für Beiträge anderer zu haften und etwa auf Unterlassung in Anspruch genommen zu werden. Dem Betreiber müsse daher das Recht zustehen, Beiträge zu löschen oder den Zugang zu ihnen zu sperren.[1055] Es gilt allerdings auch hier der Grundsatz des Verbotes widersprüchlichen Verhaltens[1056] gem. § 242 BGB. Das bedeutet, dass der Plattformbetreiber

---

1049 So auch *Schmidl*, K&R 2006, 563 (565), vgl. jedoch auch *Redeker*, CR 2007, 265, der ein Recht zur Löschung einzelner Beiträge aus § 10 Abs 1 Nr 2 TMG herleitet.

1050 LG München I, Urt. v. 25. 10. 2006 – 30 O 11973/05 – CR 2007, 264.

1051 *Kunz*, Rechtsfragen des Ausschlusses aus Internetforen, 2005, S. 121 m. w. N. (Fn 551, 552).

1052 BGH WM 1970, 1518 (1519 f.), zit. nach *Kunz*, Rechtsfragen des Ausschlusses aus Internet-foren, 2005, Fn 572.

1053 Hier eines Internetforums; die Ausführungen von *Kunz* lassen sich jedoch auf Grund ähn-licher Grundfunktionalitäten auch auf andere Web 2.0 – Plattformen übertragen.

1054 *Kunz*, Rechtsfragen des Ausschlusses aus Internetforen, S. 125 f.; zustimmend auch *Mau-me*, MMR 2007, 620 (622), der darauf hinweist, dass es für die Frage nach dem Besitz auch auf die Verkehrsanschauung ankomme. Der normale Nutzer gehe regelmäßig davon aus, dass ein Plattformbetreiber die tatsächliche Herrschaft allein oder zumindest neben dem Servereigentümer ausübe.

1055 LG München I, Urt. v. 25. 10. 2006 – 30 O 11973/05.

1056 Kritisch zur Anwendbarkeit des Verbots widersprüchlichen Verhaltens *Kunz*, Rechtsfragen des Ausschlusses aus Internetforen, 2005, S. 132; ablehnend *Maume*, MMR 2007, 620 (625), der allerdings dann eine Selbstbindung des Betreibers auf Grund des Wesens und der Wid-mung der Plattform zum Meinungs- und Wissensaustausch annimmt.

konkrete Gründe für den Ausschluss eines Nutzers oder auch das Löschen eines Beitrages haben muss (z. B. eine Störung des Betriebsablaufs). Richtet der Plattformbetreiber sein Angebot, unentgeltlich auf der Forumsplattform Beiträge zu posten, an alle Benutzer des Internets und finden besondere Zugangskontrollen nicht statt, besteht also eine generelle Nutzungsbefugnis, dann darf der Betreiber sein „virtuelles Hausrecht" nicht willkürlich ausüben.[1057]

Einen wichtigen Grund für eine Kündigung[1058] stellen beispielsweise schwere Verstöße gegen die Nutzungsbedingungen dar. Hier ist es in der Praxis anzuraten, entsprechend verbindliche Nutzungsbedingungen zu formulieren[1059], unter denen die Nutzung gestattet wird[1060] und in denen konkrete Sanktionsmöglichkeiten vereinbart werden. In Betracht kommt beispielsweise ein Vorbehalt der Löschung eines Beitrages, wenn dieser nicht den qualitativen Ansprüchen des Plattformbetreibers entspricht. Grundsätzlich ist es – bei entsprechender Vereinbarung – im Einzelfall auch möglich, „unliebsame" Postings (z. B. destruktiv oder aggressiv formulierte Beiträge oder Inhalte mit Werbung etc.) zu entfernen. Ferner ist es ratsam, den Benutzer im Rahmen des Registriervorganges den Nutzungsbedingungen ausdrücklich zustimmen zu lassen. Bei einem bloßen Hinweis auf die Nutzungsbedingungen kann nur dann eine Verbindlichkeit angenommen wer-

---

1057 Ergibt die im Einzelfall vorzunehmende Auslegung nach den §§ 133, 157 BGB, dass zwischen dem Plattformbetreiber und dem Nutzer ein Vertragsverhältnis besteht, sind die Anforderungen an eine Kündigung (vgl. § 314 BGB) zu beachten. Ein solches Vertragsverhältnis hat beispielsweise das LG München I (Urt. v. 25. 10. 2006 – 30 O 11973/05) mit der Überlegung angenommen, dass sich die Beteiligten aus der Sicht eines verständigen Beobachters rechtlich binden wollten und nicht nur in einem bloßen frei widerruflichen Gefälligkeitsverhältnis stehen. Bei verständiger Würdigung müsse die Plattformbetreiberin erkennen, dass ein sich anmeldender Benutzer eine Rechtsposition erwerben wollte, aufgrund derer sie ihn nicht mehr willkürlich von der Veröffentlichung von Beiträgen ausschließen kann. Internetnutzern gehe es in der Regel nicht darum, nur einen Beitrag auf einer Plattform abzulegen. Oft komme es nach der Veröffentlichung eines Beitrages zu einer Diskussion, bei der der Nutzer auf eine Entgegnung selbst wieder erwidern will. Viele Nutzer beteiligten sich über Jahre an Diskussionsforen und würden über ihre Kennung in diesem Forum eine eigene Identität erwerben. Davon will ein Nutzer für den Betreiber erkennbar nur dann ausgeschlossen werden können, wenn er gegen bestimmte Regeln verstoßen habe (wobei das Gericht hier offengelassen hatte, inwieweit diese Regeln im Lichte der Meinungsfreiheit gem. Art. 5 GG auszulegen sind). Für den sich anmeldenden Nutzer wiederum ist erkennbar, dass der Forumbetreiber ihn zur Einhaltung bestimmter Regeln verpflichten will, weil ein Forumbetreiber für den Inhalt der veröffentlichen Beiträge nicht unerheblichen Haftungsrisiken ausgesetzt ist.

1058 Hierzu näher LG München I, Urt. v. 25. 10. 2006 – 30 O 11973/05.

1059 Diese müssen ggf. „AGB-fest" sein, vgl. *Schmidl*, K&R 2006, 563 (566).

1060 Vgl. z. B. die Nutzungsbedingungen des StudiVZ (http://www.studivz.net/rules.php) oder der „Heise-Foren" (https://www.heise.de/userdb/register?dirid=1&skin=default&rm=show _terms).

den, wenn erkennbar ist, dass die Nutzung von der Einhaltung dieser Regeln abhängig gemacht wird.[1061]

b) „Öffentlich-rechtliches" virtuelles Hausrecht

Es stellt sich die Frage, ob diese Wertungen auch auf Web 2.0-Plattformen der öffentlichen Hand übertragen werden können. Auch der öffentlichen Hand kann ein Hausrecht zustehen. Es umfasst das Recht, zur Wahrung der Zweckbestimmung einer öffentlichen Einrichtung und insbesondere zur Abwehr von Störungen des Dienstbetriebes, über den Aufenthalt von Personen in den Räumen der Einrichtung zu bestimmen.[1062] Streitig ist (im realen Raum) die nähere rechtliche Einordnung.

aa. Janusköpfige Einordnung

Das BVerwG[1063] wie auch der BGH[1064] vertreten die Auffassung, dass eine Einordnung jeweils im Einzelfall unter Berücksichtigung der besonderen Umstände und des Zwecks des Hausverbots notwendig ist.[1065] Ein Hausverbot könne sowohl als Verwaltungsakt oder als privatrechtliche Erklärung einzuordnen sein. Der Rechtscharakter richte sich danach, ob die materiellen Rechtsbeziehungen zwischen der Behörde und dem des Hauses Verwiesenen dem öffentlichen oder dem privaten Recht angehören. Werde dem Einzelnen verboten, in öffentlich-rechtlichen Angelegenheiten bei der Behörde vorzusprechen, so liege nach dieser Auffassung ein Verwaltungsakt im Sinne des § 35 VwVfG vor. Im Gegensatz dazu sei ein Hausverbot rein privatrechtlicher Natur, wenn es sich an Personen richte, die das Dienstgebäude nicht zur Erledigung von Behördenangelegenheiten, sondern z. B. aus geschäftlichen Gründen betreten wollen. Ist das Hausverbot also beispielsweise erlassen worden, um dem Betroffenen die Wahrnehmung seiner wirtschaftlichen Belange in dem Dienstgebäude zu verbieten, ist es eine privatrechtliche Maßnahme.[1066] Für die Rechtsprechung ist also nicht die Störung des „Hausfriedens", sondern die regelmäßig (grundsätzlich) erlaubte Tätigkeit maßgebend, um die Rechtsnatur des Störungsabwehrrechts zu bestimmen.[1067] Das Hausverbot ist gewissermaßen ein

---

1061 *Kunz*, Rechtsfragen des Ausschlusses aus Internetforen, 2005, S. 131.

1062 VGH Kassel, Beschl. vom 29. 11. 1989 – 6 TH 2982/89; VGH München, BayVBl 1981, 657; Kopp, VwGO, § 40 Rn. 22.

1063 BVerwG, Urt. v. 13. 03. 1970 – VII C 80.67 – juris Rn. 36 – DÖV 1971, 137; ferner BVerwG, Beschl. v. 10. 07. 1986 – 7 B 27/86.

1064 BGH, Urt. v. 26. 10. 1960 – V ZR 122/59 – NJW 1961, 308.

1065 So auch OVG Münster, Beschl. v. 08. 10. 1997 – 25 B 2208–97; VGH Mannheim, Beschl. v. 31. 05. 1994 – 9 S 1126/94 – NJW 1994, 2500 f.; OVG Münster, Beschl. v. 31. 10. 1996 – 25 B 2078–96.

1066 OVG Münster, DVBl. 1968, 157 f.

1067 Zustimmend *Bettermann*, DVBl. 1971, 112; im Ergebnis auch *Stürner*, JZ 1971, 98–99.

janusköpfiger[1068] rechtlicher Annex der zugewiesenen Verwaltungsaufgaben.[1069]

bb. öffentlich-rechtliche Einstufung

Im Gegensatz dazu vertreten die wohl herrschende Meinung in der Literatur und einige Verwaltungsgerichte die Auffassung, dass das Hausverbot stets als öffentlich-rechtlich einzustufen sei. Begründet wird diese Auffassung damit, dass das Hausverbot der Sicherung der Erfüllung der öffentlichen Aufgaben im Verwaltungsgebäude diene. Es komme nicht darauf an, aus welchem Grund der Besucher das Gebäude betrete.[1070] Dieser sei objektiv regelmäßig kaum verifizierbar.[1071]

cc. Stellungnahme

Die Problematik und das Versagen der Einordnung des Hausrechts als januskopfiges Institut zeigt *Ehlers*[1072] zutreffend auf, indem er darauf hinweist, dass mit dem Hausverbot der Zweck verfolgt wird, einer bestimmten Person das Betreten von Behördenräumen insgesamt zu untersagen. Wird aber beispielsweise ein privatrechtliches Hausverbot ausgesprochen, greift dieses zu kurz, wenn der Adressat der Hausrechtsmaßnahme in einer neuen Angelegenheit einen öffentlich-rechtlichen Anspruch auf Zutritt geltend macht. Um das Ziel einer allgemeinen Zutrittsversagung zu erreichen, müsste neben dem privatrechtlichen noch ein gleichgerichtetes öffentlich-rechtliches Verbot ergehen.[1073] Da in der Regel ein tatsächliches Tun – beispielsweise die Verunstaltung von Toilettenräumen oder die Beleidigung von Bediensteten[1074] – bei „Gelegenheit" des Hausbesuchs den Ausschluss bewirkt und die Ausübung des Hausrechts dem Zweck dient, derartige Verhaltensweisen zu unterbinden, respektive eine Störung des ordnungsgemäßen Ablaufs der Verwaltungstätigkeit gesichert werden soll[1075], ist das

---

1068 So die Bezeichnung von *Knemeyer*, DÖV 1971, 303.

1069 Vgl. *Wolff/Bachhof/Stober*, Verwaltungsrecht, Bd. 3, § 82 IV Rn. 122.

1070 *Knemeyer*, DÖV 1970, 596 ff.; *Knemeyer*, VBlBW 1982, 249 ff.; *Ronellenfitsch*, VerwArch. 73 (1982) S. 469 ff.; *Zeiler*, DVBl. 1981, 1000 ff.; VGH München, Beschl. v. 09. 07. 1980 – Nr. 9 CS 80 A. 268 – NJW 1980, 2722.

1071 VGH München, Beschl. v. 09. 07. 1980 – Nr. 9 CS 80 A. 268 – NJW 1980, 2722 (2723).

1072 *Ehlers*, DÖV 1977, 737 (739).

1073 *Ehlers*, DÖV 1977, 737 (739).

1074 Vgl. hierzu aus der Praxis den Sachverhalt von VG Ansbach, Beschl. v. 20. 02. 2007 – AN 16 E 04.00010.

1075 Der Ausspruch eines Hausverbots hat präventiven Charakter, indem er darauf abzielt, zukünftige Störungen des Betriebsablaufs in der Behörde zu vermeiden. Das ausgesprochene Hausverbot hat daher grundsätzlich zunächst die Tatsachen zu benennen, die in vorangegangener Zeit den Hausfrieden gestört haben; weiter ist anzuführen, dass in Zukunft wieder mit Störungen zu rechnen und das Hausverbot daher erforderlich ist, um erneute Vorfälle zu verhindern. Allerdings muss eine Behörde auch mit aus ihrer Sicht schwierigen Besuchern zurechtkommen und sie ihr Anliegen ungehindert vortragen lassen.

Hausverbot (zumindest im realen Raum) als stets öffentlich-rechtlicher Natur einzuordnen.

c) Hausverbot als Verwaltungsakt

Bisweilen wird bezweifelt, ob ein Hausverbot als Verwaltungsakt oder lediglich als verwaltungsrechtliche Willenserklärung einzustufen ist.[1076] Durch ein Hausverbot wird indes die Rechtslage im Hinblick auf ein Zutrittsrecht und das Gleichbehandlungsgebot konkretisiert. Da sich das Verbot, zukünftig ein Gebäude nicht mehr zu betreten, zudem an Personen außerhalb der Verwaltung wendet – es sich also nicht um eine rein inner-organisatorische Maßnahme handelt – ist es als belastender Verwaltungsakt einzustufen.[1077] Dies gilt auch für öffentliche Einrichtungen im Sinne der Gemeindeordnungen[1078], zu denen auch eine Web 2.0 Plattform der öffentlichen Hand gehört.[1079]

d) Notwendigkeit einer Rechtsgrundlage

Der Bayerische Verwaltungsgerichtshof[1080] vertritt darüber hinaus die Auffassung, dass der Erlass eines Hausverbotes zur Aufrechterhaltung eines störungsfreien Dienstbetriebes eine gesetzliche Grundlage erfordere.[1081] Dies ist indes abzulehnen, da sich die Befugnis zum Erlass eines Hausverbotes bereits aus der allgemeinen, kraft öffentlichen Rechts bestehenden Kompetenz einer jeden Behörde ergibt, für einen störungsfreien Dienstbetrieb innerhalb ihres räumlichen Verwaltungsbereiches zu sorgen.[1082] Der Erlass eines Hausverbots dient nach vorzugswürdiger Betrachtungsweise der Funktionsermöglichung und nicht der Funktionserfüllung der Verwaltung. Das einem Hoheitsträger zustehende Bestimmungsrecht über Zutritt und Verweilen von Personen in einem räumlich geschützten (auch

---

Sie kann daher nicht sogleich auf ein Hausverbot zurückgreifen. Diese Möglichkeit ist ihr vielmehr erst dann eröffnet, wenn der Dienstablauf nachhaltig gestört wird, zum Beispiel weil Bedienstete beleidigt werden oder der Besucher in nicht hinnehmbarer Weise aggressiv reagiert und mit einer Wiederholung derartiger Vorfälle zu rechnen ist, vgl. OVG Rheinland-Pfalz, Beschl. v. 07. 03. 2005 – 7 B 10104/05.

1076 Für letzteres *Wolff/Bachof/Stober*, Verwaltungsrecht Bd. II, S. 383; unklar insofern VG Ansbach, Beschl. v. 20. 02. 2007 – AN 16 E 04.00010.

1077 *Ehlers*, DÖV 1977, 737 (740).

1078 Vgl. VG Frankfurt a. M., Gerichtsbesch. v. 26. 02. 1998 – 15 E 2955–97 V – NJW 1998, 1424 (1424) – für eine öffentliche Einrichtung im Sinne des § 19 Abs. 1 HessGO.

1079 Siehe oben S. 32 ff.

1080 VGH München, Beschl. v. 09. 07. 1980 – Nr. 9 CS 80 A. 268 – NJW 1980, 2722 (2723); offengelassen von VG Neustadt (Weinstraße), Beschl. v. 23. 11. 2006 – 4 L 1746/06.NW.

1081 Ausdrücklich geregelt ist beispielsweise das Hausrecht des Bundestagspräsidenten im Gebäude des Bundestages, Art. 40 Abs. 2 GG.

1082 VG Ansbach, Urt. v. 27. 09. 2007 – AN 16 K 07.01823; VG Ansbach, Beschl. v. 20. 02. 2007 – AN 16 E 04.00010; *Maurer*, Allg. VerwR, § 3 Rn. 24; ähnlich auch *Gerhardt*, BayVBl. 1980, 723 – Maßnahme der Eingriffsverwaltung.

virtuellen) Herrschaftsbereich sowie die damit zusammenhängenden Befugnisse lassen sich gewissermaßen als notwendiger Annex zur Sachkompetenz, d. h. als Voraussetzung der ordnungsgemäßen Aufgabenerfüllung der Verwaltung erklären.[1083] Die Befugnis zur Ausübung des Hausrechts ergibt sich damit letztlich aus der Natur der Sache. Die Behörde, die eine bestimmte Aufgabe zu erfüllen hat, muss auch bestimmen können, ob sie eine Person vom Betreten ihrer Räume ausschließt, weil diese ihre ordnungsgemäße Tätigkeit gefährdet oder stört. Für diese sachgesetzlich vorgegebene Befugnis ist eine ausdrückliche Zuweisung durch den Gesetzgeber entbehrlich.[1084]

aa. Übertragbarkeit auf den Online-Bereich

Wie im privatrechtlichen Bereich ist beim virtuellen öffentlich-rechtlichen Hausrecht nicht auf die Software an sich, sondern auf den Server abzustellen, auf welchem diese zum Abruf bereitgehalten wird. Dieser unterliegt – so er im Eigentum des Trägers öffentlicher Gewalt steht – als öffentliche Sache der im BGB ausgeformten Eigentumsordnung.[1085] Betreibt nunmehr die öffentliche Hand eine Plattform, zum Beispiel in Form eines Meinungsaustauschforums im Rahmen einer E-Partizipationsinitiative auf diesem Server, so hat auch sie eine (in diesem Falle öffentlich-rechtliche) Funktionsherrschaft inne. Aber auch die möglichen, den Erlass eines Hausverbots gewissermaßen herausfordernden, Handlungen eines Nutzers sind denen im realen Raum vergleichbar.

e) Grundrechtsrelevanz

Die Tatsache, dass die öffentliche Hand mit dem Bereitstellen einer kommunalen E-Governmentplattform einen neuen „virtuellen Raum" schafft, kann allerdings zum Anlass genommen werden, eine vollständige Parallelität der Situationen des realen und des virtuellen Hausrechts in Bezug auf das Erfordernis einer Rechtsgrundlage zu hinterfragen. Insbesondere im Fall einer Beeinträchtigung der aus Art. 5 Abs. 1 GG folgenden Grundrechte stellt sich die Frage, ob eine Befugnis zur Ausübung des Hausrechts, welches sich „aus der Natur der Sache" ergibt, den Anforderungen des Art. 5 Abs. 2 GG genügen kann.

aa. Informationsfreiheit

In Betracht kommt im Falle des Ausschlusses eines Nutzers von einer Internetplattform ein Eingriff in die in Art. 5 Abs. 1 GG postulierte Informationsfreiheit. Problematisch ist hierbei allerdings zweierlei. Seinem Wortlaut nach erfasst Art. 5 Abs. 1 GG lediglich die ungehinderte Unterrichtung aus

---

1083 Vgl. VG Frankfurt, Gerichtsbesch. v. 26. 02. 1998 – 15 E 2955–97 V – NJW 1998, 1424 (1424).

1084 VGH München, BayVBl. 1981, 657.

1085 *Wollff/Bachof/Stober*, Verwaltungsrecht Bd. II, § 77 Rn. 3, 18 ff.

„allgemein zugänglichen Quellen" zum Zwecke der Information. Ist aber eine Plattform, die sich erkennbar nur an einen bestimmten Benutzerkreis richtet, noch als solche einzustufen? Des weiterem wird dem Nutzer in der Regel nur „untersagt", auf der Plattform mitzuwirken, also sich aktiv in den Diskussionsforen zu betätigen oder anderweitig Informationen einzustellen. In der Regel wird er weiterhin in der Lage sein, Beiträge und andere Informationen Dritter auf der Plattform abzurufen und zu betrachten. Zweifelhaft ist also, ob eine Einschränkung des Rechts, sich „ungehindert zu unterrichten", vorliegt.

(1) Webplattformen als allgemein zugängliche Quelle
Eine Webplattform ist trotz des Mangels an Körperlichkeit als Quelle im Sinne des Art. 5 Abs. 1 GG einzuordnen. Als solche kommen alle Träger von Informationen in Betracht. Unerheblich ist, welche Art Informationsträger genutzt wird. Eine Informationsquelle ist dann allgemein zugänglich, wenn sie dazu geeignet und bestimmt ist, „der Allgemeinheit, also einem individuell nicht bestimmbaren Personenkreis, Informationen zu verschaffen"[1086]. Soweit die Plattforminhalte selbst allgemein über das Internet abgerufen werden können, kommt es nicht mehr darauf an, an wen sich diese bestimmungsgemäß richten.[1087]

In Fällen, in denen Inhalte einer Plattform erst nach einem Log-In über eine Eingangsseite abgerufen werden können, gilt im Ergebnis nichts anderes. Auch hier ist eine Allgemeinzugänglichkeit anzunehmen. Diese scheitert nicht etwa daran, dass für den Zugang in der Regel eine vorherige „Registrierung" notwendig ist. Dies stellt lediglich eine leicht zu überwindende faktische Hürde für die Allgemeinzugänglichkeit dar und schmälert nicht die Geeignetheit der Plattform, der Allgemeinheit zur Informationsbeschaffung zu dienen. Auch eine Begrenzung auf die „Einwohner einer Stadt", also eine lokale Beschränkung, ist von ihrem Sinn und Zweck weiter als Zuschnitt der Plattform auf eine nicht von vornherein abgrenzbare Personengruppe zu verstehen. Es liegt regelmäßig nicht in der Hand der Stadt zu bestimmen, wer Einwohner und damit Berechtigter ist. Eine absolute und feststehende Bestimmbarkeit des Personenkreises scheidet somit aus.[1088] Auch spricht es nicht gegen eine Allgemeinzugänglichkeit, wenn die Zulassung respektive die rechtliche Zugangsregelung durch den Hoheitsträger selbst erfolgt und diese z. B. von einem Nachweis der Zugehörigkeit zur angesprochenen Zielgruppe abhängt. Wenn der Hoheitsträger den Zugang zu einer Informationsquelle abstrakt-generell eröffnet, muss er

---

1086 BVerfG, Urt. v. 07. 11. 2000 – 1 BvR 2623/95, 622/99 – BVerfGE 103, 44 (60); BVerfG, Beschl. v. 03. 10. 1969 – 1 BvR 46/65 – BverfGE 27, 71 (83); BVerfG, Beschl. v. 25. 04. 1972 – 1 BvL 13/67 – BverfGE 33, 52 (65).
1087 Vgl. *Jarass*, in Jarass/Pieroth, GG, Art. 5 Rn. 16.
1088 Vgl. *Schmehl/Richter*, JuS 2005, 817 (818), für den Fall eines kommunalen Bürger-Chats.

sich an dieser grundsätzlichen Regel der Zugänglichkeit festhalten lassen und kann sich nicht für den Ausnahmefall, nämlich dem konkret individuellen Ausschluss einzelner Nutzer, von der Grundrechtsbindung lösen.[1089]

(2) Ungehinderte Unterrichtungsmöglichkeit
Das von der Informationsfreiheit geschützte Verhalten umfasst die schlichte Entgegennahme von Informationen ebenso wie das aktive Beschaffen derselben, also die Informationsaufnahme.[1090] Nicht umfasst ist hingegen die Informationsabgabe.[1091] Daraus folgt, dass der Schutzbereich der Informationsfreiheit nur in den Fällen berührt ist, in denen das „virtuelle Hausverbot" zur Folge hat, dass der betroffene Nutzer auch keinen reinen Lesezugriff mehr auf die jeweiligen Inhalte der Plattform hat, er also nicht über die Login-Seite hinauskommt. Nur in diesen Fällen ist der Schutzbereich der Informationsfreiheit betroffen.

bb. Meinungsfreiheit
In beiden Fällen, also auch dann, wenn die reine Möglichkeit, die auf der Plattform abgelegten Inhalte abzurufen, fortbesteht, ist eine Betroffenheit des Schutzbereichs der Meinungsfreiheit nach Art. 5 Abs. 1 Satz 1 Hs. 1 GG gegeben.[1092] Der Schutzbereich der Meinungsfreiheit umfasst das Äußern und Verbreiten der Meinung, wobei nicht nur der Inhalt, sondern auch die Form beziehungsweise die Art und Weise der Äußerung umfasst ist.[1093] Umfasst ist auch die Wahl der Ortes und der Zeit einer Äußerung.[1094]

cc. Eingriff durch Ausschluss
In beiden Fällen stellt sich indes die Frage, ob der Ausschluss eines Nutzers von einer hoheitlich betriebenen Internetplattform einen Eingriff in diese Grundrechte darstellen kann. Sollte dies zu bejahen sein, bedürfte es einer Rechtsgrundlage, die den Anforderungen des qualifizierten Gesetzesvorbehaltes des Art. 5 Abs. 2 GG entspricht.[1095]

Durch die Sperrung eines Nutzers, welche zur Folge hat, dass dieser keine Postings mehr auf der Plattform absetzen kann, wird ihm die Möglichkeit genommen, seine Meinung auf die Art und Weise und an dem Ort zu äußern, an dem er es möchte. Dies suggeriert das Vorliegen eines Ein-

---

1089 Vgl. *Schmehl/Richter*, JuS 2005, 817 (819).
1090 BVerfG, Urt. v. 07. 11. 2000 – 1 BvR 2623/95, 622/99 – BVerfGE 103, 44 (60); BVerfG, Beschl. v. 03. 10. 1969 – 1 BvR 46/65 – BVerfGE 27, 71 (82 f.).
1091 Vgl. *Jarass* in Jarass/Pieroth, GG, Art. 5 Rn. 17.
1092 Diese steht gleichberechtigt neben der Informationsfreiheit.
1093 BVerfG, Beschl. v. 13. 05. 1980 – 1 BvR 103/77 – BVerfGE 54, 129 (138 f.); BVerfG, Beschl. v. 20. 04. 1980 – 1 BvR 426/80 – „Kredithaie" – BverfGE 60, 234 (241).
1094 BVerfG, Beschl. v. 10. 10. 1995 – 1 BvR 1476/91 – BVerfGE 93, 266 (289).
1095 Hierzu statt aller *Degenhart*, in Bonner Kommentar z. Grundgesetz, Art. 5 Abs. 1 und 2, Rn. 65 ff.

griffs in die Meinungsfreiheit.[1096] Kann der gesperrte Nutzer die auf der Plattform abrufbaren Informationen nicht mehr selbst abrufen, liegt auch grundsätzlich ein Eingriff in die Informationsfreiheit vor.[1097] Der Eingriffscharakter entfällt jedoch bereits auf Grund der Tatsache, dass die in Rede stehende Webplattform von der Gemeinde selbst betrieben wird. Aus Art. 5 Abs. 1 GG folgen keine Leistungs- oder Teilhabeansprüche.[1098] Insbesondere besteht kein Anspruch darauf, dass dem einzelnen bestimmte Mittel zur Meinungskundgabe zur Verfügung gestellt werden.[1099] Räumt die öffentliche Hand die Möglichkeit ein, über eine Webplattform zu kommunizieren und sich zu informieren, ist dies im Ergebnis als eine Leistung der öffentlichen Hand einzustufen. In der Konsequenz ist ein Ausschluss von der Plattform beziehungsweise von bestimmten Plattformteilen nicht als Freiheitsbeschränkung, sondern als schlichte Nichtgewährung einer Leistung zu sehen.[1100] Mit der Einrichtung der Plattform und der Schaffung der Möglichkeit (auch) Meinungen auszutauschen, eröffnet und betreibt die öffentliche Hand keinen neuen „virtuellen Freiheitsraum", sondern lediglich eine von vielen Möglichkeiten im Web 2.0 zu kommunizieren und zu interagieren. Die Situation ist vergleichbar mit der Möglichkeit, eine öffentliche Einrichtung im realen Raum (auch) für Meinungsäußerungen zu nutzen. Sowohl hier als auch im realen Raum stellt die öffentliche Hand lediglich die (virtuellen) Räumlichkeiten als Leistung zur Verfügung. Der Ausschluss einzelner Nutzer stellt sich nicht als grundsätzliche Beschränkung der Freiheit der Kommunikationsabgabe oder -aufnahme dar. Vielmehr wird lediglich eine Leistung in Form der theoretischen Möglichkeit, seine Meinung über eine bestimmte Plattform zu verbreiten, nicht gewährt.[1101] Die primäre Leistung der öffentlichen Hand besteht im Zur-Verfügung-Stellen und Betreiben der Plattformsoftware und des Speicherplatzes auf einem Server.

3. Fazit

Nach alledem ist eine reaktive Sperrung eines Nutzers jederzeit schon kraft Natur der Sache möglich. Bei der Ausübung des öffentlichen Hausrechts kann die öffentliche Hand freilich nicht willkürlich verfahren. Schon aus Transparenzgründen ist darüber hinaus ein „Sanktionskatalog" in der Benutzungsordnung vorzuhalten, welcher verdeutlicht, unter welchen Voraussetzungen eine Sperrung eines Nutzers und die Verhängung eines virtuellen Hausverbotes erfolgen kann. Zu vermeiden ist darüber hinaus

---

1096 Vgl. *Jarass*, in Jarass/Pieroth, GG, Art. 5 Rn. 9.
1097 Vgl. *Jarass*, in Jarass/Pieroth, GG, Art. 5 Rn. 19.
1098 *Degenhart*, in Bonner Kommentar z. Grundgesetz, Art. 5 Abs. 1 und 2 Rn. 64.
1099 Vgl. BVerwG, Urt. v. 13. 09. 1985 – 5 C 113/83 – BVerwGE 72, 113 (118).
1100 A. A. *Schmehl/Richter*, JuS 2005, 817 (819).
1101 A. A. *Schmehl/Richter*, JuS 2005, 817 (819).

unter dem Gesichtspunkt der Verhältnismäßigkeit ein Übermaß an Nutzersperrung. Richtet die öffentliche Hand eine Plattform dergestalt ein, dass sowohl politische Partizipationsmöglichkeiten, allgemeine Social Networking Funktionen als auch der Zugriff auf allgemeine E-Governmentanwendungen im Transaktions- und Kommunikationsbereich eingeräumt werden, so ist ein Versagen des virtuellen „Betretens von Behördenräumen insgesamt", also der vollständige Ausschluss von der Plattformnutzung, faktisch nicht notwendig. Fällt beispielsweise ein Nutzer durch Rechtsverletzungen im allgemeinen gemeindlichen Diskussionsbereich negativ auf, so kann er – eine entsprechende Plattformgestaltung vorausgesetzt – von eben diesem Plattformteil ausgeschlossen und die ordnungsgemäße Nutzbarkeit der anderen Funktion gewahrt werden. Es besteht per se keine Notwendigkeit, ihm den Lesezugriff oder den Zugriff auf konventionelle E-Government-Anwendungen zu entziehen.

V. Präventive Inhaltsselektion

Grundsätzlich besteht nach hier vertretener Auffassung[1102] auf Grund der insofern eindeutigen Regelungen des TMG keine Verpflichtung der öffentlichen Hand als Betreiberin einer Web 2.0 Plattform diese dahingehend zu überwachen, ob Plattformnutzer rechtsverletzende Inhalte einstellen. Lediglich für den eigenen Content, also z. B. für die vorgehaltenen Informationen oder selbst erstellte Podcasts besteht nach § 7 Abs. 1 TMG eine Verantwortlichkeit nach den allgemeinen Gesetzen. Angesichts der bereits dargestellten existierenden praktischen Unwägbarkeiten, die auf der teilweise überaus scharfen Rechtsprechung[1103] in Bezug auf die Sicherungspflichten der Plattformbetreiber beruhen, stellt sich die Frage, ob eine proaktive und präventive Inhaltsselektion im Rahmen des Plattformbetriebs ein probates Mittel zur effektiven Verringerung des Haftungsrisikos darstellen kann.

1. Möglichkeiten

In Betracht kommen in diesem Kontext sowohl die Möglichkeiten der so genannten „händischen" Selektion als auch der automatisierten Selektion und Überwachung der einzustellenden Informationen. Bei der „händischen" Selektion werden alle nutzergenerierten Informationen durch entsprechendes Personal (so genannte Moderatoren) auf offensichtlich rechtswidrige Inhalte überprüft. Jeder Beitrag, jede Datei, die ein Nutzer auf die Plattform lädt, wird hierbei zunächst nur für die Moderatoren sichtbar. Andere Nutzer können nicht hierauf zugreifen. Ist die Information (nach Auffassung des Moderators) rechtskonform, ändert dieser das der Informa-

---

1102 Vgl. oben S. 224 f.

1103 So auch die Wertung von *Eichelberger*, CR 2008, 330 (330).

tion zugewiesene Attribut auf „allgemein einsehbar". Anderenfalls wird die Information gelöscht.

In diesem Zusammenhang ist nicht nur eine Selektion nach offensichtlicher Rechtswidrigkeit, sondern auch nach anderen inhaltlichen Merkmalen der eingestellten Informationen denkbar. So kann beispielsweise durch einen Moderator überprüft werden, ob ein vom Nutzer hochgeladenes Bild in den intendierten thematischen Kontext fällt und bei Fehlplatzierung redaktionell verschoben werden soll.

2. Problemfelder

Das Vorhalten einer „moderierenden" Redaktion ist grundsätzlich ungeeignetes Werkzeug zur Verringerung des Haftungsrisikos. Die oben skizzierten Möglichkeiten der manuellen Ausfilterung stehen in keinem Verhältnis zu den rechtlichen Konsequenzen, die aus ihr resultieren.

a) Konsequenz: Zueigenmachen

Eine für die öffentliche Hand als Plattformbetreiberin negative rechtliche Konsequenz aus dem Vorhalten einer Redaktion resultiert aus der Tatsache, dass eine redaktionelle Betreuung zumindest als Indiz für ein Zueigenmachen[1104] der eigentlich fremden Inhalte gewertet werden kann. Nach Auffassung des OLG Hamburg[1105] ist die Situation im Falle eines rechtsverletzenden Inhaltes auf einer Internetplattform mit der eines Antiquitätenhändlers vergleichbar, der in seinem Schaufenster ungewollt auch einen Gegenstand präsentiert, der z. B. verbotene nationalsozialistische Symbole zeigt. Dieser könne seiner Verantwortlichkeit nicht unter Hinweis darauf entgehen, dass es sich nicht um seinen eigenen Gegenstand handele, sondern er diesen in Kommission für einen Dritten verkaufe. Der Gegenstand sei aufgrund einer eigenverantwortlichen Entscheidung zum Bestandteil des eigenen Verkaufsangebots beziehungsweise der Warenpräsentation gemacht worden, welche Kunden gerade zum Aufsuchen dieses Geschäfts veranlassen solle. Eben diese eigenverantwortliche Entscheidung – nämlich, ob ein Inhalt tatsächlich freigeschaltet wird oder nicht – würde im Rahmen einer Vorabprüfung durch die Plattformredaktion getroffen werden, was zumindest ein gewichtiges Indiz für die Annahme eines Zueigenmachens darstellt. Im Gegensatz dazu führt eine „Nichtüberprüfung" fremder Informationen – auch über längere Zeit hinweg – nicht zu einem Zueigenmachen des Inhaltes. Die Schlussfolgerung, dass das „Stehenlassen" von Informationen Dritter beziehungsweise das Unterlassen einer Kontrolle eine Identifizierung und Billigung durch den Betreiber indiziere,

---

1104 Hierzu bereits oben S. 202 ff.

1105 OLG Hamburg, Urt. v. 26. 09. 2007 – 5 U 165/06. Im konkreten Fall hatte der Plattformbetreiber einer Rezepteplattform die digital eingereichten Rezepte erst nach einer inhaltlichen Überprüfung durch eine Redaktion freigeschaltet.

ist angesichts des Wortlautes von § 7 Abs. 2 S. 1 TMG, der die Diensteanbieter von allgemeinen Überprüfungspflichten freistellt, unzulässig.[1106]

b) Konsequenz: Kenntnis

Weitere negative Konsequenz einer Vorabkenntnisnahme hochgeladener Informationen ist, dass bezüglich aller hochgeladenen Inhalte positive Kenntnis bezüglich der Informationen im Sinne des § 10 TMG angenommen werden kann. Hierbei ist es unerheblich, dass in der Regel nur ein Mitarbeiter des Plattformbetreibers die Kenntnis erlangt, da diese nach den allgemeinen Regeln zugerechnet wird. Diese Kenntnis kann die sogleich darzustellenden Handlungspflichten auslösen, während ohne Kenntnis einer konkreten Rechtsverletzung vergleichbare Pflichten nicht bestehen.

3. Irrweg Proaktive Überwachung

Hieraus folgt, dass eine proaktive Inhalteüberwachung mit dem Ziel der Verringerung von Haftungsmöglichkeiten einen Irrweg darstellt. Im Ergebnis wird der Plattformbetreiber, der freiwillig versucht Rechtsverletzungen vorzubeugen (oder auch nur sein Angebot qualitativ aufzuwerten), schlechter gestellt als der „nachlässige" Betreiber.[1107] Es gilt der Grundsatz „Vertrauen ist gut, Kontrolle ist schlecht".[1108] Dem versucht offenbar das LG Hamburg zu begegnen, indem es – losgelöst von den normativen Vorgaben der §§ 7 ff. TMG (beziehungsweise Art. 15 Abs. 1 der E-Commerce-RL) und der einschlägigen Rechtsprechung des BGH – konstatiert, dass bereits das Ermöglichen von Rechtsverletzungen durch Bereitstellen einer Internetplattform „Prüf- und ggf. Handlungspflichten" auslöse, um der Möglichkeit solcher Rechtsverletzungen vorzubeugen.[1109] Es suggeriert an anderer Stelle[1110], dass durch das Bereithalten einer Internetplattform eine „Gefahrenquelle" vorgehalten werde, die es zu überwachen gilt. Eine derartige „Ingerenzpflichtigkeit" des Plattformbetreibers besteht nicht.[1111] Aus den Vorgaben sowohl des TMG als auch der BGH Rechtsprechung folgt, dass den Plattformbetreiber grundsätzlich keine Verkehrssicherungspflichten dahin-

---

1106 Vgl. auch *Spindler*, in: Spindler/Schmitz/Geis, TDG, § 8 TDG Rn. 8; a. A. noch LG Trier, Urt. v. 16. 05. 2001 – 4 O 106/00; LG Düsseldorf, Urt. v. 14. 08. 2002 – 2a O 312/01.

1107 Dieses Ergebnis moniert auch *Hoeren*, IuK-Recht, Rn. 713, der jedoch auf den insoweit eindeutigen Art. 15 Abs. 1 der E-Commerce-RL verweist.

1108 *Jürgens*, K&R 2008, 460 (461), der darauf hinweist, dass angesichts der derzeitigen Rechtslage der Anwalt nur dazu raten könne, entsprechende Nutzungsbedingungen, die auf eine solche Kontrolle aufmerksam machen, ersatzlos zu streichen. „*Wer die Qualität seines Forums sichern will, [. . .] sollte seine Bemühungen also wenigstens nicht öffentlich kommunizieren.*"

1109 LG Hamburg, Urt. v. 24. 08. 2007 – 308 O 245/07 – CR 2008, 328.

1110 LG Hamburg, Urt. v. 02. 12. 2005 – 324 O 721/05 – MMR 2006, 491 (492).

1111 Vgl. bereits oben S. 222 ff.

gehend treffen, seine Plattform ohne konkrete Anhaltspunkte zu überwachen.

VI. Reaktive Inhaltsselektion

1. Handlungsverpflichtungen bei Vorhandensein rechtswidriger Informationen

Selbst wenn eine umfassende proaktive Präventivüberwachung einer Plattform durchgeführt wird, besteht weiter eine hohe Wahrscheinlichkeit, dass
ein Nutzer die Rechte eines Dritten durch den Upload einer bestimmten
Information verletzt. Zu denken ist in diesen Fällen z. B. an einen Forenbeitrag, der auf Dritte neutral, auf einzelne jedoch beleidigend oder verleum-
derisch wirkt. Aus dem Telemediengesetz selbst ergeben sich für diese
Fälle allgemeine Handlungsobliegenheiten der Plattformbetreiber, welche
hier kurz skizziert werden sollen.

a) Verpflichtungen nach Kenntnis

§ 10 Satz 1 TMG statuiert, dass Plattformbetreiber für fremde Informationen, die sie für einen Nutzer speichern, nicht verantwortlich sind, sofern
sie keine Kenntnis von der rechtswidrigen Handlung oder der Information
haben (Var. 1) und ihnen im Falle von Schadensersatzansprüchen auch
keine Tatsachen oder Umstände bekannt sind, aus denen die rechtswidrige
Handlung oder die Information offensichtlich wird (Var. 2) oder sie unverzüglich tätig geworden sind, um die Information zu entfernen oder den
Zugang zu ihr zu sperren, sobald sie diese Kenntnis erlangt haben. Die Haftungsprivilegierung für Fremdinformationen greift also nur unter der
Voraussetzung, dass der Anbieter keine Kenntnis von der rechtswidrigen
Handlung oder der Information hat und – im Hinblick auf zivilrechtliche
Schadensersatzansprüche – auch keine Tatsachen oder Umstände kennt,
aus denen die rechtswidrige Handlung oder die Information offensichtlich
wird (Nr. 1). Dabei bezieht sich die Alternative der Nr. 1 nicht auf die strafrechtliche, sondern allein auf die zivilrechtliche Verantwortlichkeit des
Anbieters.

b) Begriff der Kenntnis i. S. d. TMG

Kenntnis ist in diesem Zusammenhang als positive Kenntnis von der konkreten Handlung, das heißt der Information selbst, zu lesen.[1112] Im Falle
fahrlässiger Unkenntnis (also reinem „Kennenmüssen") profitiert der
Betreiber daher von der Haftungsfreistellung des § 10 TMG.[1113] Hierdurch
soll den technischen Grenzen einer Inhaltskontrolle der eingestellten Angebote Rechnung getragen werden[1114], was allerdings zu der paradoxen Situa-

---

1112 BGH. Urt. v. 23. 09. 2003 – VI ZR 335/02 – MMR 2004, 166 (167).
1113 *Hoeren,* in: Hoeren/Sieber, Handbuch Multimedia Recht, 18.2 Rn. 67.
1114 *Mehler,* WRP 2006, 819 (823).

tion führt, dass ein höheres Maß an Aufsicht durch den Diensteanbieter über Inhalte gleichzeitig die Gefahr eines Wegfalls der Haftungsprivilegierung für Unkenntnis in sich trägt. Eine erweiternde Interpretation des Begriffes „Kenntnis", der auch das bewusste „Augenverschließen" umfasst, ist angesichts des insofern klaren Wortlautes abzulehnen.[1115] Nur wenn der Diensteanbieter im Rahmen einer freiwilligen Überprüfung seines Angebotes auf einen rechtswidrigen Inhalt stoßen sollte, erlangt er die erforderliche positive Kenntnis im Sinne des TMG und ist, so die weiteren Voraussetzungen erfüllt sind, zum Handeln verpflichtet.

c)   Kenntnis der Rechtswidrigkeit

Problematisch ist in diesem Zusammenhang die Frage, ob neben der Kenntnis der jeweiligen Information kumulativ Kenntnis der Rechtswidrigkeit gegeben sein muss. Nach der Gesetzesbegründung sind hier zum einen die Fälle gemeint,

„in denen die Information als solche bereits zu beanstanden ist; insoweit lässt die (positive) Kenntnis von der Information bzw. von diesbezüglichen Tatsachen oder Umständen die Haftungsprivilegierung entfallen. Zum anderen sind die Fälle erfasst, in denen die Information als solche nicht zu beanstanden ist, sondern die insoweit entfaltete Tätigkeit, nämlich (insbesondere) die Verwendung von Informationen ohne Erlaubnis des Rechteinhabers. Da sich insoweit die Kenntnis auch auf den Umstand beziehen muss, dass eine Erlaubnis fehlt, wird insoweit auf die Kenntnis von der rechtswidrigen Handlung abgestellt."[1116]

Während die erste Fallgruppe (positive Kenntnis der Information selbst) auf „offensichtliche" Gesetzesverstöße abzielt (z. B. Volksverhetzung, Kinderpornographie), sind von der zweiten Fallgruppe (Kenntnis der die Rechtswidrigkeit begründenden Umstände) z. B. Marken- oder Urheberrechtsverletzungen erfasst.[1117]

Diese Differenzierung wird von Teilen der Literatur als im Ergebnis untauglich eingestuft. Sie versage zum Beispiel bei der Verbreitung persönlichkeitsrechtsverletzender Behauptungen, da sich Rechtsverletzungen hierbei nicht allein aus dem Inhalt der Information ableiten ließen. Selbst auf den ersten Blick persönlichkeitsrechtsverletzende Äußerungen könnten zulässig sein, wenn ein Einverständnis des Betroffenen vorliegt.[1118] Sowohl

---

1115 Vgl. *Spindler*, in Spindler/Schmitz/Geis, TDG, § 11 TDG Rn. 14.

1116 BT-Drs. 14/6098, S. 25.

1117 *Sobola/Kohl*, CR 2005, 443 (446).

1118 *Sobola/Kohl*, CR 2005, 443 (446); *Eck/Ruess*, MMR 2003, 363 (365); *Bedner*, JurPC Web-Dok. 94/2007, Abs. 35.

der Wortlaut des Art. 14 E-Commerce-Richtlinie[1119] als auch die Begründung der Kommission für den ersten Richtlinienvorschlag würden eine richtlinienkonforme Auslegung des § 10 TMG dahin gehend gebieten, dass der Diensteanbieter in allen Fällen erst dann nicht mehr privilegiert sein soll, wenn er auch von der Rechtswidrigkeit, also davon, dass mit dem Inhalt oder seiner Verbreitung eine Rechtsverletzung einhergeht, Kenntnis hat.[1120]

In der Praxis kann allerdings in den meisten Fällen, in denen sich die Rechtswidrigkeit bereits aus der Information selbst ergibt (z. B. einem kinderpornographischem Bild), regelmäßig auch von einer Kenntnis der Rechtswidrigkeit ausgegangen werden.[1121] In all den Fällen, in denen entweder die Information selbst wertneutral oder zumindest nicht eindeutig rechtswidrig (z. B. bei persönlichkeitsrechtsverletzenden Aussagen, Marken- oder (Kunst-) Urheberrechtsverletzungen) ist, in denen es also einer ergänzenden Darlegung durch den Verletzten bedarf, wird man daher nach richtiger Ansicht zusätzlich positive Kenntnis der Rechtswidrigkeit fordern können.[1122]

Nach § 10 Satz 1 Nr. 1 Var. 2 TMG reicht für eine Haftung des Diensteanbieters auf Schadensersatz bereits die Kenntnis von Tatsachen oder Umständen, aus denen die rechtswidrige Handlung oder Information offensichtlich wird. Berücksichtigt man den Umstand, dass den Diensteanbieter grundsätzlich keine Überwachungs- und Nachforschungspflichten treffen (§ 7 Abs. 2 TMG), ist das Merkmal „offensichtlich" dahin gehend zu interpretieren, dass kein weiteres Nachforschen seitens des Diensteanbieters erforderlich ist.[1123] Dementsprechend ist eine Kenntnis i. S. d. § 10 Satz 1 Nr. 1 Var. 2 TMG erst dann gegeben, wenn konkrete und verlässliche Hinweise vorhanden sind, dass rechtswidrige Inhalte vorliegen, sich die Rechtswidrigkeit also gewissermaßen „aufdrängt".[1124] Host-Provider, wie die Betreiber von Web 2.0 Plattformen der öffentlichen Hand, können nur dann in Anspruch genommen werden, wenn die Rechtsverletzungen für juristische Laien ohne weitere Nachforschungen offenkundig sind.[1125]

1119 Art. 14 Abs. 1 lit. A der E-Commerce-RL (RL 2001/31/EG) spricht insofern von der „tatsächliche(n) Kenntnis von der rechtswidrigen Tätigkeit oder Information."

1120 *Eck/Ruess*, MMR 2003, 363 (365); *Sobola/Kohl*, CR 2005, 443 (447); *Hoffmann*, MMR 2002, 284 (288); *Spindler*, NJW 2002, 921 (923 f.), der anhand der französischen und englischen Sprachfassung der E-Commerce-Richtlinie belegt, dass die Kenntnis sich sowohl auf die rechtswidrige Handlung als auch die rechtswidrige Information erstreckt.

1121 Vgl. *Stadler*, Haftung für Informationen im Internet, Rn. 103 a. E.

1122 Vgl. *Hoeren*, Recht der Access-Provider, Rn. 646; *Spindler* in, Spindler/Schmitz/Geis, TDG, § 11 TDG Rn. 19.

1123 Vgl. *Christiansen*, MMR 2004, 185 (186); *Sobola/Kohl*, CR 2005, 443 (447).

1124 *Stadler*, Haftung für Informationen im Internet, Rn. 105; *Sobola/Kohl*, CR 2005, 443 (447 f.).

1125 *Hoeren*, IuK-Recht, Rn. 712.

d) Obliegenheit der konkreten Kenntnisverschaffung

Wird vom Diensteanbieter die Löschung eines Inhaltes verlangt, trifft den Verletzten im Hinblick auf sein Begehren die Obliegenheit der konkreten Kenntnisverschaffung.[1126]

Es genügt hierbei nicht, den Plattformbetreiber pauschal darauf hinzuweisen, dass sich rechtswidrige oder rechtswidrig eingestellte Informationen auf seiner Plattform befinden.[1127] Eine Kenntnis i. S. v. § 10 TMG kann durch eine allgemeine unspezifizierte Mitteilung nicht begründet werden.[1128] Da sich an die Kenntnis der rechtswidrigen Information nach § 10 TMG unmittelbar die Verpflichtung anschließt, diese unverzüglich zu löschen oder den Zugang zu ihr zu sperren, muss der Diensteanbieter vielmehr zunächst in die Lage versetzt werden, das rechtsverletzende Angebot überhaupt aufzufinden.[1129]

Des Weiteren muss ihm die Möglichkeit gegeben werden, zu prüfen, ob zumindest eine überwiegende Wahrscheinlichkeit für die Richtigkeit der Behauptungen des Verletzten besteht.[1130] Die Notwendigkeit einer solchen Substantiierungsobliegenheit wird allgemein aus der haftungsrechtlichen Situation des Host-Providers gefolgert.[1131] Einerseits besteht für diesen die Gefahr einer Haftung gegenüber dem (vermeintlich) verletzten Rechteinhaber, wenn die beanstandete Information nicht unverzüglich gelöscht wird. Andererseits besteht die Möglichkeit einer Haftung des Providers gegenüber dem Informationsersteller aus dem Hostingvertrag, wenn vorschnell eine Information gelöscht wird, die sich als rechtmäßig herausstellt.[1132]

2. Besondere Anforderungen bei Betrieb durch die öffentliche Hand

Im Gegensatz zum privaten Plattformbetreiber, der bei einer Fehlentscheidung „nur" zivilrechtliche Konsequenzen zu befürchten hat, bringt die Rolle der öffentlichen Hand als Betreiberin eines derartigen Angebotes Problematiken mit sich, die im Wesentlichen aus ihrer Grundrechtsbindung resultieren. Im Ausgangsbeispiel „Kommunales Diskussionsforum"[1133], welches stellvertretend für E-Partizipations- und allgemeine Diskussions- und Meinungsäußerungsangebote steht, wiesen die Betreiber das Ansinnen

---

1126 Vgl. zu § 5 TDG i. d. F. v. 1997 – BGH, Urt. v. 23. 09. 2003 – VI ZR 335/02 – juris Rn. 13.

1127 vgl. *Leupold*, MMR 2004, 318 (318); *Stadler*, Haftung für Informationen im Internet, Rn. 105; *Gersdorf*, in: Eberle/Rudolf/Wasserburg, Mainzer Rechtshandbuch der Neuen Medien, III, Rn. 279.

1128 So schon *Spindler*, NJW 1997, 3193 (3196).

1129 Vgl. *Spindler*, NJW 1997, 3193 (3196); *Sobola/Kohl*, CR 2005, 443 (446).

1130 *Strömer/Grootz*, K&R 2006, 553 (554f.); ähnlich *Leupold*, MMR 2004, 318 (318).

1131 Dieser befindet sich, wie *Ufer*, MMR 2008, 69 (70), treffend festhält, in der unglücklichen Situation eines „Schnellrichters mit Privathaftung."

1132 vgl. *Hoeren*, in: Hoeren/Sieber, Handbuch Multimedia Recht, 18.2 Rn. 69.

1133 Siehe oben S. 194.

einer (vermeintlich) durch Beiträge in ihren Persönlichkeitsrechten verletzten Person zurück, da „eine Zensur nicht stattfinde". Im Grundsatz hatten sie hiermit Recht. Gerade im Bereich der Meinungsäußerungen darf der Staat nicht ohne weiteres Beiträge von Nutzern löschen, weil sie etwa anderen Nutzern missfallen oder gar nur Extrempositionen beinhalten. Auch im Rahmen von Internetplattformen gilt der Grundsatz, dass die Meinungsfreiheit nach Art. 5 Abs. 1 GG nur Schmähkritik, Formalbeleidigungen und Angriffe auf die Menschenwürde, also Äußerungen bei denen es primär um eine Verunglimpfung und nicht mehr um die Auseinandersetzung in der Sache geht[1134], nicht schützt. Die Bewertung, ob eine Äußerung noch vom Schutzbereich der Meinungsfreiheit umfasst ist, ist vom Einzelfall und konkreten Kontext abhängig.[1135] Auch im Internet ist beispielsweise eine „sachliche Begründung" der Äußerung nicht erforderlich.[1136] Vielmehr ist die „Qualität" der Äußerung, ihre Rationalität oder Emotionalität, grundsätzlich irrelevant.[1137] Auch polemische oder übersteigerte Äußerungen sind geschützt.[1138] Die Grenzen des Rechts auf freie Meinungsäußerung werden von solchen Aussagen erst dann überschritten, wenn mit ihnen der Zweck verfolgt wird, andere Personen vor der interessierten Öffentlichkeit zu diffamieren.[1139] Das aber ist insbesondere für Außenstehende in der Regel nur schwer zu erkennen und zu beurteilen. Erst wenn, wie im Beispielsfall, die Diskussion dahingehend „kippt", dass auch für unbeteiligte Dritte erkennbar wird, dass primäres Ziel der Diskussion die mehr oder weniger systematische Diffamierung und Degradierung des Betroffenen ist (im konkreten Fall erkennbar an Morddrohungen), ist der öffentlich-rechtliche Forenbetreiber befugt und verpflichtet, nach entsprechender Kenntnis die rechtsverletzenden Beiträge zu entfernen.

3. Notice-and-Take-Down Verfahren

Zur reaktiven Inhalteselektion bietet es sich daher insbesondere für die öffentliche Hand an, ein so genanntes Notice-And-Take-Down Verfahren einzuführen, um einerseits Haftungsrisiken zu minimieren und andererseits die betroffenen Rechtspositionen im Einzelfall ausgleichen zu können. Unter dem Begriff „Notice-And-Take-Down" ist nicht lediglich das unverzügliche Tätigwerden nach Kenntniserlangung einer rechtswidrigen Infor-

---

1134 *Schulze-Fielitz*, in: Dreier, GG, Art. 5 I, II Rn. 50 m. w. N.

1135 Vgl. z. B. LG Köln, Beschl. v. 19. 12. 2001 – 28 T 8/01 – NJW-RR 2002, 688 – LS 1, nach dem die Bezeichnung eines Prozessgegners als „Arschloch" keine Beleidigung, sondern eine „pointierte Äußerung des Missfallens" darstellen könne.

1136 A. A. aber für den Fall einer negativen Bewertung bei eBay AG Erlangen, MMR 2004, 635; AG Hamburg-Wandsbek, CR 2006, 424.

1137 *Jarass*, in: Jarass/Pieroth, GG, Art. 5 Rn. 3 m. w. N.

1138 BVerfG, Urt. v. 22. 06. 1982 – 1 BvR 1376/79 – BVerfGE 61, 1 (9 f.); BGH, Urt. v. 20. 05. 1986 – VI ZR 242/85 – NJW 1987, 1398.

1139 BGH, Urt. v. 20. 05. 1986 – VI ZR 242/85 – NJW 1987, 1398.

mation nach den Vorgaben des Art. 14 Abs. 1 lit. b ECRL (bzw. § 10 Nr. 2 TMG) zu verstehen.[1140] Vielmehr ist ein entsprechendes Verfahren – angelehnt an die Notice-And-Take-Down-Vorgaben des § 512(c) des amerikanischen U.S. Copyright Act[1141] – wie folgt aufzubauen.

Der vermeintlich Verletzte meldet die Art der beanstandeten Information (z. B. ein Bild, ein Wortbeitrag, o.Ä.) sowie den konkreten Fundort der Information („notice"). Im Rahmen der Fundortmitteilung ist – soweit dies ersichtlich ist – die genaue Internetadresse anzugeben[1142]. Sodann sind die Art und die näheren Umstände der vermeintlichen Rechtsverletzung mitzuteilen. Hier soll der behauptete Anspruch auf Beseitigung eines Inhaltes so genau wie möglich dargelegt werden, damit der Diensteanbieter in die Lage versetzt wird, eine Prüfung der Behauptungen des Verletzten vorzunehmen. Bei Markenverletzungen ist beispielsweise eine Kopie der Markenurkunde zu übersenden. Als Faustregel kann hier in der Praxis gelten: Je weniger die Rechtsverletzung für einen Dritten offensichtlich ist, desto höher sind die Anforderungen an die „Glaubhaftmachung"[1143]. Im Rahmen der Modellierung einer entsprechenden Plattform sollte den Nutzern bereits auf technischer Ebene die Möglichkeit geboten werden, „bedenkliche" Inhalte dem Plattformbetreiber zu melden. Weit verbreitet sind hier so genannte Abuse-Buttons, also Schaltflächen, mit denen die Betreiber per automatisierter Meldung von einem potentiell problematischen Inhalt in Kenntnis gesetzt werden können.[1144]

Kommt der vermeintlich Verletzte diesen Kenntnisverschaffungsobliegenheiten nach, so ist der Plattformbetreiber schon auf Grund § 10 TMG gehalten, bei entsprechender Eindeutigkeit der Rechtsverletzung die inkriminierte Information sofort entfernen oder sperren („Take Down"). Nach dem Prinzip des amerikanischen Notice-And-Take-Down-Verfahrens sollte er den Informationslieferanten jedoch von dem Take-Down in Kenntnis setzen und ihm die Möglichkeit einer „Counter-Notice" geben.[1145]

1140 So aber offenbar *Sieber*, ZRP 2001, 97 (99 f.).

1141 Title 17 U.S.C. Zum Notice-And-Take-Down-Verfahren nach § 512(c) U.S. Copyright Act vgl. *Rücker*, CR 2005, 354; *Freytag*, MMR 1999, 207; *Holznagel*, GRUR-Int 2007, 971.

1142 Vgl. *Sobola/Kohl*, CR 2005, 443 (446).

1143 Vgl. *Strömer/Grootz*, K&R 2006, 553 (555), sowie für den Fall einer nicht eindeutigen Persönlichkeitsrechtsverletzung OLG Nürnberg, Beschl. v. 22. 06. 2008 – 3 W 1128/08.

1144 Vgl. z. B. die Beschreibung der Bewertungsplattform spickmich.de bei OLG Köln, Urt. v. 27. 11. 2007 – 15 U 142/07 – juris Rn. 27.

1145 Entschließt sich der betroffene Nutzer zur Verteidigung seiner angegriffenen Inhalte, so kann er dem Plattformbetreiber nach amerikanischem Recht eine counter-notice senden. Diese muss der Betreiber an den Rechteinhaber weiterleiten, zusammen mit der Ankündigung, die Inhalte in zehn Arbeitstagen wieder online zu stellen. Zeigt der Rechteinhaber nunmehr dem Provider nicht an, dass er gerichtlich gegen den Content-Provider vorgeht, so muss der Provider den Inhalt wiederherstellen, (§ 512(g)(2)(C) U.S. Copyright Act), *Holznagel*, GRUR-Int 2007, 971(979 f.).

F.   Zusammenfassung

Neben der rechtskonformen Beschaffung ist die Sicherstellung des rechtskonformen Betriebs einer Web 2.0 E-Goverment Plattform der praktisch bedeutsamste Teil der rechtlichen Problemfelder rund um den Einsatz von Web 2.0 Plattformen für das kommunale E-Government. Insbesondere die Frage nach der Verantwortlichkeit der Öffentlichen Hand als Betreiberin einer Web 2.0 Plattform für nutzergenerierte „Betriebsstörungen" ist mitunter von existenzieller Bedeutung.

Die allgemeine Betreiberverantwortlichkeit richtet sich im Falle der Öffentlichen Hand nach dem Telemediengesetz (TMG), welches explizit auch die „öffentlichen Stellen" als Anbieter von Telemedien(diensten) und auch öffentlich-rechtliche Zielsetzungen der Angebote selbst umfasst. Die Öffentliche Hand in ihrer Position als Anbieterin von eigenen oder fremden Informationen im Internet unterliegt somit grundsätzlich demselben Normenregime, dem sich auch ein privater Diensteanbieter unterwerfen muss.

Dies betrifft insbesondere die Verantwortlichkeitsregelungen für Informationen. Unter dem Begriff der Verantwortlichkeit im Sinne des TMG ist das Einstehenmüssen für die Rechtsfolgen, die das Recht an einen bestimmten Sachverhalt knüpft zu verstehen. Nicht Aufgabe oder Zweck der §§ 7 ff. TMG ist es eine Verantwortlichkeit zu begründen sondern vielmehr sie zu begrenzen. Unter den Begriff der Information fallen alle Daten, die überhaupt transportiert oder gespeichert werden können. Die Verantwortlichkeitsregeln sind als Vorfilter vor der Prüfung allgemeiner Verantwortlichkeitsnormen heranzuziehen.

Bei der Zuweisung der Verantwortlichkeit der Öffentlichen Hand für die auf ihrer Plattform zum Abruf bereit gehaltenen Informationen ist nach eigenen und fremden Informationen zu differenzieren. Hält eine Kommune eigene Informationen auf ihrer Plattform vor, entfällt bereits an dieser Stelle jegliche Privilegierung durch das Telemediengesetz und das allgemeine Regime der Haftungsnormen greift. Eine grundsätzliche Verantwortlichkeitsfreistellung ist im Gegensatz dazu bei (aus Sicht der Betreiberkommune) fremden Informationen gegeben. Allerdings können auch fremde Informationen eine Eigenverantwortlichkeit der Betreiberkommune auslösen, wenn diese „zu eigen gemacht" werden. Hierfür kommt es nach zutreffender Auffassung auf das Gesamtgepräge des jeweiligen Angebotes an. Es ist die Frage zu stellen, ob der verständige Nutzer den Eindruck gewinnen muss, der Anbieter wolle für die dort eingestellten Informationen Dritter die Verantwortung tragen. Gerade im Bereich der E-Partizipation ist eine (bisweilen geforderte) ausdrückliche und konkrete Distanzierung durch die Betreiberkommune nicht notwendig, da die Fremdheit der Nutzerbeiträge sich schon aus der Natur der Plattform ergibt. Ist die Fremdheit nicht (unmittelbar) ersichtlich, wie z. B. bei einer kommunalen Wikiplattform, ist eine nutzergerechte allgemeine Verdeutlichung der Fremdheit notwendig aber auch ausreichend.

Eine Fremdverantwortlichkeit der Kommune für die Beiträge und eingestellten Informationen ihrer Bürger ist unter dem Aspekt der Störerhaftung denkbar. Nach Auffassung des BGH und der ihm folgenden herrschenden Rechtsprechung gelten die Haftungsprivilegierungen des TMG nicht für Unterlassungsansprüche. Das ist insbesondere im Hinblick auf zukünftige Unterlassungsverpflichtungen problematisch, als diese an Prüfungspflichten des Plattformbetreibers geknüpft sind und deren Bestimmung in der Praxis unklar sind. Bei Bestehen des Unterlassungsanspruchs wird der Diensteanbieter dazu verpflichtet im Rahmen des Zumutbaren zukünftig „ähnlich gelagerte" Rechtsverletzungen zu verhindern. Dies wiederum stellt de facto eine allgemeine Überwachungsverpflichtung dar, die sowohl dem TMG als auch den europarechtlichen Grundlagen widerspricht. Die Reichweite eines Unterlassungsanspruches ist nach hier vertretener Ansicht daher auf den reinen Anspruch auf Beseitigung der Störung durch Löschung der rechtsverletzenden Information begrenzt. Sowohl die E-Commerce-Richtlinie als auch das TMG verfolgen den Zweck die Tätigkeit der Diensteanbieter durch klare Regelungen zur Haftung auf rechtlich sicherem weil überschau- und einschätzbaren Terrain zu ermöglichen. Dies wird durch die Rechtsprechung konterkariert, die die Diensteanbieter allgemein und die öffentliche Hand als Plattformbetreiberin in die Rolle eines „Schnellrichters" drängt. In der Praxis ist – so man denn eine Prüfungsverpflichtung entgegen der hier vertretenen Auffassung – auch für die Zukunft annehmen möchte, diese restriktiv zu definieren. Abzulehnen ist insbesondere aus Sicht der öffentlichen Hand die „hamburgische Rechtsprechung" die eine Überwachungspflicht in Form eines „gleitenden Sorgfaltsmaßstabs" mit einem „Spektrum abgestufter Prüfungspflichten annehmen möchte. Diese würde insbesondere im Bereich der E-Partizipation, in welcher eine kontroverse Diskussion gerade erwünscht ist, das „Geschäftsmodell" einer Web 2.0 E-Government Plattform grundsätzlich unmöglich machen. Die – im Ergebnis zur Vermeidung von Rechtsverletzungen – notwendige Vorabkontrolle aller eingehenden Beiträge würde die Betreiberkommunen sowohl personell überfordern als auch den zeitnahen Austausch von Meinungen auf der Plattform selbst lähmen. Letzteres lässt die hamburgische Rechtsprechung mit den Forderungen des Art. 5 Abs. 1 GG als unvereinbar erscheinen. In all den Fällen, in denen sich grundrechtliche Positionen wie die Meinungsfreiheit, der Ehrenschutz oder die Pressefreiheit gegenüberstehen, ist nur zur zukünftigen Unterlassung der konkreten Rechtsverletzung im konkreten Kontext zu verurteilen.

Aufgrund der stark divergierenden und uneinheitlichen Praxis in der Rechtsprechung bedarf es Haftungvermeidungsstrategien. Diese können zunächst in allgemeine und besondere, sowie in präventive und reaktive Strategien differenziert werden. Im Rahmen des Bestrebens nach einer allgemeinen Haftungsvermeidung erweist sich hierbei ein Disclaimer als juristisch sinnfrei während durch eine Senkung des Anonymitätslevels im Rahmen des nach dem TMG zulässigen die Hemmschwelle zur Begehung von Rechtsverletzungen erhöht wird.

Sowohl im Rahmen der Präventiv- als auch der Reaktivstrategien ist eine Nutzerselektion durch die Betreiberkommune schon deshalb von großer praktischer Relevanz, weil nur hierdurch der Missbrauch der Plattform wirksam vermieden werden kann. Technisch ist die Nutzerselektion im Rahmen einer Registrierroutine vorzunehmen. Eine Begrenzung des Nutzerkreises ist grundsätzlich möglich. Da eine kommunale Web 2.0 E-Government Plattform als öffentliche Einrichtung einzuordnen ist, haben allerdings alle Gemeindeanhörigen sowie die Forensen einen Anspruch auf Zulassung zur Nutzung. Die Registrierbestätigung stellt eine Zulassung zur Nutzung dar. Ortsfremden kann ein Zugang zur kommunalen Plattform im Rahmen einer Widmung oder Widmungserweiterung eingeräumt werden. Eine konkludente Widmung oder gar ein Anspruch auf Zulassung Ortsfremder ist im Hinblick auf die regelmäßig spezifisch kommunalen Funktionalitäten einer E-Government Plattform nicht anzunehmen. Potentiell „problematischen" Nutzern kann die Zulassung solange und soweit nicht verweigert werden, als kein belegbarer Anlass besteht, an der Absicht des Anspruchstellers, die Web 2.0 E-Governmentplattform als öffentliche Einrichtung im Rahmen des Widmungszweckes zu nutzen.

Eine reaktive Nutzerselektion besteht in der Regel im Ausschluss von Nutzern einer Plattform. Der öffentlichen Hand steht ein öffentlich-rechtliches virtuelles Hausrecht zu, welche das Recht umfasst, zur Wahrung der Zweckbestimmung der öffentlichen Einrichtung und über den „virtuellen" Aufenthalt von Personen auf der Plattform zu bestimmen. Es ist nach hier vertretener Auffassung stets öffentlich-rechtlicher Natur und seine Aussprache als belastender Verwaltungsakt einzustufen. Der Ausschluss von einer Plattform, die auch dem Austausch von Meinungen dient, hat Relevanz im Hinblick auf Art. 5 Abs. 1 GG. Einem Ausschluss fehlt jedoch der Eingriffscharakter, da der Betrieb der Web 2.0 E-Government Plattform eine Leistung der Kommune darstellt. Ein Ausschluss von der Plattform beziehungsweise von bestimmten Plattformteilen ist nicht als Freiheitsbeschränkung, sondern als schlichte Nichtgewährung einer Leistung zu sehen.

Bei der Ausübung des virtuellen öffentlichen Hausrechts kann die öffentliche Hand dennoch nicht willkürlich verfahren. Aus Transparenzgründen ist ein „Sanktionskatalog" in der Benutzungsordnung vorzuhalten, welcher verdeutlicht, unter welchen Voraussetzungen eine Sperrung eines Nutzers und die Verhängung eines virtuellen Hausverbotes erfolgen kann. Der vollständige Ausschluss des Nutzers von der Plattform insgesamt stellt sich regelmäßig als unverhältnismäßig dar, wenn die Sperrung des Zugangs zu einzelnen Funktionen technisch möglich ist.

Ebenfalls sowohl präventiv als auch reaktiv kann eine Inhalteselektion, also eine Nichtzulassung oder Entfernung nutzergenerierter Informationen erfolgen. Im Rahmen der präventiven Inhalteselektion erweist sich die „händische" Selektion durch eine Redaktion oder durch vorgeschaltete Moderatoren als zur Haftungsvermeidung ungeeignet. Der Versuch durch eine selektierende Vorabkontrolle von Nutzern eingestellter Informationen das Haftungsrisiko zu verringern ist führt in der Konsequenz sowohl zu einem Zueigenmachen der Inhalte als auch zu einer Kenntnis im Sinne des § 10 TMG und somit zu erweiterten Handlungspflichten sowie erweiterten Haftungsmöglichkeiten.

Insbesondere den Verpflichtungen nach § 10 TMG ist im Rahmen der reaktiven Inhalteselektion zu entsprechen. Eine Handlungspflichten auslösende Kenntnis sowohl der rechtswidrigen Information als auch der ihr innewohnenden Rechtsverletzungen ist nicht ohne weiteres anzunehmen. Nur wenn die Rechtsverletzung offensichtlich ist, also ein weiteres Nachforschen seitens der Betreiberkommue nicht mehr erforderlich ist, bestehen sofortige Handlungsverpflichtungen. Ist die Rechtsverletzung für juristische Laien nicht ohne weiter Nachforschungen offenkundig, trifft den in seinen Rechten Verletzten eine Obliegenheit zur konkreten Kenntnisverschaffung. Hier ist insbesondere im Bereich der Meinungsäußerungen Augemaß gefragt. Die grundrechtsgebundene Gemeinde darf unter dem Aspekt des Art. 5 Abs. 1 GG nicht ohne weiteres Beiträge von Nutzern löschen, weil sie etwa anderen Nutzern missfallen oder Extrempositionen beinhalten. Zur reaktiven Inhalteselektion bietet es sich daher insbesondere für die öffentliche Hand an, ein so genanntes Notice-And-Take-Down Verfahren einzuführen, um einerseits Haftungsrisiken zu minimieren und andererseits die betroffenen Rechtspositionen im Einzelfall ausgleichen zu können. Hierunter ist nach hier vertretener Auffassung nicht lediglich das unverzügliche Tätigwerden nach Kenntniserlangung einer rechtswidrigen Information nach den Vorgaben des TMG zu verstehen. Vielmehr ist ein Verfahren einzuführen, welches an die Notice-And-Take-Down-Vorgaben des § 512(c) des amerikanischen U.S. Copyright Act angelehnt wurde und welches insbesondere neben dem „Notice" und dem „Take Down"-Element auch die Möglichkeit einer „Counter Notice" vorsieht.

Kapitel 5:
Rechtskonformer Wettbewerb

Im Zusammenhang mit den allgemeinen Bemühungen um eine Reformierung der Verwaltung nach den Leitbildern des Neuen Steuerungsmodells beziehungsweise des New Public Managements[1146] ist die öffentliche Hand stets bestrebt, Effizienzreserven auszuschöpfen und neue Einnahmequellen zu erschließen.[1147] Eine wirtschaftliche Betätigung des Staates – die notwendigerweise einen faktischen Wettbewerb mit Privaten auslöst – ist insbesondere auf kommunaler Ebene ein in diesem Kontext häufig zu beobachtendes Phänomen, dessen Gestalt und Erscheinungsformen äußerst vielfältig und variabel sind.[1148] Bei der Erschließung neuer Geschäftsfelder zur Sanierung des kommunalen Haushaltes oder zur Gegenfinanzierung defizitärer kommunaler Unternehmen und Eigenbetriebe zeigt die öffentliche Hand bisweilen ein großes Maß an Phantasie, das herkömmliche Vorstellungen über die Tätigkeitsfelder der kommunale Verwaltung weit überschreitet.[1149] Diese Kreativität macht auch vor dem virtuellen Raum nicht halt. Wird ein Web 2.0 Angebot der öffentlichen Hand[1150] bereitgehalten,

---

1146 Hierzu bereits oben S. 46.

1147 Zu den Trends der Verwaltungsmodernisierung in diesem Zusammenhang *Hill*, BB 1997, 425 (425 ff.), der darauf hinweist, dass diese Trends in gewisser Weise gegenläufig sind. Einerseits wird versucht, in Anlehnung an Lean Management-Konzepte der Privatwirtschaft den Staat zu verschlanken und ihn auf seine Kernaufgaben zurückzuführen. Andererseits wird durch das Leitbild des Staates bzw. der Kommunen als moderne Dienstleistungsunternehmen neben der Kundenorientierung auch die Einführung betriebswirtschaftlicher Steuerungs- und Managementinstrumente gefordert.

1148 Es handelt sich hierbei um kein neues Phänomen. Der Betrieb wirtschaftlicher Unternehmungen durch die öffentliche Hand lässt sich bis in das Mittelalter zurückverfolgen, *Grupp*, ZHR 140 (1976), 367 (370) m. w. N.

1149 Vgl. *Schink*, NVwZ 2002, 129 (129), der als Beispiele aus der Rechtsprechung und Praxis m. w. N. Nachhilfeunterricht durch kommunale Volkshochschulen, die Pflege privater Gärten, Betrieb einer Sauna, die Durchführung von Elektro-Installationen, die Altautoverwertung, das Angebot von Entsorgungsleistungen außerhalb des Gemeindegebiets, Ambiente-Trauungen der Standesämter, kommunaler Partyservice, Betrieb eines Nagelstudios, Instandsetzungsarbeiten, Gebäudeunterhaltung, Maklertätigkeiten und Umzugsservice nennt. Eine ähnliche Auflistung findet sich auch bereits bei *Hill*, BB 1997, 425 (425).

1150 Web 2.0 Plattformen mit kommunalen Bezügen müssen nicht notwendigerweise durch die öffentliche Hand betrieben werden. Im Gegenteil: Häufig existiert in Städten oder Gemeinden, in denen kein oder nur ein rudimentäres städtisches Internetangebot vorgehalten wird, bereits eine Vielzahl von privat betriebenen Plattformen (So z. B. für die Stadt Passau die Portale passau-live.de, passau.eins.de und www.meinestadt.de/passau/). Die Bandbreite reicht hier von ehrenamtlich in der Freizeit betreuten Community-Plattformen bis

liegt der Schluss nahe, dieses auch um „kommerzielle" Angebote zu erweitern, um so einerseits freie Kapazitäten optimal zu nutzen und zugleich die mit dem Betrieb einer Plattform einhergehende Kostenlast zu verringern. Rein praktisch spricht zudem für eine Erweiterung der Web 2.0 Plattform um Funktionalitäten, die entweder durch Werbung oder durch die Nutzer finanziert werden, ein erhöhter Nutzen und die Möglichkeit, eine attraktivere Plattform anbieten zu können, als dies nur mit herkömmlichen E-Government-Funktionalitäten der Fall wäre. Entsprechende Ideen für erfolgversprechende Geschäftsmodelle lassen sich ohne erhöhten Aufwand der derzeitigen Web 2.0 Angebotslandschaft entlehnen. So ist es beispielsweise denkbar, dass die Betreibergemeinde analog zu kommerziellen Angeboten wie Flickr.com oder MobileMe ihren Nutzern gegen Entgelt die Möglichkeit einräumt, über die Plattform abrufbaren Speicherplatz für die Auslagerung von Fotos, Dokumenten etc. anzumieten. Eine Gegenfinanzierung der Plattform durch kostenpflichtige Social-Networking-Funktionen, wie sie beispielsweise die Plattform Xing.com anbietet, kann ebenfalls in Erwägung gezogen werden.[1151] Schließlich ist auch die Ermöglichung der Schaltung von Online-Werbung[1152] (die ggf. sogar personalisiert werden kann[1153]), wie es beispielsweise auf der Plattform StudiVZ.net gang und gäbe ist, denkbar.

Dass die öffentliche Hand grundsätzlich berechtigt ist, sich am Wirtschaftsleben zu beteiligen, ist unstreitig.[1154] Wann und in welchem Umfang eine Gemeinde jedoch in einen (gegebenenfalls bereits voll entwickelten) Markt eintreten darf, ist klärungsbedürftig. Gerade im Bereich des ubiquitären Internet stellt sich die Frage, ob eine Kommune ihre Plattform (beziehungsweise ihr wirtschaftliches Angebot) auch über die Grenzen des realen Gemeindegebiets hinaus anbieten darf. Problematisch ist darüber hinaus die Frage, ob und wie sich private Wettbewerber vor einer (unzulässigen) Konkurrenz durch die öffentliche Hand schützen können. Im Falle der Zulässigkeit der Marktteilnahme durch eine Gemeinde ist sodann zu fra-

---

hin zu kommerziellen Angeboten, welche sich durch Werbung und/oder Mitgliedsbeiträge finanzieren.

1151 Nach einer Untersuchung der ABIresearch Marktforschungsgesellschaft sind insbesondere im Bereich der so genannten „Location Based Mobile Social Networking" Angebote bis zum Jahr 2013 Einnahmen in Höhe von insgesamt 3,3 Milliarden US-Dollar zu erwarten. Vgl. Pressemitteilung der ABIresearch zur Studie „Location-based Mobile Social Networking" v. 01. 08. 2008 – http://www.abiresearch.com/press/1204-Location-based+Mobile+Social+Networking+Will+Generate+Global+Revenues+of+%243.3+Billion+by+2013.

1152 Hierzu *Kittler*, NJW 2000, 122.

1153 Zur datenschutzrechtlichen Zulässigkeit siehe *Bauer*, MMR 2008, 435.

1154 Statt aller *Piper*, GRUR 1986, 574 (575), mit umfangreichen Nachweisen. Aus dem Grundgesetz selbst kann diesbezüglich weder eine prinzipielle Gestattung noch ein Ausschluss hergeleitet werden. Dieses konstituiert gerade keinen Vorrang der Privatwirtschaft vor einer erwerbswirtschaftlichen Betätigung der öffentlichen Hand.

gen, welchen rechtlichen Bindungen das wirtschaftliche Handeln der Gemeinde auf dem Markt der Web 2.0 Angebote unterliegt.

Die Untersuchung dieser juristischen Konfliktfelder ist in einem Zweierschritt vorzunehmen. Zunächst sind die grundsätzlichen Grenzen (Abschnitt A) der wirtschaftlichen Betätigung der öffentlichen Hand abzustecken. Unter welchen Umständen und mit welcher Zielrichtung darf die Gemeinde ein Web 2.0 Angebot, welches mit privaten Angeboten konkurriert, überhaupt errichten? Wie kann ein privater Konkurrent gegebenenfalls gegen einen unzulässigen Marktzutritt Rechtsschutz erlangen? Hiervon abzugrenzen ist die Frage, wie sich die öffentliche Hand auf diesem Markt zu verhalten hat, wie also die marktinternen Grenzen zu ziehen sind (Abschnitt B).

A. Grundsätzliche Grenzen

I. Wirtschaftliche Betätigung durch Web 2.0 Angebote?

Klärungsbedürftig ist zunächst die Frage, wann eine Gemeinde durch ein bestimmtes Angebot die Grenze zu einer wirtschaftlichen Betätigung überschreitet. Wann stellt das Angebot einer Web 2.0 Plattform also eine wirtschaftliche Betätigung dar? Unter dem Schlagwort der (eigen)wirtschaftlichen Betätigung der öffentlichen Hand wird gemeinhin die Teilnahme von Bund, Ländern, Gemeinden und anderen verselbständigten öffentlich-rechtlichen Einheiten am Wirtschaftsleben verstanden.[1155] Konkretere Definitionen finden sich teilweise in den Kommunal- oder Gemeindeordnungen der Länder. So ist beispielsweise nach § 107 Abs. 1 NWGO a. F. unter wirtschaftlicher Betätigung der Betrieb von Unternehmen zu verstehen, die als Hersteller, Anbieter oder Verteiler von Gütern oder Dienstleistungen am Markt tätig werden, sofern die Leistung ihrer Art nach auch von einem Privaten mit der Absicht der Gewinnerzielung erbracht werden könnte. Die Regelungen über Unternehmen und Beteiligungen der Städte, Gemeinden und Landkreise in den Kommunal- oder Gemeindeordnungen der Länder gehen auf die Deutsche Gemeindeordnung (DGO) vom 30. Januar 1935[1156] zurück.[1157] Der hier einschlägige § 67 DGO basiert im wesentlichen auf der *Popitz*'schen Formel, nach der als wirtschaftlich solche Veranstaltungen der Gemeinde gelten, die gegen Entgelt Leistungen zur Verfügung stellen, die ihrer Art nach auch durch Privatunternehmer mit der Absicht der

---

1155 *Schmidt/Vollmöller*, Öffentliches Wirtschaftsrecht, § 5 Rn. 1.

1156 RGBl I, S. 49.

1157 *Leder*, DÖV 2008, 173 (173). Bereits zu diesem Zeitpunkt wurde eine vermehrte wirtschaftliche Betätigung der Kommunen festgestellt, der durch entsprechende gesetzgeberische Reaktion entgegengewirkt werden sollte, vgl. *Schink*, NVwZ 2002, 129 (130). § 67 DGO erging auf Durck und im Interesse der Privatwirtschaft, *Ruffert*, NVwZ 2000, 763.

Gewinnerzielung in den allgemeinen Verkehr gebracht zu werden pflegen.[1158] Die Brauchbarkeit dieser Formel ist beschränkt, hängt doch ihre Tragweite von der Erlaubtheit privater Tätigkeit auf den betroffen Sektoren ab und kann damit vom Gesetzgeber selbst bestimmt werden.[1159] Offenbar wird dies gerade im Falle von Web 2.0 Plattformen der öffentlichen Hand. Diese könnten – rein technisch – vollumfänglich von privaten IT-Dienstleistern für eine Kommune betrieben werden. Dennoch sind dem Staat schon auf Grund von Art. 33 Abs. 4 GG gewisse Aufgaben vorzubehalten.[1160] Ein Abstellen auf die abstrakte Fähigkeit zur Ausführung einer Tätigkeit führt zu keiner brauchbare Eingrenzung in Gestalt eines natürlichen Kreises ausschließlich kommunaler Aufgaben oder ausschließlicher Staatsaufgaben, da fast jede Tätigkeit beziehungsweise Leistungserbringung auch von Privaten vorgenommen werden könnte.[1161] Vorzugswürdig ist daher, unter einer wirtschaftlichen Unternehmung jede kommunale Einrichtung zu subsumieren, die auch im Rahmen der Privatwirtschaft mit der Absicht der Gewinnerzielung betrieben werden könnte, mit Ausnahme der Unternehmen, zu deren Unterhaltung die Kommune gesetzlich verpflichtet ist, deren Gemeinnützigkeit im Vordergrund steht oder die nur der Deckung des eigenen Bedarfs dient.[1162] Es kommt hierbei nicht auf eine realisierte oder angestrebte Gewinnerzielung des jeweiligen Verwaltungsträgers, sondern auf die hypothetische Gewinnerzielungsabsicht eines Privaten an, der die gleiche Leistung erbrächte.[1163]

II. Grundsätzliche Grenzen

Für den Fall von E-Government Web 2.0 Plattformen, die beispielsweise transaktionsbezogene Verwaltungsangebote (wie z. B. die KFZ-Zulassung) betreffen oder der E-Partizipation dienen, ist nach dieser Definition grundsätzlich von einer nicht-wirtschaftlichen Betätigung auszugehen, da sie eine Eigenbedarfsdeckung darstellen.[1164] Beschränkt sich hingegen das Plattformangebot nicht auf reine Verwaltungsangebote, sondern soll es – der

---

1158 *Popitz*, Der künftige Finanzausgleich zwischen Reich, Ländern und Gemeinden, 1932, S. 49 – Normentwurf

1159 Vgl. *Kämmerer*, Privatisierung, S. 240.

1160 Hierzu näher *Heckmann* in: Bräutigam, IT-Outsourcing, 2. Aufl., Teil 10; *Braun*, AnwZert ITR 16/2008, Anm. 4.

1161 *N. Schulz*, BayVBl. 1997, 518 (518); *Kämmerer*, Privatisierung, S. 240.

1162 *Schmidt/Vollmöller*, Öffentliches Wirtschaftsrecht, § 5 Rn. 33.

1163 *Schmidt-Aßmann*, Kommunalrecht, in: ders. (Hrsg.), Besonderes Verwaltungsrecht, 11. Aufl. 1999, Rn. 118; *Gerke*, Jura 1985, 351; *Schneider*, DVBl. 2000, 1250 (1250).

1164 So für herkömmliche „Verwaltungsportale" auch *Eifert*, in: Bär/Hohl/Möstl/Müller (Hrsg.), Rechtskonformes eGovernment – eGovernment konformes Recht, S. 119, Fn. 15.

Intention eines integrierten E-Government 2.0 Angebotes[1165] folgend – eine umfassende elektronische Abbildung der Kommune darstellen, stellt sich die Frage, „ob" beziehungsweise unter welchen Voraussetzungen ein Eintritt in eine Konkurrenzsituation in Form einer wirtschaftlichen Betätigung zulässig ist.[1166]

1. Grundgesetz

Sowohl Grundlage als auch Grenzen der kommunalen Wirtschaftsbetätigung lassen sich aus dem Grundgesetz ableiten. Das Grundgesetz selbst ist wirtschaftspolitisch neutral gefasst. Aus ihm lässt sich kein Bekenntnis zu einem bestimmten Wirtschaftssystem entnehmen.[1167] Weder garantiert es der Privatwirtschaft die Ausschließlichkeit des wirtschaftlichen Handelns[1168], noch ist ein Vorrang der Privatwirtschaft vor der öffentlichen Eigenwirtschaft im Sinne eines allgemeinen Subsidiaritätsprinzips ableitbar.[1169]

Eine herausragende Rolle spielt in diesem Kontext die Selbstverwaltungsgarantie des Art. 28 Abs. 2 S. 1 GG. Danach muss den Gemeinden das Recht gewährleistet werden, alle Angelegenheiten der örtlichen Gemeinschaft im Rahmen der Gesetze in eigener Verantwortung zu regeln. Umfasst ist das grundsätzliche Recht der Kommunen, sich eigenwirtschaftlich zu betätigen.[1170] Das verfassungsrechtlich gewährleistete Selbstverwaltungsrecht darf nur durch oder aufgrund Gesetzes eingeschränkt werden. Wenn und soweit keine spezialgesetzlichen Regelungen[1171] bestehen, kommt den Kommunen im Rahmen ihres Wirkungskreises und der allgemeinen gesetz-

---

1165 Hierzu oben S. 63.

1166 *Eifert* weist darauf hin, dass die Darstellung privater und zivilgesellschaftlicher Leistungsangebote im Internet in Kombination mit der Abwicklung technischer Mehrwertdienste insbesondere für Zeitungsverlage privatwirtschaftlich interessant ist, *Eifert*, in: Bär/Hohl/Möstl/Müller (Hrsg.), Rechtskonformes eGovernment – eGovernment konformes Recht, S. 118. Diese These wird insbesondere bei den großen ÖPP-Projekten wie z. B. hamburg.de (Zusammenarbeit mit dem Axel-Springer-Verlag) oder berlin.de (Zusammenarbeit u. a. mit BV Deutsche Zeitungsholding) bestätigt. Hierzu oben S. 138.

1167 *Hill*, BB 1997, 425 (428).

1168 In diese Richtung aber *Sodan*, DÖV 2000, 361, (361 ff.); dagegen *Pünder/Dittmar*, Jura 2005, 760 (761).

1169 BVerwGE 39, 329 (336); OVG NW, NVwZ 1986, 1045 (1046).

1170 Vgl. *Schink*, NVwZ 2002, 129 (133); *Ruffert*, NVwZ 2000, 763 (763); *Becker*, DÖV 2000, 1032 (1034); RhPfVerfGH, Urt. v. 28. 03. 2000 – VGH N 12/98 – NVwZ 2000, 801 (801); BayVGH, NVwZ 1997, 481.

1171 Der Gesetzgeber darf den Gemeinden eine Aufgabe mit relevantem örtlichem Charakter allerdings nur aus Gründen des Gemeininteresses, vor allem also etwa dann entziehen, wenn anders die ordnungsgemäße Aufgabenerfüllung nicht sicherzustellen wäre und wenn die den Aufgabenentzug tragenden Gründe gegenüber dem verfassungsrechtlichen Aufgabenverteilungsprinzip des Art. 28 Abs. 2 S. 1 GG überwiegen, BVerfG, Beschl. v. 23. 11. 1988 – 2 BvR 1619/83 – NVwZ 1989, 347- Leitsatz 3 b).

lichen Bestimmungen ein eigenverantwortlicher Aktions- und Gestaltungsspielraum zu. Art. 28 Abs. 2 S. 1 GG ist nicht nur Grundlage, sondern auch Grenzpfeiler der wirtschaftlichen Betätigung der Kommunen.

2. Gemeindewirtschaftsrecht

Klargestellt ist in Art. 28 GG, dass die Selbstverwaltungsgarantie „im Rahmen der Gesetze" erfolgt. Hierzu zählen insbesondere die gemeindewirtschaftsrechtlichen Regelungen der Kommunalgesetze der Länder. Diese normieren – teilweise mit unterschiedlichem Inhalt[1172] – Voraussetzungen und Grenzen der wirtschaftlichen Betätigung von Gemeinden und Gemeindeverbänden.[1173]

Alle Gemeindeordnungen setzen für eine kommunalwirtschaftliche Betätigung voraus, dass

1. ein (ggf. dringender[1174]) öffentlicher Zweck die Betätigung rechtfertigt oder erfordert und

2. die Betätigung nach Art und Umfang in einem angemessenen Verhältnis zur Leistungsfähigkeit der Gemeinde steht und

3. der Zweck nicht besser oder wirtschaftlicher durch einen anderen erfüllt werden kann (Subsidiaritätsklausel).

aa. Öffentlicher Zweck

Durch das Erfordernis eines öffentlichen Zweckes soll die wirtschaftliche Betätigung von Kommunen auf das erforderliche Mindestmaß beschränkt werden.[1175] Ein solcher liegt nur dann vor, wenn Leistungen und Lieferungen im Aufgabenbereich der Gemeinde liegen und eine im öffentlichen Interesse gebotene Versorgung der Einwohner[1176] erzielt werden soll. In der

---

1172 Vgl. die Übersicht bei *Schink*, NVwZ 2002, 129 (130 f.).

1173 Zudem gehören zu den Gesetzen, die dem kommunalen Wirtschaftsrecht Grenzen setzen dürfen, grundsätzlich auch wettbewerbsrechtliche Regelungen wie etwa § 3 des Gesetzes gegen den unlauteren Wettbewerb (UWG).

1174 Durch diesen „dringenden" öffentlichen Zweck sollte z. B. nach der bis zum 16. 10. 1994 in Nordrhein-Westfalen geltenden Gemeindeordnung eine Eingrenzung auf wirklich elementare, für das Leben in der Gemeinde unerlässliche Angelegenheiten erreicht werden. Das Erfordernis der Dringlichkeit wurde in der Neufassung der GO NRW von 1994 gestrichen und es wurde nur noch verlangt, dass ein öffentlicher Zweck gegeben ist, *Hill*, BB 1997, 425 (428).

1175 Hieraus folgt weniger ein grundsätzlicher Vorrang der Privatwirtschaft. Vielmehr wird in erster Linie der (historisch begründete) Zweck verfolgt, die Gemeinde vor unangemessenen wirtschaftlichen Risiken und unsolider Haushaltsführung zu bewahren, vgl. *Meyer*, LKV 2000, 321 (323).

1176 Unstreitig erfüllen daher kommunale wirtschaftliche Unternehmen einen öffentlichen Zweck in diesem Sinne auf den Gebieten der Versorgung mit Strom, Gas, Wärme und Wasser sowie im Bereich der Verkehrsbetriebe. Die Belieferung der Bevölkerung mit Strom, Gas, Wasser und Wärme sowie die Unterhaltung des öffentlichen Personennahverkehrs (ÖPNV) erfolgt zur Erfüllung lebenswichtiger Bedürfnisse der örtlichen Gemeinschaft und ist daher

Regel ist die Gemeinde nach der jeweiligen GO verpflichtet, das gemeinsame Wohl ihrer Einwohnerschaft zu fördern.[1177] Diese Aufgabe kann nach Auffassung des *BVerwG* auch durch wirtschaftliche Betätigung erfüllt werden. Worin die Gemeinde eine Förderung des allgemeinen Wohls erblickt, ist im Wesentlichen den Anschauungen und Entschließungen ihrer maßgebenden Organe überlassen und hängt von den örtlichen Verhältnissen, den individuellen finanziellen Möglichkeiten, Bedürfnissen der Einwohnerschaft und anderen Faktoren ab. Die Beurteilung des öffentlichen Zwecks für die Errichtung und Fortführung eines Gemeindeunternehmens ist aus diesem Grund der Beurteilung durch den Richter weitgehend entzogen. Es handelt sich um eine Frage sachgerechter Kommunalpolitik, die – wie jedes sinnvolle wirtschaftliche Handeln – überwiegend von Zweckmäßigkeitsüberlegungen bestimmt wird.[1178]

Unstreitig unzulässig ist nur ein Tätigwerden, das ausschließlich erwerbswirtschaftlich motiviert ist, also allein der Gewinnerzielung dient.[1179] Es gilt der Grundsatz, dass kommunale Unternehmen unmittelbar durch ihre Leistung und nicht bloß mittelbar durch ihre Gewinne dem Wohl der Bürgerinnen und Bürger dienen sollen.[1180] Kommunale wirtschaftliche Betätigung kann nur eine dienende Funktion haben und nichts anderes sein als eine Modalität der Erfüllung der den Kommunen zugewiesenen Aufgaben. Kein derartiger Aufgabentitel ist das „Money making" an sich.[1181] Eine schlichte „Gewinnmitnahme" ist aber nicht ausgeschlos-

---

Bestandteil gemeindlicher Daseinsvorsorge. Allerdings ist der Begriff der sog. Daseinsvorsorge kein taugliches Abgrenzungskriterium in diesem Zusammenhang. Dieser ist selbst im Wandel begriffen, wie die Öffnung der bislang hierunter subsumierten Bereiche wie der Stromversorgung oder der Telekommunikation für den Wettbewerb zeigt. Vgl. *Gröning*, WRP 2002, 17 (18 f.).

1177 Vgl. BVerwG, Urt. v. 22. 02. 1972 – I C 24.69 – juris Rn. 17.

1178 BVerwG Urt. v. 22. 02. 1972 – I C 24.69 – juris Rn. 17.

1179 BVerwG Urt. v. 22. 02. 1972 – I C 24.69 – juris Rn. 17; RhPfVerfGH, Urt. v. 28. 03. 2000 – VGH N 12/98 – NVwZ 2000, 801 (803); *Meyer*, LKV 2000, 321 (323); *Sodan*, DÖV 2000, 361 (370); *Gröning*, WRP 2002, 17 (19). Explizit Art. 87 Abs. 1 S. 2 BayGO: *„Alle Tätigkeiten oder Tätigkeitsbereiche, mit denen die Gemeinde oder ihre Unternehmen an dem vom Wettbewerb beherrschten Wirtschaftsleben teilnehmen, um Gewinn zu erzielen, entsprechen keinem öffentlichen Zweck."*

1180 A. A. *Cremer*, DÖV 2003, 921 (931 f.); *Otting*, Neues Steuerungsmodell und rechtliche Betätigungsspielräume der Kommunen, 1997, S. 168 ff.; *Otting*, DVBl 1997, 1258 (1262), der die Auffassung vertritt, dass die rein erwerbswirtschaftliche Tätigkeit als Teil der kommunalen Finanzhoheit den Kommunen gestattet sei, wenn ihre sonstigen Einnahmen nicht ausreichen. Dagegen *Schink*, NVwZ 2002, 129 (134); *Badura*, DÖV 1998, 818 (823); *Ehlers*, DVBl. 1998, 497 (499); *Ruffert*, VerwArch 2001, 27 (41 f.); *Henneke*, NdsVBl. 1998, 273 (279 ff.); RhPfVerfGH, Urt. v. 28. 03. 2000 – VGH N 12/98 – NVwZ 2000, 801 (803).

1181 *Schink*, NVwZ 2002, 129 (134).

sen.[1182] Auch eine erwerbswirtschaftliche Nutzung sonst brachliegenden Wirtschaftspotentials im Wege einer so genannten „Randnutzung" ist grundsätzlich gestattet.[1183] Entscheidend ist, dass die öffentliche Zwecksetzung und das Ziel der Gewinnmitnahme nicht auf derselben Ebene liegen, sondern die Gewinnmitnahme der öffentlichen Zwecksetzung nachgeordnet ist.[1184] Insbesondere darf durch sie der öffentliche Zweck nicht beeinträchtigt werden.

Bei der Frage nach der Zulässigkeit der „Randnutzungen" ist eine differenzierte Betrachtung vorzunehmen. Gewicht, Dauer und Intensität der „Randnutzung" sind dem öffentlichen Zweck, den die Kommune zu präzisieren hat[1185], gegenüberzustellen.[1186] Je wichtiger die Nutzung für den Träger kommunalwirtschaftlicher Betätigung ist und je länger und intensiver sie betrieben wird, umso größer muss die Nähe zum öffentlichen Zweck sein.[1187] Rundet die Randnutzung hingegen nur die Verfolgung öffentlicher Zwecke ab, sind die Anforderungen an den Bezug zu diesem geringer.[1188]

Unter diesem Aspekt ist im Falle einer integrierten E-Government-Plattform, die sich sowohl aus nicht-wirtschaftlich als auch aus wirtschaftlich orientierten Bestandteilen zusammensetzen kann, mithin einen hybriden Charakter aufweist, die Zulässigkeit jedes einzelnen Features beziehungsweise jeder einzelnen wirtschaftlichen Randnutzung zu überprüfen. So kann die Schaltung von Werbung auf der Plattform als Nutzung ansonsten brachliegenden Wirtschaftspotenzials gewertet werden, wenn sie reine Nebentätigkeit bleibt und ein in Relation zum Betrieb der eigentlichen Plattform nur unerhebliches Gewicht behält. Eine Analogie kann hier zur Vermietung von Werbeflächen durch die Stadt oder zur Erhebung von Sondernutzungsentgelten von Straßen gezogen werden. Ebenfalls zulässig ist unter diesem Aspekt das Angebot von erweiterten Social-Networking-Funktionen, wenn Grundfunktionen unter dem Aspekt der elektronischen Abbildung des Gemeinwesens[1189] eine „Sowieso"-Leistung der Plattform

---

1182 Allg. Ansicht *Schink*, NVwZ 2002, 129 (134); *Ehlers*, DVBl. 1998, 497 (500 f.); *Heimlich*, NVwZ 2000, 746 (747 f.); *Ruffert*, VerwArch 2001, 42 f.; *Pünder*, DVBl. 1997, 1357 f.

1183 OVG Münster, Beschl. v. 13. 08. 2003 – 15 B 1137/03 – NVwZ 2003, 1520 (1522); *Ehlers*, DVBl. 1998, 497 (501); *Henneke*, NdsVBl. 1999, 1 (4).

1184 Vgl. RhPfVerfGH, Urt. v. 28. 03. 2000 – VGH N 12/98 – NVwZ 2000, 801 (803).

1185 Hierbei ersetzt die bloße Beschreibung des Gegenstandes der Wirtschaftsbetätigung nicht die Darlegung der Zwecksetzung.

1186 OVG Münster, Beschl. v. 13. 08. 2003 – 15 B 1137/03 – NVwZ 2003, 1520 (1523).

1187 *Schink*, NVwZ 2002, 129 (134).

1188 Hieraus folgt, dass dauernd entbehrlich gewordene Kapazitäten nicht aufrechterhalten werden dürfen. RhPfVerfGH, Urt. v. 28. 03. 2000 – VGH N 12/98 – NVwZ 2000, 801 (803) m. w. N.

1189 Dem Leitbild der Bürgerkommune als einem sozial vernetzten Gemeinwesen folgend, vgl. *Eifert*, in: Bär/Hohl/Möstl/Müller (Hrsg.), Rechtskonformes eGovernment – eGovernment konformes Recht, S. 119.

darstellen. Die Erweiterung um weitere Funktionalitäten stellt sich dann als sinnvolles und untergeordnetes Nebengeschäft dar, welches in engem Zusammenhang mit der Haupttätigeit steht. Unzulässig ist hingegen die Erweiterung der Plattform mit dem Ziel, eine Web 2.0-Vollversorgung zu gewährleisten, also dem gezielten Aufbau neuer Geschäftsfelder.[1190] So ist etwa ein allgemeines kommunales Webhostingangebot[1191] außerhalb des reinen Plattformbetriebes, das – bis auf die Nutzung derselben Rechner-kapazitäten – keinen Bezug mehr zum Plattformbetrieb selbst hat, als unzu-lässig zu werten.

bb.   Subsidiaritätsklauseln
Bei der Prüfung der Zulässigkeit einer wirtschaftlichen Betätigung müssen darüber hinaus die so genannten Subsidiaritätsklauseln berücksichtigt wer-den. Das Verhältnis der wirtschaftlichen Betätigung der öffentlichen Hand zu den privaten Wettbewerbern wird zunächst durch die jeweils einschlä-gigen kommunalverfassungsrechtlichen Regelungen gesteuert. Neben der öffentlichen Zwecksetzung wird für die Zulässigkeit der wirtschaftlichen Betätigung gefordert, dass dieser öffentliche Zweck entweder „nicht besser und wirtschaftlicher" (einfache Subsidiaritätsklausel[1192]) oder „nicht ebenso gut oder wirtschaftlich" (echte Subsidiaritätsklausel) durch Unter-nehmen aus dem privaten Sektor erfüllt werden kann. Bei ersterer handelt es sich lediglich um eine spezielle Ausformung des allgemeinen kom-munalrechtlichen Grundsatzes der Sparsamkeit und Wirtschaftlichkeit.[1193] Daher ist eine Bezeichnung als Subsidiaritätsklausel eigentlich unzutref-fend.[1194] Nur in Folge der echten Subsidiaritätsklausel wird die wirtschaft-liche Betätigung der Kommune tatsächlich als subsidiär angesehen, weil auch bei gleicher Wirtschaftlichkeit und Geeignetheit die Entscheidung zu Gunsten der Privatwirtschaft zu treffen ist. Bei der Anwendung der Sub-sidiaritätsklausel im Rahmen der Frage nach der Zulässigkeit eines spezi-fischen Web 2.0 Angebotes der öffentlichen Hand ist eine Prognoseen-tscheidung erforderlich. Dabei hat die Gemeinde folgende Aspekte zu berücksichtigen: hinreichende Zuverlässigkeit privater Wettbewerber, Gewährleistung einer gleichmäßigen, auch in der Zukunft gesicherten Ver-sorgung der Einwohner, soziale Bedürfnisse der Leistungsempfänger und die daraus resultierende Notwendigkeit sozial ausgerichteter Leistungsent-

---

1190 Entsprechend für eine Multi-Utility-Strategie von Wohnungsbau oder Versorgungsunter-nehmen, bei der neben dem eigentlichen öffentlichen Auftrag auch andere Leistungen, wie z. B. private Wohnungsverwaltung oder handwerkliche Leistungen, angeboten werden *Schink*, NVwZ 2002, 129 (135).
1191 Z. B. für das Hosting von Unternehmenspräsenzen.
1192 *Leder*, DÖV 2008, 173 (175).
1193 *Leder*, DÖV 2008, 173 (175).
1194 *Vogelgesang/Lübking/Ulbrich*, Kommunale Selbstverwaltung, 2005, S. 238.

gelte, Wirtschaftlichkeit der Betriebsführung sowie sämtliche Qualitätsmerkmale der Leistung.[1195] Im Kontext der einfachen Subidiaritätsklausel ist eine eigene Betätigung bereits dann möglich, wenn das private Angebot entweder unter dem Gesichtspunkt der Qualität oder der Wirtschaftlichkeit nicht besser als das eigene ist. Insofern steht der Gemeinde ein Beurteilungsspielraum zu.[1196] Ist in der einschlägigen Gemeindeordnung eine echte Subsidiaritätsklausel enthalten, ist eine eigene Betätigung bereits dann unzulässig, wenn Qualität *und* Wirtschaftlichkeit mit dem eigenen Angebot paritätisch sind.

III. Territoriale Grenzen

Gerade das Angebot von Leistungen im Internet muss sich nicht auf einen lokalen Kundenkreis beschränken. Im Kontext von Web 2.0 Plattformen ist es durchaus denkbar, dass ein spezifisches Angebot von Interesse für Personen ist, die außerhalb des jeweiligen Gemeindegebiets leben. Auf Grund der weltweiten Abrufbarkeit bestehen kaum praktische Schwierigkeiten für ein wirtschaftliches Handeln *extra muros*. Problematisch ist, ob ein solches rechtlich zulässig ist.

Grundsätzlich dürfen Verwaltungsträger nur innerhalb ihrer Kompetenzen agieren. Dies gilt entsprechend für die wirtschaftliche Betätigung. Die öffentliche Verwaltung bleibt auch dann Verwaltung, wenn sie sich wirtschaftlich betätigt.[1197] Bereits aus diesem Grunde ist nicht der Auffassung zu folgen, dass ein Angebot von Dienstleistungen außerhalb des Gemeindegebietes zulässig ist, weil sich aus der Selbstverwaltungsgarantie des Art. 28 GG keine entsprechenden Beschränkungen ergeben.[1198] Darüber hinaus umfasst die Selbstverwaltungsgarantie nur diejenigen Aufgaben der Gemeinden, die als „Angelegenheiten der örtlichen Gemeinschaft", d. h. als Angelegenheiten des jeweiligen örtlichen Wirkungskreises, anzusehen sind. Hierunter sind diejenigen *„Bedürfnisse und Interessen, die in der örtlichen Gemeinschaft wurzeln oder auf sie einen spezifischen Bezug haben"*, die also *„den Gemeindebewohnern als solchen gemeinsam sind, indem sie das Zusammenleben und -wohnen der Menschen in der (politischen) Gemeinde betreffen"*, zu verstehen.[1199] Auch hieraus folgt, dass eine wirtschaftliche Betätigung außerhalb des Gemeindegebiets grundsätzlich unzulässig ist.[1200]

Ausnahmsweise kann ein Handeln *extra muros* erlaubt sein, wenn der geforderte Gebietsbezug ausreichend gewahrt bleibt. So ist es einer Ge-

---

1195 Vgl. *Gröning*, WRP 2002, 17 (19).
1196 RhPfVerfGH, Urt. v. 28. 03. 2000 – VGH N 12/98 – NVwZ 2000, 801 (803).
1197 *Schink*, NVwZ 2002, 129 (135); *Meyer*, LKV 2000, 321 (323).
1198 So aber *Moraing*, WiVerw 1998, 233 (244 f.).
1199 BVerfGE 79, 127 (152); VG München, Urt. v. 27. 09. 2007 – M 12 K 06.2141.
1200 *Meyer*, LKV 2000, 321 (323); *Pünder/Dittmar*, Jura 2005, 760 (761).

meinde im realen Raum beispielsweise nicht verwehrt, ein auswärtiges Landschulheim oder eine Kläranlage zu betreiben, wenn sie hierdurch Leistungen für die eigenen Einwohner erbringt.[1201] Für Web 2.0-Plattformen der öffentlichen Hand folgt aus dieser Ausnahme zweierlei. Zunächst kommt es nicht darauf an, wo der von der Gemeinde betriebene Server, auf welchem das Angebot gehostet wird, steht. Der physische „Standort" eines Webangebotes ist für dessen Abrufbarkeit irrelevant. Der durchschnittliche Nutzer kann nicht erkennen, wo sich dieser befindet. Selbst im Falle einer Auslagerung in das Ausland sind in der Regel nicht einmal Geschwindigkeitseinbußen zu befürchten. Des Weiteren muss die reine Abrufbarkeit des Angebotes nicht auf das Gemeindegebiet beschränkt werden.[1202] Ausreichend ist in beiden Fällen der Bezug zur Zielgruppe der Gemeindebürger. Grundsätzlich unzulässig ist hingegen die Erweiterung dieser Zielgruppe auf Bürger oder Unternehmen anderer Gemeinden. Hier fehlt es an der erforderlichen Gebietsbezogenheit. Zudem ist das Bereithalten von „allgemeinen" Web 2.0 Angeboten für die eigenen Bürger ein nur untergeordnetes Nebengeschäft beziehungsweise eine Randnutzung der hybriden integrierten E-Government-Plattform.[1203] Das Hauptgeschäft, nämlich die Nutzung der verschiedenen E-Government-Angebote wie z. B. ein kommunales Diskussionsforum oder Transaktionsanwendungen, ist für die über das Gemeindegebiet hinaus erweiterte Zielgruppe[1204] irrelevant und der Betreibergemeinde regelmäßig unerwünscht.[1205] Fällt aber dieses Hauptgeschäft als Legitimation für eine wirtschaftliche Betätigung für diese Zielgruppe weg, so wandelt sich das Nebengeschäft zu einer unternehmerischen Tätigkeit, die keinem öffentlichen Zweck dient und damit nach den grundsätzlichen Grenzen der wirtschaftlichen Betätigung als unzulässig einzustufen ist.

Vereinzelt existieren Gemeindeordnungen, die eine wirtschaftliche Betätigung außerhalb des Gemeindegebietes bei Vorliegen bestimmter Voraussetzungen ausnahmsweise zulassen. Dem jeweiligen Landesgesetzgeber steht es frei, die Zuständigkeit der Gemeinden über den von der Selbstverwaltungsgarantie erfassten Bereich hinaus[1206] zu erweitern.[1207] Dement-

---

1201 *Pünder/Dittmar*, Jura 2005, 760 (761).

1202 Unabhängig von den hiermit verbundenen technischen Schwierigkeiten widerspräche ein solches Vorgehen in Zeiten der gesteigerten Mobilität der Bürger den faktischen Bedürfnissen, der Zwecksetzung eines jeden Internet-Plattformangebotes jederzeit und an jedem Ort Zugriff auf das Angebot haben zu können.

1203 Vgl. oben S. 260.

1204 Auch die Betreibergemeinde hat hieran i. d. R. kein Interesse.

1205 Vgl. zu Ortsfremden als Nutzungsberechtigten oben S. 233.

1206 Allerdings auch nur innerhalb der hier geltenden Kompetenzgrenzen, also beschränkt auf das jeweilige Bundesland, vgl. *Becker*, DÖV 2000, 1032 (1035); *Schink*, NVwZ 2002, 129 (136).

1207 Vgl. BVerwG, Beschl. v. 11. 03. 1998 – 8 BN 6/97 – NVwZ 1998, 952.

sprechend bestimmt beispielsweise Art. 87 Abs. 2 S. 1 BayGO, dass eine Gemeinde außerhalb des Gemeindegebiets tätig werden darf, wenn die allgemeinen Voraussetzungen für die wirtschaftliche Betätigung vorliegen und die „berechtigten Interessen der betroffenen kommunalen Gebietskörperschaften gewahrt sind". Bereits aus dem Wortlaut wird deutlich, dass die territoriale Begrenzung der Zulässigkeit wirtschaftlicher Betätigung das Selbstverwaltungsrecht anderer Gemeinden schützen soll[1208], nicht aber dem Schutz privater Dritter dient.[1209] Im Falle von integrierten Web 2.0 E-Government Plattformen entfällt jedoch auch bei einem Einverständnis betroffener Gebietskörperschaften[1210] der öffentliche Zweck der Plattformangebote, wenn die erweiterte Zielgruppe nicht auf die integrierten E-Governmentfunktionalitäten zugreifen soll oder kann. Anders kann diese Bewertung nur ausfallen, wenn mehrere Gemeinden im Wege der kommunalen Kooperation[1211] die (gesamte) Plattform gemeinschaftlich betreiben. Diese Fälle sind jedoch auch in Bundesländern, in denen keine ausdrückliche normative Genehmigung vorliegt, unproblematisch, da das Selbstverwaltungsrecht der kooperierenden Kommunen gewahrt bleibt.

IV. Rechtsschutz bei Grenzüberschreitung

Als problematisch erweisen sich die Rechtsschutzmöglichkeiten der privaten Konkurrenten im Falle einer wirtschaftlichen Betätigung der jeweiligen Kommune, welche die soeben skizzierten Grenzen überschreitet.

1. Rechtsweg

Der Klärung bedürftig ist bereits die Frage, welcher Rechtsweg zu beschreiten ist. Gegen die Zulässigkeit einer Klage auf dem Verwaltungsrechtsweg spricht zunächst die qualitative Einordnung des Rechtsverhältnisses zwischen der wettbewerblich handelnden Kommune und dem privaten „Konkurrenten" als Privatrechtsverhältnis. Hierfür spricht, dass das Handeln im Markt als Wettbewerbshandlung im Sinne des § 2 Abs. 1 Nr. 1 UWG einzustufen wäre und dementsprechend eine bürgerliche Rechtsstreitigkeit im Sinne von § 13 GVG gegeben wäre. Allerdings betrifft die Frage, „ob" ein öffentlich-rechtlicher Akteur wie eine Kommune oder eine kommunale Gesellschaft zulässigerweise mit privaten Wettbewerbern konkurrieren darf, zunächst Gründe beziehungsweise Verbotsnormen des öffentlichen Rechts. Es geht mit anderen Worten nicht um die Frage, ob die konkrete Wettbewerbshandlung der öffentlichen Hand, also das Anbieten von Web 2.0-Leistungen, für sich gesehen wettbewerbswidrig ist, sondern ob die

---

1208 Vgl. *Schink*, NVwZ 2002, 129 (136).
1209 *Pünder/Dittmar*, Jura 2005, 760 (761).
1210 Dessen Einholung ist bei einem von vornherein unbegrenzten Aktionsradius, wie er bei Internetangeboten üblich ist, praktisch problematisch und faktisch wohl nicht leistbar.
1211 Hierzu oben S. 147.

öffentliche Hand im konkreten Fall überhaupt erwerbswirtschaftlich tätig werden darf. Für die Entscheidung über das Bestehen oder Nichtbestehen eines öffentlich-rechtlichen Anspruches auf ein bestimmtes Tätigwerden der öffentlichen Hand sind allein öffentlich-rechtliche Vorschriften maßgeblich[1212], so dass insoweit eine öffentlich-rechtliche Streitigkeit vorliegt.[1213]

2. Rechtsverletzung

Problematisch im Zusammenhang mit einer Überschreitung der grundsätzlichen Grenzen durch eine Gemeinde ist die Frage, ob hierdurch subjektive Rechte der privaten Mitbewerber verletzt werden.[1214] Solche Rechte können sich sowohl aus den jeweils einschlägigen Normen der GO als auch aus Art. 12 Abs. 1 GG und Art. 14 Abs. 1 GG ergeben.

a)　GO

Inwieweit beispielsweise Art. 87 BayGO[1215] und die entsprechenden Vorschriften der Gemeindeordnungen der anderen Bundesländer[1216] nicht nur die Gemeinden vor einer ihre Leistungskraft übersteigenden wirtschaftlichen Betätigung schützen sollen, sondern auch zugunsten privater Konkurrenzunternehmen drittschützende Wirkung entfalten[1217], ist unklar. Ein drittschützender Charakter der Gemeindeordnungen wurde lange Zeit insbesondere von den Zivilgerichten angenommen. So vertrat das OLG Hamm[1218] die Auffassung, dass nicht nur im öffentlichen Interesse der erwerbswirtschaftlichen Betätigung einer Gemeinde eine Schranke gezogen werde, um die Gemeinde auf ihre eigentliche Aufgabe, dem öffentlichen

---

1212　Vgl. BVerwG, Beschl. v. 29. 05. 1990 – 7 B 30/90; OVG Münster, Beschl. v. 13. 8. 2003 – 15 B 1137/03 – NVwZ 2003, 1520; OVG Rheinland-Pfalz, Urt. v. 21. 03. 2006 – 2 A 11124/05; VGH Mannheim, Beschl. v. 21. 07. 1982 – 1 S 746/82.

1213　Die jeweils statthafte Klageart richtet sich nach dem Begehren des Klägers, wie es sich bei verständiger Würdigung der Sach- und Rechtslage darstellt (§ 88 VwGO). Hier ist danach zu differenzieren, welche Konstellation im konkreten Fall einschlägig ist. So kann sich das Begehr zunächst gegen die unmittelbar eigene Tätigkeit der jeweiligen Kommune richten. In diesen Fällen ist eine Unterlassungsklage wegen Verstoßes gegen die GO statthaft. Handelt hingegen eine kommunale Gesellschaft, richtet sich das Begehr des privaten Wettbewerbers auf ein entsprechendes Einwirken der Stadt im Rahmen der gesellschaftsrechtlichen Befugnisse (Vgl. z. B. OVG Rheinland-Pfalz, Urt. v. 21. 03. 2006 – 2 A 11124/05). Verlangt wird ein privatrechtliches Tätigwerden der Stadt, für welches die in der VwGO zwar nicht ausdrücklich geregelte, jedoch in § 43 Abs. 2 VwGO angesprochene, allgemeine Leistungsklage in Betracht kommt, deren Zulässigkeit allgemein anerkannt ist.

1214　Und dementsprechend die Klagebefugnis gegeben ist.

1215　Art. 87 BayGO in der Fassung der Bekanntmachung vom 22. 08. 1998. Hierzu allgemein *Köhler*, BayVbl. 2000, 1 – 12.

1216　Vgl. die Übersicht bei *Schink*, NVwZ 2002, 129 (130 f.).

1217　So dass ihre Verletzung einen Folgenbeseitigungsanspruch in Form eines Einwirkungsanspruchs auslöst, OVG Münster, Beschl. v. 13. 08. 2003 – 15 B 1137/03.

1218　OLG Hamm, Urt. v. 23. 09. 1997 – 4 U 99–97 – „Gelsengrün" – NJW 1998, 3504 (3505).

Wohl zu dienen und es zu fördern, zu verweisen. Die Vorschrift[1219] diene auch dem Schutze der Mitbewerber. Sie sei nicht nur fiskalisch und haushaltsrechtlich ausgestaltet, sondern beziehe sich unmittelbar auf die wirtschaftliche Betätigung der Gemeinde als solche. Darüber hinaus sei sie darauf ausgerichtet, die erwerbswirtschaftliche Betätigung der Gemeinde im Verhältnis zur privaten Wirtschaft zu regeln und zwar unabhängig von der Größe des finanziellen Engagements und allein auf die wirtschaftliche Betätigung der Gemeinde als solche bezogen. Die Gemeinde solle erkennbar in ihrer Freiheit erwerbswirtschaftlicher Betätigung beschränkt werden, um die Bereiche der öffentlichen Belange der Gemeinde einerseits und der erwerbswirtschaftlichen Betätigung in ihr andererseits zu trennen.[1220]

Schink vertritt die Auffassung, dass insbesondere die novellierten mit Markterkundungsverfahren und anderen prozeduralen Schutzregelungen[1221] zu Gunsten Privater versehenen Subsidiaritätsklauseln des Kommunalverfassungsrechts drittschützend seien.[1222] Dies folgert er aus der Rechtsprechung des Bundesverwaltungsgerichtes, nach welcher eine Rechtsnorm immer dann drittschützend sei, wenn sie dem typischen Erscheinungsbild einer drittschützenden Norm entspreche. Das sei dann der Fall, sobald sie ihrem Wortlaut nach ausdrücklich auch privaten Interessen zu dienen bestimmt ist. Lediglich in Fällen, in denen die Regelung ihrem gesamten Normzusammenhang nach zwingend gleichwohl nur dem öffentlichen Interesse dienen soll, könne etwas anderes gelten.[1223]

Dies zu Grunde legend ist jedoch im Ergebnis ein drittschützender Charakter des Art. 87 BayGO (sowie verwandter Normen der anderen Bundesländer) in der Regel gerade abzulehnen.[1224] Art. 87 Abs. 1 Nr. 4 BayGO konstatiert, dass bei einem „Tätigwerden außerhalb der kommunalen Daseinsvorsorge der Zweck nicht ebenso gut und wirtschaftlich durch einen anderen erfüllt wird oder erfüllt werden" können darf. Ein „aus-

---

1219 Im konkreten Fall wurde § 107 NWGO untersucht.

1220 OLG Hamm, Urt. v. 23. 09. 1997 – 4 U 99–97 – „Gelsengrün" – NJW 1998, 3504 (3505).

1221 Vgl. z. B. § 107 Abs. 5 NWGO, in dem es heißt: „Vor der Entscheidung über die Gründung von bzw. die unmittelbare oder mittelbare Beteiligung an Unternehmen im Sinne des Absatzes 1 ist der Rat auf der Grundlage einer Marktanalyse über die Chancen und Risiken des beabsichtigten wirtschaftlichen Engagements und über die *Auswirkungen auf das Handwerk und die mittelständische Wirtschaft* zu unterrichten. Den örtlichen Selbstverwaltungsorganisationen von Handwerk, Industrie und Handel und der für die Beschäftigten der jeweiligen Branche handelnden Gewerkschaften ist Gelegenheit zur Stellungnahme zu den Marktanalysen zu geben." (Hervorhebung durch den Verfasser.)

1222 *Schink*, NVwZ 2002, 129 (138); für Drittschutz auch *Becker*, in: Becker/Heckmann/Kempen/Manssen, 4. Aufl. 2008, Rn. 516 f.; VerfGH Rheinl.-Pfalz, Urt. v. 28. 3. 2000, NVwZ 2000, 801 (803 f.); VGH Mannheim, Beschl. v. 06. 03. 2006 – 1 S 2490/05; OVG Münster, Beschl. v. 13. 08. 2003 – 15 B 1137/03.

1223 BVerwG, Urt. v. 24. 09. 1998 – 4 CN 2/98 – NJW 1999, 592.

1224 Vgl. die umfassende Prüfung des § 107 Abs. 1 NWGO bei *Fassbender*, DÖV 2005, 89 (92 ff.).

drücklicher" Bezug zu privaten Interessen fehlt hier. Insbesondere ist die Subsidiarität zu Gunsten „eines anderen" nicht notwendigerweise mit einem privatwirtschaftlich agierenden Unternehmen gleichzusetzen.[1225] Mit „einem anderen" kann ebenso ein öffentlich-rechtliches Unternehmen oder eine andere Gebietskörperschaft angesprochen sein. Dies trifft insbesondere im IT-Bereich zu, in welchem es vielfach öffentlich-rechtliche IT-Dienstleister[1226] gibt, die ein breites Produktportfolio für den E-Government-Bereich anbieten. Die Subsidiaritätsklausel ist nicht als notwendige Subsidiarität zu Gunsten der Privatwirtschaft zu lesen. In der von *Schink* zitierten Entscheidung des *BVerwG* wurden „private Interessen" im dort untersuchten Abwägungsgebot des § 1 Abs. 6 BauGB – im Gegensatz zu Art. 87 BayGO – ausdrücklich genannt. Eine Referenz auf die „Belange der Wirtschaft", wie sie in § 1 Abs. 6 Nr. 8 lit a) BauGB zu finden ist[1227], fehlt in der BayGO.

Nach Auffassung des *BVerwG* spielt bei der Frage, ob eine Norm auch privaten Interessen dienen soll, auch die Auslegung unter Berücksichtigung von Sinn und Zweck der jeweils einschlägigen Norm eine entscheidende Rolle.[1228] Diese vermag jedoch nichts am Fehlen des drittschützenden Charakters zu ändern. Nach den einschlägigen Gesetzesmaterialien bezweckt Art. 87 BayGO ausschließlich den Schutz der Gemeinden vor überzogener wirtschaftlicher Tätigkeit der Kommunen, während „dem einzelnen Konkurrenten kein subjektiv-öffentliches Recht eingeräumt" wird.[1229]

Art. 87 BayGO ist somit nicht als drittschützende Norm einzuordnen, weshalb eine Verletzung subjektiver Rechte privater Konkurrenten beim Betrieb einer kommunalen Web 2.0 Plattform über die Grenzen des nach der GO Zulässigen hinaus jedenfalls nicht auf Grund der GO in Betracht kommt.[1230]

1225 Anders kann dieses Ergebnis in den Bundesländern ausfallen, in denen ausdrücklich „private Anbieter" (vgl. § 100 BrdbGO) oder „private Dritte" (§ 121 Abs. 1 Nr. 3 HessGO bzw. § 85 Abs. 1 Nr. 3 RhPfGO) referenziert werden. Vgl. näher *Poppen*, Der Wettbewerb der öffentlichen Hand, S. 203.

1226 So zum Beispiel die Anstalt für Kommunale Datenverarbeitung in Bayern (AKDB).

1227 Und die letztlich das *BVerwG* bewogen hat, der Norm drittschützenden Charakter zuzusprechen.

1228 BVerwG, Urt. v. 24. 09. 1998 – 4 CN 2/98 – NJW 1999, 592.

1229 Bay. LT-Drs. 13/10828, S. 19; VG Ansbach, Urt. v. 07. 07. 2005 – AN 4 K 04.03378 – das zu Recht darauf hinweist, dass aus den NWGO sowie RhPfGO auf Grund deren stärkerer Berücksichtigung und Beteiligung der privaten Wirtschaft ein anderes Ergebnis gefunden werden könnte.

1230 Vgl. auch VGH München, Urt. v. 23. 07. 1976 – 32 V 75 – JuS 1977, 199 – BverwG, BayVbl. 1978, 375 (376); *Wittmann/Grasser*, BayGO, Art. 87 Rn. 3; *Masson-Samper*, BayGO, Art. 87 Rn. 7; *Badura*, DÖV 1998, 818 (821); *Hübschle*, GewArch 2000, 186 (187 f.).

b) Art. 12 Abs. 1 GG

Ein subjektives Recht könnte jedoch aus Art. 12 Abs. 1 Satz 1 GG folgen. Das Grundrecht der Berufsfreiheit schützt die (dauerhafte) gewerbliche Betätigung, soweit sie der Schaffung und Erhaltung einer Lebensgrundlage dient.[1231] Schutzgut des Art. 12 I GG ist auch die Erwerbszwecken dienende freie unternehmerische Betätigung. Bestandteil dieser unternehmerischen Betätigung ist auch das Verhalten des Unternehmers im wirtschaftlichen Wettbewerb. Die bestehende Wirtschaftsverfassung enthält als eines ihrer Grundprinzipien den grundsätzlich freien Wettbewerb des als Anbieter und Nachfrager auf dem Markt auftretenden Unternehmers. Das Verhalten des Unternehmers in diesem Wettbewerb ist Bestandteil seiner Berufsausübung und daher, soweit sich dieses Verhalten in erlaubten Formen bewegt, durch Art. 12 I GG, geschützt.[1232] Art. 12 Abs. 1 GG schützt jedoch nicht vor Konkurrenz[1233], auch nicht vor einer Konkurrenz der öffentlichen Hand.[1234] Nach Auffassung des BVerfG garantiert das Grundgesetz der Privatwirtschaft nicht die Ausschließlichkeit des wirtschaftlichen Handelns:

„Ein subjektives verfassungskräftiges Recht eines Geschäftsmannes auf die Erhaltung des Geschäftsumfanges und die Sicherung weiterer Erwerbsmöglichkeiten besteht in der freien Wettbewerbswirtschaft nicht"[1235]

Anderes soll nur gelten, wenn unternehmerische Betätigung der Gemeinde den Wettbewerb unzumutbar beziehungsweise „in unerträglichem Maße"[1236], also existenzgefährdend, einschränkt oder ein staatliches Monopol errichtet werden soll.[1237]

Dem wird entgegnet, dass die die wirtschaftliche Betätigung der öffentlichen Hand bereits dann einen – eine gesetzliche Grundlage erfordernden und am Verhältnismäßigkeitsprinzip zu messenden – Eingriff in die von Art. 12 Abs. 1 Satz 1 GG geschützte Wettbewerbsfreiheit darstelle, wenn die öffentliche Hand ihre besondere, mit der keines Privaten vergleichbare

---

1231 Statt aller *Pieroth/Schlink*, Grundrechte Staatsrecht II, Rn. 810f. m. w. N.

1232 Vgl. BVerwG, Urt. v. 18. 04. 1985 – 3 C 34/84 – NJW 1985, 2774 (2775); BVerfG, Beschl. v. 08. 02. 1972 – 1 BvR 170/71 – BVerfGE 32, 311 (317); BVerfG, Beschl. v. 12. 10. 1977 – 1 BvR 216, 217/75 – BVerfGE 46, 120 (137 f.).

1233 Gesichert wird die Teilnahme am Wettbewerb „nach Maßgabe seiner Funktionsbedingungen", BVerfGE, Beschl. v. 26. 06. 2002 – 1 BvR 558/91 – BverfGE 105, 252 (265); BVerfG, Beschl. v. 14. 03. 2006 – 1 BvR 2087/03 – NVwZ 2006, 1041 Rn. 82.

1234 BVerwGE 39, 329 (336); 71, 183 (193); BVerwG, NJW 1978, 1539 (1540); BVerwG, NJW 1995, 2938 (2939); VGH Bad.-Württ., DÖV 1995, 120 f.; *Schulze-Fielitz*, in: Dreier (Hrsg.), Kommentar zum Grundgesetz, Bd. 1, 2. Aufl. 2004, Art. 19 IV Rn. 89; *Manssen*, in: v. Mangoldt/Klein/ Starck, Kommentar zum GG, Bd. 1, 4. Aufl. 1999, Art. 19 IV Rn. 67; *Breuer*, in: Isensee/Kirchhof (Hrsg.), Handbuch des Staatsrechts, Bd. VI, 2. Aufl. 2001, § 148 Rn. 61.

1235 BVerfG, Beschl. v. 16. 10. 1968 – 1 BvR 241/66 – BVerfGE 24, 236 (251).

1236 BVerwG, Beschl. v. 21. 03. 1995 – 1 B 211/94 – NJW 1995, 2938 (2939).

1237 BVerwGE 39, 329 (337); *Pieroth/Hartmann*, DVBl. 2002, 421.

„Qualität" in dem Marktprozess zum Einsatz bringe. Diese „Qualität" konstituiere sich vor allem in der Absicherung der öffentlichen Hand und ihrer Unternehmen durch die öffentlichen Kassen. Es bestünde kein Verlust- und Insolvenzrisiko.[1238] Öffentliche Unternehmen hätten häufig Steuerprivilegien. Sie genössen einen bevorzugten „Zugang zum Souverän" und eine besondere Autorität, welche einen „Abglanz der immer noch nicht ganz verblassten Autorität des Staates" darstelle, wobei allein die Möglichkeit der Ausnutzung dieser Vorteile ausreichen solle.[1239] Allgemein anerkannt sei, dass die Berufsfreiheit nicht nur gegen gezielte Eingriffe, sondern auch gegen faktische hoheitliche Einwirkungen schütze.[1240] Für den privaten Unternehmer mache es keinen Unterschied, ob er beispielsweise durch eine vom Staat verhängte Herstellungsbeschränkung, durch die Verbesserung der Wettbewerbsfähigkeit eines privaten Konkurrenten mittels staatlicher Subvention oder durch das Auftreten des Staates als potentem Konkurrenten in seiner Wettbewerbsstellung betroffen werde.[1241] Im Falle deartig „spürbarer Beeinträchtigungen" liege ein „Eingriff durch Konkurrenz" vor.[1242] Dieser sei nur gerechtfertigt, wenn die gesetzlich normierten Begrenzungen – im Falle kommunaler Wirtschaftsbetätigung also die Marktzugangvorschriften der Gemeindeordnungen – beachtet würden.[1243]

Dem ist entgegenzuhalten, dass Art. 12 Abs. 1 GG zwar in der Tat auch Schutz vor faktischen[1244] (mittelbaren) Eingriffen[1245] bietet, wenn Art und Umfang staatlichen Wettbewerbsverhaltens Wirkungen entfalten, die jenen normativer Beschränkungen vergleichbar sind. Der Grundrechtseingriff liegt in solchen Fällen allerdings nicht in der staatlichen Konkurrenz als solcher, als vielmehr in dem konkreten Wettbewerbsverhalten. Das konkrete Wettbewerbsverhalten aber wiederum wird bereits hinreichend durch das UWG reguliert. Tritt die öffentliche Hand am Markt nicht marktkonform auf – stört sie also (bewusst) dass natürliche Spiel der Kräfte am Markt – dann stehen den Mitwettbewerbern Abwehrinstrumentarien auf der Basis des Wettbewerbsrechtes zu. Die öffentliche Hand wird insofern nicht besser gestellt als andere Unternehmen auch. Insbesondere der Vergleich mit

---

1238 Vgl. *Pünder/Dittmar*, Jura 2005, 760 (763).

1239 *Emmerich*, Die AG, 1985, 295 (298); *Pünder/Dittmar*, Jura 2005, 760 (762 f.); *Tettinger*, NJW 1998, 3473, (3474).

1240 *Faßbender*, DÖV 2005, 89 (97).

1241 *Faßbender*, DÖV 2005, 89 (97).

1242 *Tettinger*, NJW 1998, 3473 (3474); *Faßbender*, DÖV 2005, 89 (96 ff.).

1243 *Faßbender*, DÖV 2005, 89 (98).

1244 Einen „klassischen" Eingriff in die Berufsfreiheit stellt die wirtschaftliche Betätigung einer Gemeinde nicht dar, weil sie keine Befehlswirkung hat und nicht rechtsförmlich gegenüber dem Konkurrenten erfolgt, *Hösch*, DÖV 2000, 393 (398).

1245 Vgl. BVerfG, Beschl. v. 30. 10. 1961 – 1 BvR 833/59 – 13, 181 (185 f.); BVerfG, Beschl. v. 29. 11. 1989 – 1 BvR 1402/87 – BVerfGE 81, 108 (121 f.); *Tettinger*, in: Sachs, GG, Art. 12 Rn. 9 f., 72 ff. m. w. N.

Großunternehmen oder Monopolisten zeigt, dass ein subjektives Recht mit dem Ziel der Konkurrenzabwehr gegenüber staatlichem Auftreten am Markt nicht aus Art. 12 GG folgen muss. Diese Unternehmen[1246] haben bisweilen ähnliche – wenn nicht größere – Einflussmöglichkeiten auf den Markt und insbesondere auf kleine oder mittelständische Mitbewerber, denen am ehesten eine „Verdrängung" droht.[1247] Eine sachlich-juristische Begründung für eine inzidente Schlechterstellung der öffentlich-rechtlichen Unternehmen durch Senkung der Anforderungen an einen Eingriff in Art. 12 Abs. 1 GG ist nicht erkennbar, berücksichtigt man die Tatsache, dass ein Ausnutzen eines spezifisch öffentlich-rechtlichen Vorsprungs (wie z. B. den „Abglanz staatlicher Autorität") im Markt zum gänzlichen Verbot der gewerblichen Betätigung führen kann.[1248]

Allein der Umstand, dass eine Kommune mit ihrer Web 2.0 Plattform unter Verstoß gegen die Grenzziehungen des kommunalen Wirtschaftsrechtes agiert, vermag noch keinen subjektiven Abwehranspruch aus Art. 12 GG zu begründen.

c)   Art. 14 Abs. 1 GG

Gleiches gilt für ein subjektives Recht aus Art. 14 Abs. 1 GG. Weder schützt die durch Art. 14 GG gewährleistete Eigentumsfreiheit die Erwerbschancen eines Unternehmers, noch garantiert sie Schutz vor Konkurrenten.[1249] Insbesondere schützt Art. 14 GG nicht vor dem Auftreten eines neuen Konkurrenten, es sei denn, dass dieser durch eine behördliche Maßnahme eine Monopolstellung erlangt.[1250] Ein neuer Konkurrent, also beispielsweise ein Unternehmen, welches zeitlich nachgelagert eine Web 2.0 Plattform mit wirtschaftlichem Hintergrund anbietet, kann schließlich von der Kommune nicht verlangen, dass diese auf weitere wirtschaftliche Betätigung in der bisher geübten Weise verzichtet.[1251]

d)   Wettbewerbsrecht

Werden die Grenzen der jeweils einschlägigen Gemeindeordnung überschritten, kommt ein wettbewerbsrechtlicher Anspruch auf Unterlassung nach § 8 Abs. 1 iVm. § 3 UWG zumindest grundsätzlich in Betracht. Auch

---

1246 Man denke im IT-Bereich an den Einfluss der Unternehmen Microsoft oder Google Inc.

1247 *Meyer*, NVwZ 2002, 1075 (1078) weist darauf hin, dass es häufig gerade nicht die öffentliche Hand ist, die kleine Mittelständler vom Markt verdränge. Gerade in Bereichen der Daseinsvorsorge trachteten heuzutage viele private Oligopole nach einer weiteren Marktdurchdringung und sähen in den wirtschaftlich tätigen Kommunen lästige (Rest)Konkurrenten.

1248 Z. B. BGH, Urt. v. 19. 06. 1986 – I ZR 53/84 – „Kommunaler Bestattungswirtschaftsbetrieb II" – GRUR 1987, 119 (123).

1249 VGH München, BayVBl. 1976, 628 (630).

1250 BVerwG, Urt. v. 19. 12. 1963 – I C 77.60 – BVerwGE 17, 306 (314).

1251 BVerwG, Urt. v. 22. 02. 1972 – I C 24.69 – BVerwGE 39, 329 (337).

wenn aus dem hier beispielhaft angeführten Art. 87 BayGO kein subjektiv-öffentliches Recht folge, kann dieser, zumindest nach Auffassung des Gesetzgebers[1252], einen wettbewerbsrechtlichen Unterlassungsanspruch begründen.[1253]

aa. Vorsprung durch Rechtsbruch und Sittenverstoß

In Betracht kam insbesondere ein „Vorsprung durch Rechtsbruch" beziehungsweise ein „Verstoß gegen die Guten Sitten" i. S. d. § 1 UWG a. F.[1254] Die Frage nach der Unlauterkeit einer Wettbewerbshandlung, die gegen eine gesetzliche Vorschrift verstößt, war lange Zeit stark umstritten.[1255] Bereits zu § 1 UWG a. F. vertrat aber der BGH[1256], dass es nicht Sinn des § 1 UWG sei, den Anspruchsberechtigten zu ermöglichen, Wettbewerber unter Berufung darauf, dass ein Gesetz ihren Marktzutritt verbiete, vom Markt fernzuhalten, wenn das betreffende Gesetz den Marktzutritt nur aus Gründen verhindern will, die den Schutz des lauteren Wettbewerbs nicht berühren. Art. 87 BayGO habe den Zweck, die Kommunen vor den Gefahren überdehnter unternehmerischer Tätigkeit zu schützen und zugleich einer „ungezügelten Erwerbstätigkeit der öffentlichen Hand zu Lasten der Privatwirtschaft" vorzubeugen.[1257] Zweck der Schranken für die erwerbswirtschaftliche Tätigkeit der Gemeinden sei danach nicht die Kontrolle der Lauterkeit des Marktverhaltens, sondern die Einflussnahme auf das unternehmerische Verhalten der Gemeinden und gegebenenfalls der Schutz der Privatwirtschaft vor einem Wettbewerb durch die öffentliche Hand.[1258] Erwerbswirtschaftliche Tätigkeiten, die einer Gemeinde nach Art. 87 BayGO untersagt sein können, seien nicht als solche unlauter, und zwar auch dann nicht, wenn sie von einer Gemeinde ausgeübt werden. Vielmehr seien sie innerhalb der Grenzen des Art. 87 BayGO grundsätzlich auch den Gemeinden erlaubt. Als Wettbewerbsverhalten sei die betreffende Tätigkeit dementsprechend auch bei Berücksichtigung des Zwecks des Art. 87 BayGO nicht schon dann unlauter, wenn die Gemeinde dabei die ihrer erwerbswirtschaftlichen Tätigkeit gezogenen Schranken nicht einhalte. Die Unlauterkeit einer erwerbswirtschaftlichen Tätigkeit einer Gemeinde könne sich zwar gerade auch aus ihrer Eigenschaft als öffentlich-rechtlicher

---

1252 LT-Drucks. 12/3730, S. 105.

1253 Der wegen § 17 Abs. 2 Satz 1 GVG durch das Verwaltungsgericht geprüft werden kann, vgl. *Frenz*, WRP 2002, 1367 (1370).

1254 So z. B. OLG München, Urt. v. 20. 04. 2000 – 6 U 4072/99; a. A. allerdings BGH, Urt. v. 25. 04. 2002 – I ZR 250/00.

1255 Hierzu ausführlich *Baumbach/Hefermehl*, Wettbewerbsrecht, 22. Aufl, 2001, § 1 UWG (a. F.) Rn. 608 – 831.

1256 BGH, Urt. v. 25. 04. 2002 – I ZR 250/00 – NVwZ 2002, 1141.

1257 Begründung zu § 1 Nr. 9 des Gesetzentwurfs zur Änderung des kommunalen Wirtschaftsrechts und anderer kommunalrechtlicher Vorschriften, LT-Dr 13/10828, S. 19.

1258 BGH, Urteil vom 25. 4. 2002 – I ZR 250/00 – NVwZ 2002, 1141 (1142).

Gebietskörperschaft und der damit verbundenen besonderen Stellung gegenüber den anderen Marktteilnehmern, insbesondere den Verbrauchern ergeben. Hierauf stelle Art. 87 BayGO aber nicht ab.[1259]

bb. Kein wettbewerblicher Schutz wegen Verstoß gegen Marktzutrittsregelungen

Eine nähere Auseinandersetzung mit dieser Rechtsprechung[1260] ist indes nur mehr von rechtshistorischem Interesse. In Folge der Novelle des Gesetzes gegen den unlauteren Wettbewerb im Jahr 2004[1261] ist mit § 4 Nr. 11 UWG ein Beispielstatbestand für unlauteres Verhalten im Wettbewerb eingeführt worden, der bestimmt, dass derjenige unlauter im Sinne von § 3 UWG handelt, der einer gesetzlichen Vorschrift zuwiderhandelt, die auch dazu bestimmt ist, im Interesse der Marktteilnehmer das Marktverhalten zu regeln.[1262] Hintergrund dieser Normierung ist der Gedanke, dass es nicht Aufgabe des Wettbewerbsrechts sein könne, alle nur denkbaren Gesetzesverstöße im Zusammenhang mit Wettbewerbshandlungen (auch) wettbewerbsrechtlich zu sanktionieren.[1263] Der eigentliche Zweck des UWG liege vielmehr darin, das Marktverhalten der Unternehmen im Interesse der Marktteilnehmer, insbesondere der Mitbewerber und der Verbraucher und damit zugleich das Interesse der Allgemeinheit an einem unverfälschten Wettbewerb, zu regeln.[1264] Das bedeutet, dass nicht jede Handlung, die sich auf den Wettbewerb auswirkt und auf dem Verstoß gegen eine gesetzli-

---

1259 BGH, Urteil vom 25. 4. 2002 – I ZR 250/00 – NVwZ 2002, 1141 (1142) kritisch hierzu *Haslinger*, WRP 2002, 1023 (1026).

1260 Die Wertungen des BGH verwundern zunächst, als sie den oben (S. 276) dargelegten expliziten Willen des Gesetzgebers konterkarieren (ja ignorieren), der Unterlassungsansprüche bei Grenzüberschreitung durch die Kommune vorsah. Insbesondere bei Vorhandensein einer entsprechend begründeten Subsidiaritätsklausel wird die Zielrichtung der Norm, die erwerbswirtschaftliche Betätigung der Gemeinden im Verhältnis zur privaten Wirtschaft zu regeln, scheinbar offenbar. Das aber wiederum genüge für die Annahme eines hinreichenden Wettbewerbsbezuges der Norm, so dass von einem Gesetzesverstoß zugleich eine unlautere Störung des Wettbewerbs auf dem Markt ausgehe, vgl. *Frenz*, WRP 2002, 1367 (1368); *Dreher*, ZIP 2002, 1645 (1650). Es ist allerdings stark zweifelhaft, ob die Festlegung eines Landesgesetzgebers, dass ein Verstoß gegen eine Regelung der GO einen wettbewerbsrechtlichen Unterlassungsanspruch begründen soll, noch innerhalb dessen Kompetenzbereich liegt. Richtigerweise ist eine solche „Anweisung" irrelevant und wurde vom BGH zu Recht ignoriert, vgl. *Köhler*, in: Hefermehl/Köhler/Bornkamm, Unlauterer Wettbewerbs-Gesetz, 26. Auflage 2008, § 4 Rn. 11.47.

1261 Gesetz gegen den unlauteren Wettbewerb – UWG – in der Fassung der Bekanntmachung vom 03. 07. 2004 (BGBl. I 1414).

1262 Köhler weist darauf hin, dass die jetzige gesetzliche Regelung des Rechtsbruchtatbestandes zur Folge hat, dass frühere Rechtsprechung und Literatur nur mit größter Zurückhaltung herangezogen werden könnten, *Köhler*, in: Hefermehl/Köhler/Bornkamm, Unlauterer Wettbewerb-Gesetz, 26. Auflage 2008, § 4 Rn. 11.1.

1263 Begr RegE UWG zu § 4 Nr. 11, BT-Drs. 15/1487, S. 19.

1264 Begr RegE UWG zu § 1, BT-Drs. 15/1487, S. 15 f.

che Vorschrift beruht, unlauter ist und dementsprechend einen Unterlassungsanspruch begründen kann. Es ist insbesondere nicht Zweck des § 4 Nr. 11 UWG, Marktzutrittsregelungen und damit den rechtswidrigen Marktzutritt zu erfassen.[1265]

Nach zutreffender Auffassung stellen aber die kommunalrechtlichen Vorschriften, die die erwerbswirtschaftliche Betätigung von Gemeinden und kommunalen Unternehmen begrenzen, bloße *Marktzutrittsregelungen* dar.[1266] Für die Lauterkeit des Wettbewerbs[1267] und damit wettbewerbsrechtlich unerheblich ist es, dass die entsprechenden GO-Vorschriften auch den Schutz der privaten Mitbewerber vor der Konkurrenz durch die öffentliche Hand bezwecken.[1268] Geschützt wird das lautere Verhalten *auf dem Markt*. Hierbei ist nicht ausgeschlossen, dass der Marktzutritt mit einem unlauteren Marktverhalten einhergeht. Dies kann z. B. dann der Fall sein, wenn der Bestand des Wettbewerbs, also der Bestand der Mitbewerber durch den Markteintritt, gefährdet ist oder der Missbrauch amtlicher Autorität sich bereits im Marktzutritt manifestiert.[1269] Der Grundsatz aber lautet: unlauter und somit wettbewerbswidrig handelt nur derjenige, der durch sein (konkretes!) Verhalten den Markt stört. *Ullmann* bringt es auf den Punkt: „auch wer Dreck am Schuh hat, darf sich unbehelligt von einer Wettbewerbsklage am Markt bewegen"[1270]. Lediglich das Verhalten auf dem Markt, also das „Wie" der Betätigung der öffentlichen Hand, kann im Einzelfall unlauter sein, worauf in Abschnitt B näher einzugehen sein wird.

3.   Rechtsschutzverweigerung?

Nach alldem ist dem privaten Konkurrenten einer sich wirtschaftlich betätigenden Gemeinde der Rechtsschutz vor dem Verwaltungsgericht versagt. Gleiches gilt, wenn wegen vermeintlicher wettbewerbsrechtlicher Unterlassungsansprüche unmittelbar der Weg zu den ordentlichen Gerichten beschritten wird, vor den Zivilgerichten. Dies führt im Falle von öffentlich-

---

1265 Ein entsprechender Vorschlag des Bundesrates ist nicht Gesetz geworden, BT-Drs. 15/1487, S. 31.

1266 *Köhler,* in Hefermehl/Köhler/Bornkamm, Unlauterer Wettbewerb-Gesetz, § 4 UWG Rn. 11.47.

1267 Eine auf die Lauterkeit des Wettbewerbs bezogene Schutzfunktion besitzen zum Beispiel Vorschriften, die als Voraussetzung für die Ausübung bestimmter Tätigkeiten – etwa ärztlicher Behandlungen – im Interesse des Schutzes der Allgemeinheit den Nachweis besonderer fachlicher Fähigkeiten fordern, vgl. *Köhler,* GRUR 2001, 777 (781).

1268 *Köhler,* in: Hefermehl/Köhler/Bornkamm, Unlauterer Wettbewerb-Gesetz, 26. Auflage 2008, § 4 Rn. 11.47.

1269 *Ulmann,* GRUR 2003, 817 (823); *Haslinger,* WRP 2002, 1023 (1028).

1270 Mafiöse Strukturen, organisierter Einsatz von Schwarzgeld oder der Verkauf von Hehlerware können daher grundsätzlich nicht mit den Mitteln des UWG unterbunden werden, *Ulmann,* GRUR 2003, 817 (824).

rechtlicher Konkurrenz durch Web 2.0 Plattformen zu der Situation, dass selbst in dem Fall, in dem die jeweilige Gemeinde einzelne Plattformteile nur oder hauptsächlich mit der Absicht der Gewinnerzielung betreibt und somit keinerlei öffentlichen Zweck verfolgt, keine (direkte) Inanspruchnahme durch private Anbieter möglich ist.

Der BGH weist in in diesem Zusammenhang in der „Elektroarbeiten"-Entscheidung darauf hin, dass die Frage, ob sich die öffentliche Hand überhaupt erwerbswirtschaftlich betätigen darf und welche Grenzen ihr dabei gesetzt werden oder gesetzt werden sollen, im Ergebnis eine allgemein- und wirtschaftspolitische Frage sei:

„Die Lösung dieser Frage ist Aufgabe der Gesetzgebung und Verwaltung sowie der parlamentarischen Kontrolle und für die Gemeinden und Landkreise gegebenenfalls der Kommunalaufsicht, nicht aber der ordentlichen Gerichte bei der ihnen zustehenden Beurteilung von Wettbewerbshandlungen nach dem Gesetz gegen den unlauteren Wettbewerb."[1271]

Da jedoch aus den Regelungen des Gemeindewirtschaftsrechts und auch aus den Art. 12 und 14 GG kein solches subjektives öffentliches Recht für private Wettbewerber folgt, besteht im Ergebnis faktisch kein effektiver Rechtsschutz gegen einen unzulässigen Marktzutritt der öffentlich-rechtlichen Plattformbetreiber. Der Verweis an die Rechtsaufsicht, der die Kommunen unterliegen, ist in diesem Zusammenhang ein stumpfes Schwert.[1272] Allerdings ist dem BGH dahingehend zuzustimmen, dass es nicht Sinn des Wettbewerbsrechtes ist, nach öffentlichem Recht bestehende Schutzlücken zu füllen.[1273] Die Wettbewerbssenate können nicht als Ersatzgesetzgeber für die Probleme des öffentlichen Rechts fungieren.[1274] Dieses Ergebnis mag auf den ersten Blick unbefriedigend erscheinen.[1275] Es steht indes dem jeweiligen Landesgesetzgeber frei, diesen faktischen Zustand durch entsprechende Klarstellungen in den jeweiligen Gemeindeordnungen zu Gunsten der privaten Unternehmen zu verändern. Eine Änderung an den materiellen Grenzen der kommunalen Erwerbstätigkeit folgt hieraus nicht, da deren Zuläs-

---

1271 BGH, Urt. v. 25. 04. 2002 – I ZR 250/00 – „Elektroarbeiten" – juris Rn. 26 – zu § 1 UWG a. F.

1272 *Haslinger*, WRP 2002, 1023 (1028). Vgl. in diesem Zusammenhang den Sachverhalt der „Blockeis II"-Entscheidung des BGH (BGH, Urt. v. 12. 02. 1965 – Ib ZR 42/63 – „Blockeis II" – GRUR 1965, 373 (374), in der eine Gemeinde entsprechende Weisungen jahrelang missachtet und sich selbst an „verbindliche" Unterlassungserklärungen bezüglich einer wirtschaftlichen Betätigung (Verkauf von Blockeis an private Abnehmer) nicht gehalten hatte.

1273 BGH, Urt. v. 25. 04. 2002 – I ZR 250/00 – „Elektroarbeiten" – juris Rn. 24 m. w. N. auch zur Gegenansicht. Bereits das RG vertrat die Auffassung, dass in dieser Frage nicht das Wettbewerbsrecht, sondern vielmehr der Gesetzgeber aufgerufen sei, Klärung zu schaffen, RG, Urt. v. 04. 11. 1932 – II 130/32 – RGZ, 138, 174 (176).

1274 *Meyer*, NVwZ 2002, 1075 (1078).

1275 So *Haslinger*, WRP 2002, 1023 (1028).

sigkeit und Grenzen verfassungsrechtlich vorgezeichnet sind.[1276] Auch von einer vollständigen Rechtsschutzverweigerung kann keine Rede sein.[1277] Abhilfe schaffen kann bereits ein konsequenteres Einschreiten der Rechtsaufsicht[1278] und entsprechendes Verhalten der Verwaltungsgerichte, wenn eine Gemeinde sich einer einschränkenden Entscheidung der Rechtsaufsicht nicht beugen möchte.

B. Marktinterne Grenzen

Von der Frage der Grenzüberschreitung bei Zutritt zu einem Markt, wie dem der Web 2.0 Plattformangebote, ist die Frage des Verhaltens auf dem Markt selbst abzugrenzen.

I. Ausgangslage

Die öffentliche Hand, so sie sich zulässigerweise als Marktteilnehmer geriert, hat sich nach allgemeiner Ansicht an die wettbewerbsrechtlichen Verhaltensregeln zu halten.[1279] Das bedeutet, dass auch sie Anspruchsgegner eines wettbewerbsrechtlichen Unterlassungsanspruches (§ 8 Abs. 1 UWG) sein kann, wenn ihr eine unlautere Wettbewerbshandlung i. S. d. § 3 UWG vorgeworfen werden kann, die geeignet ist, den Wettbewerb zum Nachteil der Mitbewerber, der Verbraucher oder der sonstigen Marktteilnehmer nicht nur unerheblich[1280] zu beeinträchtigen.

Der Begriff der Wettbewerbshandlung als Zentralbegriff des UWG ist im Kontext des Verhaltens der öffentlichen Hand auf dem Markt erklärungsbedürftig. Eine Wettbewerbshandlung ist nicht etwa allgemein jedes Verhalten eines Marktteilnehmers, sondern nur eine marktbezogene geschäftliche Tätigkeit.[1281] Einen Marktbezug weist jedes nach außen gerichtete Verhalten auf, mit dem auf das Wettbewerbsgeschehen eingewirkt wird und das der Förderung des Geschäftszwecks dient.[1282] Das bedeutet, dass die Branche des Handelnden ebenso wenig relevant ist wie die Frage ob, eine Gewinnerzielungsabsicht vorliegt oder tatsächlich ein Gewinn erzielt

---

1276 *Meyer*, NVwZ 2002, 1075 (1078).

1277 In diese Richtung aber *Dreher*, ZIP 2002, 1648 (1650); *Mann*, JZ 2002, 819 (824); tendenziell ebenso *Haslinger*, WRP 2002, 1023 (1028).

1278 Hierzu näher *Ruffert*, VerwArch 2001, 27.

1279 Statt aller BGH, Urt. v. 21. 07. 2005 – I ZR 170/02 – „Friedhofsruhe" – GRUR 2005, 960 (961).

1280 Für die Frage, ob eine Beeinträchtigung „erheblich" oder lediglich eine „Bagatelle" ist, sind Art und Schwere des Verstoßes, die zu erwartenden Auswirkungen auf den Wettbewerb, der Schutzzweck der verletzten Norm, Zahl der betroffenen Marktteilnehmer und eine nicht unerhebliche Nachahmungsgefahr zu berücksichtigen. Vgl. zur „Bagatellklausel" näher *Köhler*, GRUR 2005, 1 (1 ff.).

1281 BT-Drs. 15/1487, S. 16, vgl. auch die Legaldefinition in § 2 Nr. 1 UWG.

1282 BGH, Urt. v. 11. 05. 2000 – I ZR 28/98 – „Abgasemissionen" – GRUR 2000, 1076 (1077).

wird.[1283] Ausreichend ist bereits, dass eine Handlung mittelbar der Absatzförderung dienlich ist.[1284] Beim Handeln der öffentlichen Hand ist für die Frage des Marktbezugs und damit der wettbewerbsrechtlichen Relevanz nach dem Zweck des jeweiligen Handelns zu fragen. Hoheitlichem Handeln fehlt stets der Marktbezug.[1285] Nimmt die öffentliche Hand allerdings als Anbieter oder Nachfrager am privatrechtlichen Wirtschaftsleben teil, handelt sie marktbezogen.[1286] Ihr kommt insbesondere nicht bereits deswegen eine generelle Vorzugsstellung zu, weil sie (auch) öffentliche Aufgaben und Zwecke verfolgt. Im Gegenteil: Tritt die Absicht, eigenen (oder fremden) Wettbewerb zu fördern, hinter dem Zweck der Erfüllung einer öffentlichen Aufgabe nicht völlig zurück[1287], ist eine Wettbewerbshandlung zu bejahen.[1288] Ein derartiges Zurücktreten der Absicht, den eigenen „Absatz" zu fördern, kann im Falle von „erweiterten" E-Government Plattformen nur schwer angenommen werden. Zwar wird die Hauptmotivation der öffentlichen Hand bei der Schaffung einer integrierten E-Government Plattform mit erwerbswirtschaftlich motivierten Plattformbestandteilen (idealerweise) darin liegen, die Verwaltungsbestandteile attraktiver zu gestalten. Hierdurch wird die Erfüllung einer öffentlichen Aufgabe jedoch nur unterstützt. Hier muss zu Gunsten der Mitwettbewerber ein enger Maßstab angelegt werden. Das Zusatzangebot[1289] ist nicht mit der öffentlichen Aufgabe gleichzusetzen.

1283 BGH, Urt. v. 08. 07. 1993 – I ZR 174/91 – „Zahnarztsoftware" – GRUR 1993, 917 (918).

1284 So kann beispielsweise das schlichte Verschenken von Waren oder Dienstleistungen einen Marktbezug haben. BGH, Urt. v. 03. 07. 1974 – I ZR 91/73 – „Werbegeschenke" – GRUR 1975, 320 (321).

1285 *Ernst,* in: Ullmann, jurisPK-UWG, § 2 Rn. 13. So die hoheitliche Betätigung der öffentlichen Hand Auswirkungen auf den Wettbewerb hat, ist die Anwendbarkeit des Wettbewerbsrechts umstritten. Fraglich ist hier insbesondere, ob diese Maßnahmen nur durch ein VG und am Maßstab des öffentlichen Rechts oder von der ordentlichen Gerichtsbarkeit anhand des Wettbewerbsrechts überprüft werden können. Hierzu m. w. N. *Köhler,* in: Hefermehl/Köhler/Bornkamm, Unlauterer Wettbewerb-Gesetz, § 4 UWG Rn. 13.10 ff. sowie 13.19 ff.

1286 Vgl. BGH, Urt. v. 22. 07. 1999 – KZR 13/97 – „Kartenlesegeräte"; BGH, Urt. v. 18. 12. 1981 – I ZR 34/80 – „Brillen-Selbstabgabestellen".

1287 Erforderlich hierfür wäre es, dass sich die betreffende Tätigkeit als rein amtliche beziehungsweise hoheitliche Betätigung darstellt, das Handeln sich also auf die Erfüllung gesetzlicher Aufgaben beschränkt, vgl. BGH, Urt. v. 18. 12. 1981 – I ZR 34/80 – „Brillen-Selbstabgabestellen" – BGHZ 82, 375 (382 ff.); LG Köln, Urt. v. 29. 09. 2004 – 28 O (Kart) 216/04 – juris Rn. 33 m. w. N.

1288 Beispiele listet *Köhler,* in: Hefermehl/Köhler/Bornkamm, Unlauterer Wettbewerb-Gesetz, § 4 UWG, Rn. 13.24, auf.

1289 Spiegelt man die Situation im realen Raum, ist eine Vergleichbarkeit mit dem Betrieb einer Einkaufspassage im Rathausgebäude denkbar. Auch diese kann die Standortattraktivität des Ortes, an welchem die öffentliche Hand ihren Kernaufgaben nachkommt, erhöhen. Dennoch liegt lediglich eine Förderung der öffentlichen Aufgabenausführung vor.

II. Marktinterne Grenzüberschreitungen

1. Autoritäts- und Vertrauensmissbrauch

Die Unlauterkeit einer erwerbswirtschaftlichen Tätigkeit einer Gemeinde kann sich aus ihrer Eigenschaft als öffentlich-rechtlicher Gebietskörperschaft und der damit verbundenen besonderen Stellung gegenüber den anderen Marktteilnehmern, insbesondere den Verbrauchern, ergeben. Das wird dann angenommen, wenn öffentlich-rechtliche Aufgaben mit der erwerbswirtschaftlichen Tätigkeit verquickt werden und hierdurch die amtliche Autorität oder das Vertrauen in die Objektivität und Neutralität der Amtsführung missbraucht werden.[1290]

Damit von einem Autoritätsmissbrauch gesprochen werden kann, muss eine sachwidrige Druckausübung auf die Nachfrageentscheidung vorliegen, wobei es unerheblich ist, ob ein Nachteil oder ein Vorteil angekündigt wird oder ob der Druck offen oder versteckt erfolgt.[1291] Im Falle von Web 2.0 Plattformen kann eine solch unzulässige Druckausübung z. B. darin bestehen, dass der Eindruck erweckt wird, dass ein Zukauf der erwerbswirtschaftlich betriebenen Plattformteile durch die Nutzer positive Auswirkungen auf die Abwicklung der Verwaltungstransaktionen haben könnte.[1292] Hier trifft die Betreibergemeinde die Pflicht, der Möglichkeit eines solchen Eindrucks durch einen entsprechenden Disclaimer entgegenzuwirken.[1293] Ein Missbrauch des besonders schutzwürdigen Vertrauens des Bürgers in die Neutralität und Objektivität der öffentlichen Hand ist ebenfalls unter dem Aspekt der unangemessenen unsachlichen Beeinflussung unlauter nach § 4 Nr. 1 UWG. Bei Betrieb einer Web 2.0 Plattform durch die öffentliche Hand ist ein unter diesem Aspekt wettbewerbswidriges Verhalten z. B. in dem aktiven (z. B. werblichen) Erwecken des Eindruckes zu sehen, dass das gemeindliche Angebot besonders „vertrauenswürdig" sei. Nur wenn dies objektiv gesehen tatsächlich der Fall ist, kann eine unsachliche Beeinflussung abzulehnen sein.

2. Missbrauch von öffentlich-rechtlichen „Standortvorteilen"

Im realen Raum sorgen die hergebrachten „Standortvorteile" der öffentlichen Hand regelmäßig für Konflikte. Unter Standortvorteilen werden in diesem Zusammenhang historisch begründete Monopolpositionen im weitesten Sinne verstanden, die einer Gemeinde – im Gegensatz zu den pri-

---

1290 Std. Rspr. des BGH, vgl. z. B. BGH, Urt. v. 18. 10. 2001 – I ZR 193/99 – NJW 2002, 1718 (1721); BGH, Urt. v. 12. 11. 1998 – I ZR 173 – GRUR 1999, 594 (598) m. w. N.

1291 *Köhler,* in: Hefermehl/Köhler/Bornkamm, Unlauterer Wettbewerb-Gesetz, § 4 UWG, Rn. 13.42.

1292 Es ist nicht notwendig, dass dies auch tatsächlich der Fall ist. Vgl. *Köhler,* in: Hefermehl/Köhler/Bornkamm, Unlauterer Wettbewerb-Gesetz, § 4 UWG, Rn. 13.42.

1293 Vgl. für den Fall der Werbung in Schulen BGH, Urt. v. 04. 04. 1984 – I ZR 9/82 – GRUR 1984, 665 (668).

vaten Konkurrenten – zur Verfügung stehen und die ihr einen Wettbewerbsvorsprung verschaffen.[1294] Gegenstand höchstrichterlicher Entscheidungen waren beispielsweise die Unterbringung eines von einer Gemeinde privatwirtschaftlich betriebenen Bestattungsdienstes im Friedhofsgebäude in unmittelbarer Nachbarschaft der Friedhofsverwaltung[1295] oder die Unterbringung eines KFZ-Schilderprägeunternehmens in unmittelbarer räumlicher Nähe zur hoheitlich-betriebenen KFZ-Zulassungsstelle in einem städtischen Gebäudekomplex.[1296] Der Wettbewerbsvorteil, der aus diesem Standortvorteil resultiert, liegt auf der Hand. Das „Laufpublikum", welches sich sowieso gerade mit der Friedhofsverwaltung oder der KFZ-Zulassungsstelle befasst, wird sich – so die nicht ganz fern liegende Befürchtung der privaten Konkurrenten – tendenziell an den Dienstleister wenden, der in unmittelbarer Nachbarschaft zur jeweiligen Stelle untergebracht ist.

Eine vergleichbare Situation entsteht auch im virtuellen Raum, wenn sich die Gemeinde entschließt, ihre Web 2.0 E-Government Plattform um kommerzielle Angebote zu erweitern. Auch hier hat die Gemeinde einen virtuellen Standortvorteil. Der Bürger, der „sowieso" bereits die Plattform besucht, um dort z. B. eine Transaktionsanwendung auszuführen, kommt auch mit den kommerziellen Angeboten der Gemeinde in Kontakt. Er muss sich – so denn die hier[1297] favorisierte integrierte E-Government Plattform realisiert wird – kein neues Nutzerkonto einrichten, keine andere Domain aufrufen und hat unmittelbaren Zugriff auf die Angebote. Es kann erwartet werden, dass zumindest ein Teil der Nutzer gewissermaßen aus „Bequemlichkeit" das gemeindliche Angebot just auf Grund dieses Standortvorteils der privaten Variante vorzieht.

Nach Auffassung des *BGH* kann es indes einer Gemeinde nicht verwehrt werden, für ihre erwerbswirtschaftliche Tätigkeit die Mittel i. w. S. einzusetzen, die ihr auf Grund ihrer öffentlich-rechtlichen Stellung zur Verfügung stehen.[1298] Es liege im öffentlichen Interesse, dass die Mittel, die der öffentlichen Hand zur Verfügung stehen, wirtschaftlich eingesetzt werden.[1299] Daraus folgt, dass „Standortvorteile" grundsätzlich im Wettbewerb mit privaten Unternehmen genutzt werden dürfen. Das soll insbesondere dann gelten, wenn die jeweilige erwerbswirtschaftliche Tätigkeit mit dem

---

1294 *Hauck*, GRUR 2008, 665 (665).

1295 BGH, Urt. v. 21. 07. 2005 – I ZR 170/02 – „Friedhofsruhe".

1296 BGH, Urt. v. 08. 11. 2005 – KZR 21/04 – „Hinweis auf konkurrierende Schilderpräger" – GRUR 2006, 608.

1297 Siehe oben S. 63 ff.

1298 Vgl. BGH, GRUR 1987, 116 (118) – „Kommunaler Bestattungswirtschaftsbetrieb I"; BGH, Urt. v. 26. 09. 2002 – I ZR 293/99 – „Altautoverwertung" – GRUR 2003, 164 (166); *Piper*, GRUR 1986, 574, (579).

1299 BGH, Urt. v. 21. 07. 2005 – I ZR 170/02 – „Friedhofsruhe".

Zweck des jeweiligen „Standortes" vereinbar ist.[1300] Jedenfalls könne es der Gemeinde nicht zugemutet werden, neue Räumlichkeiten in größerer Entfernung zu den hoheitlichen Einrichtungen zu schaffen oder anderweitige, entfernetere Räume zu beziehen und die vorhandenen ungenutzt zu lassen.[1301]

In der Literatur wird dieser Auffassung nicht uneingeschränkt zugestimmt. Es müsse stets zwischen einer Randnutzung und einer – fiskalisch motivierten – Primärnutzung gemeindlichen Eigentums unterschieden werden.[1302] Wenn bei letzterer öffentliche Mittel in haushaltspolitisch nicht zu rechtfertigender Weise zur Schaffung oder zum Ausbau eines Standorts herangezogen würden, bestünde zumindest unter dem Gesichtspunkt der Zweckentfremdung öffentlicher Mittel ein Abwehranspruch aus §§ 8, 3, 4 Nr. 11 UWG i. V. m. den jeweiligen kommunalrechtlichen Marktzutrittsvorschriften. Es handele sich um ein lauterkeitsrechtlich erfasstes Markverhalten, nämlich die Sicherung einer standortbezogenen Monopolposition des Hoheitsträgers. Die öffentliche Hand habe sich in diesen Fällen sittenwidriger Mittel zur Erlangung eines unzulässigen Vorsprungs vor den privaten Konkurrenten bedient.[1303]

Diesen Überlegungen kann nicht gefolgt werden. Die Fallgruppe der „Zweckentfremdung öffentlicher Mittel" greift nur in Fällen des so genannten „Preisdumpings"[1304], als vom UWG erfasstes Marktverhalten, welches nur unter bestimmten Voraussetzungen zu wettbewerbsrechtlichen Abwehransprüchen führen kann. Die Frage, ob, in welchem Umfang aber auch mittels welcher Finanzierung die öffentliche Hand auf dem Markt agiert, ist eine Frage des Marktzutrittes. Der Marktzutritt ist durch die entsprechenden kommunalrechtlichen Marktzutrittsvorschriften geregelt. Diese unterliegen keiner wettbewerbsrechtlichen Überprüfung.[1305] Einer Differenzierung zwischen Rand- und Primärnutzung bedarf es nicht, weil es lauterkeitsrechtlich keinen Unterschied macht, zu welchem Zweck und mit welchen Intentionen der jeweilige Wettbewerber auf dem Markt auftritt. Insbesondere ist es wettbewerbsrechtlich unerheblich, ob die jeweilige Kommune ordnungsgemäß abgewogen hat, ob sie vorhandene Mittel selbst wirtschaftlich nutzt oder Privaten gegen ein Entgelt zur Erbringung der jeweiligen Leistung überlässt.

1300 Vgl. BGH, Urt. v. 11. 05. 1989 – I ZR 91/87 – „Kommunaler Bestattungswirtschaftsbetrieb III" – GRUR 1989, 603 (606).

1301 BGH, Urt. v. 11. 05. 1989 – I ZR 91/87 – „Kommunaler Bestattungswirtschaftsbetrieb III" – GRUR 1989, 603 (606).

1302 Vgl. *von Plewe*, jurisPR-WettbR 6/2006 Anm. 4.

1303 *Hauck*, GRUR 2008, 665 (667 f.).

1304 Hierzu sogleich unter 3.

1305 Siehe oben, S. 278 ff.

3. Preisdumping

Insbesondere im IT-Bereich ist die wettbewerbsrechtliche Zulässigkeit der Abgabe kostenloser oder „unterpreisiger" Leistungen durch die öffentliche Hand bereits mehrfach Gegenstand gerichtlicher Auseinandersetzungen gewesen.[1306] Auch im Bereich der Web 2.0 Plattformen bietet es sich an, die Attraktivität des Zusatzangebotes dadurch zu steigern, dass die Preise der privaten Konkurrenz unterboten oder Einzelleistungen umsonst abgegeben werden. Hat eine solche „Strategie" Erfolg, führt dies, bei entsprechend gleichwertiger Angebotsqualität und Annahme des Angebotes durch die Bürger, im besten Falle zu einer Minderung der Erwerbschancen der privaten Konkurrenzunternehmen. Denkbare Folge dieser Preispolitik kann auch die Verdrängung beziehungsweise ein Rückzug privater Anbieter vom lokalen Markt sein. Ist der Anbieter nur auf diesem Markt tätig, wird dieser Rückzug mit einer Geschäftsaufgabe einhergehen.

Da es nicht auf die Absicht der Gewinnerzielung ankommt[1307], ist auch ein im Ergebnis defizitäres Verhalten der öffentlichen Hand grundsätzlich als Wettbewerbshandlung einzuordnen. Lediglich in Fällen, in denen die öffentliche Hand zur Erbringung der Leistung verpflichtet und in der Preisgestaltung nicht frei ist, kann eine Wettbewerbshandlung verneint werden.[1308]

Die Preisunterbietung durch die öffentliche Hand ist allerdings an sich, wie auch allgemein im Wettbewerbsrecht[1309], nicht unlauter.[1310] Auch „Schleuderpreise", also Leistungen unterhalb des Einstandspreises, sind nicht grundsätzlich wettbewerbswidrig.[1311] Als problematisch werden im Kontext des Agierens der öffentlichen Hand auf dem Markt allerdings drei Fallgruppen angesehen:

- die Preisunterbietung unter Zweckentfremdung öffentlicher Mittel,
- die Preisunterbietung, die nach Art und Weise geeignet ist, einen oder mehrere Wettbewerber vom Markt zu verdrängen und gerade zu diesem Zweck eingesetzt wird[1312],

---

1306 Vgl. z. B. LG Köln, Urt. v. 29. 09. 2004 – 28 O (Kart) 216/04; OLG Karlsruhe, Urt. v. 28. 04. 1999 – 6 U 6/99 jew. zur unentgeltlichen Überlassung von Software; BGH, Urt. v. 08. 07. 1993 – I ZR 174/91 – „Abrechnungs-Software für Zahnärzte" – GRUR 1993, 917; zur kostenlosen Abgabe von Brillen BGH, Urt. v. 18. 12. 1981 – I ZR 34/80 – „Brillen-Selbstabgabestellen."

1307 Siehe oben, S. 281.

1308 *Köhler*, in: Hefermehl/Köhler/Bornkamm, Unlauterer Wettbewerb-Gesetz, § 4 UWG, Rn. 13.32.

1309 Std. Rspr. BGH, Urt. v. 30. 03. 2006 – I ZR 144/03 – GRUR 2006, 596 (597) m. w. N.

1310 Vgl. OLG Schleswig, Beschl. v. 08. 08. 1995 – 6 U 73/94 – „Badespaß" – GRUR 1996, 141 (142).

1311 BGH, Urt. v. 30. 03. 2006 – I ZR 144/03 – GRUR 2006, 596 (597); LG Bonn, Urt. v. 04. 01. 2007 – 14 O 169/06 – juris Rn. 28.

1312 BGH, Urt. v. 30. 03. 2006 – I ZR 144/03 – GRUR 2006, 596 (597); BGH, Urt. v. 30. 01. 1979 – I ZR 21/77 – „Verkauf unter Einstandspreis" – GRUR 1979, 321 (322), vgl. auch § 4 Nr. 10 UWG.

– die Preisunterbietung, die mit öffentlichen Mitteln finanziert wird und zu einer Gefährdung des Wettbewerbsbestandes führt.

a) Zweckentfremdung öffentlicher Mittel

Wie bereits dargelegt, ist es der öffentlichen Hand grundsätzlich nicht zu verwehren, auf die ihr zur Verfügung stehenden Mittel zurückzugreifen.[1313] Erfolgt eine Preisunterbietung privater Mitbewerber mit Zuwendungen, die das öffentliche Unternehmen von seinem Träger erhält, ist auch dies nicht ohne weiteres wettbewerbswidrig.[1314] Dies gilt auch für Mittel, die den Trägern durch Steuern und Abgaben zugeflossen sind.[1315] Wäre die Verwendung solcher Mittel (oder bereits die Möglichkeit ihrer Verwendung) als wettbewerbswidrig anzusehen, wäre der öffentlichen Hand durch das UWG im Ergebnis jede erwerbswirtschaftliche Tätigkeit untersagt.[1316] Hieraus folgt, dass die Gemeinde aus ihrer Kalkulation für die von ihr angebotenen Web 2.0 Angebote diese Mittel nicht „herausrechnen" muss. Eine unlautere Zweckentfremdung öffentlicher Mittel ist erst dann gegeben, wenn die Preisunterbietung privater Unternehmen aus Mitteln finanziert wird, die der öffentlichen Hand kraft öffentlichen Rechts zur Erfüllung eines anderen öffentlichen Zwecks zufließen und die Preisunterbietung dadurch ermöglicht wird, dass die Verlustgefahr auf den Steuer- und Beitragszahler oder sonst auf die Allgemeinheit abgewälzt wird.[1317]

b) Verdrängungsabsicht

Auf die Herkunft der Mittel kommt es allerdings nicht an, wenn die – nicht kostendeckende – Preisunterbietung objektiv geeignet ist *und* in gezielter Weise dazu eingesetzt wird, einen oder mehrere Mitbewerber vom Markt zu verdrängen.[1318]

aa. Objektive Eignung zur Verdrängung

Eine objektive Eignung zur Verdrängung kommt in der Regel nur in Betracht, wenn die Preisunterbietung von einem Unternehmen mit einer gewissen Marktmacht ausgeht, wobei allerdings die Grenze zur marktbeherrschenden Stellung im Sinne des Kartellrechts (vgl. §§ 19, 20 GWB;

1313 Siehe oben, S. 284.

1314 *Piper*, GRUR 1986, 574, (579).

1315 BGH, Urt. v. 26. 09. 2002 – I ZR 293/99 – „Altautoverwertung" – GRUR 2003, 164 (166).

1316 *Köhler* NJW 2002, 2761(2762); BGH, Urt. v. 26. 09. 2002 – I ZR 293/99 – „Altautoverwertung" – GRUR 2003, 164 (166).

1317 Stdg. Rspr. vgl. BGH, Urt. v. 25. 02. 1982 – I ZR 175/79 – GRUR 1982, 433 (436) – „Kinderbeträge"; BGH, Urt. v. 26. 09. 2002 – I ZR 293/99 – „Kinderbeträge" – GRUR 2003, 164 (166); siehe auch bereits RG, Urt. v. 04. 11. 1932 – II 130/32 – „Haus der Jugend" – RGZ, 174 (178 f.).

1318 BGH, Urt. v. 26. 04. 1990 – I ZR 71/88 – „Anzeigenpreis I" – GRUR 1990, 685 (686).

Art. 82 EG) nicht erreicht sein muss.[1319] Die Einschätzung der Marktmacht eines Unternehmens ist anhand des konkreten Einzelfalles vorzunehmen, wobei nicht nur der gegenwärtige Marktanteil, sondern auch die Finanzkraft des Unternehmens zu berücksichtigen ist.[1320] Beschließt eine Gemeinde, sich auf dem Markt der lokalen Web 2.0 Plattformen zu betätigen, sind an dieser Stelle die bereits angesprochenen „Standortvorteile"[1321] beziehungsweise besonderen „Qualitäten"[1322] in die Überlegungen einzubeziehen und entsprechend zu gewichten. Eine objektive Eignung zur Verdrängung von Mitbewerbern vom (lokalen) Web 2.0 Plattformmarkt ist unter Berücksichtigung der Aspekte der Finanzkraft, dem Fehlen eines Insolvenzrisikos, der Autorität der öffentlichen Hand und dem daraus resultierenden „Vertrauensvorschuss" durch den Bürger sowie der „räumlichen" Nähe zu E-Governmentangeboten gegeben.

bb. Verdrängungsabsicht

Praktisch problematisch ist der Nachweis des Vorliegens einer Verdrängungsabsicht. Der öffentlichen Hand muss es gerade daran gelegen sein, durch die Preisunterbietung andere Mitbewerber vom Markt zu verdrängen. Weitere Voraussetzung ist, dass diese Marktverdrängung zum Ziel hat, nach erfolgreicher Marktverdrängung ungehindert den Preis anheben zu können. Nicht ausreichend ist es, wenn es dem Unternehmer nur darauf ankommt, die Mitbewerber zu „überflügeln" und die Verdrängung zwar Folge, aber nicht Ziel der Preisunterbietung ist.[1323] Unter diesem Aspekt ist die Annahme einer Verdrängungsabsicht auf Seiten der öffentlichen Hand regelmäßig problematisch. Beherrschende Motivation einer Preisunterbietung wird es – gerade im Markt der Plattformen – sein, durch eine attraktive Preisgestaltung oder gar das kostenlose Anbieten von „geldwerten" Funktionalitäten, die Schwelle der kritischen Nutzermasse zu überschreiten und somit das Web 2.0 E-Government Angebot selbst attraktiv zu machen.[1324] Regelmäßig wird es nicht Ziel der Gemeinde als Plattformbetreiberin sein, Mitbewerber zu verdrängen, um in der Folge die Preise nach Gutdünken erhöhen zu können. Aus der Notwendigkeit der Erzielung eines Netzwerkeffektes zur dauerhaften Etablierung eines E-Government Angebotes mit Web 2.0 Funktionlitäten folgt vielmehr sogar ein sachlicher

---

1319 *Köhler*, in: Hefermehl/Köhler/Bornkamm, Unlauterer Wettbewerb-Gesetz, § 4 UWG Rn. 10.191.

1320 Vgl. *Köhler*, in: Hefermehl/Köhler/Bornkamm, Unlauterer Wettbewerb-Gesetz, § 4 UWG Rn. 10.191.

1321 Oben S. 283.

1322 Oben S. 274 f.

1323 Vgl. *Köhler*, in: Hefermehl/Köhler/Bornkamm, Unlauterer Wettbewerb-Gesetz, § 4 UWG Rn. 10.192.

1324 Zur Notwendigkeit des Erreichens einer kritischen Masse zur Erzielung des sog. „Netzwerkeffektes" siehe oben S. 64.

Grund für eine (gegebenenfalls auch zeitlich begrenzte) Preisunterbietung. Besteht jedoch ein sachlicher Grund, so ist eine Preisunterbietung nicht unter dem Aspekt der Preisunterbietung in Verdrängungsabsicht unlauter.

c) Wettbewerbsbestandsgefährdung

Aber auch wenn eine Preisunterbietung unter dem Aspekt der Verdrängungsabsicht in aller Regel an letzterer scheitern wird, kann gerade auf dem Markt der lokalen Web 2.0 Plattformen eine mit öffentlichen Mitteln finanzierte Preisunterbietung unlauter sein. Dies ist dann der Fall, wenn die Abgabe von Leistungen unter dem Einstandspreis oder gar kostenlos erfolgt und hierdurch der Wettbewerbsbestand gefährdet wird, also eine allgemeine Marktbehinderung beziehungsweise Marktstörung vorliegt.[1325] Eine solche ist nach dem *BGH* immer dann anzunehmen, wenn ein zwar nicht von vonherein unlauteres, aber doch wettbewerblich bedenkliches Wettbewerbsverhalten für sich allein oder in Verbindung mit den zu erwartenden gleichartigen Maßnahmen von Mitbewerbern[1326] die ernstliche Gefahr begründet, dass der Wettbewerb auf einem Markt für eine bestimmte Art von Waren oder Dienstleistungen in nicht unerheblichem Maße eingeschränkt wird.[1327] Die Marktabgrenzung kann nach sachlichen, räumlichen und zeitlichen Kriterien erfolgen.[1328] Sachlich sind einem Markt alle die Waren und Dienstleistungen zuzurechnen, die der Verbraucher nach Eigenschaft, Verwendungszweck und Preislage zur Deckung eines bestimmten Bedarfs als austauschbar ansieht. Räumlich sind alle die Anbieter einem Markt zuzuordnen, auf deren Produkte der Nachfrager ausweichen kann.[1329] Diese Kriterien berücksichtigend, spielt bei der wirtschaftlichen Betätigung von Kommunen insbesondere der räumliche Aspekt eine entscheidende Rolle. Da die Gemeinde zulässigerweise Web 2.0 Plattformangebote nur in den gegebenen territorialen Grenzen anbieten wird[1330], kommt es nicht auf den generellen Markt gleichartiger Leistungsanbieter, sondern vielmehr auf den jeweils lokalen Markt der Web 2.0 Plattformen an. Bevor eine Gefährdung des Wettbewerbsbestandes auf diesem Markt festgestellt werden kann, müssen die bestehenden Marktverhältnisse (Zahl, Größe der

---

1325 Vgl. BGH, Urt. v. 20. 11. 2003 – I ZR 151/01 – NJW 2004, 2083; umfassend zur allgemeinen Marktbehinderung durch Preisunterbietung *Köhler*, WRP 2005, 645 (651 f.).

1326 Das Erfordernis der Nachahmungsgefahr wird z. B. von *Köhler*, in: Hefermehl/Köhler/Bornkamm, Unlauterer Wettbewerb-Gesetz, § 4 UWG Rn. 12.3 sowie *ders*, WRP 2005, 645 (652), abgelehnt.

1327 Std. Rspr. BGH, Urt. v. 09. 06. 2004 – I ZR 187/02 – „500 DM-Gutschein für Autokauf" – GRUR 2004, 960 (961).

1328 Vgl. für das Kartellrecht BGH, Beschl. v. 03. 07. 1976 – KVR 4/75 – BGHZ 67, 104 (113 ff.).

1329 *Köhler*, in: Hefermehl/Köhler/Bornkamm, Unlauterer Wettbewerb-Gesetz, § 4 UWG Rn. 12.4.

1330 Vgl. oben S. 268.

Wettbewerber auf dem Markt) auf diesem Markt[1331] sowie die konkreten Auswirkungen (insbesondere Umsatzeinbußen) auf die Betroffenen[1332] geklärt werden. Eine Gefährdung des konkreten Marktes liegt immer dann vor, wenn eine Gefahr der dauerhaften Verschlechterung der wettbewerblichen Strukturen zu befürchten ist.[1333] Diese muss zwar nicht zwangsläufig zu einer Existenzbedrohung der Betroffenen führen, aber die konkrete Gefahr des Ausscheidens aus dem relevanten Markt begründen.[1334] Zu deren Nachweis reichen nicht unerhebliche Umsatzeinbußen bei Mitbewerbern aus.[1335]

Im Falle einer integrierten E-Government Plattform mit Web 2.0 Zusatzfunktionalitäten ist zu berücksichtigen, dass die Kommune primär mit dem Ziel handelt, ihren Bürgern einen modernen „Verwaltungsservice" zu bieten und sowohl den Kontakt zur Verwaltung als auch die Möglichkeiten der partizipativen Beteiligung zu fördern. Diese sachliche Zielsetzung darf nicht durch eine Überspannung der wettbewerbsrechtlichen Anforderungen konterkariert werden. Andererseits hat die Betreiberkommune auch die sachlich berechtigten Interessen privater Wettbewerber zu berücksichtigen. Aus der Grundrechtsgebundenheit der Betreibergemeinde folgt zwar keine grundsätzliche Unzulässigkeit des Markthandelns an sich. Gewissermaßen als Destillat aus dieser Grundrechtsbindung (insbesondere i. V. m. Art. 12 GG) sowie unter Berücksichtigung der kommunalwirtschaftsrechtlichen Grenzen muss die Gemeinde bei der Wahl der konkreten Wettbewerbsmaßnahmen die Grundsätze der Erforderlichkeit und Verhältnismäßigkeit beachten.[1336] Stets ist zu fragen, ob die konkrete Wettbewerbshandlung über das sachlich Gebotene und verfassungsrechtlich Zulässige hinausgeht.[1337] Eine Preisunterbietung mit dem Ziel der Generierung einer kritischen Masse für eine integrierte E-Government Web 2.0 Plattform wird sich unter diesem Aspekt in der Regel als unlauter herausstellen. Auch hier ist zu berücksichtigen, dass die öffentliche Hand einen (wenn auch legitimen) strukturellen Vorteil[1338] gegenüber privaten Mitbewerbern hat. Während es zulässig ist, dass dieser für den reinen Aufbau und Betrieb einer Plattform auch genutzt wird, erscheint eine weitergehende Verwendung dann nicht mehr gerechtfertigt, wenn sie sich unmittelbar und zusätzlich

---

1331 Vgl. BGH, Urt. v. 03. 07. 1981 – I ZR 84/79 – BGHZ 81, 291 (297 ff.).
1332 Vgl. BGH, Urt. v. 24. 06. 2004 – I ZR 26/02 – „Werbeblocker" – GRUR 2004, 877 (880).
1333 BGH, Urt. v. 29. 06. 2000 – I ZR 128/98 – „ad-hoc-Meldung" – GRUR 2001, 80 (81).
1334 Köhler, WRP 2005, 645 (652).
1335 Köhler, in: Hefermehl/Köhler/Bornkamm, Unlauterer Wettbewerb-Gesetz, § 4 UWG Rn. 12.7.
1336 Vgl. BGH, Urt. v. 12. 07. 1990 – I ZR 62/89 – „Kreishandwerkerschaft I" – GRUR 1991, 53 (55 f.).
1337 BGH, Urt. v. 08. 07. 1993 – I ZR 174/91 – „Zahnarztsoftware" – GRUR 1993, 917 (919).
1338 Vgl. oben S. 283.

zur „Sowieso"-Belastung des Marktes potentiell existenzgefährdend auswirkt. Es bleibt der öffentlichen Hand in diesen Fällen unbenommen, durch
andere „Werbemaßnahmen" wie z. B. der Plattformqualität zu überzeugen
und das Ziel einer breiten Akzeptanz der Plattform zu erreichen. Das Anlo-
cken durch „Schnäppchen-Preise" zu Lasten des Restmarktes ist wettbewerblich unlauter.

C.   Zusammenfassung

Hält eine Kommune ein Web 2.0 Angebot bereit, liegt der Gedanke nahe,
dieses auch um „kommerzielle" Angebote zu erweitern. Hierdurch können
– so die Theorie – einerseits freie Kapazitäten optimal genutzt und zugleich
die mit dem Betrieb einer Plattform einhergehende Kostenlast verringert
werden. Rein praktisch spricht zudem für eine Erweiterung der Web 2.0
Plattform um Funktionalitäten, die entweder durch Werbung oder durch
die Nutzer finanziert werden, ein erhöhter Nutzen und die Möglichkeit,
eine attraktivere Plattform anbieten zu können. Entsprechende Ideen für
erfolgversprechende Geschäftsmodelle lassen sich ohne erhöhten Aufwand
der privaten Web 2.0 Angebotslandschaft entlehnen. Eine derartige Erweiterung der E-Government Plattform stellt immer dann eine wirtschaftliche
Betätigung dar, wenn sie rechtlich als auch tatsächlich auch im Rahmen der
Privatwirtschaft mit der hypothetischen Absicht der Gewinnerzielung
betrieben werden könnte. Eine solche wirtschaftliche Betätigung ist der
Kommune grundsätzlich erlaubt. Insbesondere ist wirtschaftliches Handeln
nicht der Privatwirtschaft vorbehalten. Grundlage und Grenzpfeiler der
wirtschaftlichen Betätigung ist die Selbstverwaltungsgarantie (Art. 28
Abs. 2 S. 1 GG), der den gesetzlichen Rahmen referenziert. In Bezug auf
die wirtschaftliche Betätigung einer Kommune ist dieser Rahmen im
Gemeindewirtschaftsrecht ausgestaltet, welches insbesondere einen öffentlichen Zweck für die Betätigung voraussetzt und die Betätigung durch Subsidiaritätsklauseln begrenzt. Im Rahmen von E-Government Web 2.0 Plattformen ist hierbei nicht auf die Gesamtplattform abzustellen. Eine
integrierte E-Government-Plattform, die sich sowohl aus nicht-wirtschaftlich als auch aus wirtschaftlich orientierten Bestandteilen zusammensetzt
weist diesbezüglich einen hybriden Charakter auf. Die Zulässigkeit eines
jeden einzelnen Features ist einzeln auf die Erfüllung der gemeindewirtschaftsrechtlichen Voraussetzungen hin zu überprüfen. Bei der Frage nach
der Subsidiariät eines spezifischen Web 2.0 Plattformbestandteiles ist eine
Prognoseentscheidung erforderlich. Dabei hat die Gemeinde folgende
Aspekte zu berücksichtigen: hinreichende Zuverlässigkeit privater Wettbewerber, Gewährleistung einer gleichmäßigen, auch in der Zukunft gesicherten Versorgung der Einwohner, soziale Bedürfnisse der Leistungsempfänger und die daraus resultierende Notwendigkeit sozial ausgerichteter

Leistungsentgelte, Wirtschaftlichkeit der Betriebsführung sowie sämtliche Qualitätsmerkmale der Leistung. Ist in der einschlägigen Gemeindeordnung eine echte Subsidiaritätsklausel enthalten, ist eine eigene Betätigung bereits dann unzulässig, wenn Qualität *und* Wirtschaftlichkeit mit dem geplanten eigenen Angebot paritätisch sind.

Territorial ist die wirtschaftliche Betätigung der Gemeinde ebenfalls begrenzt, eine wirtschaftliche Betätigung außerhalb des Gemeindegebiets grundsätzlich unzulässig. Hieraus folgt jedoch nicht, dass das jeweilige Angebot im Gemeindegebiet gehostet werden muss. Auch die Abrufbarkeit außerhalb des Gemeindegebietes ist zulässig, wenn ein Gebietsbezug gewahrt wird. Wesentlich hierfür ist es, dass sich das Angebot nur an Bürger der Anbieterkommune richtet.

Ist eine wirtschaftliche Betätigung extra muros durch die Landesgemeindeordnung unter bestimmten Voraussetzungen gestattet, ist eine solche im Falle von Web 2.0 Plattformen dennoch unzulässig. Regelmäßig sind die nicht kommunengebundenen Bestandteile der Plattform nur auf Grund ihrer Eigenschaft als Randnutzung zulässig. Bei einem Angebot auch für Externe werden diese zur Hauptnutzung, die keinem öffentlichen Zweck dient.

Bei Überschreitung der grundsätzlichen Grenzen der Gemeinde durch Anbieten einer nach gemeindewirtschaftsrechtlichen Maßstäben unzulässigen wirtschaftlichen Web 2.0 Leistung drohen „lediglich" Sanktionen durch die Rechtsaufsicht. Rechtsschutz den Gerichten bleibt privaten Konkurrenten versagt. Eine (direkte) Inanspruchnahme durch private Anbieter ist nicht möglich. Weder aus den Gemeindeordnungen noch aus Art. 12 und 14 GG folgt ein subjektives Recht für private Wettbewerber. Insbesondere besteht auch kein wettbewerbsrechtlicher Unterlassungsanspruch wegen unzulässigen Marktzutritts durch einen öffentlich-rechtlichen Plattformbetreiber.

Das Wettbewerbsrecht definiert jedoch auch für die Öffentliche Hand die marktinternen Grenzen wirtschaftlicher Betätigung. Neben den allgemeinen wettbewerbsrechtlichen Verhaltensregeln hat die Kommune Besonderheiten zu beachten, die aus ihrer Eigenschaft als öffentlich-rechtlicher Gebietskörperschaft und der damit verbundenen besonderen Stellung gegenüber anderen Marktteilnehmern, insbesondere den Verbrauchern resultieren. Unzulässig unter dem Aspekt des Missbrauchs amtlicher Autorität ist z. B. das aktive (z. B. durch werbliche Maßnahmen) Erwecken des Eindruckes zu sehen, dass das gemeindliche Plattformangebot besonders „vertrauenswürdig" sei. Entschließt sich die Gemeinde ihre Web 2.0 E-Government Plattform um kommerzielle Angebote zu erweitern, hat sie einen virtuellen Standortvorteil. Dessen Nutzung ist jedoch nach hier vertretener Auffassung nicht wettbewerbsrechtlich zu beurteilen sondern als Frage des Marktzutritts im Lichte der korrespondierenden kommunalrechtlichen

Marktzutrittsregelungen zu betrachten. Gegebenenfalls führt der Standortvorteil der Öffentlichen Hand auch dazu, dass diese ihre Leistung unter den üblichen Marktpreisen anbieten kann. Grundsätzlich ist ein solches Preisdumping zwar nicht unlauter. Wird das in Rede stehende Plattformangebot jedoch aus Mitteln finanziert, die der Öffentlichen Hand kraft öffentlichen Rechts zur Erfüllung eines anderen öffentlichen Zwecks zugeflossen sind, liegt eine unlautere Zweckentfremdung vor. Unabhängig von der Herkunft der Mittel ist bei Vorliegen einer Verdrängungsabsicht ebenfalls ein unlauteres Überschreiten der marktinternen Grenzen anzunehmen. Eine hierfür erforderliche objektive Eignung zur Verdrängung anderer Mitbewerber auf dem (lokalen) Plattformmarkt liegt im Falle von Web 2.0 E-Government Plattformen in der Regel vor. Regelmäßig wird es jedoch nicht Ziel der Gemeinde als Plattformbetreiberin sein, Mitbewerber zu verdrängen, um in der Folge die Preise „nach Gutdünken" erhöhen zu können. Aus der Notwendigkeit der Erzielung eines Netzwerkeffektes zur dauerhaften Etablierung eines E-Government Angebotes mit Web 2.0 Funktionlitäten folgt vielmehr regelmäßig ein sachlicher Grund für eine (gegebenenfalls auch zeitlich begrenzte) Preisunterbietung. Besteht ein solch sachlicher Grund, so ist eine Preisunterbietung nicht unter dem Aspekt der Verdrängungsabsicht unlauter. Allerdings kann ein Preisdumping, auch wenn dieses zur Anwerbung einer kritischen Nutzermasse erfolgt, unter dem Aspekt der Wettbewerbsbestandsgefährdung unlauter sein, wenn tatsächlich ein funktionierender Markt für die angebotenen Web 2.0 Funktionalitäten besteht. Hier ist im konkreten Fall auf den lokalen Markt, also z. B. der privaten Stadtportale abzustellen. Die Gemeinde hat bei der Wahl ihrer Werbemaßnahmen die Grundsätze der Erforderlichkeit und Verhältnismäßigkeit zu beachten.

Ausleitung

Die Nutzbarmachung von Web 2.0 Technologien im Rahmen kommunaler E-Government-Plattformen ist nicht lediglich als weiterer „Hype" oder Marketinggag abzutun. Sinn und Ziel von Web 2.0 Plattformen im kommunalen E-Government muss die Schaffung einer integrierten E-Government Web 2.0 Plattform in Gestalt einer virtuellen Bürgercommunity, also einer ortsbezogenen Online Community für eine Gemeinschaft von Bürgern zur politischen oder gesellschaftlichen Partizipation an regionalen Informations-, Diskurs- oder Entscheidungsprozessen, sein. Vielleicht zum ersten Mal besteht die Möglichkeit mit Hilfe von IuK-Technologien eine veritable Alternative zum klassischen Behördengang zu etablieren und gleichzeitig den Bürger entsprechend den europäischen und nationalen Zielvorgaben in die Entscheidungsfindung einzubinden.

Begreifen Kommunen die Entwicklungen des Web 2.0 als Chance, die es nutzbar zu machen gilt, ist – angelehnt an die einleitend erwähnten Empfehlung der Gartner Inc. – der Erfolg der Realisierung einer Plattform zu einem Großteil von der Rechtskonformität der Umsetzungsvorgehens abhängig. Egal ob in der Phase der Beschaffung, der Modellierung, des Betriebs als auch des Wettbewerb. Stets besteht die Gefahr des „Scheiterns". Hierunter ist nicht nur der Extremfall der gerichtlichen Untersagung beispielsweise im Falle eines Wettbewerbsverstoßes zu verstehen, sondern auch Akzeptanz- und Vertrauensverluste, die beispielsweise Folge mangelnder Konformität mit den Vorgaben zur Barrierefreiheit oder des Missbrauchs der Plattform durch Dritte sein können. Die vorliegende Arbeit kann, so die Hoffnung, eine Vielzahl von Rechtsunsicherheiten im spezifischen Kontext Web 2.0-E-Government beseitigen und den Kommunen ermöglichen in die vierte Phase des E-Governments einzutreten.

Literaturverzeichnis

Albrecht, Steffen/Kohlrausch, Niels/Kubicek, Herbert/Lippa, Barbara/Märker, Oliver/Trénel, Matthias/Vorwerk, Volker/Westholm, Hilmar/Wiedwald, Christian: E-Partizipation – Elektronische Beteiligung von Bevölkerung und Wirtschaft am E-Government, Studie im Auftrag des Bundesministeriums des Innern, Ref. IT 1, Bremen, 2008.

Alby, Tom: Web 2.0, Konzepte, Anwendungen, Technologien, München, 3. Auflage 2008.

Anderson, Chris: The Long Tail, in: Wired, Ausgabe 12. 10. 2004, abrufbar unter: http://www.wired.com/wired/archive/12.10/tail.html.

Armbruster, Ralf/Fröschle, Norbert: Ortsbezogene und mobile Communities, in: Hildebrand, Knut/Hofmann, Josephine (Hrsg.), Social Software, Praxis der Wirtschaftsinformatik, Heft 252, Dezember 2006, S. 70.

Asghari, Reza: E-Government in der Praxis, Leitfaden für Politik und Verwaltung, Frankfurt 2005.

Asghari, Reza: Digitale Evolution im Staat, in: Asghari, Reza (Hrsg.), E-Government in der Praxis – Leitfaden für Politik und Verwaltung, Frankfurt, 2005, S. 17–34.

Axer, Peter: Die Widmung als Grundlage der Nutzung kommunaler öffentlicher Einrichtungen, NVwZ 1996, 114–117.

Badura, Peter: Wirtschaftliche Betätigung der Gemeinde zur Erfüllung von Angelegenheiten der örtlichen Gemeinschaft im Rahmen der Gesetze, DÖV 1998, 818–823.

Bager, Jo: Dabei sein ist alles, c't 5/2008, abrufbar unter http://www.heise.de/ct/08/05/092/.

Ballhausen, Miriam/Roggenkamp, Jan Dirk: Personenbezogene Bewertungsplattformen, K&R 2008, 403–410.

Bär, Wolfgang: Rechtskonformes eGovernment – eGovernment-konformes Recht, Gesetzgebung, Verwaltung und Justiz im Informationszeitalter, Stuttgart, 2005.

Bauer, Stephan: Personalisierte Werbung auf Social Community-Websites, MMR 2008, 435–438.

Beck, Wolfgang: Verwaltungsmodernisierung zwischen Technik und Recht, Ostbevern, 2006.

Becker, Florian: Grenzenlose Kommunalwirtschaft, DÖV 2000, 1032–1039.

Becker, Ulrich/Heckmann, Dirk/Kempen, Bernhard/Manssen, Gerrit: Öffentliches Recht in Bayern, München, 4. Auflage 2008.

Bedner, Mark: Haftung des Betreibers von Internetforen, JurPC Web-Dok. 94/2007, Abs. 1–66, abrufbar unter http://www.jurpc.de/aufsatz/20070094.htm.

Berge, Stefan/Buesching, Arne: Strategien von Communities im Web 2.0, in: Hass, Berthold H. (Hrsg.), Web 2.0 – neue Perspektiven für Marketing und Medien, Berlin, 2008.

Berger, Anette: Mitmach-Web als Millionärsgarantie, in Financial Times Deutschland v. 25. 10. 2007 abrufbar unter http://www.ftd.de/technik/me dien_internet/:Mitmach%20Web%20Million%E4rsgarantie/270327.html.

Berger, Arndt/Janal, Ruth: Suchet und Ihr werdet finden?, CR 2004, 917–925.

Bergmann, Tina/Vetter, Rainer: Interkommunale Zusammenarbeit und Vergaberecht, NVwZ 2006, 497–501.

Berners-Lee, Tim/Fischetti, Mark: Weaving the Web: The Original Design and Ultimate Destiny of the World Wide Web, New York, 2000.

Bertelsmann Stiftung: Balanced E-Government, Elektronisches Regieren zwischen administrativer Effizienz und bürgernaher Demokratie, Eine Studie der Bertelsmann Stiftung abrufbar unter www.bund.de/nn_188582/DE/VuI/WIN/2003/06-Juni/INFO-1759-PDF-anl,templateId=raw,property=pu blicationFile.pdf.

Bettermann, Karl: Anm. zum Urteil des BVerwG v. 13. 3. 1971, DVBl. 1971, 112.

Bischof, Elke/Stoye, Jörg: Vergaberechtliche Neuerungen für IT/TK- Beschaffungen der öffentlichen Hand, MMR 2006, 138–145.

Bischof, Kristina: Öffentliche Vergabe von IT-Leistungen, in: Leupold, Andreas/Glossner, Silke (Hrsg.), Münchener AnwaltsHandbuch IT-Recht, München, 2008, Teil 7.

Bleisteiner, Stephan: Rechtliche Verantwortlichkeit im Internet, Köln, 1999.

Boehme-Neßler, Volker: Electronic Government – Internet und Verwaltung, NVwZ 2001, 374–380.

Boesen, Arnold: Kommentar zum 4. Teil des GWB, Köln, 2000.

Bonitz, Sylvia: Rede zum Tagesordnungspunkt „Voraussetzungen für die Durchführung von Online-Wahlen" (DS 14/6318), Jur-PC 2001, Web-Dok. 245/2001 Abs. 1–31, abrufbar unter http://www.jurpc.de/aufsatz/20010245.htm.

Braun, Christian: Neue Tendenzen im europäischen Vergaberecht – Ein Ausblick, NZBau 2002, 2–13; 378–379.

Braun, Frank: Outsourcing von IT-Leistungen der öffentlichen Hand und Art. 33 Abs. 4 GG, juris AZO-ITR 16/2008 Aufsatz 3.

Braun, Stefan: Bundesgleichstellungsgesetz für behinderte Menschen – Die Neuregelung im Überblick, MDR 2002, 862–866.

Bremke, Nils: Internetwahlen, LKV 2004, 102–109.

Breuer, Rüdiger: Die staatliche Berufsregelung und Wirtschaftslenkung, in: Isensee, Josef/Kirchhof, Paul (Hrsg.), Handbuch des Staatsrechts, Bd. VI, Heidelberg, 2. Aufl. 2001, § 148.

Britz, Gabriele: Elektronische Verwaltung, in: Hoffmann-Riem, Wolfgang/Schmidt-Aßmann, Eberhard/Vosskuhle, Andreas (Hrsg.), Grundlagen des Verwaltungsrechts, Band II, München, 2008, § 26 S. 405–457.

Brohm, Winfried: Die Dogmatik des Verwaltungsrechts vor den Gegenwartsaufgaben der Verwaltung, VVDStRL 1972, 245–255.

Brost, Stefan: Interkommunale Zusammenarbeit und europäisches Vergaberecht, AbfallR 2007, 212–216.

Brynjolfsson, Eric: From Niches to Riches: The Anatomy of the Long Tail, in: Sloan Management Review, Summer 2006, Vol. 47, No. 4, S. 67–71.

Buchstein, Hubertus: Online-Wahlen, Opladen, 2002.

Büllesbach, Rudolf: eGovernment – Sackgasse oder Erfolgsstory, DVBl 2005, 605–611.

Bundesamt für Sicherheit in der Informationstechnik: Chefsache E-Government, Leitfaden für Behördenleiter, 2002, abrufbar unter http://www.bsi.bund.de/fachthem/egov/download/1_Chef.pdf.

Bundesministerium des Inneren (Hrsg.): E-Government 2.0 Programm, abrufbar unter http://www.verwaltung-innovativ.de/cln_110/SharedDocs/Pressemitteillungen/1070448_programm_e_government_2_0,templateId=raw,property=publicationFile.pdf/1070448_programm_e_government_2_0.pdf.

Bundesministerium des Inneren (Hrsg.),: Moderner Staat – Moderne Verwaltung – Bilanz 2002, Berlin, 2002.

Burgi, Martin: Verwaltungssponsoring und Kartellvergaberecht, NZBau 2004, 594–599.

Burgi, Martin: Kommunales Privatisierungsfolgenrecht – Vergabe, Regulierung und Finanzierung, NVwZ 2001, 601–607.

Bütow, Steffi/Floeting, Holger: Elektronische Stadt- und Wirtschaftsinformationssysteme in den deutschen Städten, Stuttgart, 1999.

Byok, Jan/Jaeger, Wolfgang: Kommentar zum Vergaberecht, Heidelberg, 2000.

Calliess, Christian/Ruffert, Matthias: EUV/EGV, Das Verfassungsrecht der Europäischen Union mit europäischer Grundrechtecharta, München, 3. Auflage 2006.

Christiansen, Per: Wahrheitswidrige Tatsachenbehauptung in einem Internetportal, MMR 2004, 185–186.

Colema, Stephen/Gøtze, John: Bowling Together: Online Public Engagement in Policy Deliberation, abrufbar unter http://www.bowlingtogether.net.

Cremer, Wolfram: Gewinnstreben als öffentliche Unternehmen legitimierender Zweck: Die Antwort des Grundgesetzes, DÖV 2003, 921–932.

Daele, Wolfgang van den/Neidhardt, Friedhelm: Kommunikation und Entscheidung, Politische Funktionen öffentlicher Meinungsbildung und diskursiver Verfahren, Berlin, 1996.

Decker, Andreas/Konrad, Christian: Bayerisches Baurecht, München, 2. Auflage 2008.

Deel, Sebastian von: Was haben Web 2.0, eGovernment 2.0 und ePartizipation gemeinsam, eGovernment Computing, Heft 4/2008, S. 18.

Demmel, Anette/Herten-Koch, Ruth: Vergaberechtliche Probleme bei der Beschaffung von Open-Source-Software, NZBau 2004, 187–189.

Derksen, Roland: Strafrechtliche Verantwortung für in internationalen Computernetzen verbreitete Daten mit strafbarem Inhalt, NJW 1997, 1878–1885.

Detterbeck, Steffen: Allgemeines Verwaltungsrecht, München, 6. Aufl. 2008.

Dietlein, Johannes: Rechtsfragen des Zugangs zu kommunalen Einrichtungen, Jura 2002, 445–453.

Dietlein, Johannes: Der Begriff des funktionalen Auftraggebers nach § 98 Nr. 2 GWB, NZBau 2002, 136–142.

Dix, Gerhard: Integration behinderter Menschen verbessern, BayGTZeitung 2003, abrufbar unter http://www.bay-gemeindetag.de/information/zeitung/2003/112003/bz112003e.htm.

Dörr, Oliver: Das europäisierte Vergaberecht in Deutschland, JZ 2004, 703–713.

Dreher, Meinrad: Die Privatisierung bei Beschaffung und Betrieb der Bundeswehr- Zugleich ein Beitrag zur Frage der vergaberechtlichen Privilegierung so genannter In-house-Lösungen, NZBau 2001, 360–366.

Dreher, Meinrad: Zur Frage, ob es als unlauterer Wettbewerb einzustufen ist, wenn eine Gemeinde sich unter Verstoß gegen die Gemeindeordnung gewerblich betätigt und damit in Konkurrenz zu privaten Anbietern tritt, ZIP 2002, 1648–1651.

Dreher, Meinrad/Aschoff, Jürgen: Präsentationen und Vorführungen von Leistungen in Vergabeverfahren, NZBau 2006, 144–152.

Drömann, Dietrich: Wettbewerblicher Dialog und ÖPP-Beschaffungen – Zur „besonderen Komplexität" so genannter Betreibermodelle, NZBau 2007, 751–757.

Duckstein, Ronny/Gramlich, Ludwig: Kommunale Homepages als „öffentliche Einrichtungen"?, SächsVBl 2004, 121–128.

Düsterdiek, Bernd: Aufgabenübertragung auf einen Zweckverband und Vergaberecht, NZBau 2006, 618–622.

Eck, Stefan/Ruess, Peter: Haftungsprivilegierung der Provider nach der E-Commerce-Richtlinie, MMR 2003, 363–366.

Edwards, James: AJAX and Screenreaders: When Can it Work, sitepoint v. 05. 05. 2006, abrufbar unter http://www.sitepoint.com/article/ajax-screen readers-work.

Egger, Alexander: Inhouse-Vergabe und Vergabe an konzernverbundene Unternehmen, in: Müller-Wrede, Malte (Hrsg.), Kompendium des Vergaberechts, Köln, 2008, S. 187–201.

Ehlers, Dirk: Rechtsverhältnisse in der Leistungsverwaltung, DVBl 1986, 912–922.

Ehlers, Dirk: Interkommunale Zusammenarbeit in Gesellschaftsform, DVBl 1997, 137–145.

Ehlers, Dirk: Gesetzesvorbehalt und Hausrecht der Verwaltungsbehörden, DÖV 1977, 737–743.

Eichelberger, Jan: Zur Störerhaftung des Betreibers eines Internetforums für von Nutzern eingestellte Fotografien, Anmerkung, CR 2008, 330.

Eifert, Martin: Verwaltungsportale – Rechtsfragen einer neuen bürgerorientierten Verwaltungseinrichtung, in: Bär, Wolfgang (Hrsg.), Rechtskonformes eGovernment – eGovernment-konformes Recht, Gesetzgebung, Verwaltung und Justiz im Informationszeitalter, Stuttgart, 2005, S. 119–125.

Eifert, Martin/Püschel, Jan Ole/Stapel-Schulz, Claudia: Rechtskonformes E-Government, Antworten auf Kernfragen beim Bau eines virtuellen Rathauses, Berlin, 2003.

Elbel, Thomas: Das Recht der öffentlichen Aufträge auf dem Prüfstand des europäischen Rechts, DÖV 1999, 235–242.

Endler, Jan: Privatisierung und Vergaberecht, NZBau 2002, 125–136.

Engel-Flechsig, Stefan/Maennel, Frithjof/Tettenborn, Alexander: Das neue Informations- und Kommunikationsdienste-Gesetz, NJW 1997, 2981–2992.

Erichsen, Hans-Uwe: Kommunalrecht des Landes Nordrhein-Westfalen, Siegburg, 2. Auflage 1997.

Erichsen, Hans-Uwe: Repetitorium Öffentliches Recht, Die kommunalen öffentlichen Einrichtungen, Jura 1986, 148–153.

Ewer, Wolfgang: Privatisierung und Public-Private-Partnership als Arbeitsfeld anwaltlicher Tätigkeit, AnwBl 2001, 471–474.

Faber, Angela: Öffentliche Aufträge an kommunalbeherrschte Unternehmen: Inhouse-Geschäfte oder Vergabe im Wettbewerb?, DVBl. 2001, 248–257.

Faßbender, Karl-Josef: Rechtsschutz privater Konkurrenten gegen kommunale Wirtschaftsbetätigung, DÖV 2005, S. 89–99.

Feldmann, Thorsten: Anmerkung zu: AG München v. 06. 06. 2008 – 142 C 6791/08, jurisPR-ITR 15/2008, Anm. 4.

Firlinger, Beate: Buch der Begriffe – Sprache Behinderung Integration, Wien, 2003.

Fleckenstein, Martin: Abbau von Hemmnissen für Public Private Partnership: Das ÖPP-Beschleunigungsgesetz, DVBl 2006, 75–82.

Flömer, Volker/Tomerius, Stefan: Interkommunale Zusammenarbeit unter Vergaberechtsvorbehalt?, NZBau 2004, 660–667.

Frenz, Walter: Handbuch Europarecht 3: Beihilfen- und Vergaberecht, Berlin 2006.

Frey, Michael: Kommunale öffentliche Einrichtungen im Internet, DÖV 2005, 411–420.

Freytag, Stefan: Providerhaftung im Binnenmarkt, CR 2000, 600–609.

Freytag, Stefan: Digital Millennium Copyright Act und europäisches Urheberrecht für die Informationsgesellschaft, MMR 1999, 207–213.

Friedrichs, Stefan/Hart, Thomas/Schmidt, Oliver: Balanced E-Government: Visionen und Prozesse zwischen Bürgernähe und Verwaltungsmodernisierung, in: Aus Politik und Zeitgeschichte, B 39–40/2002.

Friedrichs, Stefan/Hart, Thomas/Welzel, Carolin: 10-Punkte-Plan für gutes E-Government, abrufbar unter http://www.bertelsmann-stiftung.de/cps/rde/xbcr/SID-0A000F0A-54FB6E31/bst/xcms_bst_dms_18431_18432_2.pdf.

Fritsch, Lothar/Rossnagel, Heiko/Schwenke, Matthias/Stadler, Tobias: Die Pflicht zum Angebot anonym nutzbarer Dienste, DuD 2005, 592–596.

Funk, Axel/Zeifang, Gregor: Die GNU General Public License, Version 3, CR 2007, 617–624.

Gappa, Henrike: Barrierefreies e-Government für Alle, in: Bieler, Frank/Schwarting, Gunnar (Hrsg.), E-Government, Berlin, 2007, S. 221–264.

Géczy-Sparwasser, Vanessa: Die Gesetzgebungsgeschichte des Internet, Berlin, 2003.

Gercke, Marco: Verantwortlichkeit der Betreiber eines Internetgästebuchs, MMR 2002, 695–696.

Gerhards, Maria/Klingler, Walter/Trump, Thilo: Das Social Web aus Rezipientensicht: Motivation, Nutzung und Nutzertypen, in: Zerfaß, Ansgar/Welker, Martin/Schmidt, Jan (Hrsg.), Kommunikation, Partizipation und Wirkungen im Social Web, Köln 2008, S. 129–148.

Gerke, Jürgen: Die wirtschaftliche Betätigung der Gemeinden, Jura 1985, 349–358.

Gern, Alfons: Deutsches Kommunalrecht, Baden-Baden, 3. Auflage 2003.

Gersdorf, Hubertus: Kapitel III, Medienordnungsrecht, in: Eberle, Carl-Eugen/ Rudolf, Walter/Wasserburg, Klaus, Mainzer Rechtshandbuch der Neuen Medien, Heidelberg, 2003.

Gesellschaft für Informatik e. V.: Memorandum des Fachausschusses Verwaltungsinformatik der Gesellschaft für Informatik e. V. und des Fachbereichs 1 der Informationstechnischen Gesellschaft im VDE, „Electronic Government als Schlüssel zur Modernisierung von Staat und Verwaltung", September 2000, abrufbar unter: http://www.gi-ev.de/fileadmin/redaktion/Download/ presse_memorandum.pdf.

Glücks, Jörg/Bremke, Nils: Onlinewahlen – die Alternative im 21. Jahrhundert, ZfPR 2004, 48–53.

Golembiewski, Claudia: Das Recht auf Anonymität im Internet, DuD 2003, 129–133.

Gollan, Lutz: Leistungsfähigkeit des E-Governments für kommunale Kooperation, in: Schneider, Bernd Jürgen (Hrsg.), Handbuch Interkommunale Zusammenarbeit, Stuttgart, 2005, S. 127–129.

Gore, Al: Reengineering through Information Technology, 1993, abrufbar unter: http://govinfo.library.unt.edu/npr/library/reports/it03.html.

Grabitz, Eberhard/Hilf, Meinhard: Das Recht der Europäischen Union, Loseblatt, München, Stand: 34. EL 2008.

Grabow, Busso: Das virtuelle Rathaus: Was wollen die Bürgerinnen und Bürger – was können Politik und Verwaltung, Thesenpapier 2004, abrufbar unter http://www.difu.de/projektforen/iuk/dokumente/Thesen_Vortrag.pdf.

Gröning, Jochem: Kommunalrechtliche Grenzen der wirtschaftlichen Betätigung der Gemeinden und Drittschutz auf dem ordentlichen Rechtsweg, WRP 2002, 17–27.

Grüning, Gernod: Grundlagen des New Public Management, Entwicklung, theoretischer Hintergrund und wissenschaftliche Bedeutung des New Public Management aus Sicht der politisch-administrativen Wissenschaften der USA, Münster, 2000.

Grupp, Klaus: Wirtschaftliche Betätigung der öffentlichen Hand unter dem Grundgesetz, ZHR 140, 367–393 (1976).

Güngöz, Ömer: „Die neue E-Government Generation", http://www.bpm-agu. com/publications/Die_neue_Generation_des_E-Governments.pdf.

Habermas, Jürgen: Strukturwandel der Öffentlichkeit, Untersuchungen zu einer Kategorie der bürgerlichen Gesellschaft, unveränderter Nachdruck der ersten Ausgabe 1962, Frankfurt am Main, 1990.

Hands, Joss: E-deliberation and local governance: The role of computer mediated communication in local democratic participation in the United Kingdom, in: First Monday, Vol. 10, No 7, 04. 07. 2005, abrufbar unter http://firstmon day.org/htbin/cgiwrap/bin/ojs/index.php/fm/article/view/1258/1178.

Hanken, Claas: Interkommunale Zusammenarbeit, in: Wind, Martin/Kröger, Detlef, Handbuch IT in der Verwaltung, Berlin, 2006, S. 393–402.

Hardraht, Karsten: In-house Geschäfte und europäisches Vergaberecht, Berlin, 2006.

Hart, Thomas/Stüdemann, Dirk-Christof: Online-Chat und Bürgernetz, in Hart, Thomas/Pflüger, Frank (Hrsg.), Neue Medien und Bürgerorientierung, S. 6–17.

Hart, Thomas/Welzel, Carolin/Gerstlberger, Wolfgang/Sack, Detlef: Public Private Partnerships im E-Government, Gütersloh/Kassel. 2003.

Härting, Niko: Anmerkung zu BGH I ZR 35/04 vom 19. 4. 2007 – Internet-Versteigerung II, BGHReport 2007, 828–829.

Haslinger, Stephanie: Schutzlos gegen rechtswidrigen Marktzutritt der öffentlichen Hand? – „Erwünschte Belebung des Wettbewerbs"?, WRP 2002, 1023–1028.

Hattenberger, Doris: Der virtuelle Behördenweg, DuD 2001, 539–545.

Hattig, Oliver/Ruhland, Bettina: Die Rechtsfigur der Dienstleistungskonzession, NZBau 2005, 626–630.

Hauck, Ronny: Der Standortvorteil im Wettbewerb, GRUR 2008, 665–671.

Hebig, Heiko: Weblogs effektiv vor Kommentar-Spam schützen, IT-Frontal Weblog, abrufbar unter http://www.itfrontal.de/2004/12/spamschutz_in_w. html.

Heckmann, Dirk: Juris-PraxisKommentar Internetrecht, Saarbrücken, 2007.

Heckmann, Dirk: Betreiberhaftung bei Meinungsplattformen im Internet („meinprof.de"), jurisPR-ITR 11/2007 Anm 5.

Heckmann, Dirk: IT-Vergabe, Open Source Software und Vergaberecht, CR 2004, 401–408.

Heckmann, Dirk: E-Vergabe als Motor für E-Government?, K&R 2003, 97–104.

Heckmann, Dirk: E-Government im Verwaltungsalltag, K&R 2003, 425–433.

Heckmann, Dirk: Web based planning. Der Einfluss der Informations- und Kommunikationstechnologie auf Planungsverfahren der öffentlichen Verwaltung, in: Ziekow, Jan (Hrsg.), Bewertung von Fluglärm – Regionalplanung – Planfeststellungsverfahren, Berlin, 2003, S. 287–302.

Heckmann, Dirk: Rechtliche Grenzen (quasi-) verbindlicher Technologievorgaben, CR 2006, 1–7.

Heckmann, Dirk: Vergaberecht, in: Spindler, Gerald (Hrsg.), Rechtsfragen bei Open Source, Köln, 2004, S. 281–313.

Heckmann, Dirk: Standards für Arbeitsprozesse und Leistungsbewertung im Öffentlichen Dienst, Vortrag am 25. 04. 2006, abrufbar unter http://www. daten.effizienterstaat.eu/2006/heckmann2006.pdf.

Hefermehl, Wolfgang/Köhler, Helmut/Bornkamm, Joachim/Baumbach, Adolf: Gesetz gegen den unlauteren Wettbewerb, Kommentar, München, 26. Auflage 2008.

Heffernan, Virginia/Zeller, Tom jr.: The Lonelygirl that really wasn't, in: New York Times v. 13. 09. 2006, abrufbar unter http://www.nytimes.com/2006/09/13/technology/13 lonely.html.

Heiermann, Wolfgang: Der wettbewerbliche Dialog, ZfBR 2005, 766–784.

Heimlich, Jörn: Informationstechnologie, in: Weber, Martin/Schäfer, Michael/Hausmann, Friedrich Ludwig, Praxishandbuch Public Private Partnership: Rechtliche Rahmenbedingungen, Wirtschaftlichkeit, Finanzierung, München, 2005, S. 709–754.

Heise Newsticker (jo, jk): Barrieren im Web 2.0, Heise News v. 06. 05. 2008, abrufbar unter http://www.heise.de/newsticker/Barrieren-im-Web-2-0-/meldung/107472.

Heise Newsticker (pmz): Lebenszeichen von Netscape, Heise Online v. 04. 10. 2005 abrufbar unter http://www.heise.de/newsticker/Lebenszeichen-von-Netscape-/meldung/64559.

Helbach, Jörg/Krimmer, Robert/Meletiadou, Anastasia/Meißner, Nils/Volkamer, Melanie: Zukunft von Online-Wahlen, DuD 2007, 434–440.

Henneke, Hans-Günter: Gewinnerzielung und Arbeitsplatzsicherung als Legitimation kommunalwirtschaftlicher Betätigung?, NdsVBl 1998, 273–283.

Herzberg, Carsten/Röcke, Anja/Sintomer, Yves: Von Porto Alegre nach Europa, Möglichkeiten und Grenzen des Bürgerhaushalts, in: Kleger, Heinz/Franzke, Jochen (Hrsg.), Kommunaler Bürgerhaushalt in Theorie und Praxis am Beispiel Potsdams, Potsdam, 2006.

Hetzel, Hedda/Früchtl, Bernd: Das Zusammenwirken von öffentlicher Hand und Privatwirtschaft in Öffentlich Privaten Partnerschaften, BayVBl. 2006, 649–656.

Hexelschneider, Anette: Web 2.0 – Dynamische Webinhalte und Barrierefreiheit, Blogartikel v. 07. 12. 2007, abrufbar unter: http://wissensmanagement.terapad.com/index.cfm?fa=contentNews.newsDetails&newsID=44358&from=list.

Hill, Hermann: eGovernment – Mode oder Chance zur nachhaltigen Modernisierung der Verwaltung?, BayVBl. 2003, 737–744.

Hill, Hermann: In welchen Grenzen ist kommunalwirtschaftliche Betätigung Daseinsvorsorge?, BB 1997, 425–431.

Hoeren, Thomas: Internet- und Kommunikationsrecht, Praxis-Lehrbuch, Köln, 2008.

Hoeren, Thomas: Haftung von Onlineauktionshäusern, MMR 2004, 672–673.

Hoeren, Thomas: Urheberrecht 2000 – Thesen für eine Reform des Urheberrechts, MMR 2000, 3–7.

Hoeren, Thomas/Sieber, Ulrich: Handbuch Multimedia-Recht, Rechtsfragen des elektronischen Geschäftsverkehrs, Loseblatt, München, Stand 18. EL 2008.

Hoffmann, Helmut: Zivilrechtliche Haftung im Internet, MMR 2002, 284–289.

Höfler, Heiko: Anmerkung: EuGH, Österreichische Staatsdruckerei, ZVgR 1999, 62–62.

Holznagel, Bernd/Verhulst, Stefan/Grünwald, Andreas/Hahne, Kathrin: Verhinderung des Digital Divide als Zukunftsaufgabe – ein Plädoyer gegen die Errichtung von E-Barriers, K&R 2000, 421–431.

Holznagel, Daniel: Zur Providerhaftung – Notice and Take-Down in § 512 U.S. Copyright Act, GRUR-Int 2007, 971–986.

Horn, Hendrik/Peters, Andrea: Vertragsgestaltung bei Public Private Partnership (PPP)-Projekten, BB 2005, 2421–2427.

Hösch, Ulrich: Öffentlicher Zweck und wirtschaftliche Betätigung von Kommunen, DÖV 2000, 393–406.

Hübschle, Wolfgang: Wettbewerbsrechtliche Abwehransprüche gegen die unternehmerische Betätigung der öffentlichen Hand, GewArch 2000, 186–190.

Huckschlag, Andreas/Korte, Nils: Barrierefreies Internet – neue Medien ohne Hürden, SuP 2003, 426–433.

Huppertz, Stefan: Rechtliche Probleme von Online-Auktionen, MMR 2000, 65–72.

Immenga, Ulrich/Mestmäcker, Gerhard: Gesetz gegen Wettbewerbsbeschränkungen, Kommentar, München, 3. Auflage 2001.

Initiative eParticipation (Hrsg.): Elektronische Bürgerbeteiligung in deutschen Großstädten 2004, abrufbar unter http://www.initiative-eparticipation.de/Studie_eParticipation2005.pdf.

Jaeger, Till/Metzger, Axel: Open Source Software, Rechtliche Rahmenbedingungen der freien Software, München, 2. Auflage 2006.

Jaeger, Wolfgang: Public Private Partnership und Vergaberecht, NZBau 2001, 6–12.

Jaitner, Arne: Mehr Demokratie wagen – auch im Internet, in: eGovernment Computing, Ausgabe 12/2007–1/2008, S. 3 ff..

Jarass, Hans D./Pieroth, Bodo: Grundgesetz für die Bundesrepublik Deutschland, Kommentar, München, 9. Auflage 2007.

Jarren, Otfried: Internet – neue Chancen für die politische Kommunikation? Aus Politik und Zeitgeschichte, B 40/98.

Jasper, Ute/Pooth, Stefan: Die Auslegung der In-House-Kriterien, VergabeR 2003, 613–622.

Jennert, Carsten: In-house-Vergabe nach „Carbotermo": Bei der kommunalen GmbH möglich, beim Zweckverband nicht?, NZBau 2006, 421–425.

Jennert, Carsten: Anmerkung zum vorstehenden „Asemfo/Tragsa"-Urteil des EuGH, NZBau 2007, 386–387.

Jürgens, Uwe: Haftung des Internetauktionsveranstalters bei Markenrechtsverstößen Dritter, K&R 2007, 387–396.

Jürgens, Uwe: Haftung für zu eigen gemachte Fotos Dritter, K&R 2008, 456–462.

Jürgens, Uwe/Veigel, Ricarda: Zur haftungsminimierenden Gestaltung von „User Generated Content"-Angeboten, AfP 2007, 181–187.

Kaeding, Nadja: Besonderheiten der Vergabe von IT-Leistungen, abrufbar unter http://www.graefe-portal.de/news.html?&tx_ttnews%5Btt_news%5D=173&tx_ttnews%5BbackPid%5D=134&cHash=1428bc2299.

Kämmerer, Jörn Axel: Privatisierung, Typologie, Determinanten, Rechtspraxis, Folgen, Tübingen, 2001.

Kasper, Andreas: Sponsoring und Vergaberecht, DÖV 2005, 11–18.

Kasper, Andreas: Formen interkommunaler Zusammenarbeit, KommunalPraxis spezial 2006, 44–51.

Kathmann, Jan-Hendrik: Die Potenziale von E-Government für die öffentliche Verwaltung im ländlichen Raum, Berlin, 2004.

Kau, Marcel: Vergaberechtliches Kaskadenprinzip und europäisches Gemeinschaftsrecht, EuZW 2005, 492–496.

Kellner, Martin: Die E-Petition zum Bundestag: Ein Danaergeschenk, NJ 2007, 56–59.

Khorrami, Esfandiar: Bundestagswahlen per Internet, Zur rechtlichen und tatsächlichen Realisierbarkeit von Internetwahlen, Baden-Baden, 2006.

Kilian, Thomas/Hass, Berthold H./Walsh, Gianfranco: Grundlagen des Web 2.0, in: Hass, Berthold H. (Hrsg.), Web 2.0 – neue Perspektiven für Marketing und Medien, Berlin, 2008, S. 3–21.

Kilian, Thomas/Wind, Martin: Vernetzte Verwaltung und zwischenbehördliche Beziehungen, VerwArch 1997, 499–519.

Kirch, Thomas/Leinemann, Dorothee: GWB – Novellierungsvorschlag für das Kartellvergaberecht, VergabeNews April 2008, S. 38–42.

Kittler, Matthias: Die öffentliche Hand als Werbeträger im Internet, NJW 2000, S. 122–123.

Kleine, Wolfgang/Flöther, Lucas/Bräuer, Gregor: Die Reorganisation der kommunalen Immobilienwirtschaft – Privatisierung aus vergaberechtlicher Sicht, NVwZ 2002, 1046–1054.

Klinger, Markus: Der neue EVB-IT Systemvertrag, AnwZert ITR 12/2008, Anm. 2

Knauff, Matthias: Die Reform des europäischen Vergaberechts, EuZW 2004, 141–144.

Knauff, Matthias: Neues europäisches Vergabeverfahrensrecht: Der wettbewerbliche Dialog, VergabeR 2004, 287–302.

Knemeyer, Franz-Ludwig: Janusköpfiges Hausrecht?, DÖV 1971, 303–304.

Knemeyer, Franz-Ludwig: Öffentlich-rechtliches Hausrecht und Ordnungsgewalt, DÖV 1970, 596–601.

Knemeyer, Franz-Ludwig: Das Hausrecht der öffentlichen Verwaltung, VBlBW 1982, 249–252.

Koch, Thorsten: Bürgercommunities – Zusammenarbeit zwischen Bürgern und öffentlicher Verwaltung im Web 2.0, Kehl, 2008.

Koch, Thorsten: Meine Antwort auf „Was ist Web 2.0" v. 14. 02. 2007, abrufbar unter http://thorsten-koch.net/?p=9.

Köhler, Helmut: Das neue kommunale Unternehmensrecht in Bayern, BayVBl 2000, 1–12.

Köhler, Helmut: Wettbewerbsverstoß durch rechtswidrigen Marktzutritt?, GRUR 2001, 777–782.

Köhler, Markus/Arndt, Hans-Wolfgang/Fetzer, Thomas: Recht des Internet, Heidelberg, 6. Auflage 2008.

Kolpatzik, Christoph: Berater als Bieter vs. Bieter als Berater, VergabeR 2007, 279–298.

Konjovic, Georg: Stadtportale – best practice im Bereich PPP – auf dem Weg ins Web 2.0, Vortrag auf dem 3. ReH..Mo-Symposium am 08. 11. 2007, Folien abrufbar unter http://www.rehmo.uni-passau.de/fileadmin/rehmo/Vortraege/ Rehmo2007/Konjovic.pdf.

Konzendorf, Götz: eLegislation: Bessere Rechtssetzung durch neue Informationstechnologien?, abrufbar unter www.egovernment-academy.de/content/ e3/e271/?nummer=e1050.

Krajewski, Markus/Wethkamp, Nadine Maria: Die vergaberechtsfreie Übertragung öffentlicher Aufgaben, DVBl. 2008. 355–363.

Krohn, Wolfram: „Aus" für In-house-Vergaben an gemischtwirtschaftliche Unternehmen, NZBau 2005, 92–96

Krohn, Wolfram: Interkommunale Zusammenarbeit und Vergaberecht, NZBau 2006, S. 610–618.

Krüger, Alfred: Fallstricke im Web 2.0, Beitrag auf ZDF.de vom 09. 04. 2007, abrufbar unter http://www.heute.de/ZDFheute/inhalt/25/0,3672,5252025,00. html.

Krutisch, Dominic: Materielle Privatisierung- Wann unterliegen Veräußerungen von Geschäftsanteilen dem Vergaberecht?, NZBau 2003, 650–653.

Kubice, Herbert/Hagen, Martin: Internet und Multimedia in der öffentlichen Verwaltung, Berlin, 1999.

Kuhn, Frank: Elektronische Partizipation, Wiesbaden, 2006.

Kühne, Hans-Heiner: Strafbarkeit der Zugangsvermittlung von pornographischen Informationen im Internet, NJW 1999, 188–190.

Kunz, Sylvia: Rechtsfragen des Ausschlusses aus Internetforen, Hamburg, 2005.

Lange, Knut Werner: Europäisches und deutsches Kartellrecht, Frankfurt, 2006.

Lange, Knut Werner: Kartellrechtlicher Unternehmensbegriff und staatliches Wirtschaftshandeln in Europa, WuW 2002, 953–961.

Leder, Martin: Kohärenz und Wirksamkeit des kommunalen Wirtschaftsrechts im wettbewerbsrechtlichen Umfeld, DÖV 2008, 173–183.

Lehment, Cornelis: Störerhaftung eines Internetauktionshauses bei Fremdversteigerungen – Internet-Versteigerung II, GRUR 2007, 708–714.

Leible, Stefan/Sosnitza, Olaf: Haftung von Internetauktionshäusern – reloaded, NJW 2007, 3324–3326.

Leinemann, Ralf/Ebert, Eva-Dorothee/Kirch, Thomas: Die Vergabe öffentlicher Aufträge, Neuwied, 4. Auflage 2007.

Leinemann, Ralf/Maibaum, Thomas: Die neue europäische einheitliche Vergabekoordinierungsrichtlinie für Lieferaufträge, Dienstleistungsaufträge und Bauaufträge – ein Optionsmodell, VergabeR 2004, 275–286.

Lennep, Hans-Gerd von: Organisationsform Interkommunaler Zusammenarbeit, in: Schneider, Bernd Jürgen (Hrsg.), Handbuch Interkommunale Zusammenarbeit, Stuttgart, 2005, S. 19–30.

Lensdorf, Lars: Die Vergabe von öffentlichen IT- und Outsourcing-Projekten, CR 2006, 137–142.

Lensdorf, Lars/Steger, Udo: Auslagerung von IT-Leistungen auf Public Private Partnerships – Privatisierung und Vergaberecht bei der Aufgabenverlagerung auf gemischtwirtschaftliche Unternehmen, CR 2005, 161–169.

Leupold, Andreas: Keine Haftung der Betreiber von Onlinemarktplätzen für Markenverletzungen der Verkäufer, MMR 2004, 318–319.

Levy, Pierre: L'Intelligence collective: Pour une anthropologie du cyberspace, Paris, 1997.

Lotter, Wolf: Das Internet ist ein Tummelplatz für Heckenschützen, WeltOnline Debatte v. 04. 05. 2007, abrufbar unter: http://debatte.welt.de/kommentare/20694/.

Lucke, Jörn von: Wikis in der Verwaltung, in: Hass, Berthold H./Walsh, Gianfranco/Kilian, Thomas (Hrsg.), Web 2.0 – Band 2, Heidelberg 2007.

Lucke, Jörn von/Reinermann, Heinrich: E-Government: Ziele, Stand, Barrieren, Beispiele, Umsetzung, Speyer, 2002.

Lührs, Rolf/Hohberg, Birgit: Familiendiskurse.de, in: Stiftung Mitarbeit & Initiative eParticipation (Hrsg.): E-Partizipation, Beteiligungsprojekte im Internet, Beiträge zur Demokratieentwicklung Nr. 21, Bonn, 2007, S. 30–53.

Lux, Johannes: Einführung in das Vergaberecht, JuS 2006, 969–974.

Mader, Oliver: Das neue EG-Vergaberecht, EuZW 2004, 425–429.

Malseed, Mark/Vise, David: The Google Story, New York, 2005.

Malzahn, Manfred: Niedersächsisches Datenschutzgesetz, Praxis der Kommunalverwaltung, Kommentar, Loseblatt, München, Stand September 2001.

Mangoldt, Hermann von/Klein, Friedrich/Stark, Christian: Das Bonner Grundgesetz, Kommentar, München, 5. Auflage 2005.

Mann, Thomas: Öffentliche Unternehmen im Spannungsfeld von öffentlichem Auftrag und Wettbewerb, JZ 2002, 819–826.

Mark Twain: The Adventures of Tom Sawyer, 1884 – 2. Kapitel, abrufbar unter: http://www.gutenberg.org/files/74/74-h/p1.htm#c2.

Märkler, Oliver/Trénel, Matthias/Poppenborg, Annika: Ungenutztes Wissen, in: Kommune21, 9/2003, abrufbar unter: http://www.kommune21.de/_files/mod_ heftarchiv/kommune21_2003–09_s18.pdf.

Martens, Silke/Schwartz-Gondek, Nicolai: Glossar, in: Bräutigam, Peter/Leupold, Andreas, Online-Handel, München, 2003, C, S. 1067–1094.

Marx, Friedhelm: Verlängerung bestehender Verträge und Vergaberecht, NZBau 2002, 311–315.

März, Hans-Peter: Überlassen von Räumen durch Körperschaften des öffentlichen Rechts an Parteien oder politische Gruppierungen, BayVBl 1992, 97–103.

Masing, Tobias: Die Beteiligung Privater an kommunalen Gesellschaften und das öffentliche Vergaberecht, ZfBR 2002, 450–455.

Masson, Christoph/Samper, Rudolf/Bauer, Martin: Bayerische Kommunalgesetze, Kommentar, Loseblatt, München, Stand: 90. EL 2008.

Mathes, Adam: Folksonomies – Cooperative Classification and Communication through shared metadata, abrufbar unter http://www.adammathes.com/acade mic/computer-mediated-communication/folksonomies.html.

Matthies, Ulf: Providerhaftung für Inhalte, Baden-Baden, 2005.

Maume, Philipp: Bestehen und Grenzen des virtuellen Hausrechts, MMR 2007, 620–625.

Maunz, Theodor/Dürig, Günther: Grundgesetz, Kommentar, Loseblatt, München, Stand: 51. EL 2008.

Mayen, Thomas: Privatisierung öffentlicher Aufgaben – Rechtliche Grenzen und rechtliche Möglichkeiten, DÖV 2001, 110–119.

McKeown, Kevin: Social Norms and Implications of Santa Monica's PEN (Public Electronic Network), 1991, abrufbar unter http://www.prometheusonline.de/ heureka/politik/vortraege/mckeown/index.htm.

Mehler, Ulrich: Die Verantwortlichkeit des Betreibers von Internetauktionen für Markenverletzungen in Deutschland und den USA, WRP 2006, 819–829.

Meugniot, Jason: Interview in Choo, What counts in choosing the right CMS, in TechRepublic v. 03. 05. 2002, abrufbar unter http://articles.techrepublic. com.com/5100–10878_11–1051942.html.

Meyer, Hubert: Wettbewerbsrecht und wirtschaftliche Betätigung der Kommunen, NVwZ 2002, S. 1075–1078.

Meyer, Hubert: Nichtwirtschaftliche Betätigung der Kommunen: Spiel ohne Grenzen?, LKV 2000, S. 321–324.

Miller, Peter: Weisheit der Winzlinge, Spiegel Online v. 12. 08. 2007, abrufbar unter http://www.spiegel.de/wissenschaft/natur/0,1518,497478,00.html.

Mocigemba, Dennis: Personality Prototyping, Identitätsexperimente auf der Bühne Podcast, in: Zerfaß, Ansgar/Welker, Martin/Schmidt, Jan (Hrsg.), Kommunikation, Partizipation und Wirkungen im Social Web, Köln 2008, S. 149–167.

Mohl, Meike: Die kommunalen öffentlichen Einrichtungen, Diss. Erlangen-Nürnberg, 1988.

Möller, Erik: Medienrevolution – Wie Weblogs, Wikis und freie Software die Welt verändern, Hannover, 2. Auflage 2006.

Moos, Flemming: Rechtliche Möglichkeiten und Grenzen einer Finanzierung von E-Government-Angeboten durch PPPs, in: Wind, Martin/Kröger, Detlef, Handbuch IT in der Verwaltung, Berlin, 2006, S. 403–419.

Moraing, Markus: Kommunales Wirtschaftsrecht vor dem Hintergrund der Liberalisierung der Märkte, WiVerw 1998, 233–263.

Müller, Horst: eGovernment – Begriffe, Stand, Perspektiven, abrufbar unter: http://www.fortmuehler.de/admac/mueller-akit04-web.pdf.

Müller, Jürgen: Interkommunale Zusammenarbeit und Vergaberecht, VergabeR 2005, 436–448.

Müller, Martin/Brauser-Jung, Gerrit: Öffentlich-Private-Partnerschaften und Vergaberecht, NVwZ 2007, 884–889.

Müller, Matthias: Interkommunale Zusammenarbeit und Vergaberecht, Tübingen, 2006.

Müller, Norman/Gerlach, Carsten: Open-Source-Software und Vergaberecht, CR 2005, 87–92.

Müller-Terpitz, Ralf: Verantwortlichkeit und Haftung, in: Kröger, Detlef/Hoffmann, Martin (Hrsg.), Rechtshandbuch zum E-Government, Köln, 2005, S. 257–288.

Müller-Wrede, Malte: Verdingungsordnung für Leistungen VOL/A, Kommentar, Düsseldorf, 2. Auflage 2007.

Neßler, Volker: Das neue Auftragsvergaberecht – ein Beispiel für die Europäisierung des deutschen Rechts, EWS 1999, 89–94.

Neumann, Dirk/Pahlen, Ronald/Majerski-Pahlen, Monika: Sozialgesetzbuch IX, Rehabilitation und Teilhabe behinderter Menschen, Kommentar, München, 11. Auflage 2005.

Neuner, Jörg: Die Stellung Körperbehinderter im Privatrecht, NJW 2000, 1822–1833.

Niebuhr, Frank/Eschenbruch, Klaus: Kommentar zum Vergaberecht, Neuwied, 2000.

Niewerth, Markus: Zukunftsszenarien kommunikativer Vernetzung durch Mobilkommunikation, in: Meckel, Miriam/Stanoevska-Slabeva, Katarina (Hrsg.), Web 2.0 – Die nächste Generation Internet, Baden-Baden, 2008, S. 59–70.

Noch, Rainer: Das neue Vergaberecht, BauRB 2005, 121–124.

Nolte, Frank: E-Government in der Verwaltungsreform: Der große Sprung nach vorn?, DÖV 2007, 941–949.

O'Reilly, Tim: Blogbeitrag v. 30. 09. 2005, abrufbar unter http://radar.oreilly. Com/archives/2005/09/what_is_web_20.html.

O'Reilly, Tim: What is Web 2.0? – Design Patterns and Business Models for the Next Generation of Software v. 30. 09. 2005, abrufbar unter http://www.oreil ly.de/artikel/web20.html.

O'Reilly, Tim: „Web 2.0: Compact Definition", Blogbeitrag v. 01. 10. 2005, abrufbar unter http://radar.oreilly.com/archives/2005/10/web_20_ compact_defini tion.html.

Organisation for Economic Co-Operation and Development (Hrsg.): Policy Brief, März 2003, abrufbar unter: http://www.oecd.org/dataoecd/60/60/2502539. pdf.

Ohrtmann, Nicola: Korruption im Vergaberecht Teil 1, NZBau 2007, 201–205.

Ohrtmann, Nicola: Korruption im Vergaberecht Teil 2, NZBau 2007, 278–281.

Olsson, Tommy: Graceful Degradation & Progressive Enhancement, abrufbar unter http://accessites.org/site/2007/02/graceful-degradation-progressive-en hancement/.

Opitz, Marc: Wie funktioniert der wettbewerbliche Dialog? – Rechtliche und praktische Probleme, VergabeR 2006, 451–473.

Orlowski, Matthias Christian: Zulässigkeit und Grenzen der In-house-Vergabe, NZBau 2007, 80–88.

Ossenbühl, Fritz: Rechtliche Probleme der Zulassung zu öffentlichen Stadthallen, DVBl. 1973, 289–298.

Ott, Staphan/Ramming, Bernd: Anspruch auf Aufnahme in eine kommunale Linkliste?, BayVBl 2003, 454–463.

Otting, Olaf: Neues Steuerungsmodell und rechtliche Betätigungsspielräume der Kommunen, Stuttgart, 2002.

Otting, Olaf: Öffentlicher Zweck, Finanzhoheit und fairer Wettbewerb – Spielräume kommunaler Erwerbswirtschaft, DVBl 1997, 1258–1264.

Papier, Hans-Jürgen: Recht der öffentlichen Sachen, Berlin, 3. Auflage 1998.

Pieroth, Bodo/Hartmann, Bernd J.: Grundrechtsschutz gegen wirtschaftliche Betätigung der öffentlichen Hand, DVBl 2002, 421–428.

Pieroth, Bodo/Schlink, Bernhard: Grundrechte Staatsrecht II, Heidelberg, 24. Auflage 2008.

Pietzcker, Jost: Grenzen des Vergaberechts, NVwZ 2007, 1225–1232.

Piper, Henning: Zum Wettbewerb der öffentlichen Hand, GRUR 1986, 574–579.

Plehwe, Thomas von: Bestattungswirtschaftliche Betätigung einer Kommune („Friedhofsruhe"), jurisPR-WettbR 6/2006 Anm. 4.

Popitz, Johannes: Der künftige Finanzausgleich zwischen Reich, Ländern und Gemeinden. Gutachten, erstattet der Studiengesellschaft für Finanzausgleich, Berlin, 1932.

Poppen, Mathias: Der Wettbewerb der öffentlichen Hand – Grundlagen und Grenzen unter besonderer Berücksichtigung des § 4 Nr. 11 UWG, Hamburg, 2007.

Prieß, Hans-Joachim: Das öffentliche Auftragswesen in der Europäischen Union, Köln, 2. Auflage 1994.

Prieß, Hans-Joachim: Handbuch des europäischen Vergaberechts, Gesamtdarstellung der EU/EWR-Vergaberegeln mit Textausgabe, Köln, 2. Auflage 2008.

Pünder, Hermann: Die kommunale Betätigung auf dem Telekommunikationssektor, DVBl. 1997, 1353–1360.

Pünder, Hermann/Dittmar, Raoul: Die wirtschaftliche Betätigung der Gemeinden, Jura 2005, 760–768.

Pünder, Hermann/Franzius, Ingo: Auftragsvergabe im wettbewerblichen Dialog, ZfBR 2006, 20–25.

Püttner, Günter/Lingemann, Stefan: Aktuelle Probleme der Zulassung zu öffentlichen Einrichtungen (Teil 1), JA 1984, 121–129.

Rechten, Stephan: Die Novelle des EU-Vergaberechts, NZBau 2004, 366–374.

Reidt, Olaf/Stickler, Thomas/Glahs, Heike: Vergaberecht, Kommentar, Köln, 2. Auflage 2003.

Riese, Christoph/Suermann, Ansgar: Kommunale Unternehmen und öffentliche Aufträge, LKV 2005, 289–292.

Roggenkamp, Jan Dirk: Anmerkung zu OLG Hamburg v. 26. 09. 2007 – 5 U 165/06, jurisPR-ITR 7/2006 Anm. 5.

Roggenkamp, Jan Dirk: Verstößt das Content-Caching von Suchmaschinen gegen das Urheberrecht?, K&R 2006, 405–409.

Roggenkamp, Jan Dirk: Zur Frage der Verantwortlichkeit von Forenbetreibern, jurisPR-ITR 4/2007 Anm. 2.

Röhl, Hans Christian: Der Anwendungsbereich des Vergaberechts – BGHZ 148, 55, JuS 2002, 1053–1058.

Ronellenfitsch, Michael: Das Hausrecht der Behörden, VerwArch 73, 465–478 (1982).

Roßnagel, Alexander: Recht der Multimedia-Dienste, Loseblatt, München, Stand: 8. EL 2008.

Rubens, Annik: Podcasting, Köln, 2006.

Rücker, Daniel: Notice and take down-Verfahren für die deutsche Providerhaftung?, CR 2005, 347–355.

Rüddigkeit, Volker: Web 2.0 – das „neue" Internet macht Schule!, abrufbar unter http://download.bildung.hessen.de/medien/projekte_medien/web20/web20-voru.pdf.

Ruffert, Matthias: Kommunalwirtschaft und Landes-Wirtschaftsverfassung, NVwZ 2000, 763–765.

Ruffert, Matthias: Grundlagen und Maßstäbe einer wirkungsvollen Aufsicht über die kommunale wirtschaftliche Betätigung, VerwArch 2001, 27–57.

Rüß, Oliver Rene: Wahlen im Internet, MMR 2000, 73–76.

Ruthig, Josef: Vergaberechtsnovelle ohne Gesetzgeber, NZBau 2006, 137–144.

Sachs, Michael/Battis, Ulrich: Grundgesetz, Kommentar, München, 4. Auflage 2007.

Sassenberg, Kai: Soziale Bindungen von Usern an Web 2.0-Angebote, in: Hass, Berthold H./Walsh, Gianfranco/Kilian, Thomas (Hrsg.), Web 2.0 – Band 1, Heidelberg 2007.

Schallbruch, Martin: E-Government 2.0 – Das Programm des Bundes, in: Zechner, Achim (Hrsg.), Handbuch E-Government – Strategien, Lösungen und Wirtschaftlichkeit, Stuttgart, 2007, S. 23–28.

Schellenberg, Martin/Moos, Flemming: Rechtliche Rahmenbedingungen für Internetseiten der Verwaltung, in: Bullerdiek, Thorsten/Greve, Manfred/Puschmann, Werner, Verwaltung im Internet, München, 2. Aufl. 2002, S. 301–314.

Schink, Alexander: Wirtschaftliche Betätigung kommunaler Unternehmen, NVwZ 2002, 129–140.

Schließky, Utz: Auswirkungen des E-Government auf Verfahrensrecht und kommunale Verwaltungsstrukturen, NVwZ 2003, 1322–1328.

Schmahl, Pia: Bayerische Forderung zur Schaffung barrierefreier Informationstechnik, KommunalPraxis BY 2007, 84–87.

Schmehl, Arndt/Richter, Eike: Referendarexamensklausur – Öffentliches Recht: Virtuelles Hausverbot und Informationsfreiheit, JuS 2005, 817–824.

Schmidl, Michael: Zum virtuellen Hausrecht als Abwehrrecht, K&R 2006, 563–566.

Schmidt, Jan: Was ist neu am Social Web? Soziologische und kommunikationswissenschaftliche Grundlagen, in: Zerfaß, Ansgar/Welker, Martin/Schmidt,

Jan (Hrsg.), Kommunikation, Partizipation und Wirkungen im Social Web, Köln, 2008.

Schmidt, Reiner: Öffentliches Wirtschaftsrecht, Berlin, 3. Auflage 2008.

Schmidt-Aßmann, Eberhard: Besonderes Verwaltungsrecht, Berlin, 14. Auflage 2008.

Schmidt-Jortzig, Edzard: Kommunalrecht, Stuttgart, 1982.

Schmitz, Heribert: Moderner Staat – Modernes Verwaltungsverfahrensrecht, NVwZ 2000, 1238–1244.

Schneider, Bernd Jürgen: Voraussetzungen interkommunaler Zusammenarbeit, in: Schneider, Bernd Jürgen (Hrsg.), Handbuch Interkommunale Zusammenarbeit, Stuttgart, 2005, S. 2–4.

Schneider, Bernd Jürgen/Kasper, Andreas: E-Government: Motor interkommunaler Zusammenarbeit, in: Schneider, Bernd Jürgen (Hrsg.), Handbuch Interkommunale Zusammenarbeit, Stuttgart, 2005, S. 133–139.

Schneider, Jens-Peter: Der Staat als Wirtschaftssubjekt und Steuerungsakteur, DVBl 2000, 1250–1260.

Scholz, Rupert: Das Wesen und die Entwicklung der gemeindlichen öffentlichen Einrichtung, Berlin, 1967.

Schröder, Holger: Voraussetzungen, Strukturen und Verfahrensabläufe des wettbewerblichen Dialogs in der Vergabepraxis, NZBau 2007, 216–224

Schröder, Michael: Sponsoring in der Bundesverwaltung, NJW 2004, 1353–1356.

Schröder, Rainer: Outsourcing und Sponsoring der Verwaltung: Rechtsfragen einer Einbeziehung Privater in die Aufgabenerfüllung der öffentlichen Hand, LKV 2007, 207–210.

Schubert, Eberhard: Zur Entstehung der VOB (Teile A und B) von 1926, in: Pastor, Walter (Hrsg.), Festschrift für Hermann Korbion zum 60. Geburtstag am 18. Juni 1986, Düsseldorf, 1986, S. 389–400.

Schubert, Jörg: Privatisierungen und öffentliches Vergaberecht, WuW 2001, 254–261.

Schulz, Norbert: Wirtschaftliche, nichtwirtschaftliche und nicht nichtwirtschaftliche Unternehmen, BayVBl 1997, 518–520.

Schuppan, Tino/Scheske, Michael: Analyse der Internetangebote Brandenburger Kommunen, LKV 2003, 168–171.

Schuppert, Gunnar: Grundzüge eines zu entwickelnden Verwaltungskooperationsrechts, Regelungsbedarf und Handlungsoptionen eines Rechtsrahmens für Public Private Partnerships, Rechts- und verwaltungswissenschaftliches Gutachten, erstellt im Auftrag des BMI, Berlin, 2001.

Schwarzmann, Bernd: Interkommunale Zusammenarbeit und Vergaberecht, in: Schneider, Bernd Jürgen (Hrsg.), Handbuch Interkommunale Zusammenarbeit, Stuttgart, 2005, S. 43–51.

Schweibenz, Werner: Barrierefreiheit im Internet – technische Aspekte, JurPC Web-Dok. 193/2004, Abs. 1–27, abrufbar unter http://www.jurpc.de/aufsatz/20040193.htm.

Seewald, Otfried: Kommunalrecht, in: Steiner, Udo (Hrsg.), Besonderes Verwaltungsrecht, Heidelberg, 8. Auflage 2006, S. 1–170.

Seitz, Björn/Sievers, Josef: 85 Millionen Euro für Kontaktbörse, Focus Online v. 03. 01. 2007, abrufbar unter http://www.focus.de/finanzen/news/medien_nid_41976.html.

Sieber, Ulrich: Anmerkung zu AG München, Urt. v. 28. 05. 1998, 8340 Ds 465 Js 173158/95, MMR 1998, 438–441.

Sieber, Ulrich: Die Bekämpfung von Haß im Internet, ZRP 2001, 97–103.

Siedschlag, Alexander/Rogg, Arne/Welzel, Carolin: Digitale Demokratie – Willensbildung und Partizipation per Internet, Opladen, 2002.

Siegfried, Christine: Worüber sollte der Online-Auftritt der Stadt informieren, April 2007, abrufbar unter http://mediakomm.difu.de/erfolgsmodell/index.php?m=„1,277.

Sifry, Davis: The State of the Live Web, Beitrag v. 05. 04. 2007, abrufbar unter http://www.sifry.com/alerts/archives/000493.html.

Sixt, Kerstin: Bundsbehörden haben Formulare elektronisch im Griff, in: Viola, Gerald (Hrsg.): eGovernment Kompendium 2006 – Referenzbuch für den öffentlichen Sektor, eGovernment Computing, Vogel IT-Medien GmbH, Augsburg 2005, S. 26–27.

Sixt, Mike: Prognose: Mobile Internet-Nutzung nimmt deutlich zu, ZDNet v. 19. 03. 2008, abrufbar unter http://www.zdnet.de/news/tkomm/0,39023 151,39188610,00.htm.

Skrobotz, Jan: Das elektronische Verwaltungsverfahren – Die elektronische Signatur im E-Governent, Berlin, 2004.

Skrobotz, Jan: Störerhaftung des Blog-Betreibers, jurisPR-ITR 5/2008 Anm 3.

Sobola, Sabine/Kohl, Kathrin: Haftung von Providern für fremde Inhalte, CR 2005, 443–450.

Sodan, Helge: Vorrang der Privatheit als Prinzip der Wirtschaftsverfassung, DÖV 2000, S. 361–372.

Spiegel Online (hda): Analysten zweifeln an YouTube, Spiegel Online v. 02. 07. 2006, abrufbar unter http://www.spiegel.de/netzwelt/web/0,1518,424498,00.html.

Spiegel Online (hda): YouTube knackt 100-Millionen-Marke, Spiegel Online v. 17. 07. 2006, abrufbar unter http://www.spiegel.de/netzwelt/web/0,1518,427093,00.html.

Spiegel Online (pat): Wikipedia schlägt die Profis, Spiegel Online v. 5. 12. 2007, abrufbar unter http://www.spiegel.de/netzwelt/web/0,1518,521457,00.html.

Spindler, Gerald: Das Gesetz zum elektronischen Geschäftsverkehr – Verantwortlichkeit der Diensteanbieter und Herkunftslandprinzip, NJW 2002, 921–927.

Spindler, Gerald: Anmerkung zu BGH, Urt. v. 19. 04. 2007, I ZR 35/04, MMR 2007, 507–511, MMR 2007, 511–514.

Spindler, Gerald/Schmitz, Peter/Geis, Ivo: TDG – Teledienstegesetz, Teledienstedatenschutzgesetz, Signaturgesetz, Kommentar, München, 2. Auflage 2004.

Spindler, Gerald/Schuster, Fabian: Recht der elektronischen Medien, Kommentar, München, 2008.

Spindler, Gerald/Volkmann, Christian: Die zivilrechtliche Störerhaftung der Internet-Provider, WRP 2003, 1–15.

Stadler, Thomas: Haftung für Informationen im Internet, Berlin, 2. Auflage 2005.

Stadler, Thomas: Proaktive Überwachungspflichten der Betreiber von Diskussionsforen im Internet, K&R 2006, 253–257.

Stähler, Thomas: Rechte behinderter Menschen – Änderungen und Neuregelungen durch das Behindertengleichstellungsgesetz, NZA 2002, 777–781.

Stammkötter, Andreas: „Outhouse" durch Wettbewerb – Die Konkretisierung der Anforderungen an eine Inhouse-Vergabe nach der Carbotermo-Entscheidung des EuGH, ZfBR 2007, 245–247.

Stanoevska-Slabeva, Katarina: Web 2.0 – Grundlagen, Auswirkungen und zukünftige Trends, in: Meckel, Miriam/Stanoevska-Slabeva, Katarina (Hrsg.) Web 2.0 – Die nächste Generation Internet, Baden-Baden, 2008, S. 13–38.

Steiff, Jakob: Interkommunale Auftragsvergabe unterliegt dem Kartellvergaberecht, NZBau 2005, 205–208.

Steinle, Thomas: LG München I: Haftung für Urheberrechtsverletzungen in Online-Kalender, MMR 2006, 180–181.

Stelkens. Paul/Bonk, Heinz-Joachim: Verwaltungsverfahrensgesetz, Kommentar, München, 7. Auflage 2008.

Stobbe, Antje: E-Government – Grosses Potenzial nicht ausreichend genutzt, in: Deutsche Bank (Hrsg.), Deutsche Bank Research, E-Conomics Nr. 31, 10. 10. 2002.

Strömer, Tobias/Grootz, Andreas: Internet-Foren: „Betreiber- und Kenntnisverschaffungspflichten" – Wege aus der Haftungsfalle, K&R 2006, 553–556.

Stürner, Rolf: Behördliches Hausverbot, JZ 1971, 98–99.

Surowieki, James: The Wisdom of Crowds, London, 2004.

Tettinger, Peter: Public Private Partnership, Möglichkeiten und Grenzen – ein Sachstandsbericht, NWVBl 2005, 1–10.

Tettinger, Peter: Rechtsschutz gegen kommunale Wettbewerbsteilnahme, NJW 1998, 3473–3474.

Timm, Ulrike/Kahle, Irene: E-Government und andere Zwecke der Internetnutzung, in: Statistisches Bundesamt, Wirtschaft und Statistik 7/2005, S. 717–722.

Träger, Christian: E-Government, Grundlagen, Sicherheit, Anforderungen, Strategien, Berlin, 2005.

Trénel, Matthias/Märker, Oliver/Hagedorn, Hans: Bürgerbeteiligung im Internet – Das Esslinger Fallbeispiel, Discussion Paper FS II 01 – 308, Wissenschaftszentrum Berlin für Sozialforschung, 2001.

Uechtritz, Michael/Otting, Olaf: Das ÖPP-Beschleunigungsgesetz: Neuer Name, neuer Schwung für öffentlich-private Partnerschaften, NVwZ 2005, 1105–1111.

Ufer, Frederic: Editorial, Wenn zwei sich streiten, haftet der Dritte, MMR 2008, 69–70.

Ullmann, Eike: Juris-Praxiskommentar UWG, Saarbrücken, 2006.

Ullmann, Eike: Das Koordinatensystem des Rechts des unlauteren Wettbewerbs im Spannungsfeld von Europa und Deutschland, GRUR 2003, 817–825.

Vogelgesang, Klaus/Lübking, Uwe/Ulbrich, Ina-Maria: Kommunale Selbstverwaltung, Berlin, 3. Auflage 2005.

Volkmann, Christian: Zur Haftung von Internet-Auktionshäusern bei Markenverletzungen, CR 2004, 767–769.

Welz, Hans-Georg: Politische Öffentlichkeit und Kommunikation im Internet, APuZ B 2002, 39–40.

Werner, Michael Jürgen/Köster, Thomas: Die Auslegung des Tatbestandsmerkmals „entgeltlich" i. S. von § 99 I GWB, NZBau 2003, 420–422.

Westholm, Hilmar: Elektronisch unterstützte Bürgerbeteiligung, in: Wind, Martin/Kröger, Detlef (Hrsg.), Handbuch IT in der Verwaltung, Berlin, 2006, S. 707–731.

Weyand, Rudolf: Praxiskommentar Vergaberecht, München, 2. Auflage 2007.

Widtmann, Julius/Glaser, Erich: Bayerische Gemeindeordnung, Kommentar, Loseblatt, München, Stand: 9. EL 1999.

Wimmer, Maria/Traunmüller, Roland: One-Stop-Government Portale, abrufbar unter http://193.174.47.149/opus/volltexte/2004/231/.

Wind, Martin: IT in der Verwaltung – lange Historie, neue Perspektiven, in: Wind, Martin/Kröger (Hrsg.), Detlef, Handbuch IT in der Verwaltung, Berlin, 2006, S. 3–33.

Wind, Martin/Kröger, Detlef: Handbuch IT in der Verwaltung, Berlin, 2006.

Wolff, Wilfried/Bachof, Otto/Stober, Rolf: Verwaltungsrecht, Bd. 3, Ordnungsrecht, Leistungsrecht und Verwaltungsverfahrensrecht, München, 5. Auflage 2004.

Würtenberger, Thomas/Heckmann, Dirk: Polizeirecht in Baden-Württemberg, Heidelberg, 6. Auflage 2005.

Wüstenberg, Dirk: Die Haftung der Internetauktionatoren auf Unterlassung wegen Markenrechtsverletzungen im Internet, WRP 2002, 497–500.

Yildirim, Nuriye: Datenschutz im Electronic Government, Wiesbaden, 2004.

Zahrnt, Christoph: Vergabe von DV-Leistungen durch die öffentliche Hand, CR 1993, 587–592.

Zeiler, Horst: Das Hausrecht an Verwaltungsgebäuden, DVBl 1981, 1000–1004.

Ziekow, Jan/Siegel, Thorsten: Public Public Partnerships und Vergaberecht: Vergaberechtliche Sonderbehandlung der In-State-Geschäfte, VerwArch 2005, 119–137.

Zymaris, Con: Linux-Sicherheit im Rampenlicht, ZDNet.de v. 09. 01. 2003, abrufbar unter http://www.zdnet.de/enterprise/os/0,39023492,20000226-1,00. htm.

Alle Internetquellen zuletzt abgerufen am 2. September 2008.